U0576058

第10辑

电动汽车

〔日〕晶体管技术编辑部　编

EV编辑部　译

科学出版社

北　京

图字：01-2019-5583号

内 容 简 介

本书是《电动汽车》技术专辑的第10辑，主题是EV的电池充放电与供电，主要内容包括电池的选型与特性、BMS、固态电池、锂离子电容器、无线电能传输，报告永磁旋转型磁悬浮行驶装置的制作实验、允许安排前围板的节能行驶比赛效果、EV节能行驶比赛的电机制作，解说降低EV损耗的方法、电动社区公交车的开发。

本书可用于本科、高职高专院校的电机、电子、汽车相关专业的教学，也可用作电动汽车行业的入职培训，以及创客、创新比赛的参考用书。

图书在版编目（CIP）数据

电动汽车.第10辑/(日)晶体管技术编辑部编；EV编辑部译.—北京：科学出版社，2020.8

ISBN 978-7-03-065312-3

Ⅰ.电⋯ Ⅱ.①晶⋯ ②E⋯ Ⅲ.电动汽车-研究 Ⅳ.U469.72

中国版本图书馆CIP数据核字（2020）第091851号

责任编辑：孙力维 杨 凯 / 责任制作：魏 谨
责任印制：师艳茹 / 封面设计：MATHRAX 张 凌

北京东方科龙图文有限公司 制作
http://www.okbook.com.cn

科 学 出 版 社 出版
北京东黄城根北街16号
邮政编码：100717
http://www.sciencep.com

天津市新科印刷有限公司 印刷
科学出版社发行 各地新华书店经销
*
2020年8月第 一 版 开本：787×1092 1/16
2020年8月第一次印刷 印张：13
字数：400 000

定价：88.00元

（如有印装质量问题，我社负责调换）

目　录

专题　EV的电池充放电与供电

报　告

解 说

电池充放电特性

—— 电池选择的基础知识

〔日〕长谷川圭一 执笔 | 邹雨含 译

目前，电池的应用领域非常广泛，不局限于 EV（电动汽车）。电池的类型也在增加，EV 及其他移动设备的电源选择越来越自由。下面，我们根据用途选择电池的规格和特性，先整理出电池类型，再分析电池性能参数，重点分析充放电特性。

（编者按）

电池特性概述

■ 电池的充放电特性

● 电池需求上升且呈多样化发展

如今，关于电池的文章和信息令人目不暇接，原因如下：

- IoT（物联网）化推动移动设备普及
- 发动机驱动向电机驱动的转变，促使动力电池需求逐年增长

另外，电池的需求呈多样化，各种规格和特性的电池纷纷出现。

● 选择多样化的影响

随着电池种类的增加，选择越来越多。但另一方面，电池性能也因产品类型不同而不同，选择合适的电池变得不容易。

可根据电池的使用方法选择电池，根据电池的特性好好使用的话可延长使用寿命和保证电池容量。

● 一次电池与二次电池

在电池特性方面，须注意两点。

适用于电视遥控器的 5 号或 7 号电池只能使用一次，常被称为“一次电池”，如图 1（a）所示。

内置于智能手机等移动设备中的电池多数可以通过充电器充电，常被称为“二次电池”，如图 1(b)所示。

使用一次电池时要注意放电特性，使用二次电池时还需注意充电特性。

一次电池是用完之后不能再次充电的电池

(a) 一次电池

二次电池又被称为“蓄电池”，是可反复充放电的电池

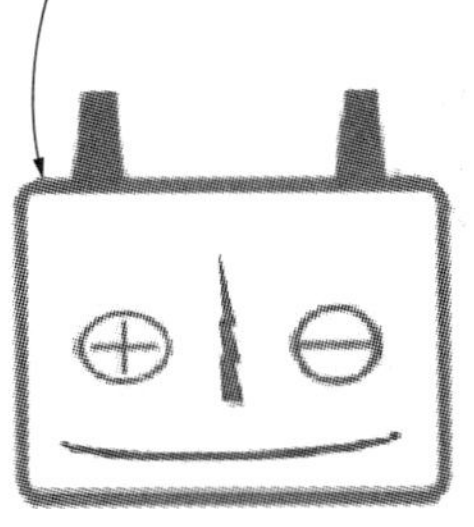

(b) 二次电池

图 1　一次电池与二次电池

● 电池性能的评估

遥控器电池的电量耗尽，你去电器商店买新电池。除5号电池之外，用于电视遥控器的其他电池琳琅满目，价格不一（图2）。那么，这些电池究竟有何不同？

图2　遥控器与5号电池

大部分人可能会认为电池越贵，性能越好。但“性能”究竟是什么？如何评估？

仅用电压、电流并不能表示电池的性能，这些值可能会随着电阻的变化而变化，电池性能应用固定值表示。

■ 充放电时的电池状态大相径庭

● 充放电时的电池特性不一

不要一听到电池特性，就想到“电池可使用多长时间”“电池可以放电多长时间”，虽然电池寿命是一个重要特性。

以智能手机的电池为例，选型时应进行全面考虑，要求电池在重复工作多次后寿命仍然持久、可快速充电等。结合使用情况来认识充放电特性非常有必要。

使用时电池电量减小，表现出来的是能量减小。换句话说，电池性能随电池电量变化。

● 简述电池的充放电特性

这里试着将电池拟人化，考察电池充放电时的特性，如图3所示。

（1）放电：性能如何取决于电池本身

放电，可以说是电池本身在输出电能。放电多少，取决于电池电量。

放电时电池的“个性”是“直爽”的，性能如何取决于电池电量。如果电量充足，则可释放的能量大（输出电流大）。如果电量低下，则可释放的能量小（输出电流小）。

（2）充电：还依赖充电器

充电就是给电池注入能量，充电器起“调味”的作用。电池喜欢“味道好”的电流，不接受“味道不好”的电流。不同的电池有不同的喜好，这表现为充放电特性。

电池特性丰富多彩

在讨论电池特性之前，先回顾一下电池类型。电池多种多样，这里只讨论常见的电池类型。

■ 一次电池：干电池

电视机和空调器的遥控器一般使用一次电池，在电器店和便利店就能买到。

● 可串联或并联

5号和7号圆柱形干电池随处可见，单节电池电压为1.5V，使用方便且安全。将它们串联起来可获得高电压，并联起来可增大电量。一次电池可以像这样在一定程度上自由串并联，但二次电池的串并联就存在一些限制。

● 锰干电池与碱性干电池

干电池以锰干电池、碱性干电池（图4）较常见，

(a) 电池“个性”在放电中体现

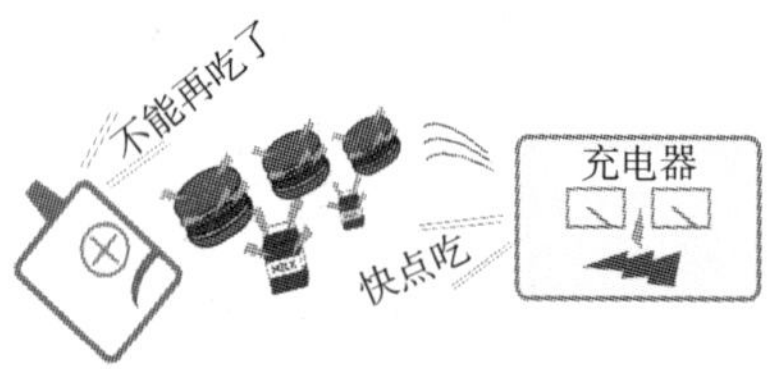

(b) 充电就是电池进食

图3　放电与充电

它们的相同之处是正极采用二氧化锰，负极采用锌，主要区别是电解质不同：

· 锰干电池：氯化锌（酸性）

· 碱性干电池：氢氧化钾（强碱性）

(a) 锰干电池

(b) 碱性干电池

图 4　干电池

实际上，碱性干电池也会使用锰，因此它们在日本工业标准（JIS）中被称为“碱性锰电池”。一次电池的分类见表 1。

● 规格标准 R 和 LR

在国际标准（JIS/IEC）中，锰干电池型号常表示为“R××”：“R”即“round”，代表圆形电池；“xx”为数字。

· 1 号电池：R20

· 2 号电池：R14

· 5 号电池：R6

· 7 号电池：R03

· 8 号电池：R1

· 9 号电池：R61

碱性干电池型号一般为“LR××”。9V 的方形电池“006P” 内部由 6 枚小型电池串联而成，其标准型号为“6F22”。

● 销声匿迹的锰干电池

多年以前，各大厂商竞相开发性能更良好的锰干电池，但如今在电子产品商店中几乎看不到锰干电池的身影。

碱性干电池具有更大的容量和更低的内阻，因此电流更大，但价格比较高。锰干电池具有电压回弹特性，应根据用途选择。

■ 一次电池：纽扣电池

除了上述干电池，还有硬币形的纽扣电池。它通常用于小型电子设备，如电子温度计、助听器、自行车速度计、电子计步器、手表等。此外，它还用于低功耗电子设备和 CMOS 存储器。纽扣电池有很多类型，如表 1、图 5 所示。

表 1　一次电池的分类

	干电池		纽扣电池					
	锰干电池	碱性干电池	锂电池	锂电池	碱性电池	空气电池	氧化银电池	汞电池
正极材料	二氧化锰	二氧化锰	二氧化锰	氟化石墨	二氧化锰	氧	氧化银	氧化汞
负极材料	锌	锌	锂	锂	锌	锌	锌	锌
电解质	氯化锌（酸性）	氢氧化钾（强碱性）	有机锂盐	有机锂盐	氢氧化钾（强碱性）	氢氧化钾（强碱性）	氢氧化钾（强碱性）	氢氧化钾（强碱性）
电池电压	1.5V	1.5V	3.0V	3.0V	1.5V	1.4V	1.55V	1.3V
规　格	R	LR	CR	BR	LR	PR	SR	MR

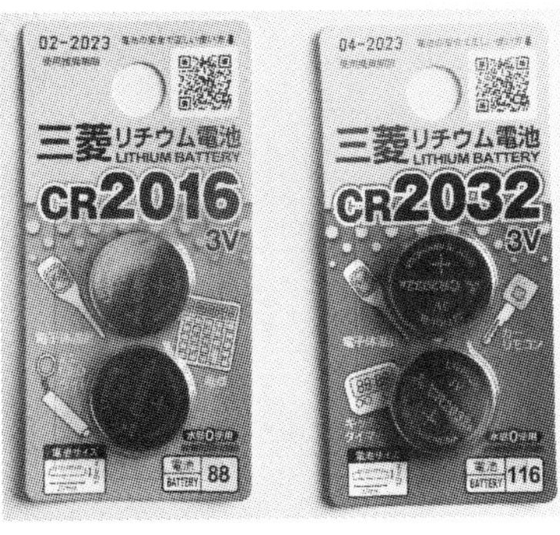

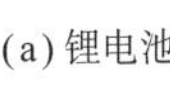

(a) 锂电池

(b) 碱性电池

(c) 氧化银电池

(d) 空气电池

图 5　各类纽扣电池

● 锂电池：CR/BR

图 5（a）所示常用的 CR2032 纽扣电池，使用锂负极、二氧化锰正极，电压为 1.5V（与锂离子电池不同）。其中，“C”表示锂电池，“R2032”表示直径为 20mm、厚度为 3.2mm。类似地，“CR2016”表示直径为 20mm、厚度为 1.6mm。

还有一种 BR 型，使用锂负极、氟化石墨正极，电压也是 1.5V，现在似乎并不普及。

● 碱性电池：LR

常用的碱性纽扣电池有 LR44 和 LR41，结构与碱性干电池相同。型号中的数字表示的也是电池的尺寸，但与碱性干电池一样没有规律。常见型号的尺寸如下。

・R41：直径 7.9mm，厚 3.6mm
・R43：直径 11.6mm，厚 4.2mm
・R44：直径 11.6mm，厚 5.4mm
・R48：直径 7.9mm，厚 5.4mm

● 氧化银电池：SR

SR 氧化银电池主要用于手表。其使用锌负极、氧化银正极，电压为 1.55V。因为含有银，所以它的特点是电阻低、放电电压变化小。

● 空气电池：PR

目前用于助听器的空气电池有 PR41 和 PR48。其中，“P”表示空气电池。空气电池使用锌负极，以氧气（即空气）为正极，电压为 1.4V。其特点是不需要正极混合物，因此它更小、更轻。

● 停产的汞电池：MR

MR 汞电池的电压为 1.3V。其使用氧化汞正极，但由于汞有毒，因此已逐步停产。

● 回收纽扣电池的目的是回收汞

在日本，电器城和超市里都设有电池回收箱。这主要是为了回收电池里的汞，日本电池工业协会对回收电池进行适当处理。过去，包括干电池在内的许多电池都含有汞。随着 1992 年电池工业协会倡导“零汞化”，表 1 中的纽扣汞电池于 1997 年停产。

然而，纽扣电池中的氧化银电池（SR），空气电池（PR）和碱性电池（LR）仍含有少量的汞，因此目前也需要进行回收。锂电池不含汞，因此不在回收范围内。

另外，纽扣电池的形状很小，误食会带来很大危害，甚至致命。图 5 所示的纽扣电池包装均为日本电池工业协会防误食标准包装。

■ 二次电池：干电池

● 镍镉电池 / 镍氢电池

镍镉电池和镍氢电池的形状与一次干电池相同，都以 5 号或 7 号的形式出售，但电压为 1.2V，如图 6、表 2 所示。

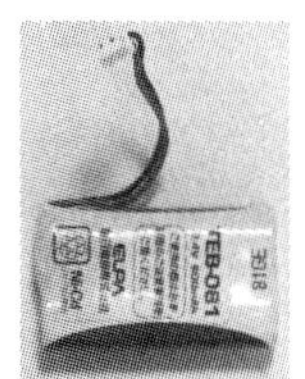
(a) 镍镉电池

(b) 镍氢电池

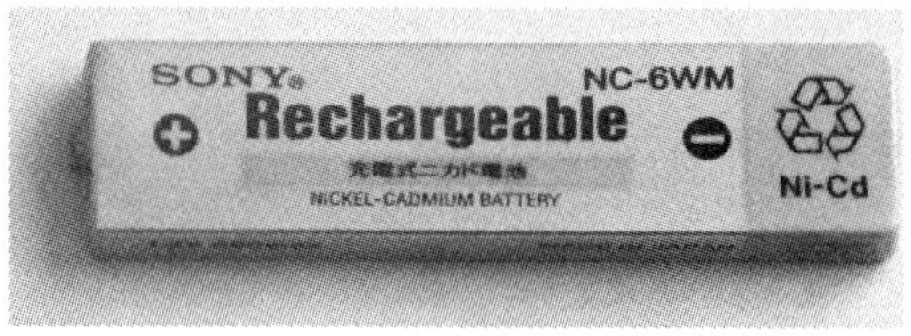

(c) Gumstick电池

图 6　二次干电池

表 2　二次电池的特性

	干电池		铅酸蓄电池
	镍镉电池	镍氢电池	
正　极	氢氧化镍	氢氧化镍	二氧化铅
负　极	镉	金属氢化物	铅
电解液	氢氧化钾	氢氧化钾	稀硫酸
电池电压	1.2V	1.2V	2.1V
规　格	KR	NR	

有些人可能会用它们代替5号或7号电池，但要注意：由于电池电压较低，设备可能无法正常工作。这种类型的Gumstick（口香糖）电池曾一度被用于便携式音频设备，如Walkman。

■ 二次电池——铅酸蓄电池

广泛用于汽车和摩托车的箱式铅酸蓄电池如图7所示。

铅酸蓄电池常用于汽车内部启动机、空调、导航系统等的供电。发动机带动发电机运转，给铅酸蓄电池充电。电池储蓄一定电量后，即使发动机不运转，车内电器也可以运行一段时间。

图7　箱式铅酸蓄电池

● 大部分铅酸蓄电池是6个2V单体串联而成的电池组

铅酸蓄电池使用铅负极、二氧化铅正极，以稀硫酸为电解液，每个单体的电压为2V。

市售铅酸蓄电池一般采用6串结构，电压为12V。铅酸蓄电池厂商在12V电压标准下还开发了各种性能的电池。

日本工业标准（JIS）规定了车载铅酸蓄电池的规格，从小到大有7种，区分标准为箱体高度。

■ 二次电池——手机用锂离子电池

现在，以智能手机为代表的移动设备大多数都使用锂离子电池。其原因是，锂离子电池的单位质量/体积的能量密度远高于上述任何电池。锂离子电池的优点是轻、小，使用寿命长。另外，由于其内阻低于其他电池，因此容易实现大电流充放电。

锂离子电池不具备标准化形状。图8所示为不同用途的锂离子电池，表3列出了各种锂离子电池的特性。

● 电解质为易燃物质的有机电池

与一次锂电池不同，二次锂离子电池利用了锂离子在正负极之间迁移的特性。锂离子与水无法共存（容易产生化学反应），因此不能使用水溶性电解质，只能使用有机电解质。

有机电解质易燃，可能引发爆炸或燃烧事故。

● 电池电压因电极材料而异

锂离子电池的电压取决于正极和负极的材料。电池的种类很多，电压各异。

通常，大部分电池采用锂化合物正极、石墨负极，电压由正极材料决定，一般为3.2～3.7V。

(a) 手机锂离子电池

(b) 摄像机锂离子电池

(c) EV锂离子电池

图8　不同用途的锂离子电池

表3　二次电池（锂离子电池）的特性

	钴酸锂电池	锰酸锂电池	磷酸铁锂电池
正　极	钴酸锂	锰酸锂	磷酸铁锂
负　极	石　墨	石　墨	石　墨
电解质	有机电解液＋锂盐	有机电解液＋锂盐	有机电解液＋锂盐
电池电压/V	3.6～3.7	3.7～3.8	3.2～3.3

一些电池使用钛酸锂负极，电压降低到 2.4V，其能量密度低，内阻也低。

● 包含多个单体的电池组

移动设备，特别是笔记本电脑和智能手机，由于耗电量较大，其电源使用包含多个单体的锂电池组。电池组从包装上看像一个电池，如图 8 所示。

在采用多个单体的情况下，某个单体出现故障便会导致过热，出现异常升温，甚至着火。利用电池管理系统（Buttery Management System，BMS）检查和管理电池的电压、电流、温度，可避免事故发生。基本上，BMS 是锂离子电池组的标配。大部分 BMS 还具有计算电池剩余电量的功能。

电池组要使用专用的充电器，一般的电器城不销售，这对用户来说非常不方便。并且电池组比一般电池更难操作，使用不配套的充电器充电或者对电池组进行改造，都易引发过热起火事故。

● 固态锂离子电池

锂离子电池使用的是有机电解质，有剧烈燃烧的可能性。不使用有机电解质的固态锂离子电池正在研发之中，虽然距实用化还有几年的时间，但市面上已出现了固态电池单体样品，实用化就在眼前。

■ 二次电池：EV 锂电池组

● EV 的电池

EV 类非燃油车的电池是什么样的？

纯电动汽车日产聆风、三菱 i-MiEV 和插电式混合动力车丰田普锐斯等均采用锂离子电池。丰田普锐斯自 1997 年发售以来，曾长期采用镍氢电池，自 2015 年起新增了装有锂离子电池的车型。同样，丰田 AQUA 采用的也是锂离子电池。

在任何情况下，EV 都需要可提供大量电能的大型锂离子电池来驱动。此外，它比移动设备使用的电压高得多。这种动力电池由大量电池单体串并联而成，至少包含 100 个以上的单体。美国特斯拉 EV 安装了数千个锂离子电池单体。

● 电池单体结构化

为了将大量单体有效地安装在汽车上，许多 EV 采用以多个单体为单位的“电池模块”和连接多个单体的“电池组”。

以这种方式实现高电压 / 大电流，对 BMS 的功能和精度要求特别高。

虽然每辆 EV 都有锂离子电池单体 / 电池模块 / 电池组，但在电气或外形上不兼容。用户不能自己进行维护。

铅酸蓄电池使用说明

每种电池都有说明书，以说明其特性。以铅酸蓄电池为例，接下来将向读者展示说明书里究竟有什么内容。

图 9 所示为 GS YUASA 生产的 PXL/RE 系列小型阀控铅酸蓄电池的说明书。

■ 仔细阅读说明书上的参数

● 额定电压［图 9（a）①］

“额定电压”特指电池产品的标称电压。JIS 规定，铅酸蓄电池的单体电压为 2V。也就是说，6 个单体串联可以得到 12V。

在实际使用中，电池电压会有所变化。

● 额定容量［图 9（a）②］

（1）电池容量

电池容量的单位用“A · h”（安培小时）表示，它是放电电流与时间的乘积。

放电（使用）过程中很难直接且准确地测得电池容量，大部分采用估算值。

（2）额定容量

简单来说，额定容量就是电池厂商保证的出厂容量。

额定容量很重要，因为它常作为其他特性的参考值使用。例如，将“容量低于额定容量的 75%”定义为“电池寿命终止”。

（3）20 小时率容量（C_{20}）

“20 小时率”可能有点难以理解。通常，电池（特别是铅酸蓄电池）的容量因放电电流而异：与大电流放电相比，小电流放电时可以获得更多可用的容量。

20 小时率是指充满电的电池以恒定电流在 20h 内完全放电时的容量（A · h）。

由于容量随着放电电流变化，因此使用“小时率”

类型	系列	型 号	额定电压 /V	额定容量（20 小时率）/（A·h）	外部尺寸 /mm				质量 /kg	端子形状	端子位置	蓄电池设备类型认证
		①	②		总高（TH）	箱高（BH）	宽（W）	长（L）				
高速放电长寿命型	PXL	PXL12023	12	2.3	65	60	34	178	1.0	F1	3	×
		PXL12050		5.0	105.5	102	70	90	2.0	F2	11	×
		PXL12072		7.2	98	94	65	151	2.8	F1	3	×
					103					F2		○
	RE	RE5-12		5.0	106	102	70	90	2.0	F2	11	○
		RE7-12		7.0	97.5	94	65	151	2.7	F2	3	○
		RE12-12		12.0	98	94	98	151	4.2	F2	3	×
		RE7-6	6	7.0	97.5	94	34	151	1.35	F2	3	×

(a)主要参数

项 目	备用参数	
	PXL 系列	RE 系列
充电方式	恒压充电	
单体设定电压（25℃）/V	2.275 ± 0.025	
单体设定电压温度系数 /（mV/℃） ④	−3	
初始最大充电电流（C_{20}） ③	0.25	
温度 /℃	−15 ～ +40	
・温度梯度参考值：25℃	・推荐工作温度：0 ～ 40℃	

(b)恒压充电规格（PXL / RE系列）

放电电流	放电终止电压 ⑤
不足 $0.01C_{20}$	1.90V/ 单体
$0.01C_{20}$ 以上，不足 $0.2C_{20}$	1.75V/ 单体
$0.2C_{20}$ 以上，不足 $0.5C_{20}$	1.70V/ 单体
$0.5C_{20}$ 以上，不足 $1.0C_{20}$	1.60V/ 单体
$1.0C_{20}$ 以上，不足 $2.0C_{20}$	1.50V/ 单体
$2.0C_{20}$ 以上，不足 $3.0C_{20}$	1.35V/ 单体
$3.0C_{20}$ 以上	1.00V/ 单体

(c)放电电流和放电终止电压之间的关系（PXL系列）

图 9　GS YUASA 电池说明书示例

来定义放电电流。显然，常使用的 5 小时率容量小于 20 小时率容量。

● 初始最大充电电流［图 9（b）③］

请注意恒压充电规格表中的“初始最大充电电流”部分。

其中，“C_{20}”表示 20 小时率容量，“0.25”表示该值的 0.25 倍作为初始充电电流是可以接受的。例如，额定容量为 2.3A・h，则初始最大充电电流为 0.57A。

● 设定电压温度系数［图 9（b）④］

在充电过程中，当环境温度变化时，应依据设定电压校正充电电压。

这里显示 25℃时的充电电压为 2.275V/ 单体，因此 6 串充电电压为 13.65V。当环境温度从 25℃变为 30℃时，

$$[(30-25)℃\times(-3)\text{mV/℃}+2.275\text{V}]\times 6=13.560\text{V}$$

充电电压需降低 13.65 − 13.56 = 0.09（V），即 90mV。

● 放电终止电压［图 9（c）⑤］

由图 9（c）可知，随着放电电流的增大，放电终止电压会降低。

切记，不要以低于放电终止电压的电压放电。

■ 电池相关标准

● IEC 标准

- IEC 60086:2018　原电池
- IEC 60095:2006　启动用铅酸蓄电池组
- IEC 60254:2005　牵引用铅酸蓄电池组
- IEC 60622:2002　含碱性或其他非酸性电解质的二次电池和电池组 – 密封镍镉方形可充电单体电池
- IEC 60896:2002　固定型铅酸蓄电池
- IEC 60993:1989　排气式镉镍电池用电解液
- IEC/TR 61044:2002　牵引用铅酸蓄电池的利用机会充电
- IEC 61056:2012　通用铅酸蓄电池（阀控型）
- IEC 61427:2013　可再生能源存储用二次电池和电池组

- IEC/TS 61430:1997　二次电池和电池组 – 检查为减轻爆炸危险而设计的装置的性能测试方法 – 启动用铅酸蓄电池组
- IEC 61434:1996　含碱性或其他非酸性电解质的二次电池和电池组 – 碱性二次电池和电池组电流标识指南
- IEC 61951:2017　含碱性或其他非酸性电解质的二次电池和电池组 – 便携式密封二次电池和电池组
- IEC 61959:2004　含碱性或其他非酸性电解质的二次电池和电池组 – 便携式密封二次电池和电池组的机械测试
- IEC 61982:2012　电动道路车辆推进用二次电池（锂电池除外）– 性能与耐久性测试
- IEC 61982:2015　电动道路车辆推进用二次电池（锂电池除外）
- IEC TR 62188:2003　含碱性或其他非酸性电解质的二次电池和电池组 – 密封二次电池制成的便携式电池组的设计和制造推荐规范
- IEC 62259:2003　含碱性或其他非酸性电解质的二次电池和电池组 – 部分气体复合的镍镉柱状二次单电池
- IEC 62281:2016　运输途中原电池和二次锂电池及电池组的安全
- IEC 62485:2015　二次电池和电池装置的安全要求
- IEC 62619:2017　含碱性或其他非酸性电解质的二次电池和电池组 – 工业用二次锂电池和电池组的安全要求
- IEC 62620:2014　含碱性或其他非酸性电解质的二次电池和电池组 – 工业用二次锂电池和电池组
- IEC 62660:2010　电动道路车辆用二次锂离子电池
- IEC 62675:2014　含碱性或其他非酸性电解质的二次电池和电池组 – 密封镍金属氢化物棱柱形可充电单电池
- IEC/TR 62914:2014　含碱性或其他非酸性电解质的二次电池和电池组 – 依据 IEC 62133:2012 进行强制内部短路测试的实验规程
- IEC 62928:2017　铁路应用 – 车辆 – 车载锂离子牵引电池
- IEC 62133:2017　含碱性或其他非酸性电解质的二次电池和电池组 – 便携式密封二次电池和由它们组成的便携式电池组的安全要求

● JIS 标准

- JISC8701　便携式铅酸蓄电池
- JISC8702　小型阀控铅酸蓄电池
- JISC8704　固定型铅酸蓄电池
- JISC8705　密封型镍镉蓄电池
- JISC8706　固定型镍镉碱性蓄电池
- JISC8708　密封型镍氢蓄电池
- JISC8709　密封型镍镉碱性蓄电池
- JISC8714　便携式电子设备用锂离子蓄电池的电池单体和电池组安全测试
- JISC8971　太阳发电用铅酸蓄电池剩余容量测量方法
- JISC8972　太阳发电用高小时率铅酸蓄电池的测试方法
- JISD5301　启动用铅酸蓄电池
- JISD5302　两轮摩托车铅酸蓄电池
- JISD5303　电动车用铅酸蓄电池
- JISF8101　船用铅酸蓄电池
- JISF8102　船用电气设备 – 使用锂二次电池的蓄电池设备
- JISF8103　艇用电气设备 – 使用锂二次电池的蓄电池设备
- JISH7205　镍氢蓄电池储氢合金的放电容量测试方式

从化学的角度审视电池

● 电池具有两面性——电气和化学

电气和化学似乎是完全不同的世界，而电池有化学和电气两个不同的视角。从化学的角度审视电池，也许有助于理解电池特性的差异。

在需要 3.6V 电压的情况下，电气领域的说法可能是"串联 3 节 1.2V 镍氢电池"，而化学领域的说法可能是"要获得 3.6V 电压，需要一个锂离子电池：正极为钴酸锂，负极为石墨"。

● 电池的电压取决于电极材料

在电气世界里，如果要获得和锂离子电池一样的 3.6V 电压，需要串联 3 节 1.2V 镍氢电池。简而言之，电压由电池类型决定。

在化学世界里，如果正极为氢氧化镍，负极为储氢合金，则（镍氢）电池的电压为 1.2V。如果电极材料确定了，那么电池的电压自然也就确定了。从化学的角度来说，电池材料决定了电压。

● 电池的电流和发热

在电气世界中，常有“从电池中能取出多少电流，那时会产生多少热量？”这样的思考。

另一方面，在化学世界中，也有“每秒发生约1mmol的材料反应，因为正在发生100mA的放电”这样的思考。

● 学习化学知识以了解电池行为

电压和电流之间存在化学定律，如自由能变化和法拉第定律。

这里要强调的是，每个电池特性值的变化量在化学和电气方面是完全不同的。

● 电池特性的背面

在原子微观领域考察电池反应时，可以用教科书上的反应式来表达。当然，也可以用等效电路来表示。

但是，在电池中，无数的原子具有三维结构，每个三维结构具有广泛的分布范围，在物质容易移动的位置 / 难以移动的位置、电子容易移动的位置 / 难以移动的位置等，都可引起反应。

因此，很难进行微观层面的表达，一般用表达式或值进行计算，最终表达出来的结果是电压 ××V、容量 ××A·h、最大电流 ××A 等。

■ 根据电池特性想象一下电池的化学反应

下面从化学和电气的关系入手，考察电池特性。

● 可大电流放电的电池

首先，我们站在化学的角度审视大电流放电时表现出色的电池。

（1）可化学反应的物质充分

大电流意味着电池中活性物质的反应很快（参见专栏 A）。

为了引起快速反应，必须充分提供参与反应的物质。

（2）正极板和负极板的距离短

在电池中，电子可以高速运动，而离子的移动速度比电子低几个数量级。

因此，在可大电流放电电池中，正极板和负极板的距离较短，旨在减小离子移动的距离。

但是，正极和负极之间的距离短，意味着短路风险增大，因此需要高强度隔板。换句话说，可大电流放电的电池极板间距小，隔板规格特殊。

● 大容量电池

（1）增加反应物质

要增大容量，可以提高电池中反应物质的密度。

专栏A 电池极板的结构与设计

电池内部的电极由板状金属制成，被称为“极板”。这里我们仔细研究一下产生电的极板。

◆ 电池心脏——电极——活性材料和集电体

将活性材料粉末制成膏状并涂敷到集电板上，就形成了电极的极板。集电体和活性材料是不同的材料。

如图 A.1 所示，拆解锂离子电池并打开内部电极板，可知正极集电体为铝箔，负极集电体为铜箔。电极为黑色表示已涂敷了活性材料。隔板是一种绝缘物质，夹在正极板和负极板之间，以防止它们接触和短路。但电解液中的离子可通过，所以锂离子可穿过隔板。

由于电池内部的反应发生在电极上，因此电极是电池中最重要的部分，可以说是电池的心脏。各电池厂商正致力于改进电汲。

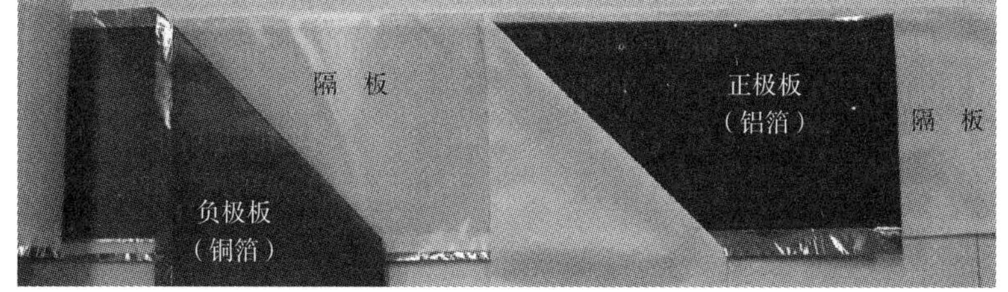

图 A.1 锂离子电池中的极板和隔板
（来源：波音787-8 JA804A航空事故调查报告.运输安全委员会,2013年3月）

◆ 对电极的要求以及电解质的作用

电极中的活性物质与电解液快速、均匀地反应最为理想。因此，电解液必须迅速从活性物质中进出，生成的电子应立即逸出到外部，这非常重要。

图 A.2 所示为电极的断面放大图。电解液很容易进入活性物质之中。

从细节上看，涂敷到集电体上的活性物质呈多孔状态，可预期的是电子和离子很容易进入和逸出。但是，多孔意味着活性物质粒子之间的结合面变小。换句话说，如果电子向其中移动，则阻力会变大。

因此，如图 A.3 所示，可以将导电材料（也被称为导电添加剂）添加到电极中，以改善电子传导，有利于电子移动。但是，添加导电材料会使电极的体积增大，极板变厚，电池的尺寸也随之变大。

◆ 追求精度

电极设计常常有顾头不顾尾的问题。因此，要认真考虑电池特性并且平衡各方面的参数，以得到精确的活性材料的孔隙率和电极厚度。

此外，还要考虑到生产率、电池寿命和成本等各种因素。

在电池厂商的工艺或专有技术领域，可以说这是一项技术技能。业界常说，能开发出最高性能的电池材料的公司一定不是最厉害的电池厂商。

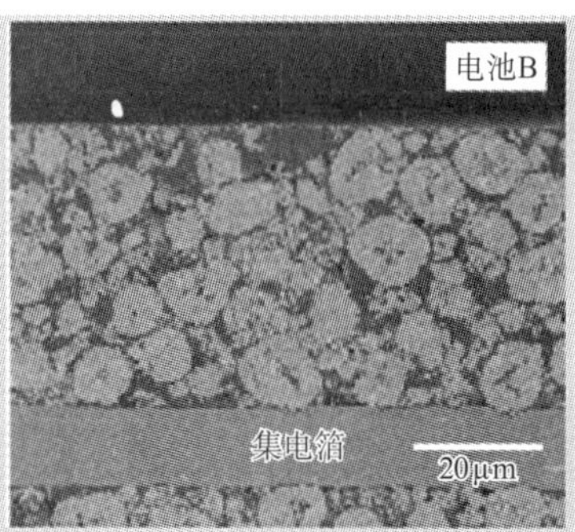

图 A.2 锂离子电池的集电体和活性材料
（来源：三井分析科学中心）

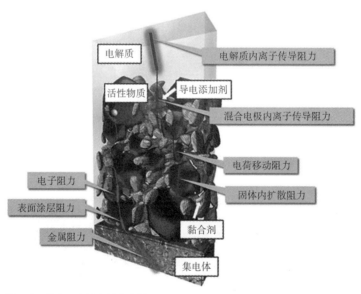

图 A.3 锂离子电池中的电子流
（来源：京都大学内本喜晴研究室.AIST研究报告，2016年5月23日）

（2）电解液的渗透

大容量电池的电解液难以渗透到活性物质层中。当然，离子通过电解液的运动也受到限制。

（3）大电流放电难

大容量电池的反应速率降低，放电电流自然就小。

事实证明，要实现大容量和大电流，必须使用特殊技术。

● 化学反应在电池系统开发中也很重要

如果了解化学反应，则可以推断出新电池产品发布时有哪些改进，以及有哪些不良影响（图 10）。

在应用电池产品时，这一推断对于电池控制方法非常重要。

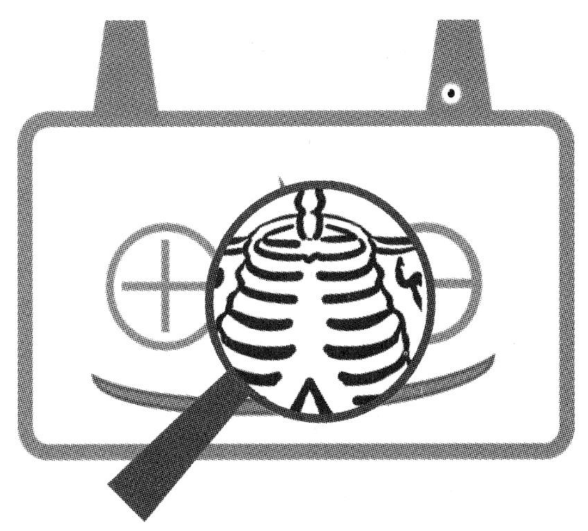

图 10　估算电池容量

选择电池时要考虑使用时间

接下来，笔者会根据电池使用情况列举应注意的事项。

即，通过示例讲解"应该选择哪种电池"。这里以铅酸蓄电池为例，也可供选择其他电池时参考。

■ 放电的要求不简单

使用电池时，必须考虑如何匹配所需的功率和电池特性，也就是考察电池的放电特性。

● 示例：想象一下可供 100W 负载运行 30min 的电池

例如，没有电压规格，但是要维持 100W 负载运行 30min，考虑如何选择电池。

（1）计算电量时留出 10% 的裕量

$$100\text{W} \times 0.5\text{h} \times 110\% = 55\text{W} \cdot \text{h}$$

（2）根据产品目录选择

这里使用图 9 所示的 12V 铅酸蓄电池，可得下式：

$$55\text{W} \cdot \text{h} \div 12\text{V} \approx 4.6\text{A} \cdot \text{h}$$

由此，可以选择 12V 5A · h 的 PXL12050。

（3）电池容量计算

铅酸蓄电池的可用电池容量随工作电流变化。

PXL12050 的"5A · h"是 20 小时率值，放电电流为

$$5\text{A} \cdot \text{h} \div 20\text{h} = 0.25\text{A}$$

对于 30min 内耗光电量的电池，所需的容量为 0.5 小时率值，远小于 20 小时率值。

维持 100W 负载运行的放电电流为

$$100\text{W} \div 12\text{V} \approx 8.33\text{A}$$

它比 0.25A 大 30 倍。在电池说明书中，每个电池的放电时间和放电电流之间的关系如图 11 所示。可以看出，PXL12050 的放电电流必须小于 5.4A 才能工作 0.5h。

（4）考虑劣化的影响，不能一味增大尺寸

这里假设改用更大尺寸的 12V 7.2A · h 的 PXL12072，0.5 小时率的放电电流可达 9.3A。但是，这是新电池的特性，还要考虑劣化后的情况。

厂商建议留出 25% 的裕量，所以放电电流需达到

$$8.33\text{A} \times 1.25 = 10.41\text{A}$$

可以看出，即使采用 PXL12072，劣化到一定程度后也不能满足放电电流要求。

因此，笔者不推荐 PXL 系列，而推荐 12V 12A · h 的 RE12–12。可见，选择电池时，特别是选择铅酸蓄电池时，可能需要比实际所需容量大得多的电池。

这里仅考虑了放电条件，还必须考虑充电条件。

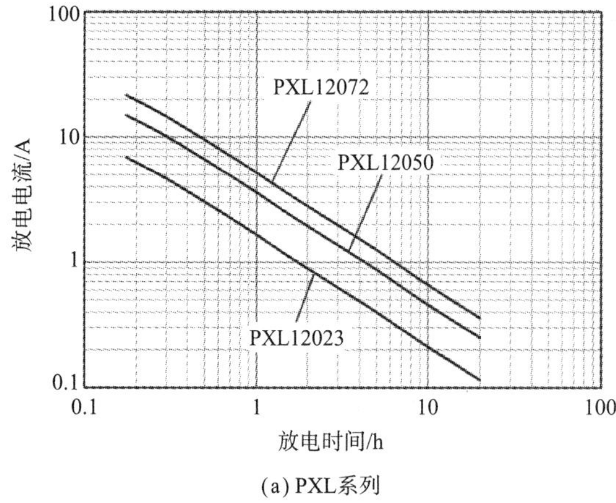

(a) PXL系列

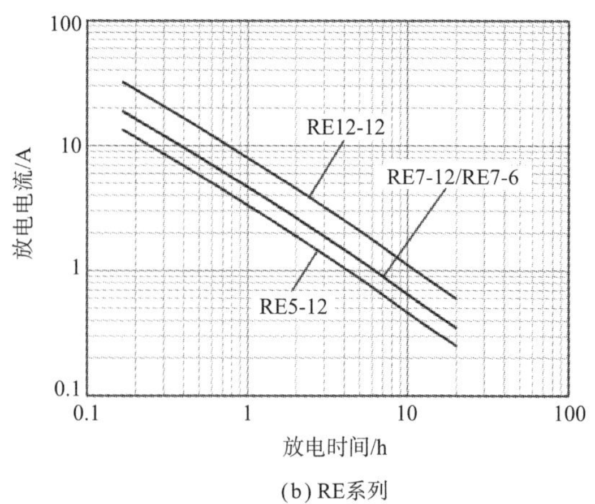

(b) RE系列

图 11　放电电流和放电时间之间的关系
（来源：GS YUASA 说明书）

■ 易被忽略的充电条件

● 采用太阳能板充电时

结合了上一节中所述的 100W 负载和 12V 12A·h 电池，如果采用 30W 太阳能面板充电，需要多少块太阳能面板？

（1）30W 太阳能面板的日发电量

据说在家用太阳能发电中，1kW 面板的晴天发电量约为每天 3kW・h。这相当于 3h 的全功率输出。换句话说，一块 30W 面板的发电量约为 90W・h。

（2）铅酸蓄电池的充电效率约为 85%

直接驱动负载，90W・h 就够了。但是，当可发电的时间和负载的运行时间不同步时，必须提前存储电能。

电流始终仅从高压流向低压。换句话说，充电电压应设置得高于电池电压，否则无法进行充电。

充电时，电池电压高于放电电压的现象被称为“过电压”。

此外，充电的同时也在发生电解质的分解反应，因此需要稍多的充电量。一般电池的充电效率约为 85%。

（3）太阳能面板输出的直流转换效率约为 90%

太阳能面板的直流输出电压不是恒定的，而是随着天气情况（晴天或阴天）变化。为了确保其略高于电池电压，必须使用 DC–DC 变换器使电压恒定。DC–DC 变换器的转换效率约为 90%。

（4）一块太阳能面板可充电的电量

总的充电效率为

$$85\% \times 90\% = 76.5\%$$

太阳能面板发电的实际可充电电量为

$$90\text{W}\cdot\text{h} \times 76.5\% = 68.85\text{W}\cdot\text{h}$$

换句话说，如果 100W 负载工作 0.5h/ 天，则晴天需要花费的充电时间为

$$68.85\text{W}\cdot\text{h} \div 50\text{W}\cdot\text{h/天} = 1.38\text{天}$$

（5）天气变化无常，需综合考虑

如果将面板功率提高到 50W，则晴天的可充电电量可供使用两三天。但是，持续阴天或雨天会导致电池无法充满电，这种天气持续还会导致电池硫化（图 12）。

图 12　雨天不仅不能发电，还会损坏电池

● 将太阳能面板连接到电池时的注意事项

太阳能面板的发电量是根据家庭使用情况计算的。但是，如果该系统是便携式的，则实际发电量会较小。

无论如何，该系统的可充电电量应大于 50W 面板。

● 选择电池时要考虑的事情意外的多

在此示例中，考虑到了电池的劣化程度、充电效率和日照条件等。在实际情况中，选择电池时还要考虑各种其他因素，这一点很重要。

■ 实际使用过程中的考虑

● 电池的使用方法 / 使用环境是多种多样的

设想电池的使用方法非常困难，即使是以技术著称的大公司也可能会考虑不周。

笔者认为，重点不仅在于技术能力，还在于要充分站在用户的角度思考。

● 不使用的时候电池是什么状态?

电池内部反应物质的活性高，堪称“生物”，不使用的时候放置一段时间其内部就会发生变化。

● 电池的鲁棒性

此外，电池厂商不会根据具体情况对鲁棒性进行仔细研究，因此有必要在最后实际使用时进行验证。

充电定生死

对于大多数二次电池，几乎都是充电决定电池寿命。另外，还有很多无法充电的电池（一次电池），这表明对电池进行充电并不简单。

■ 从熵的角度看电池

● 从低能状态到高能状态的充电

连接负载，电池即可进行放电。但是，如果没有外部能量输入，那么电池内部也不会发生充电反应。也就是说，充电不是电池的自发性反应。充电时，电池会承受各种压力。

充电是一种存储电能的操作，从化学上讲就是从低能状态变为高能状态。

● 充满电的电池闲置不用时其电解液会分解

根据热力学（熵）定律，物质会往能量低的方向移动，因此活性材料会在放电方向上发生反应。

因此，未放完电就闲置不用的电池会发生其他反应，变成低能状态。电池的电解质含有相对容易分解的材料，因而在许多电池中会发生电解液分解反应。

这是电池闲置后劣化的原因之一。

● 锂离子电池的闲置劣化更严重

锂离子电池具有较高的单体电压，充电后的能量也较高，闲置是劣化的主因。简单来说就是用自己的能量伤害自己，情况类似于人的胃酸过多（图 13）。

便携式设备、电动自行车、电动汽车等充电后经常会闲置一段时间，这容易导致电池劣化。另一方面，这类用途的锂离子电池未充满电就使用也会导致寿命缩短。

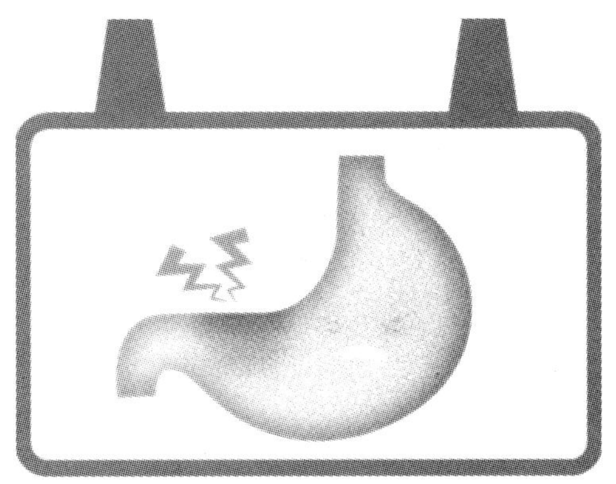

图 13　充满电后闲置会导致电池内部受损

■ 温升每提高 10℃，寿命即减半

● 高温会加速化学反应，进一步加速电池劣化

电池内部发生的化学反应，原理上受温度影响很大。

许多物质发生化学反应时，反应速率会随着温度的升高而增大。

上述的放置劣化，也会因高温而加速。

● 将智能手机贴身携带会使其寿命减半？

在正常情况下，根据阿伦尼乌斯定律[①]，电池温升每提高 10℃，劣化速率大约是原来的两倍。

① 关于化学反应速率和温度之间关系的定律，由瑞典科学家阿伦尼乌斯（1859–1927）发现，目前常用于电子元器件的寿命预测。

也就是说，如果常把智能手机装在兜里，那么手机电池寿命可能减半。

另外，随着劣化的进行，电池特性的低温特性容易受到影响，因此必须注意。

● 温度管理有利于长寿命化

要求长期可靠性的数据中心和通信基站非常注重备用电池的温度管理，使用的长寿命铅酸蓄电池的寿命有望超过15年。

■ 通过改变充电方式延长寿命

● 要想延长寿命，先要抑制寿命缩短

电池寿命对用户来说是一个大问题，因为它极大地影响成本效益。

目前有研究通过积极充电来延长电池寿命，旨在通过适当控制充电来抑制劣化。确切地说并不是延长电池寿命，而是通过控制以获得预期的寿命。

● 铅酸蓄电池硫化现象

铅酸蓄电池有一个被称为“硫化”的劣化问题。尤其是大型太阳能设备的铅酸蓄电池，易发生硫化问题。定期执行修复充电可以防止劣化。

● 使电池内部的化学反应均一化

电池内部的反应难以均衡，会产生一定程度的偏差。通过充电使其均一化可以抑制部分集中劣化，有待进一步的研究。

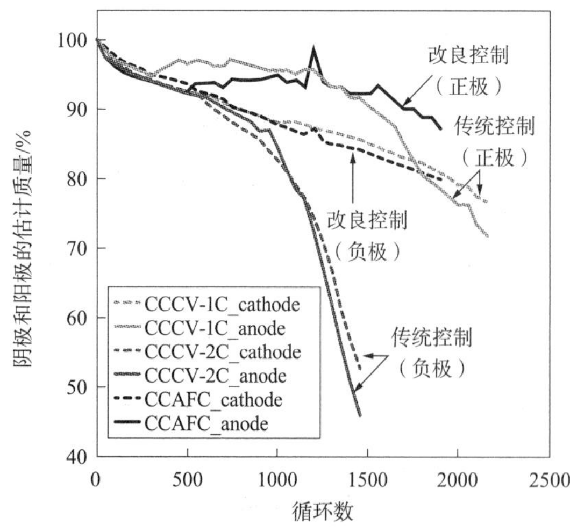

图14　根据电池状态进行充电控制的效果
［来源：藤田等（东芝）第58次电池讨论会Ⅱ 25（2017）］

● 根据电池状态决定电流是最佳充电方法

人们正在研究增大充电电流以缩短充电时间，但是存在大电流充电周期使用寿命缩短的问题。

有一项新技术是，监视电池状态并根据电池状态使用尽可能大的电流进行充电，以尽量减小大电流充电的负面影响（图14）。

实际调查电池的特性

开发使用电池的产品时，必须确认实际使用的电池的特性。下面介绍如何测试电池。

■ 准备测试装置

● 使用充放电测试设备时

使用充放电测试仪（图15）可正确进行电池测试。该设备由直流电源、电子负载和控制单元组成，有多家厂商销售。

● 没有充放电测试设备时

即使没有测试设备，只要具备直流电源、负载电阻、开关继电器和数据记录器，也可以手动进行简单测试。

使用自制充放电设备时，要注意电池端的浮地设计（不是接地）。

■ 电池的准备

● 测量内阻和电压

测量以下数据，以判断电池是否正常：

・内阻

图15　充放电测试设备及电池安装状态
（来源：东洋系统株式会社）

· 开路电压

采用直流电测量内阻时，会在充电或放电方向出现偏差。对此，可以使用交流电（如 1kHz）测量。

● 在不使用电池盒的情况下将极耳焊接到电极上

为了便于连接测试线，可用电池盒测试圆柱形电池（图 16）。但是，电池盒端子的电阻较高，进行大电流测试时最好焊接极耳（图 17）。

千万不要进行软钎焊，以免内部隔板熔融而导致短路。建议使用热影响小的电阻焊接、超声波焊接等。

建议准备两个用于电流测量和电压测量的极耳。

● 使用恒温箱

由于电池会受温度影响，因此请保持室温恒定或将电池安装在恒温箱中。铅酸蓄电池会释放氢气，因此最好将其浸入水中进行测试。

注意，即使室温恒定，电池也会受空调的影响。对此，可同时测量室温变化。

● 充放电方法

做好准备后再充放电。

（1）先进行标准条件下的充放电特性测试

先获取初始状态的标准充放电特性，再研究电池的劣化情况。

首先，在说明书中描述的容量测量条件下放电（如 $0.2C_{20}$，$0.2It$ 等），并在厂商建议的条件下充电。

（2）测试稳定后进行任意条件的充放电特性测试

重复标准充放电约 3 次，待特性测试结果稳定后，再测试想要的充放电条件。进行测试时，应尽可能设置能反映实际使用条件的充放电条件。

例如，假设放电后不能立即进行充电，则设置放电后的等待时间；如果存在充电中断，则设置同样的充电测试条件，与厂商建议的条件相去甚远也无妨。倒不如说，寻找其他充电条件是电池测试的主要目标之一。

● 请务必遵守禁忌事项

务必遵守电池厂商规定的“禁忌事项”，如过电流、过充电、过放电、超温等。同样，在检测到电池达到极限条件时，应采取足够的安全措施，如采取防爆和防火对策。

■ 绝对不能做的事情

● 电池是一个“能量块”，失误会酿成事故！

请记住，电池实验要处理大量的能量，测试方法错误非常危险！仔细检查，以免偏离厂商规定的使用条件。

以防电池着火，请在安全的环境中进行测试。

● 常见的事故

（1）接线错误

这是一种常见的粗心大意导致的错误，如电池盒的正负极接线错误等。为了便于识别，可采用不同颜色的电线或粘贴标签加以区分。

（2）接触不良

在连接部分或端子上使用夹子时，可能出现夹子虚焊或腐蚀致接触不良，最坏的情况下会打火，甚至发生火灾。

（3）过充电 / 过放电

输入错误的控制值或与控制设备连接不良，可

图 16　电池盒中的电池
（来源：https://www.ipros.jp/product/detail/2000239295/）

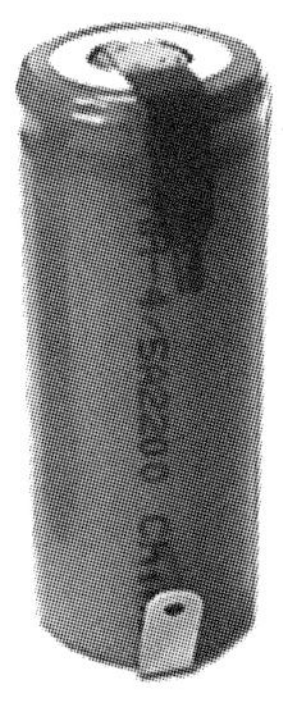

图 17　连接极耳的电池
（来源：http: //www.batteryspace.jp/shopdetail/003008000006/）

能会导致放电过程中产生过大电流或无法断电。这种情况发生在锂离子电池上非常危险，务必检查每一步操作。

（4）环境温度异常

如果将电池安装在暴露于阳光直射或电源散热环境中，则电池温度可能会异常升高。对于铅酸蓄电池，在恒压控制期间，电池电压会随着温度的升高而降低，并且有可能发生热失控。随着充电电流的增大，温度还会进一步升高。

（5）浪涌电压

电源系统应采取针对性措施，避免控制设备等的异常操作。

（6）电池处理

叠层型电池的外壳较弱，被重物砸中或弯曲可能会导致短路。此外，电池从高处坠落也会发生短路，非常危险。测试时应尽量避免以上情况。

请注意，不要对端子和周围的弯曲部分施加压力（图 18）。此外，螺丝刀等的金属部分与端子接触可能会造成短路。

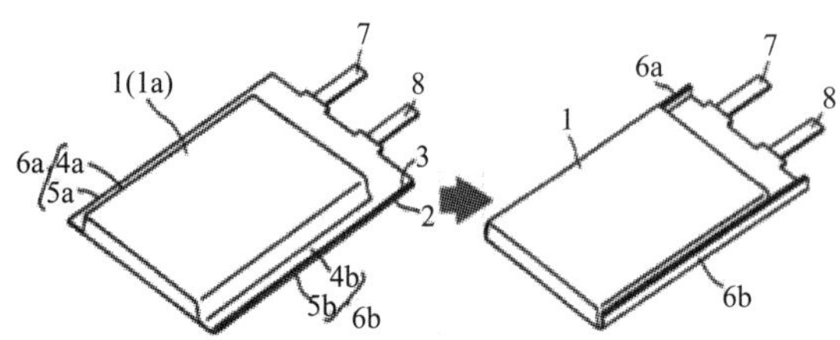

图 18　叠层型电池的密封部分
（来源：日本专利2002–331309）

（7）产生气体

铅酸蓄电池和镍氢电池都会产生氢气。即使是微量的氢气，也可以穿过金属板或壁。氢气大量产生可能会导致爆炸，因此在测试过程中要注意通风换气。

一些市售的充放电测试仪具有检测到异常信号时紧急停止的功能，可根据实际需要使用这类测试仪。

■ 电池厂商的研究实例

● 电池开发和研究需要进行各种实验

出于研发、质量保证、新开发项目等需要，电池厂商要进行各种测试。除电池测试外，还要对电池内部进行详细、全面分析。

但是，非电池厂商或个人只能进行电池测试。

在介绍电池厂商的研究实例的同时，笔者还将介绍充放电测试结果的分析方法。电池内部是不可见的，必须使用测试得到的有限信息进行分析。换句话说，只有电压、电流和电池温度，如何进行有效分析很重要。

● 重复充放电除了会导致容量劣化，是否还有其他影响?

图 19 所示为锂离子电池循环测试结果的分析示例，通过重复充放电测试电池容量劣化（减小）。

放电曲线如图 19（b）上部分所示。显然，容量正在减小，但是除容量变化以外的其他变化还不清楚。

图 19（b）下半部分所示的曲线是随容量变化的电压变化量的微分。

● 弄清电池劣化的机制

结果发现容量减小是阶段式的。

在阶段 2–4 中，容量变化不大，可见劣化是阶段 1–2

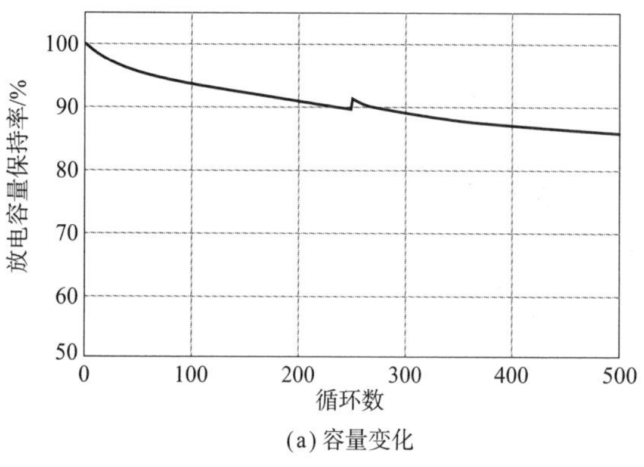

(a) 容量变化

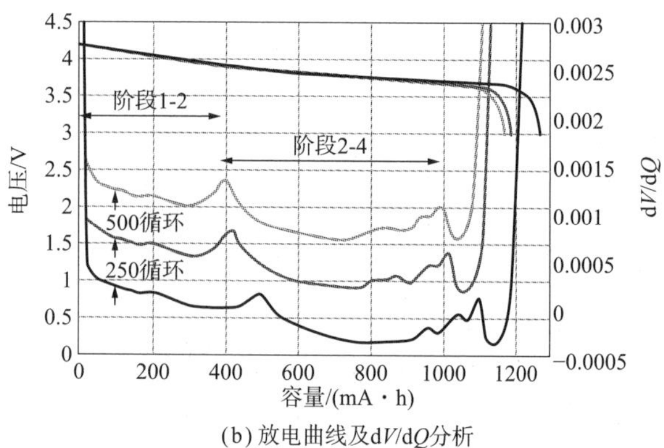

(b) 放电曲线及dV/dQ分析

图 19　循环测试示例（来源：LIBTEC.LIBTEC 电池特性评估和劣化分析，2015 年）

部分的容量减小引起的。另外，除了阶段 1–2 部分的容量减小，没有发现其他峰值变化，所以推测材料本身几乎没有大的变化。

基于此估计，对电池进拆解分析，以确定是什么机制导致阶段 1–2 的容量减小，以及阶段 1–2 的作用是什么。

● 充分发挥电池性能，以延长寿命

如上所述，深入研究充放电曲线可以理解各种情况。据报道，通过精确的充放电测试，可以基于充放电量的微小差异来讨论副反应和电池劣化模式。

笔者认为，要获得一种可以 100% 发挥电池性能的方法、开发新电池，还有很多工作要做。

结束语

本文介绍了如何识读电池特性的参数、电池测试的详细信息以及分析方法。实际上，电池看起来很简单，但运行起来非常复杂。当然，掌握正确的使用方法并不容易。

缺乏了解的结果是原始的电池性能也可能无法充分发挥，甚至会发生危险事件。

笔者希望通过本文加深读者对电池的兴趣和理解，以便更有效地使用它们。

参考文献

[1] JIS C 8702-1:2009 小形制御弁式鉛蓄電池 – 第 1 部：一般要求事項，機能特性及び試験方法 .

[2] http://www.honda.co.jp/50years-history/ challenge/1988evplus/page05.html.

[3] NEC 技報，2012,65（1）：58.

[4] GS ユアサ制御弁式据置鉛蓄電池総合カタログ .

[5] 右京他 . 第 57 回 電池討論会講演要旨集 2C08（2016）.

笔者介绍　　长谷川圭一

Plan Be 株式会社　董事长

日本电化学学会、电气学会会员。曾任职于汤浅电池（现 GS YUASA），从事镍氢电池和铅酸蓄电池的开发。自 2001 年以来一直担任蓄电池顾问，并于 2011 年创立 Plan Be。除电池材料外，还参与应用产品的开发。

120% 发挥铅酸蓄电池的性能

——铅酸蓄电池的基础知识与应用技术

〔日〕长谷川圭一 执笔 | 邹雨含 译

目前，锂离子电池的市场占有率正在大幅提高，铅酸蓄电池也不少。这大概是由于铅酸蓄电池的安全性较高、价格较低廉。但是，铅酸蓄电池还有诸如质量大和寿命短的缺点。本文介绍铅酸蓄电池的基本特性，考察如何发挥其性能。铅酸蓄电池也在不断发展并适应各种应用，物尽其用才能更好地发挥其性能。

（编者按）

铅酸蓄电池概述

● 用　途

前面介绍了家用的各种电池，包括可充电的二次电池。

本文将介绍人们熟悉的薄铅酸蓄电池，如汽车引擎盖下的薄矩形电池。但是，现在也有很多驾驶员从未打开过引擎盖，没见过汽车启动电池。

● 铅酸蓄电池的市场潜力巨大

有些人对电池略知一二，觉得铅酸蓄电池由来已久，市场趋于饱和。但在日本，铅酸蓄电池至今仍有2000亿日元的市场份额，且近30年的市场规模并无太大变动（图1）。或许是因为电池市场持续扩大，而其中发展最快的就是锂离子电池，所以才会产生上述错觉。

● 潜水艇也用铅酸蓄电池

铅酸蓄电池使用量最大的是何种应用？不言而喻是汽车，每年有近2500万个铅酸蓄电池用于汽车。除此之外，它还用于室内小型叉车和高尔夫球车、UPS和移动通信基站等，以及发电厂和大型蓄电设备(图2)。

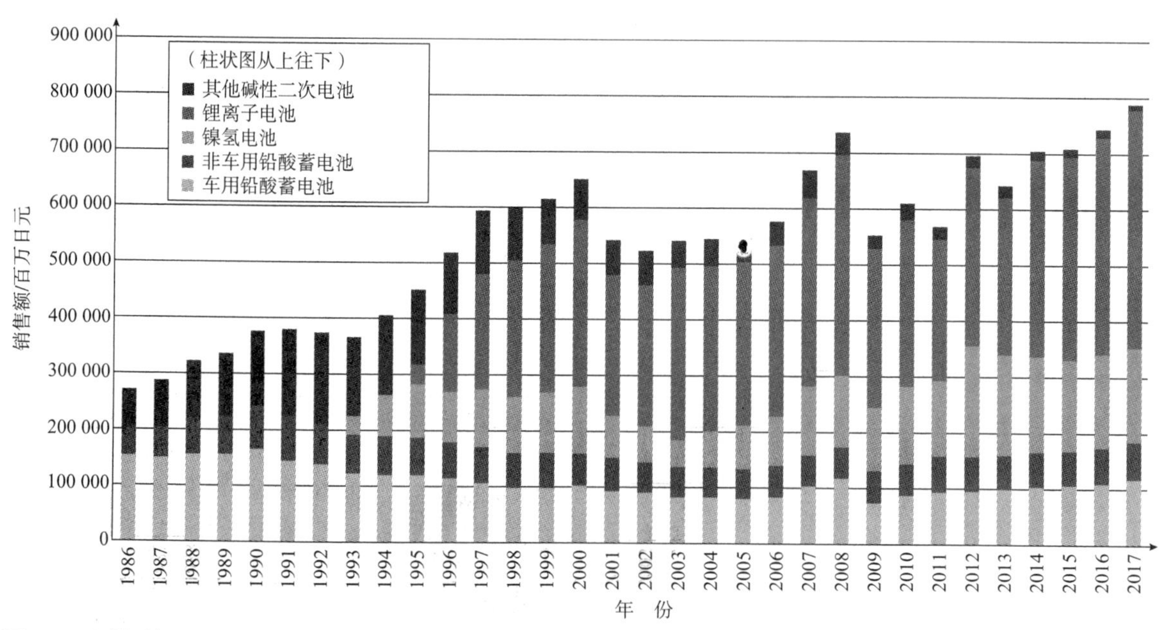

图1　日本历年的二次电池销售额

（来源：日本经济产业省机械统计）

(a) 室内叉车多数由铅酸蓄电池驱动

(b) 安装了大量大型铅酸蓄电池

图 2　电动叉车（摄于 CQ 出版社）

令人惊讶的是，潜水艇也配备了大量铅酸蓄电池（图 3）。水下没有空气，因此无法使用发动机。上浮时可利用发动机驱动发电机给铅酸蓄电池充电，潜水时由电池向电机供电，工作机制与串联混合动力系统相同。因为电量很大，所以使用了高度与人差不多的大型电池。

铅酸蓄电池的自重在叉车和潜艇上可发挥一定的作用。

图 3　日本的潜水艇多数使用铅酸蓄电池（摄于吴港）

图 4　数据中心的铅酸蓄电池（来源：NTT Communications）

● NTT 为日本最大的电池消费者

手机等的通信服务必须保证在非常时刻能正常使用。由于这个原因，通信运营商引入了大量的备用电池，其中大多数是铅酸蓄电池。

NTT 集团被认为是日本最大的电池消费者（图 4）。数据中心的市场正在不断扩大，它也使用了大量的电池，以防止数据丢失。

铅酸蓄电池的基础知识

■ 铅酸蓄电池的内部

● 经过 150 年的改良，原理仍然没变

铅酸蓄电池是实际使用历史最久的电池。伏特（意大利）于 1800 年发明电池之后约 60 年，普兰特（法国）于 1859 年发明了铅酸蓄电池。后来，在 1895 年，日本的第二代岛津源藏[①]（也被称为“日本爱迪生”）成功地制造了电池，并于 1917 年成立了日本电池（现 GS YUASA）。

铅酸蓄电池自发明以来已过去了 150 多年，但其基本原理和结构没有改变：由铅化合物制成的正负极相对置于稀硫酸电解液中。

图 5 所示为铅酸蓄电池的结构。

① 第二代岛津源藏（1869–1951，幼名梅次郎）是岛津公司的第二任社长，他开发了日本第一台 X 射线设备，还开发了以前只能依赖进口的铅酸蓄电池（后来的 G5 蓄电池），岛津公司由第一代岛津源藏（1839–1894）创立。两代岛津源藏都是非常有名的发明家。

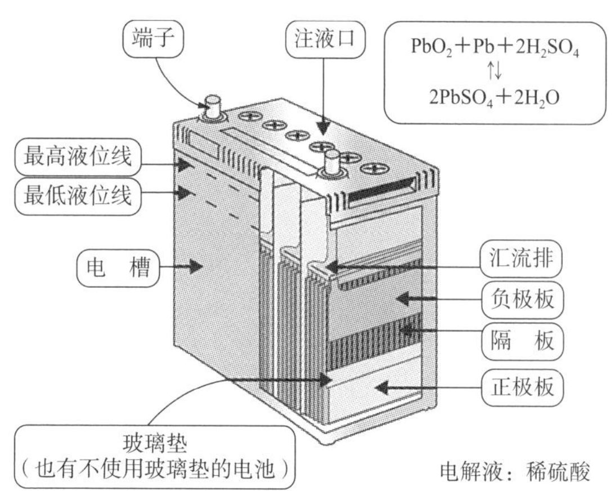

图5　铅酸蓄电池的结构和反应式
（来源：日本电池工业协会）

■ 铅酸蓄电池的制造方法

● 大部分由铅锭制造

铅酸蓄电池的制造方法发生了一些变化：引起化学反应的材料（活性材料）、保持化学反应的集电体（涂敷了活性材料的板栅）、输出电流的端子均由铅锭（图6）制成。

除电槽和电解液外，其他基本由相同的原材料制成。它与锂离子电池完全不同，后者的材料来自不同的厂商，由锂离子电池厂商制成电池。铅酸蓄电池厂商则包揽了从原料到组装的所有工序，坚持自制。

● 制造流程

铅酸蓄电池的制造流程如图7所示。

（1）用铅锭铸造板栅

首先，将铅锭铸成板栅。板栅是活性物质的载体，也是集电体。板栅制作方法除了将铅熔化后注入模具中的浇铸法（图8），还有将铅压延后再切割成形的压延法（图9）。其次，可以添加锡（Sn）使其合金化，以获得更好的性能，如提高耐腐蚀性和强度。

图6　铅锭（来源：三井金属）

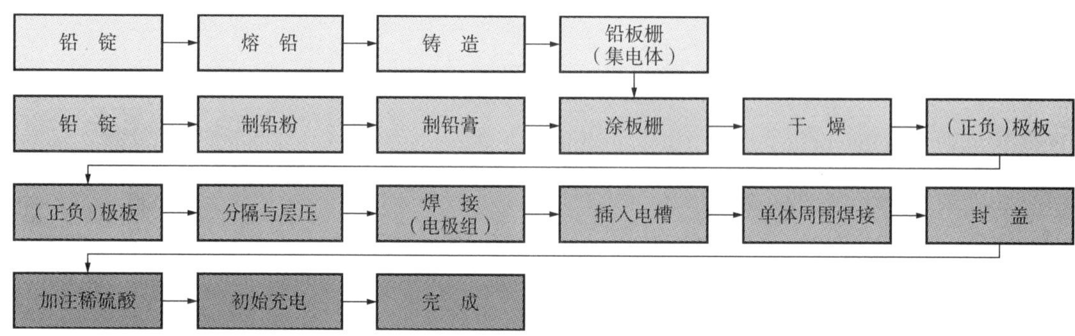

图7　铅酸蓄电池的制造流程

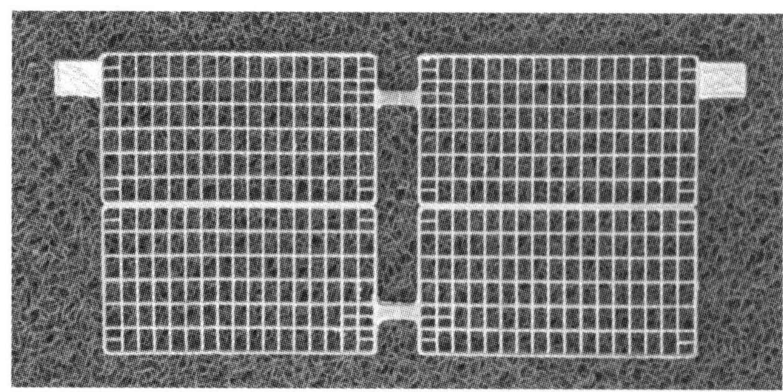

图8　浇铸型板栅示例：填充活性物质后切成4片
（来源：http://www.weiku.com/products/5677019/ZDX40S_VRLA_Battery_Lead_Acid_Battery_Grid_Casting_Machine.html）

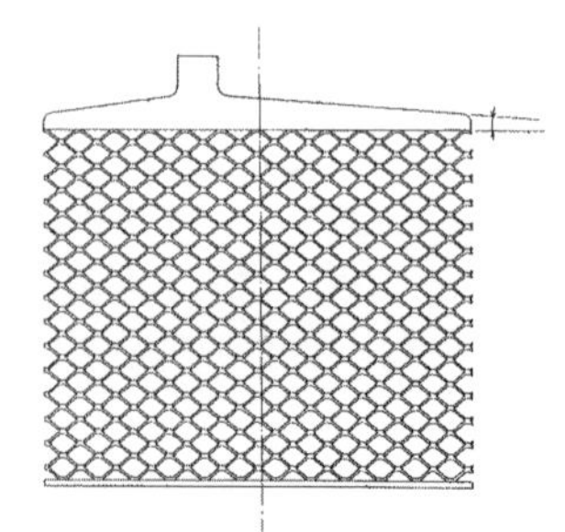

图9　压延法板栅示例
（来源：日本专利4461697）

（2）制铅粉

接下来，用铅锭制铅粉。铅粉的主要成分是氧化铅。通常做法是，将切成几厘米见方的纯铅放入加热容器中，并旋转容器，通过撞击铅锭使其表面的氧化物会剥离，最后得到铅粉（图 10）。

这种铅粉制造方法是岛津源藏发明的，被称为“岛藏法”。由于该方法的发明，铅酸蓄电池的生产效率得到了显著提高（“GS YUASA”中的“GS”为岛津源藏的姓名首字母缩写）。

（3）将铅粉涂到板栅上，以制作极板

将铅粉与稀硫酸、水等添加剂混合，搅拌成铅膏，然后涂在板栅上。随后，在调节好温度和湿度的环境中放置一段时间，就制成了填充活性材料的极板。

正极板和负极板的区别在于板栅的合金成分和添加剂不同。

（4）电极组制作

极板通过玻璃纤维或多孔树脂制成的隔板分隔，再进行层压（图 11）。依次焊接正极板和负极板，再把正负汇流排串在一起焊起来，就成了电极组（图 12）。

将电极组装入电槽内的单元格，进行单体之前的导通焊接，最后进行封盖。

图 10　岛津源藏发明的铅粉生产设备（来源：岛津制造所）

图 11　隔　板

（5）注入电解液（稀硫酸），进行初始充电

封盖上有与电池单体对应的注液孔。通过该孔注入稀硫酸作为电解液并对电池进行充电，称为“初始充电”或“化成”。

初始充电是包含放电步骤的反复操作模式，旨在完全激活电池内部。化成之后，铅酸蓄电池就算制造完成了。经过检查和包装后，就可运往世界各地进行销售。

■ 铅的秘密

铅非常重，且很容易变成对人体有毒的化合物，许多人可能想知道为什么要使用它。其实，铅酸蓄电池的普及背后有着深刻而有趣的原因。

● 铅的密度很大，加工困难

铅酸蓄电池制造的特点是，厂商大多倾向于材料自制（包括原材料）。此外，铅酸蓄电池较重。金属铅的密度为 11.35g/cm^3，500mL 塑料瓶大小的铅酸蓄电池质量将近 6kg。

铅粉是一种氧化铅粉，但其表面密度仍大于 3g/cm^3，即使是一小桶铅粉也很难轻易提动。

搅拌铅膏是力气活，过去在铅酸蓄电池工厂工作的大多是身体强壮的人。

● 每个单体的电动势达 2V 之高

目前的铅酸蓄电池，每个单体的基本电压（电动势）为 2V——比碱性电池（1.5V）和镍氢电池（1.2V）高，但比锂离子电池（3.6V 等）低。

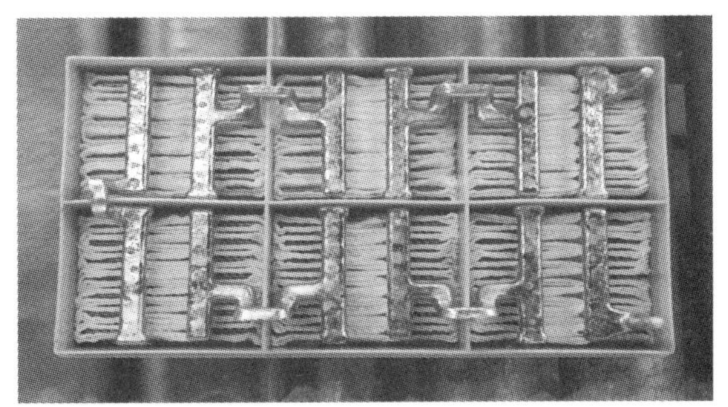

图 12　电极组和汇流排

实际上，电动势达到 2V 有点出乎意外。通常，水（H_2O）被施加 1.23V 或更高的电压，就会电解①为氢和氧。

铅酸蓄电池产生的电压要比水电解的电压高得多，因此，原理上电解液中的水随时处于被电解的状态。

那么，为什么没有被电解呢？

● 正负极活性物质铅化合物的秘密

实际上，铅酸蓄电池的正极活性物质（二氧化铅：PbO_2）和负极活性物质（铅：Pb）之间的水电解速率非常低，即使被施以 2V 电压也难以被电解。

这种难以发生电解的特性被称为“过电位”（严格来说是氧过电位、氢过电位）。在各种物质中，铅化合物具有较高的过电位（图 13）。

令人吃惊的是，早期发明的铅酸蓄电池就使用了具有该性质的铅化合物。

● 过电位与蒸馏水的关系

过电位受各种因素的影响会呈现很大的变化。例如，当电池内部混入杂质时，过电位减小，会使电解液的分解加速，并且伴随自放电。这就是铅酸蓄电池需补充蒸馏水的原因。过去，拥有私家车的人通常会定期为汽车电池补充蒸馏水，而不是稀硫酸（现在不需要了）。

铅酸蓄电池仍有市场的 3 个理由

铅酸蓄电池至今仍然拥有巨大市场的最大原因是其具有优异的特性。

■ 高功率

● 瞬时大电流

首先，铅酸蓄电池在高功率方面表现出色。汽车电池充分利用了该特性。启动发动机时，启动电机会转动几秒钟。要使静止状态的发动机转动起来，需要大转矩，为此必须为启动电机提供数百安的大电流（需持续几秒钟）。

● CCA 值非常可观

电池在低温下的电流输出能力被称为“CCA”（Cold Cranking Ampere，冷启动电流），参见表 1。

铅酸蓄电池的电解液为稀硫酸，具有较高的导电性。另外，为了支撑沉重的极板，固定用的汇流排和端子较粗大，因此电池内阻很小，有利于电流输出。

● 输出功率随着放电的进行而减小

遗憾的是，大功率仅限于电池充满电时。随着放电的进行，输出功率会逐渐变小，这是铅酸蓄电池的一个特征。

考虑到高尔夫球车、叉车等应用的电池即使在放电末期也要有足够的输出功率，因此应选择尺寸合适的电池。

■ 铅酸蓄电池可耐高温

铅酸蓄电池的一大长处是，在发动机舱这样的高温环境中也可以安全工作。

● 锂离子电池不耐高温

通常锂离子电池禁止在温度高于 60℃的环境中使用，但是铅酸蓄电池可以在温度高于 60℃的环境中充放电（当然，这不是推荐的环境条件，其性能会降低）。

● 为了延长使用寿命，铅酸蓄电池有时需要采取升温措施

在高温下使用时，锂离子电池存在寿命缩短以及性能下降的问题。应用于 EV 时，电池冷却是设计要点。

但是，铅酸蓄电池在高温下的劣化相对较小，因此可以降低冷却成本。然而，对于铅酸蓄电池，为了获得完整的电池寿命，冷却和温度均衡也很重要。

■ 价格低廉

● 单位容量价格是其他电池的 1/3 ~ 1/10

铅酸蓄电池的最大优势是便宜，其单位功率成本为其他类型电池的 1/3 ~ 1/10（图 14）。

小型设备（如移动设备和个人计算机）的电池使用量很小，因此成本差异可能不大。但是，在大型储能系统（如大型太阳能电池系统）中，仅电池成本就达数千万日元之差。因此，成本是电池选型时的重要项目。

① 锂离子电池的电解液是有机溶剂，原则上不会发生水电解。

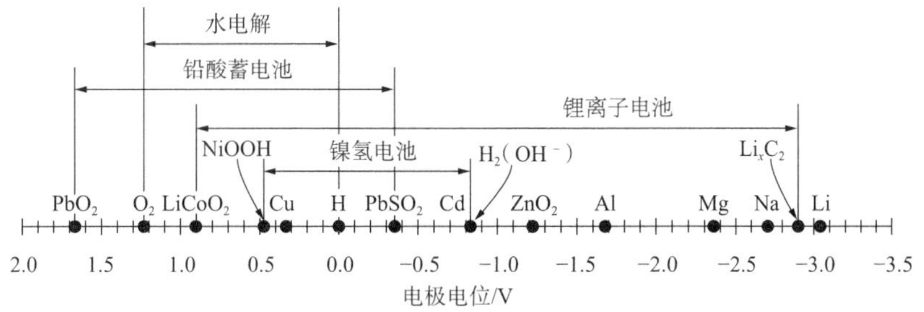

图 13 水电解电压和电池电压（两点之间的电位差形成电压）

表 1 冷启动性能实例（来源：德科产品目录）

电池型号	CCA*/A	持续时间 **/min	5 小时率容量 /（A・h）
34B17	246	38	24
40B19	332	52	28
46B19	370	62	34
50B24	325	75	36
60B24	430	80	36
80D23	580	120	54
90D26	680	150	58
105D31	710	165	64
115D31	780	170	75

* 电池在 −18℃ ±1℃下放电 30s，且电压保持在 7.2V 以上或更高时所能输出的电流。
** 在 25℃下，电池输出 25A 的额定电流且电压保持在 10.5V 以上的持续时间。

● 铅锭廉价，制造成本低

从原材料到制造完成的所有工序几乎都在铅酸蓄电池厂、铅锭廉价等是铅酸蓄电池价格低的主要原因，但笔者认为还有一个因素——铅酸蓄电池生产线的多功能性。自从被发明以来，铅酸蓄电池的基本结构没有改变，并且从小电池到大电池几乎以相同的方式生产。因此，生产线的稼动率很高，专用于特定型号的设备很少。

实际上，其他类型电池的生产线就不具备这样的多功能性。从某种意义上说，这是悠久历史的礼物。如图 13 所示，无论大小铅酸蓄电池的单位功率价格都不会波动。这是铅酸蓄电池制造的特征带来的。

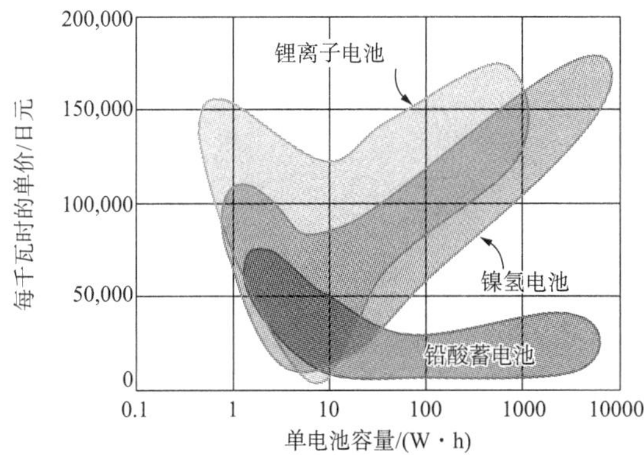

图 14 各种单电池的成本比较（不包括系统和模块）

铅酸蓄电池的变化

铅酸蓄电池其实有很多种，变化体现在以下方面：

・用途演变

・性能提高

除此之外还有其他变化，这里不做赘述，主要介绍一下用途演变。

● 注液型铅酸蓄电池（图 15）

车用铅酸蓄电池又被简称为“汽车电池”。一些摩托车和较老的汽车使用的是需要补液的铅酸蓄电池。

这种电池的正极板中添加了锑，以提升其耐腐蚀性。这时，负极析出会加速电解液的分解，因此需要补液。

补液使用纯净水，如蒸馏水。由于稀硫酸中的硫酸成分不会分解，因此仅补充水分。

图 15　补液工作和批量补液装置（来源：住友叉车）

固定式注液型电池也用于汽车，还用于应急电源。由于使用寿命长，因此通信公司等的地下会安装这类大型的备用电池。

● 不需要补液的免维护铅酸蓄电池（图 16）

大部分人觉得补液很麻烦，因此现在的汽车不使用注液型铅酸蓄电池了。不需要补液的电池被称为“免维护电池”（MF 电池）。

它看起来与注液型电池几乎相同，主要区别如下：

・无液位线

・无补液管

如前所述，减少锑的添加量，可以减缓电解液的分解。据此，可以将电解液可用时间设计为电池寿命。

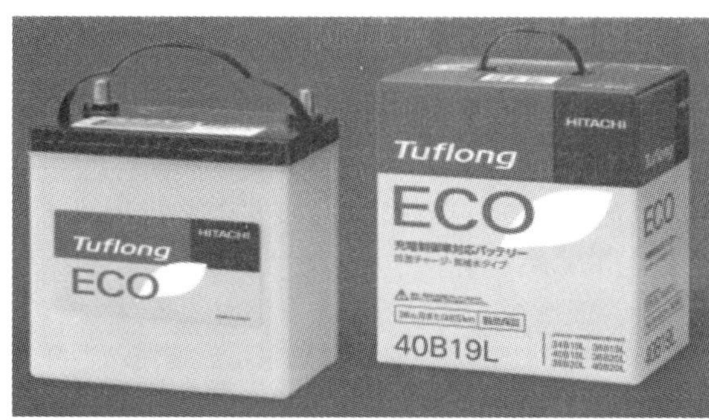

图 16　MF 电池示例（来源：日立化成）

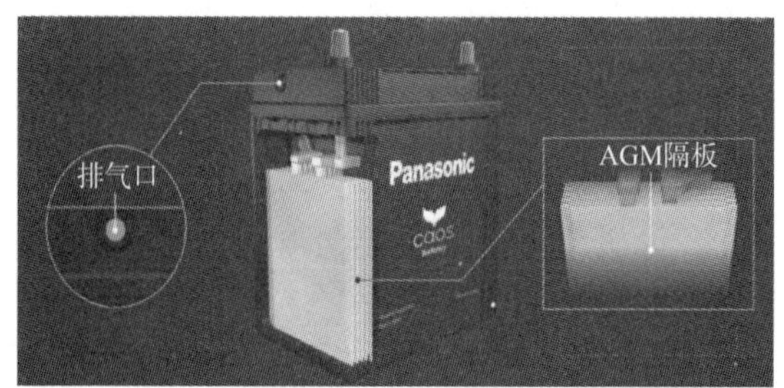

图 17　VRLA 电池示例（来源：松下）

● 可以侧放的阀控铅酸蓄电池

阀控铅酸蓄电池（Valve Regulated Lead Acid Battery，VRLA）常用于服务器，如图 17 所示。这种电池的电解液被包含在隔板的吸水玻璃垫（Absorbent Grass Mat，AGM）中，即使侧放也不会从注液口溢出。

这类电池的特性如下：

・完全没有使用锑，因此负极产生的氢气非常少

・正极产生的氧气再次在电池内部变为水，几乎没有气体排放，电解质不会减少

这并不是说完全没有气体排出，因此还不能称为“密封式”（过去被称为密封式，由于可能会引起误解而发生危险事件，现在不这样称呼了）。

● 密封式电池

目前，这类电池主要用于摩托车和汽车，发生事故或翻车时，电解液几乎不会流出。它产生的气体较少，可以作为混合动力车的辅助电源安装在后备厢或后座下方。玻璃隔板的成本较高，并且需要高科技来延长使用寿命，因此这类电池的价格较高。

铅酸蓄电池的劣化

■ 车用电池的最大敌人：硫化

● 1/3 的汽车故障原因是电池没电

JAF（日本汽车联合会）提供公路救援服务。如果会员开车时遇到问题，可以立即获得其服务。JAF 公路救援的故障原因大约有 1/3 是电池电量不足，即长期不关电源或电池劣化导致的电池容量不足问题（图 18）。

或许有人觉得铅酸蓄电池还需要继续进化。那么，铅酸蓄电池为什么会劣化呢？

● 电池电量耗尽的原因是无法充电

一般都是当汽车无法启动时，才意识到电池电量耗尽。这时，电池无法向电机供电以启动发动机。如图 19 所示，可能的原因如下：

・充电后无法放电

・电池未充电

大部分原因是后者。

过去，即使是轿车，也会在开车前检查电池电压

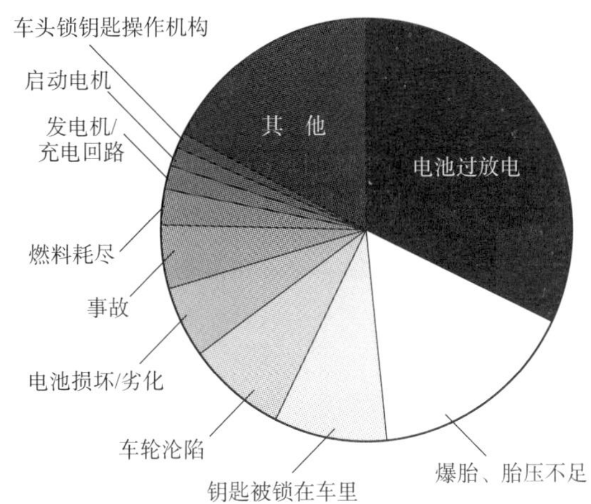

图 18 JAF 公路救援的故障原因
（来源：JAF统计数据，2016年4月1日–2017年3月31日）

图 19 无法放电？无法充电？

和电解液比重。在使用铅酸蓄电池的情况下，随着充电的进行，电池电压会上升，电解液的比重会增大，导致电池电压下降后无法充电。

● 硫化是由于电池的“内脏脂肪”过多

发动机转动时，带动交流发电机给电池充电。但是，如果电池本身已经劣化，则无法进行充电。

在许多情况下，此现象是硫化引起的。硫化是指负极活性物质海绵状铅通过放电变为硫酸铅，形成无法再充电的非活性状态。这种现象就像人体吸收的营养变成内脏脂肪堆积了起来（图 20）。

● 硫化引起的电池劣化

硫化是非常棘手的劣化模式，它会引发其他各种劣化（如正极腐蚀和电解液减少）。

笔者过去在其他劣化开始之后才对电池进行研究，忽略了硫化这个根因。另外，之前说到放电产生硫酸铅是电池劣化的起点，因此使用电池时即硫化开始时。

● 防止硫化要常保持满电

为了防止硫化，要使电池长期保持满电状态。

在汽车上，整流器将交流发电机输出调节为比电池额定电压稍高的电压进行充电，电池可维持满电状态，原则上不太可能发生硫化。

但是，空调等的使用会使汽车的功耗增加，存在发电量无法满足用电量的情况。为此，新型汽车采取以下措施减少用电量：

- 停车时使发动机停止工作（怠速停止）
- 启动时断开交流发电机（充电控制），如图 21 所示

可见，目前的技术都在逐步规避硫化问题。

■ UPS 用铅酸蓄电池的敌人是板栅腐蚀

● 不太可能发生硫化？

UPS（不间断电源）常用作服务器等的备用电源，

图 20 硫化是因为无法回到原来的状态（导致无法充电）

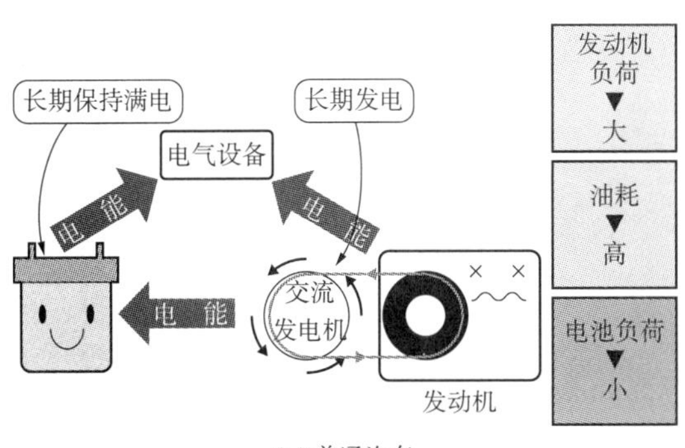

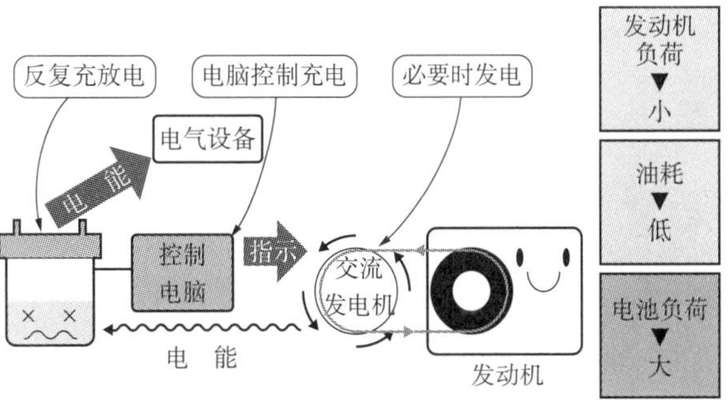

图 21 充电控制系统（来源：ENEOS）

它也使用了铅酸蓄电池（图 22）。因为是用来防止停电的，所以 UPS 必须时常保持完全充电状态，硫化风险低于汽车电池。

● 正极板栅的腐蚀问题严重

像 UPS 一样不断进行小电流充电来保持电池满电状态（完全充电）的充电方法被称为“浮充”。

但是，进行浮充并不意味着铅酸蓄电池的使用寿命会延长：虽然不会出现硫化，但是存在正极板栅腐蚀导致电池劣化的情况（图 23）。

板栅腐蚀现象类似于人衰老后骨密度变低。不同的是，正极板栅腐蚀除了产生腐蚀性物质二氧化铅（PbO_2），还会导致①电池体积膨胀；②极板伸展，电池盒变形；③严重时电池壳体破裂，内部电解液泄漏；④电池外部绝缘电阻减小，打火；⑤最坏的情况是使周围的可燃物（如灰尘）着火。

● 电池老化的应对措施

UPS 需要定期更换电池，否则可能会导致危险事故的发生，需要特别注意。

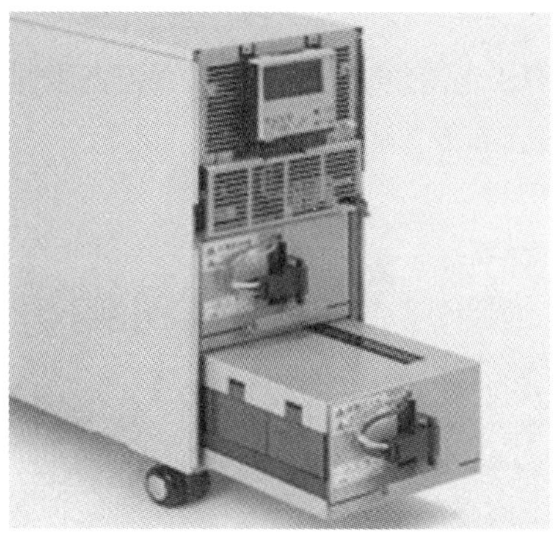

图 22　UPS 和电池安装示例（来源：三垦电气）

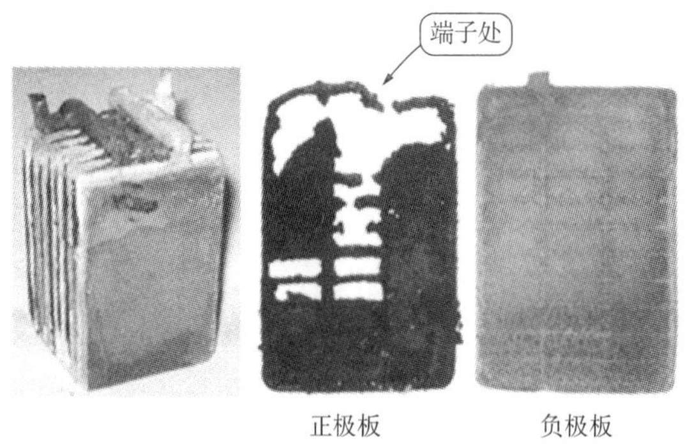

图 23　板栅腐蚀（来源：http://batteryuniversity.com/）

而且，环境温度升高会加速腐蚀。注意，不要把 UPS 安装在周围设备很多或风扇冷却效率较低的地方。

■ 活性物质脱落

● 电极活性材料是多孔的

铅酸蓄电池的活性材料是将铅粉制成铅膏涂敷后干燥得到的，像砖头和磨刀石一样带有极小的孔，是多孔体。

但是，正极活性物质（PbO_2）中，各微粒之间的结合力会随着充放电而减小，结果是长时间使用后呈糊状，且糊状物质还会溶解在电解液中。

这种劣化模式被称为活性物质脱落。如果检查时发现电解液是棕色且浑浊的，则劣化可能已经在发展。

● 采用管状极板来应对

频繁充放电非常容易导致活性物质脱落。为此，叉车或高尔夫球车使用“重复深度放电电池”——其正极活性物质（PAM）被封闭在玻璃纤维制成的套管中。

为了改善放电能力，可将管状极板加工成扁平状，如图 24 所示。

防止铅酸蓄电池劣化的各种技术

■ 电池补充：添加剂

● 负极添加剂——木质素

电池的内部很简单，零件很少，但是根据使用目的的不同有几种添加剂。特别是为了抑制硫化，负极活性物质用添加剂的开发极其重要。

负极添加剂是一种木质素（图 25）。

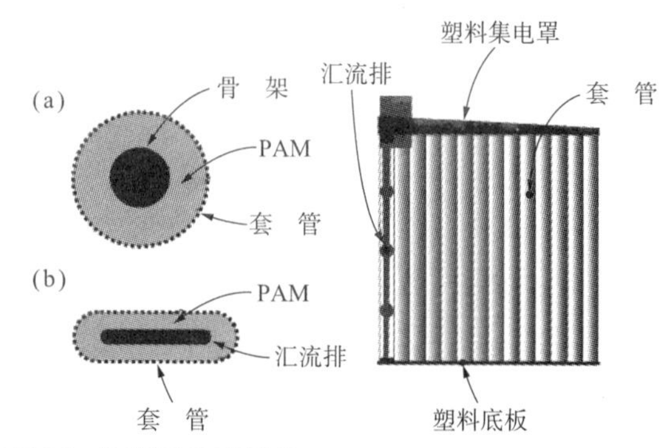

图 24　管状极板及其构造

造纸时，木片在高温高压下经化学处理制成的纸浆，与木片纤维结合的成分溶出到药液中，这种成分就是木质素。

● 提高充电效率的木质素

添加木质素可提高充电效率并抑制硫酸盐化。铅酸蓄电池厂商正在探索最优质的木质素。

由于木质素包含香草醛成分，因此负极活性物质糊剂的制备过程中可能有像巧克力或香草的味道。香草醛是香草的香气成分。

● 木质素的由来

实际上，在发现木质素的功效之前失败过一次。

过去，铅酸蓄电池使用薄木板作为隔板。后来，开发并换用了塑料隔板，但电池会提前劣化。调查原因之后发现，木板中包含的木质成分是有其功效的，于是木质素就被用作电池添加剂了。

木质素是非常复杂的天然化合物的混合物，其中的活性成分已被检出并探明了功效。除了天然木质素，目前正在研究改良了处理方法和化学性质的特殊产品。

■ 与炼金术一脉相承的合金技术

● 负极采用锑合金防止极板腐蚀

为了抑制极板腐蚀（正极劣化的主要原因），耐腐蚀合金的研究被提上了日程。

纯铅非常软，用作极板时强度不足，添加锑可以增大硬度并改善耐腐蚀性。

● 使用锑合金时需要注意补水

锑合金具有很好的耐腐蚀性，但是随着充放电，锑会略微溶出。当其沉积在负极板上时，沉积部分会产生氢。因此，使用锑合金的电池无法采用阀控结构（VRLA），需要补液。

而且，即使电池闲置不用也会产生氢，且伴随着负极的自放电（局部电池反应），这会加速电池的硫化。

● 用钙和锡替代锑

为了避免补水作业，必须停止使用锑。为此，可添加钙以增加硬度，并添加锡以改善耐腐蚀性。

铅钙锡合金是阀控铅酸蓄电池正极板栅的基本成分。

● 无锑合金开发的故事

无锑合金的开发曾有一段失败的历史：使用无锑合金生产的免维护铅酸蓄电池，开始使用后立即出现早期容量损失现象（Premature Capacity Loss，PCL），如图 26 所示。这对全球产生了严重的影响。

详细调查原因后发现，电解液渗进了板栅和活性材料层的结合间隙中，在放电期间先反应形成高阻 $PbSO_4$ 膜，明显阻碍后续放电。

锑合金具有加强板栅－活性材料界面的性质，因此难以产生间隙，电解液也就无法进入。尽管锡改善了耐蚀性，但它不利于界面的形成，会产生 PCL 现象。通过优化制造工艺，现在解决了 PCL 问题，并且改善了耐蚀性，电池的使用寿命进一步得以延长。

■ 补液的特殊要求

● 铅酸蓄电池用的电解液添加剂是什么

据说市售电解液添加剂有改善铅酸蓄电池性能的功能。由于成分不明，因此是否有效尚不知。但是如

图 25　木质素与改性木质素
（来源：日本农林水产省报告，2016年10月）

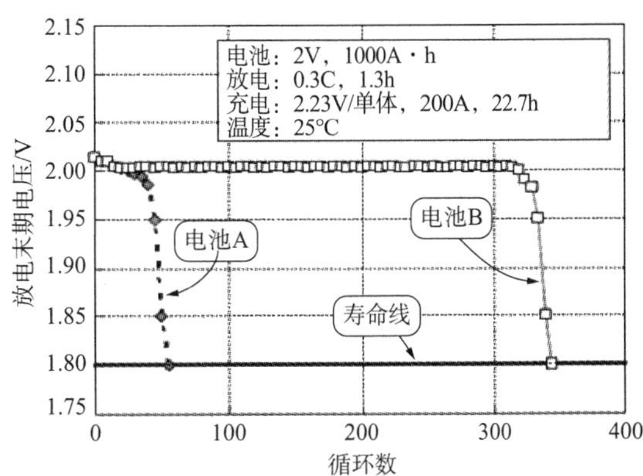

图 26　PCL 机制
［来源：FB技术新闻，(62)：19］

前所述，铅酸蓄电池具有极大的过电位（特别是负极氢过电位），对此无影响的添加剂很少。

● 蒸馏水是比较好的选择?

在许多情况下会因为比重低而添加硫酸，但这会使放电加深，难以进行下一次充电。

因此，通常要加蒸馏水。即使不使用添加剂，也要避免使用自来水和矿泉水——其中的氯和矿物质会降低氢过电位并加速板栅腐蚀。

● 如果稀硫酸的顶部和底部浓度不同

在阀控型电池中，电解液被玻璃隔板隔离，固定在电池内部。但用显微镜观察会发现，液体在玻璃隔板的空隙中仍然保持着流动性。

给铅酸蓄电池充电时，浓硫酸会从极板内部渗出。但是，高浓度硫酸密度很大，会沉降到底部。这将导致稀硫酸的顶部浓度较低，而底部浓度较高，产生分层现象（图27）。

浓度差不仅会引起局部电池现象，还会导致充电反应不均匀，从而发生硫化。在这种情况下，可将二氧化硅添加到电解液中以增加溶液的黏度。这样，浓硫酸的沉降速率降低，分层变得困难，从而抑制了硫化。

另外，为了改善电池放电后的闲置特性，可添加硫酸钠（温泉沉淀物的主要成分）。

硫酸离子（SO_4^{2-}）

比重大的硫酸离子易聚积在底部

电极板

隔 板

图27 分层示意图（来源：日立化成车用电池）

新用途和新课题

■ 怠速停止汽车用的铅酸蓄电池

● 铅酸蓄电池的负荷大

如果发动机在等红灯时停止工作，则在这段时间内不会消耗燃料，明显降低了油耗。这样的怠速停止（图28）非常普及，但对铅酸蓄电池有影响。

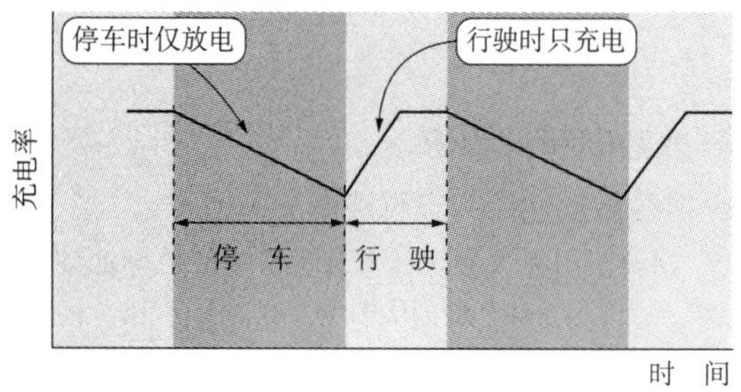

(a) 行驶过程中充电率的变化

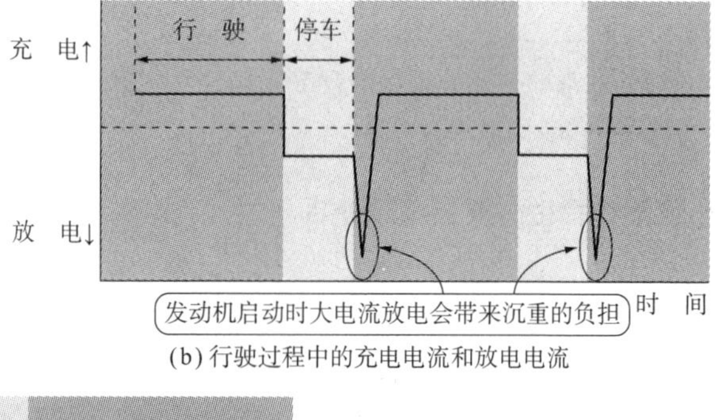

(b) 行驶过程中的充电电流和放电电流

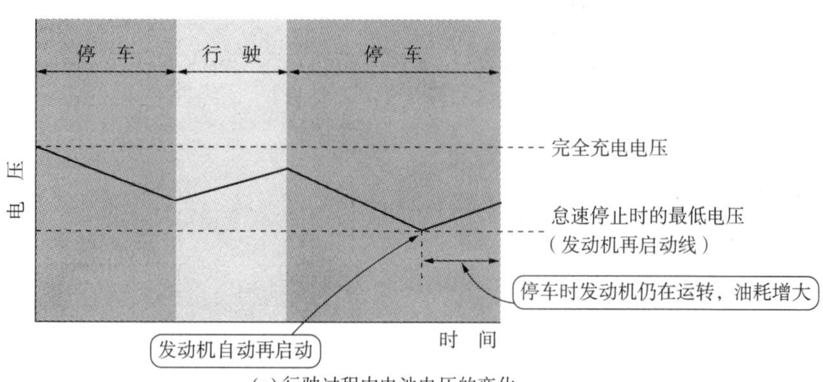

(c) 行驶过程中电池电压的变化

图28 怠速停止模式（来源：日立化成车用电池）

由于发动机在停车时停止工作，因此启动次数明显增多。另外，即使发动机停止工作，汽车电子设备（空调等）仍在运行，重负荷仍然存在。

可见，汽车电池的负荷非常大。为此，各种改良的避免怠速停止引起电池劣化的电池得以发展。

● 完全充电状态会缩短，硫化会加速

在此应用中，电池负荷很大，比普通汽车电池的放电更深。另外，由于发动机频繁启停，交流发电机的发电时间缩短。于是，电池需要在很短的时间内充满电，这可能加速硫化。

因此，有必要提升电池的性能：即使电池没有充满电，也能有效抑制硫化；充电性能得到改善，可在短时间内充满电。

■ 可再生能源时代的 EMS

● 用于太阳能发电的铅酸蓄电池的寿命短

随着大量可再生能源的引入，储能系统在EMS（能源管理系统）中的重要性日益提高。

也有使用铅酸蓄电池的蓄电系统（图 29）。但是在某些系统中，存在铅酸蓄电池（特别是太阳能发电系统的铅酸蓄电池）寿命很短的现象。

实际上目前许多大型太阳能系统都使用铅酸蓄电池。

● 太阳能发电会加速硫化

日照良好与不良时的太阳能发电量有很大的不同。如果持续下雨，充电停止，电池不能充满电，非常容易发生硫化。

另一方面，电池在 EMS 中深度放电后，所需的充电时间较长，难以充满电。

换句话说，硫化和深度放电使得 EMS 的铅酸蓄电池寿命大大低于预期。

● 不同用途铅酸蓄电池的对策

铅酸蓄电池的用途分类明确，如重复进行深度放电的叉车等应用、满电待机的应急电源（如 UPS）等应用，都在逐渐改良。

但是，如果在不了解该技术背景的情况下将 UPS 电池用于 EMS，则使用寿命会进一步缩短。因此，有必要深入理解电池规格书（图 30）中的周期数或可用年限。

图 29　太阳能发电和蓄电装置的独立供电系统示例（来源：古河电池）

电动汽车用（动力）铅酸蓄电池的寿命终止定义为，电池实际容量降至额定容量的80%。此时，继续使用会使电池内部劣化，导致突然放电停止、变形或损坏

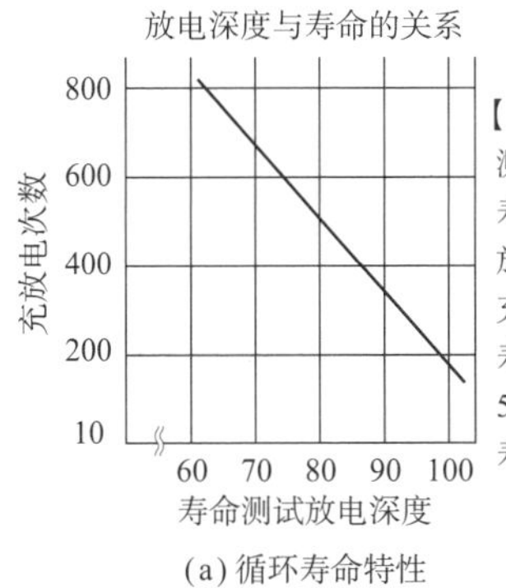

【示例】
测试温度：30 ~ 40℃
寿命测试循环
放电：0.25C
充电：放电量的110% ~ 120%
寿命测试中的容量确认
5h，1.70V/单体
寿命终止：5小时率容量下降至80%

(a) 循环寿命特性

系　列	PXL RE
预计更换周期	6年（25℃）

预期寿命是根据高温浮充加速寿命测试获得的耐久性数据估算的25℃实用年限。在一定条件下使用而估算的预期寿命并不一定是所有条件下的使用寿命

(b) 预期寿命

图 30　寿命示例（来源：GS YUASA 产品目录）

● 电池的正确使用方法没有完全传达

铅酸蓄电池厂商的业务集中于所谓的“B端客户”（机构客户）。这些客户通常是汽车厂商或通信公司，他们积累了足够的电池应用专业知识（可能比电池厂商更熟悉电池的实际使用）。

因此，以前的客户习惯于研究电池厂商的推荐方法以外的使用条件和特性。但是，在EMS市场中，对电池知识知之甚少的新客户不断涌现。笔者认为，电池厂商应提供更详细的信息。

面向新应用的最新技术

■ 怠速停止车用铅酸蓄电池

● 促进铅酸蓄电池发展的应用

如前所述，怠速停止车用铅酸蓄电池的性能需要进一步发展。目前已发展到第五代，参见表2。

● 多方面改善

改善点包括板栅形状、电解液添加剂、负极板栅制造方法、正极活性物质密度、正极添加剂、负极添加剂、碳添加剂等，几乎涉及所有方法。

目前，相关的改良技术已经投入使用。改善的重点是抑制怠速停止汽车特有的充电机会少、放电量大引起的硫化现象。

● 大幅改善的添加剂

前面介绍了木质素，下面阐明木质素的作用机理。

通常，木质素与负极在充放电反应期间产生的铅离子结合以增强稳定性，从而抑制$PbSO_4$的沉淀，最后抑制伴随电池循环的负极活性物质颗粒的粗化。

更有效的改良木质素正在开发中，并且各电池厂商正将改良木质素投入实用。这样，即使是部分荷电状态（Partial State of Charge，PSoC），也可大大提高抑制劣化的效果（图31）。

同时，添加到负极的碳（所谓的“烟灰”）也正在改良，可采用形状和表面状况得到改善的特殊碳。

在锂离子电池领域，用于负极活性物质的碳正在进步。碳的特性不尽相同，有的用于增强导电性，有的作为锂吸附材料。

表2　各代怠速停止车用铅酸蓄电池的改善点
［来源：GS YUASA技术报告，13（2）］

项　目	第一代	第二代	第三代	第四代	第五代
起始年份	2009	2010	2011	2012	2017
单体设计	○	○	○	◎	◎
板栅设计	○	◎	◎	★	★
电解液添加剂			○	○	○
负极板栅特殊加工	○	◎	◎	◎	◎
高密度正极活性物质	○	◎	◎	◎	◎
正极活性物质添加剂	○	○	○	◎	◎
负极活性物质添加剂	○	○	○	○	◎
碳添加剂	○	○	○	○	◎

注：○改善；◎进一步改善；★大幅改善。

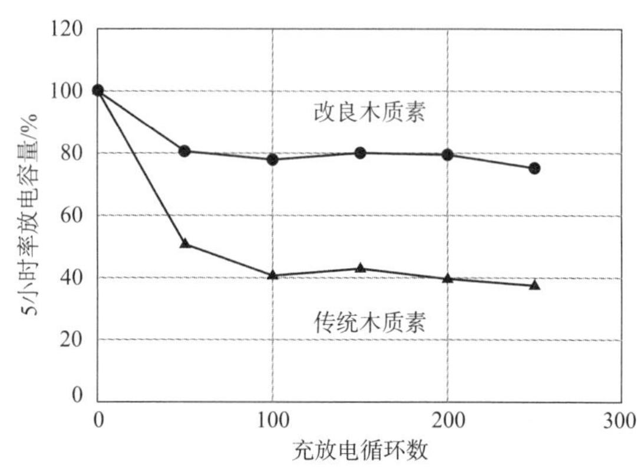

图31　木质素改良示例
［来源：GS YUASA技术报告，3（1）：2007］

● 正负电极专用合金也在不断发展

前面对正极板栅合金的改良进行过说明，而负极板栅合金的改进是为了解决极耳腐蚀问题——怠速停止时电解液面以上板栅集电部腐蚀严重（图32）。

随着负极板的硫化，极耳也部分转化为硫酸铅，无法通过充电还原成金属铅。

怠速停止充放电引起的电压变化会加速负极硫化，目前的对策是通过加锡等方法改善合金的耐腐蚀性。

另外，添加银可以提高正极板栅的耐腐蚀性，但是存在回收问题，现在通过添加钡（Ba）来提升耐腐蚀性。

● 电解液添加剂的研究

电解液的研究也取得了进展。已有研究详细讨论了硫化产生的硫酸铅的还原反应性，并进行了改进，如在电解液中添加锂。

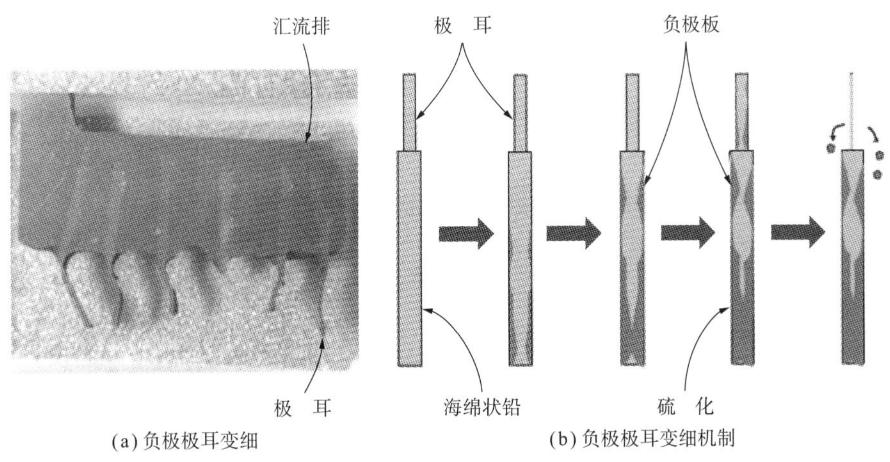

图 32　极耳腐蚀示例与机制

■ 持续发展

● 与太阳能发电的兼容性也可以得到改善

怠速停止用电池的开发在短时间内以各种方式取得重大进展，是铅酸蓄电池历史上一个非常重要的转折点。

同时，这些改良技术已扩展到怠速停止以外的其他应用，使得太阳能用铅酸蓄电池使用寿命的大幅延长成为可能。

● 铅酸蓄电池性能的进步空间还很大

目前，最高水平的铅酸蓄电池可在 70% 的放电深度下达到 5000 次循环，如果每天循环一次，那么其寿命可超过 13 年（图 33）。

你是否仍然认为铅酸蓄电池性能不佳?

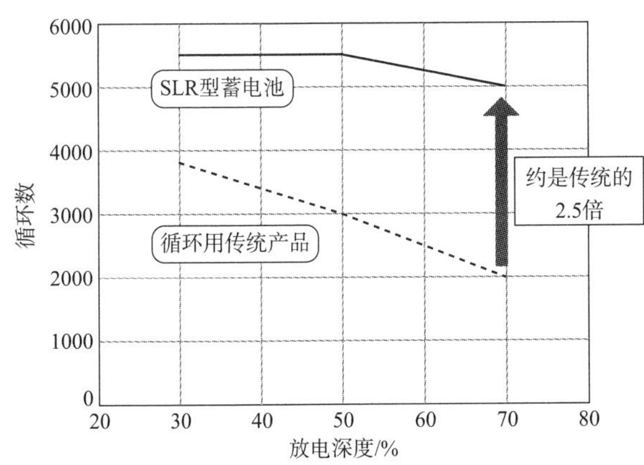

图 33　超长寿命铅酸蓄电池
（来源：GS YUASA SLR系列目录）

■ 电池充电控制技术及 BMU 相关建议

● 使铅酸蓄电池性能提高 120% 的技术

铅酸蓄电池技术在最近得到了很大的发展，电池的利用效率得到了提高。笔者认为，铅酸蓄电池被诟病性能低下是技术不足造成的。

● 铅酸蓄电池也需要安全 / 操作控制

公认的是，如果锂离子电池不受专用电池管理系统的控制，则可能发生过热和起火等危险事故。但是，许多铅酸蓄电池不仅不受电池管理系统的控制，也没有防止过充电的装置。这样真的好吗?

反过来说，铅酸蓄电池在一定程度上是安全的，只是在电池控制方面不太好。这是因为控制旨在确保使用安全性，而不是提高性能。

下面，我们来弄清楚铅酸蓄电池为什么安全。

● 铅酸蓄电池安全——过电位高

如前述，铅酸蓄电池的氧过电位和氢过电位较高。因此，恒流充电至接近满电时会发生较大的电压变化。

如果将该电压控制得更低，当电池接近完全充电时自动减小电流，则不会过充电。

● 浮充可维持完全充电

另外，由于存在少量的自放电，所以即使保持电流恒定，也存在较小的自放电电流。因此，要保持完全充电状态，有必要进行浮充——这是应急电源（如 UPS）的标准充电方法。

即使采用简单的充电器，也可构建不会过充电的系统。这种恒压充电→浮充在铅酸蓄电池悠久历史中的早期阶段就形成了。由于其操作简单，可靠性又高，因此成为主要充电方法。

● 快速充电可以更好地防止电池劣化?

从1990年左右EV用铅酸蓄电池的研究开始发展，为了抑制电池劣化并缩短充电时间，对铅酸蓄电池控制的研究从未止步。

结果如图34所示，得出了“用大电流充电电池寿命更长，充电时间更短”“小电流长时间充电的方法对电池比较友好”的结论。

● 快速充电不被推荐是不可思议的

电池厂商仅提供标准充电方法，这是因为充电条件通常取决于使用环境，而条件限制很多，需要根据实际情况进行微调。

如果不考虑电池厂商的推荐方法而直接使用，则无法充分发挥电池的性能，且会缩短使用寿命，这种例子随处可见。

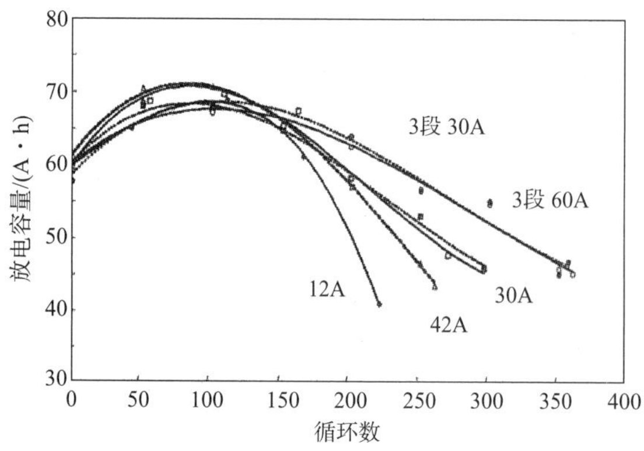

12V，60A·h，12组(144V)

循环测试：48A·h(SFUDS[①])，每50次循环进行容量测试

容量测试：SFUDS ~ 84V

段　数	充电方式	电压规定值
传统2段	12A+3A	除最后阶段外，电压控制为172.8V(144V/模块)。充电容量调节为放电容量的115%
2段	30A+3A	
3段	30A+12A+3A	
4段	30A+12A+6A+3A	
6段	30A+18A+12A+9A+6A+3A	

图34　分段恒流充电的效果

(来源：日本中央电力研究院报告，T97011；1998)

● 铅酸蓄电池控制单元(BMU)的有关建议

笔者正在开发铅酸蓄电池的电池管理单元(Battery Management Unit，BMU)。BMU会自动执行最佳的电池充电控制，即使用户没有专业知识，也能充分发挥铅酸蓄电池的潜力(图35)。

● 通过BMU与锂离子电池混用

此外，笔者还计划积极推动BMU控制的铅酸蓄电池和锂离子电池混用。

将来，这种铅酸蓄电池控制单元和铅酸蓄电池专用控制IC有望取得很大的发展。

■ 铅酸蓄电池修复

● 修复不仅仅适用于镍氢电池

电池控制之一是修复操作。常见的充电电池(如镍氢电池和镍镉电池等)的充电器都有修复开关，打开此开关进行充电可恢复电池容量。

这是因为正极为镍的电池在放电途中进行再充电时，先前放电的剩余部分呈高阻(一般认为是镍的高价氢氧化物，但是具体未知)。在此部分：

· 放电呈阶梯状

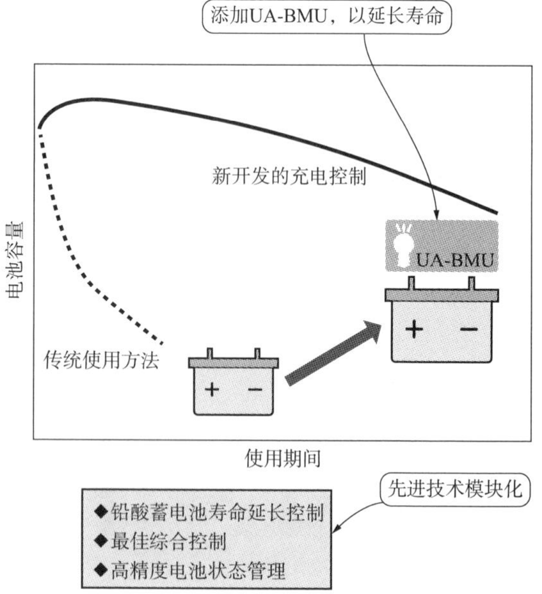

图35　笔者开发的BMU效果

① Simplified Federal Urban Driving Schedule，简化联邦城市行驶工况。

・电压突然下降

等，电池容量变小，出现记忆效应（图 36）。

● 对铅酸蓄电池使用均衡充电 / 升压充电

铅酸蓄电池不会产生记忆效应，不需要进行修复操作，但要进行等效维护操作，如均衡充电、升压充电。

铅酸蓄电池的标准充电方法是恒压充电。随着电池劣化的进行和硫酸铅开始在内部堆积，电池内阻增大，恒压下的电流减小。这样，即使残留有放电产物硫酸铅，但是电流很小，充电无法进行（重复此操作将导致硫化）。

通过过充电还原残留硫酸铅的操作是均衡充电（图 37）。因为铅酸蓄电池对过充电具有很高的容忍度，所以这是可行的方法。

● 每个单体的充电电压只提高 0.1 ~ 0.2V

通常的做法是，将每个单体的充电电压设置得比正常充电电压高 0.1 ~ 0.2V，并充电几个小时或半天。

应当注意的是，过于频繁地进行均衡充电 / 升压充电，会造成过充电的不良影响。但是实际上，单体经常在未充满电的情况下就投入使用了，均衡充电对单体寿命有好处。

当串联单体很多时，均衡充电特别有效，因为高度劣化的单体内阻增大，会降低总充电电流。

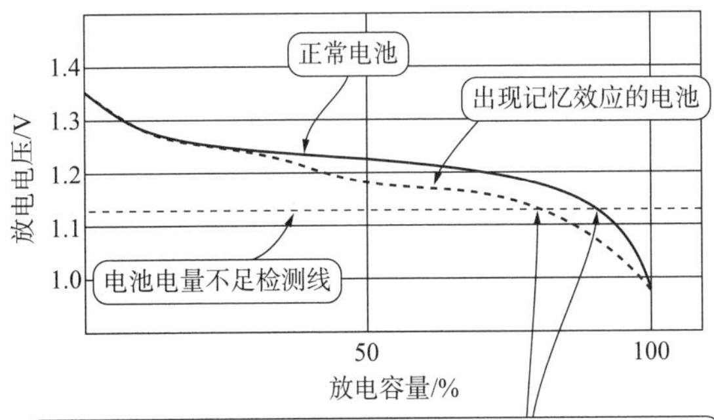

图 36 镍氢电池的记忆效应导致容量减小
［来源：TDK技术杂志，（127）］

■ 劣化电池的修复

● 让劣化电池恢复活力的方法

目前，劣化的铅酸蓄电池经修复后可以再次使用。前面提到过，硫化是铅酸蓄电池劣化的主要因素。硫化产生的硫酸铅原则上可以还原（充电），因为它是放电产生的。

修复硫化的电池，仅需要通过某种方式对硫酸铅进行充电还原。正常情况下硫酸铅很难进行充电还原的原因如下：

・硫酸铅的电子传导路径因劣化而消失

・硫酸铅晶体太大而无法还原

・极板分为易充电部分和难充电部分时，充电电流仅在难充电部分随着副反应（水分解）消耗

这些因素通常交织出现，还可能受使用条件和温度环境影响而变为无活性状态（图 38）。

换句话说，同样的硫化，不同的电池呈现不同的劣化状态。

● 修复效果

有许多提供电池修复服务的公司，每个公司都有自己的“商业机密”方法，很难评估修复效果。

有的电池无法修复，即使修复了，性能恢复至什么水平也要视具体情况而定。

现在，已经可以在修复操作之前确定电池是否可

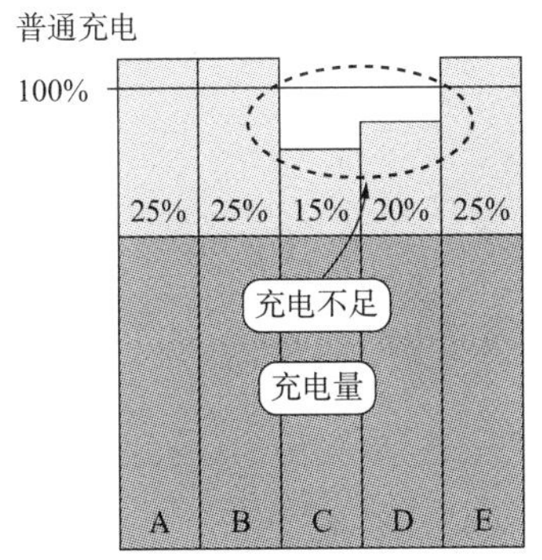

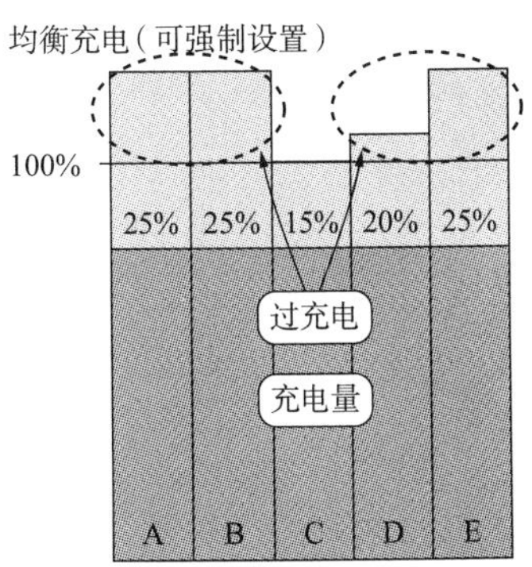

图 37 叉车等应用的电池进行均衡充电

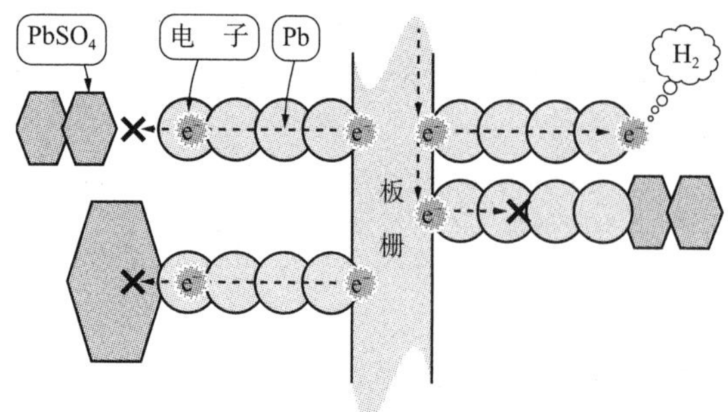

图 38 硫化模式不能简单消除

修复。硫化以外的其他劣化模式（板栅腐蚀、短路等）无法恢复。

无论如何，超出原始设计寿命的电池不能使用。

结束语

本文介绍了不断推陈出新的铅酸蓄电池。虽然铅酸蓄电池笨重，但笔者相信它的潜力仍然巨大。

如果将来有使用电池的需要，笔者推荐铅酸蓄电池。这有助于更深入地了解电池，从而更有效地使用电池。

参考文献

[1] 島津製作所 .

[2] JIS D5301.

[3] 新神戸テクニカルレポート , 2007, 17(2): 3.

[4] NEDO プレスリリース , 2008-10-30.

[5] FB テクニカルニュース , 2014, 70: 14.

[6] FB テクニカルニュース , 2006, 62: 15.

[7] GS ユアサテクニカルレポート , 2009, 6(1): 7.

[8] 古河電工時報 , 2007, 120: 56.

[9] GS ユアサテクニカルレポート , 2011, 8(2): 22.

[10] FB テクニカルニュース , 2001, 57: 13.

[11](公財)京都産業 21「H29 年地域産業育成産学連携事業」の 採択テーマ .

负极为钛酸锂（LTO）的SCiB锂电池

——比起能量密度，充放电性能和寿命更重要

〔日〕涉谷信南　执笔｜邹雨含　译

锂离子电池存在安全性问题，但其普及速度极快。根据所用的电极材料和电解液，锂离子电池有许多类型。本文介绍的SCiB大约在10年前面市，使用LTO（钛酸锂）作为负极材料，单体电压为2.4V——比其他锂离子电池低1.4V左右。虽然能量密度较低，但它具有可高速充电和高安全性等特征。不过，这种类型的电池似乎并不普遍，本文将探讨其原因。

（编者按）

引言：锂离子电池和SCiB

● 电动化普及与锂离子电池

电动化在全球范围内迅速发展（图1）。加速电动化的一个关键词是“二次电池”（蓄电池）技术。除了增大容量和延长现有二次电池（有时简称“电池”）的寿命，还必须改善快速充电性能。锂离子电池（LIB）单位体积（质量）的容量比其他电池大，是当前EV电池的主流。

目前的LIB存在很多问题，如价格高、充电时间长、寿命短，而电池技术创新是EV普及的关键。

● LIB中SCiB的电动势低

LIB的类型很多，电池特性也大不相同。其中，SCiB由东芝于2007年开发的。大多数LIB使用石墨（碳）作为负极材料，而SCiB使用钛酸锂（LTO）作为负极材料。

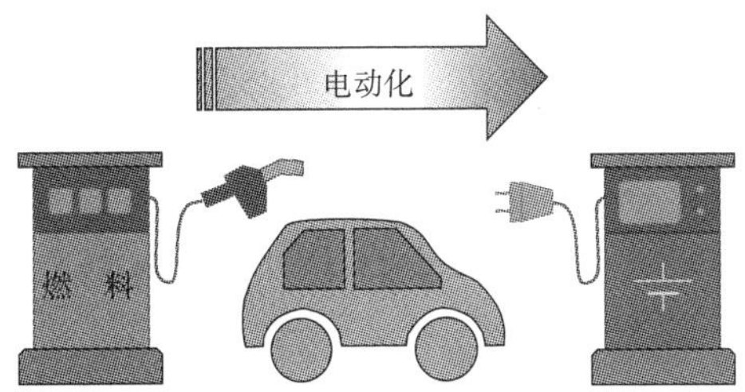

图1　汽车电动化

SCiB的单体电压为2.4V，而使用石墨负极的LIB单体电压为3.2 ~ 3.8V，差距悬殊。并且，能量密度非常低（只有三菱i-MiEV采用了这种电池），因此它没有被广泛用于EV和HEV（混合动力车）。

● SCiB具有寿命长、充电快、耐低温的特性

SCiB的寿命长、充电快、耐低温等特性正引起关注，如日本东北电力的超级电池和铃木汽车的“Ene Charge”二次电池。

此外，这种电池也将用于日本的东京地铁银座线1000系列（图2）以及JR东海新干线N700S（图3），以应对紧急停电。在这种情况下，电池的寿命和安全性比能量密度更重要。

本文将介绍SCiB（Super Charge ion Battery）的特性以及使用方法，并与传统LIB作比较。

图2　东京地铁银座线1000系列

(a) N700S试验车

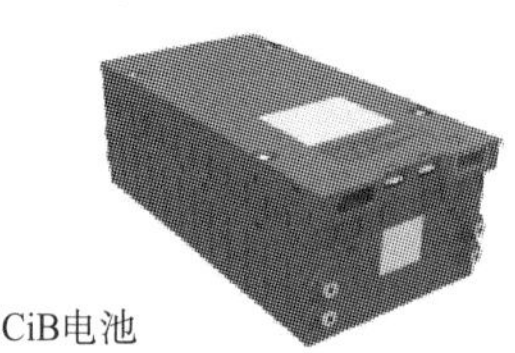

(b) 车载SCiB电池

(c) 正常行驶时对电池充电

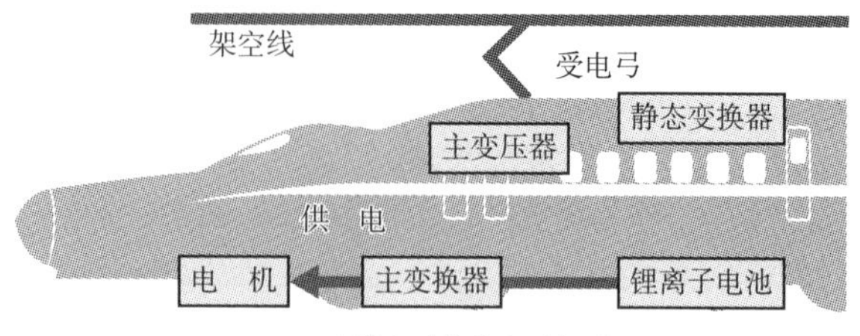

(d) 未供电时依靠电池行驶

图 3　JR 东海新干线 N700S

各种应用的 LIB 性能要求

● 符合 EV 要求的 LIB 规格

不同应用的 LIB 性能要求不同，如图 4 所示。例如，受限于电池容量，EV 的性能至今仍差燃油车一截。至于 PHEV（插电式混合动力车），外部增加了充电插头，因此兼具 EV 的功能。但其电池容量要比普通 EV 小，需要频繁充电，因此对电池的寿命要求较高。

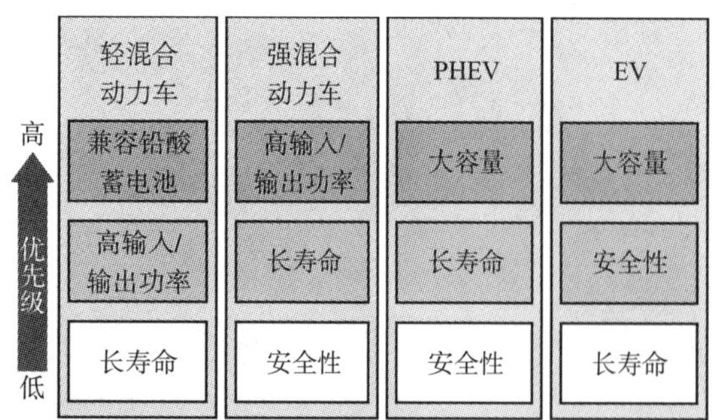

图 4　动力电池的性能要求

● 符合 HEV 要求的 LIB 规格

对于以丰田普锐斯为代表的 HEV，充放电电流的重要性大于电池容量。由于控制电池在约 50% SOC①下充放电，电池几乎不会劣化。

在欧洲，名为“×EV”的 48V 轻混合动力车很可能成为主流②。在日本，轻混合动力和怠速停止功能必须与 12V 铅酸蓄电池兼容。

● 离子电池的特性要求

通常，EV 对 LIB 的特性要求有三：① 高安全性；② 高容量，高输入 / 输出；③ 长寿命。同时满足其中的两项非常困难。通常，大容量伴随着安全性能低和使用寿命短。

锂离子二次电池技术

● 工作原理和结构

如图 5 所示，充放电时 LIB 内部的锂离子通过电

① SOC，State of Charge，荷电状态。完全充电时为 100% SOC，完全放电时为 0 SOC。即使电池劣化，完全充电时也表示为 100% SOC。

② 汽车的电源电压为 12V。多数汽车电器的驱动电压为 12V，但欧洲有统一为 48V 的趋势。通过减小电流，可以提高电器的工作效率。这样一来，汽车的所有电器也必须调整为 48V 规格。该调整也适用于轻混合动力车。轻混合动力车是混合动力车的一种，主要动力源是发动机，电动机起辅助作用。电机的功率很小，无法独立作为动力源，但可以用于能量再生。在这种情况下，常使用低压驱动电机。强混合动力车的发动机和电动机均可作为主要动力源，可视行驶条件切换。丰田普锐斯是一款代表性的强混合动力车。

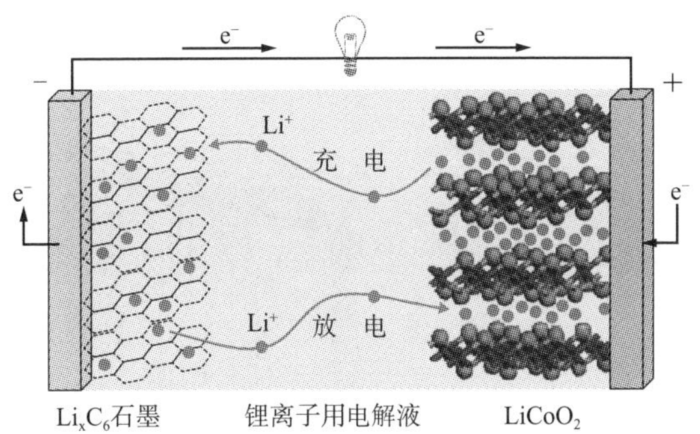

图 5　普及化的锂离子二次电池的正负极材料和工作原理

解质在正极和负极之间移动。

正极材料主要为钴、镍和锰等的复合金属氧化物和磷酸铁类，负极材料通常为碳。

● 电极材料与电位的关系

电子可自由出入电极材料。电极电子 e⁻ 的出入取决于电极材料。正电极材料具有电子容易流入的电位，负电极材料具有电子容易流出的电位。这就是所谓的“电极电位”①。

电解液虽不能决定电池的电压，但电子、正负离子在其中容易移动，并且不会发生额外的化学反应。总之，电池的主要材料具有以下特征：

- 由电位差大的正负极材料组合
- 电解液不会氧化还原分解
- 正负极材料具有许多锂吸附位点
- 正负极的体积变化小，副反应少

● 锂离子电池内部的化学现象

使用锂钴氧化物（$LiCoO_2$）作为正极材料和石墨（C）作为负极材料的 LIB 内部会发生如下的化学现象。

（1）正　极

充电时：$LiCoO_2 \rightarrow CoO_2 + Li^+ + e^-$

在充电期间，正极产生锂离子和电子，并向负极移动。

放电时：$CoO_2 + Li^+ + e^- \rightarrow LiCoO_2$

（2）负　极

充电时：$Li^+ + e^- \rightarrow Li$

放电时：$Li \rightarrow Li^+ + e^-$

（3）整个电池

$$Li_{1-x}MO_2 + Li_xC \longleftrightarrow LiMO_2 + C$$

● 锂离子电池的构造

LIB 的内外部如图 6 所示。圆柱形电池常用于笔记本电脑、电动自行车、无线真空吸尘器等，层压型常用于智能电话和小型 PDA 等薄型移动设备，方形电池目前广泛用于工业，它们的特性见表 1。

专栏 A　如何延长LIB的寿命

◆ 降低完全充电电压

将 LIB 的完全充电电压降低 0.1V（容量约减小 10%），充放电循环寿命可延长 1.5 ~ 2 倍。除非必要，否则不要充电至完全充电状态。

◆ 隔绝高温

LIB 的可用温度约为 45℃，在高于可用温度的环境下使用会加速劣化。

LIB 中的化学反应遵循阿伦尼乌斯方程。此外，LIB 也是一种良好的储热材料，大电流产生的内部热量在数小时内不会散失。换句话说，尽量不进行大电流充放电，寿命会更长。

◆ 提高放电终止电压

通常将 LIB 正常工作的最低电压称为放电终止电压。LIB 完全放电（剩余电量为零）时的电压并不是 0V。一般不会放电至放电终止电压，而是在电池剩余电量降至 10% ~ 20% 时停止放电。

◆ 避免低温快速充电

在低温下快速充电时，金属锂特别容易沉积在负极材料上，导致电池内阻增大、劣化加速。

① 标准电极电位（standard electrode potential）：氢为 0V，锂为 -3.045V，镁为 -2.356V，铝为 -1.676V，铜为 +0.340V，铂为 +1.188V，金为 +1.520V。即使使用化合物，也存在固定的电极电位。电池的电动势取决于正负极材料。

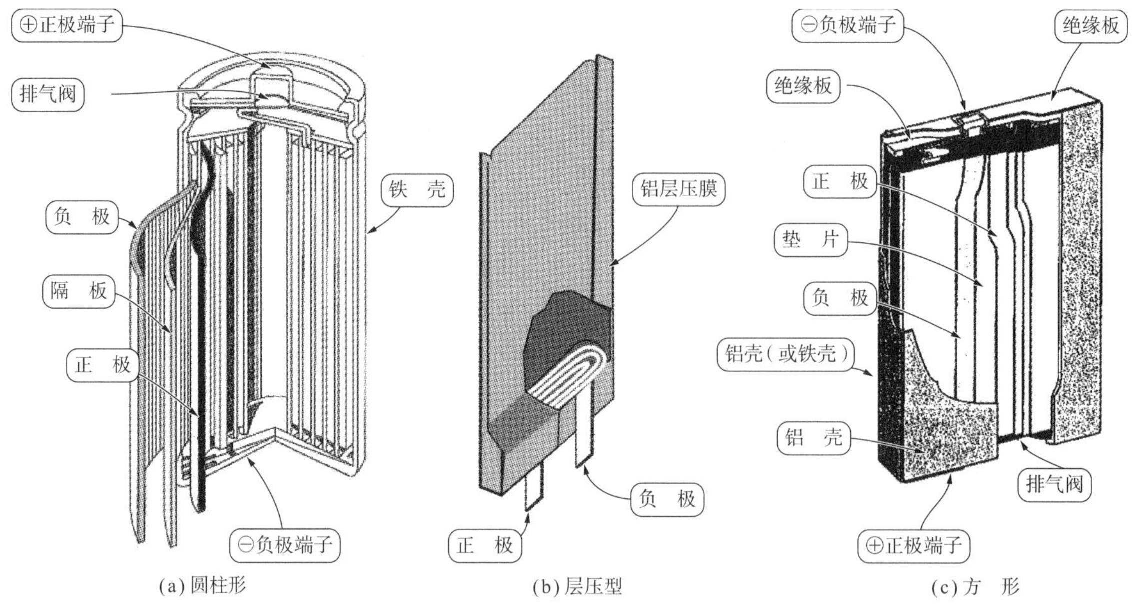

图 6 锂离子电池的外形和内部结构

表 1 不同结构的电池的特性

类 型	优 点	缺 点
方 形	空间效率高，冷却效率高 密封结构的长期可靠性高	比层压型重 需要排气阀
圆柱形	形状和结构普通 耐内压 可铆接密封	空间效率和冷却效率低 比层压型重 需要排气阀
层压型	结构简单 组装简单 轻巧	密封结构的长期可靠性低 易膨胀或破裂 需要电池支撑结构

SCiB 是负极材料为 LTO 的 LIB

● SCiB 的特征是负极采用 LTO

（1）虽然是 LIB，但爆炸和燃烧风险低

自首次发布以来，SCiB 的安全性一直受到称赞。原因在于，其使用氧化物——钛酸锂（LTO）作为负极材料，即使外力致使内部短路，也不太可能发生热失控。就算针刺使其短路，也几乎不会爆炸或燃烧。

（2）使用寿命长，可充放电 2 万次以上

60A 充放电 20 000 次以上的长寿命是 SCiB 的最大特征。LIB 的使用寿命比铅酸蓄电池长，而 SCiB 的使用寿命更长。

（3）与普通 LIB 相比，可大电流充放电

SCiB 还具有诸多其他优异特性，如可在 6min 内快速充电，输入 / 输出功率密度可与电容器相媲美，可在 −30℃的低温下工作。

● 选择电极材料时应优先考虑其他性能，而不是能量密度

能量密度固然重要，但还应考虑其他性能要求。

在电池性能改善方面，高输入 / 输出功率、安全性、循环寿命和快速充电等，与高能量密度是二律背反（图 7），难以兼得。

■ 电池性能的二律背反
· 高输入/输出功率—能量密度
· 安全性—能量密度
· 周期寿命—能量密度
· 快速充电性能—寿命、能量密度
· 耐高温性能—低温性能、能量密度
· 低成本—寿命、输入/输出功率、品质、安全

理论能量密度与有效能量密度的背离扩大

· 正极材料、负极材料、电解液和隔板的开发
· 电池、电池组的最优设计

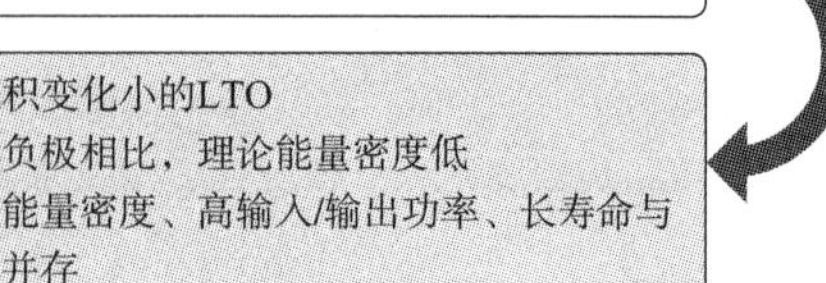

着眼于体积变化小的LTO
· 与石墨负极相比，理论能量密度低
· 高有效能量密度、高输入/输出功率、长寿命与安全性并存

图 7 负极为 LTO 的二次电池

许多 LIB 存在负极材料体积变化大的问题，这限制了电池性能。因此，使用体积变化小的钛酸锂作为电极材料的 SCiB 应运而生。

● 电池电位由电极材料决定

表 2 和图 8 所示为充放电时 LTO 负极电位变化，以及普通 LIB 中使用的石墨负极电位变化。LTO 负极在约 1.55V 下更稳定。

在电池内部，正极和负极之间的电位差为电池电压。与使用石墨作为负极的传统 LIB 相比，SCiB 单体电压低 1.35 ~ 1.45V。

与石墨相比，LTO 负极材料的单位质量容量低，但是体积容量没有低太多。由表 2 可知，最大的功效是充放电体积变化远小于石墨。实际充放电后电池厚度的变化如图 8 所示。由此可见，伴随着锂的吸附和释放的体积变化小于石墨，因此 LTO 具有较长的循环寿命。

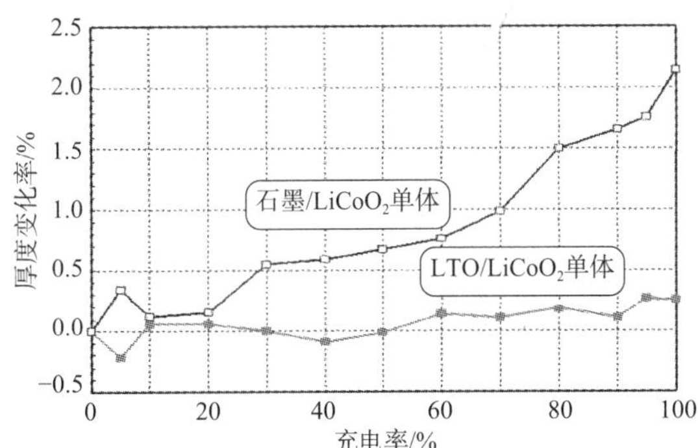

图 8　充电过程中的电池厚度变化

SCiB 特征的来源

通常，LIB 使用石墨作为负极材料。如上所述，SCiB 具有比 LIB 更低的电压和更低的容量密度的缺点，但它具有表 3 给出的优点。

■ 采用 LTO，安全性高

● 电池内部短路

发生内部短路时，SCiB 负极层中的钛酸锂短路接触面立即相变为高阻状态，限制电流。换句话说，即使 LIB 中发生短路，也只会出现缓慢放电，并且热量不会陡增（图 9）。因此，几乎不会出现电池破裂和燃烧，意外跌落或针刺也几乎不会导致电池燃烧或爆炸。

● 电解液具有低反应性且电极材料不导电

在 LIB 中，锂离子吸附于电极时产生的电流会使温度升高，存在与有机电解液发生反应（失火）的危险。在 SCiB 中，电解液的反应性低，安全性较高。锂离子吸附时 SCiB 的 LTO 负极材料和碳基负极材料（石墨）的电解液反应性的比较，如图 10 所示的差示热分析结果。

碳基负极材料会在 150℃左右与电解液反应并开始发热，240℃是发热反应的峰值温度。这种反应会加剧电池发热。

但是，对于 SCiB，即使温度升高，也不太可能导致电池热失控。此外，负极的 LTO 是金属氧化物，自

表 2　负极材料的特性（石墨和 LTO 的电位和体积变化）

负极材料	来　源	粒径 /μm	结　构	锂相对电位 /V	质量容量 /（mA · h/g）	体积容量 /（mA · h/cc①）	体积变化率 /%
石墨（LiC_6）	碳纤维，3000℃	10 ~ 20	六角形	0.1 ~ 0.2	372	837	10
LTO	$Li_2CO_3 + TiO_2$，800 ~ 1000℃	< 1	尖晶石（刺状）	1.55	175	610	0 0 ~

表 3　LIB 和 SCiB 的优缺点比较

	优　点	缺　点
LIB	能量密度高 没有记忆效应 自放电率低至镍镉电池和镍氢电池的 1/10 充电状态很容易被忽视	过放电和过充电都有异常发热的危险 不支持大电流放电 外力致使内部短路时会出现热失控 必须配备充放电控制电路 使用稀有金属锂
SCiB	超过 20 000 次充放电循环的长使用寿命 支持快速充电（充电时间约为普通 LIB 的一半） 输入 / 输出功率密度可媲美电容器 支持低温（−30℃）充放电 即使外力致使内部短路，也不会导致热失控	与普通 LIB 相比，能量密度低 必须配备充放电控制电路 使用稀有金属锂

① 1cc = 1cm^3。

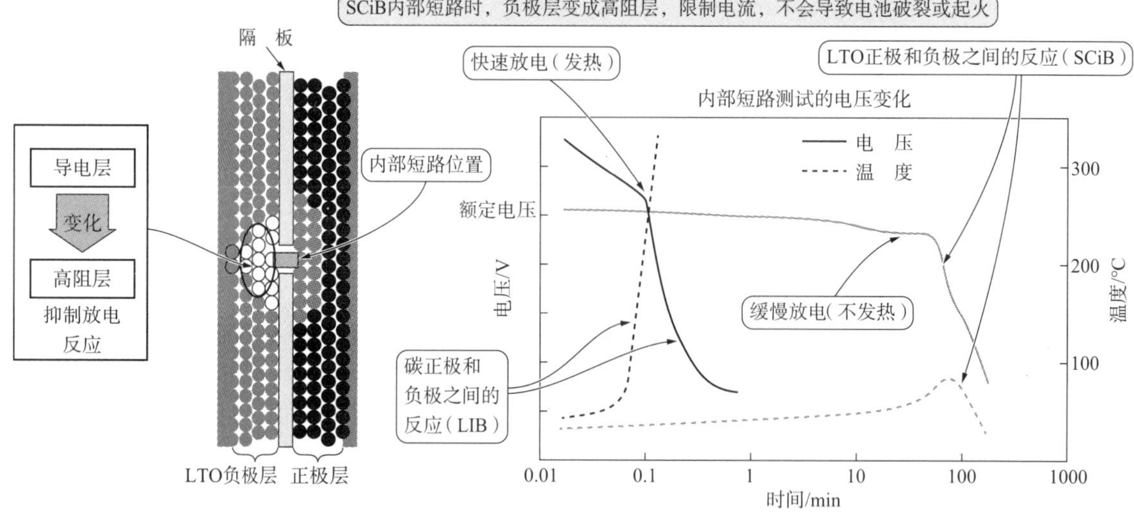

图 9 进行内部短路测试时的电压变化

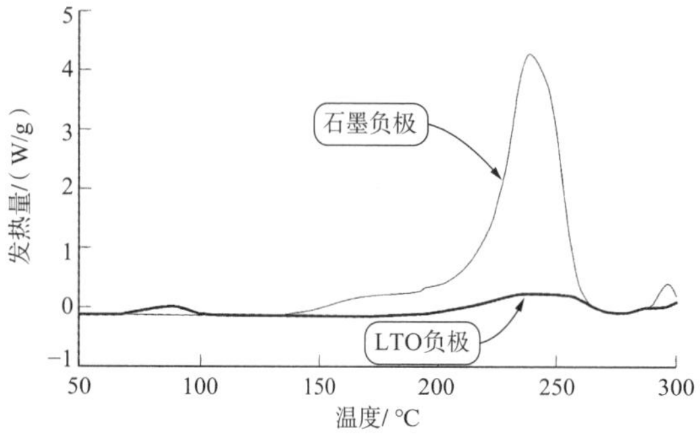

图 10 锂离子吸附时 SCiB 的 LTO 负极材料和碳基负极材料（石墨）的电解液反应性

身不具备导电性。因此，即使发生内部短路，局部温升引起的发热也会受到抑制。

SCiB 与其他 LIB 使用的电解液同样是有机电解液。

■ 长使用寿命与浮充

● 循环特性相差 40 倍以上

图 11 所示为笔记本电脑使用的 18650 系列 LIB 和 SCiB 的充放电循环寿命比较。

在此测试中，对 18650 系列 LIB 进行 0.5C（按 1/2 的标称电流放电）CC–CV（恒流恒压）充电，并重复充放电约 500 次，使电池容量劣化到初始容量的 70%。

而 SCiB 即使进行 3C 充放电，循环数仍超过 20 000 次。假设每天充电 4 次，使用寿命仍可超过 10 年。

● 体积变化小的负极材料有助于延长寿命

据说，负极材料的体积变化是影响 LIB 寿命的重要因素。对于 SCiB 负极，充放电引起的钛酸锂的体积变化比石墨小 1/12，参见表 2 和图 8。

● 在浮充条件下也具备长寿命

即使在对 LIB 不利的浮充条件下，室温下 SCiB 在一年内几乎不会劣化，如图 12 所示。换句话说，SCiB 适用于连续施加恒压的应用，如备用电源。

浮充是其他 LIB 加速劣化的原因，因为长时间存放很难保持完全充电状态。因此，SCiB 可以替代铅酸蓄电池。

■ 快速充电

● 可大电流充电——6min 充电至 80%

电解液和电极具有低电阻、负极的锂离子接受性高、负极具有强而稳定的晶体结构，是快速充电的关键。

与普通 LIB 的 0.5C 充电电流相比，以 LTO 为负极材料的 SCiB 支持大电流充电。

根据容量，SCiB 单体有不同的类型，例如：

· 20A · h 单体，可 6min 充电至 80%

· 2.9A · h 单体，可 1min 充电至 80%（图 13）

然而，这需要近 150A 的充电电流，很难实现。

● SCiB 即使处于低温环境，也不会析出金属锂

SCiB 的负极是 LTO，即使在低温下充电，金属锂

专栏 B 正确了解电池容量

电池容量的单位表示为 mA · h 或 A · h。但是要注意，考虑功率时会表示为 mW · h 或 W · h。

如果电池容量相同，则工作电压越高，可获得的电量越大。

铅酸蓄电池的典型电压规格为 6V 和 12V，由 3 个和 6 个电压为 2V 的单体串联而成。据此，结合电池容量即可确定最大放电功率。

EV 等的电池的功率相对较大。工作电压和电池容量越大，电动机输出功率越大，驱动时间越长。

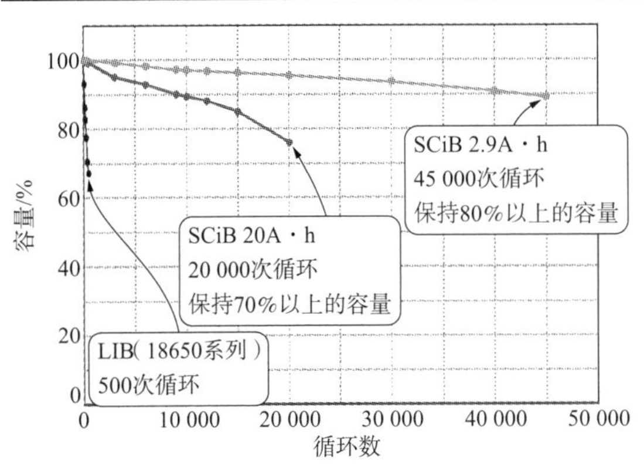

条 件	LIB（18650 型）	SCiB 20A · h	SCiB 2.9A · h
环境温度	20℃	25℃	35℃
充放电电流	0.5C（1.425A）/ 1C（2.85A）	3C（60A）/ 3C（60A）	10C（29A）/ 10C（29A）

图 11 日本产 18650 系列和 SCiB 系列 LIB 的循环寿命比较

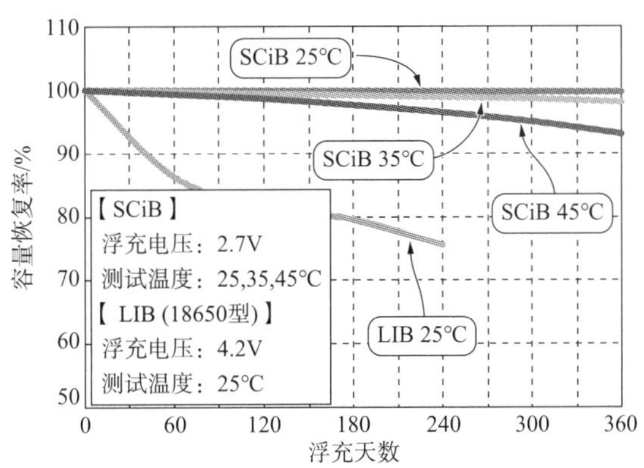

图 12 浮充特性

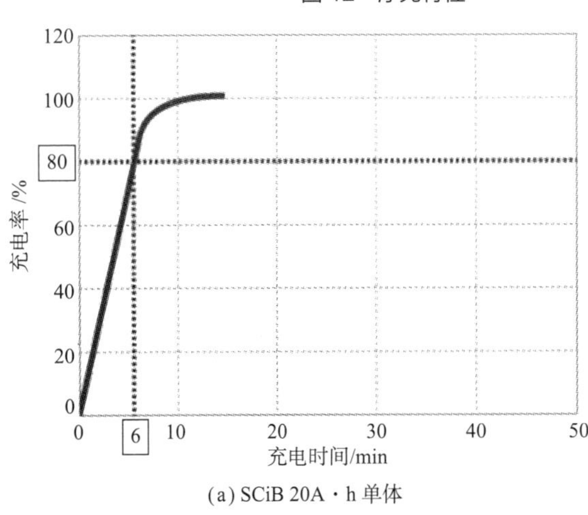

(a) SCiB 20A · h 单体

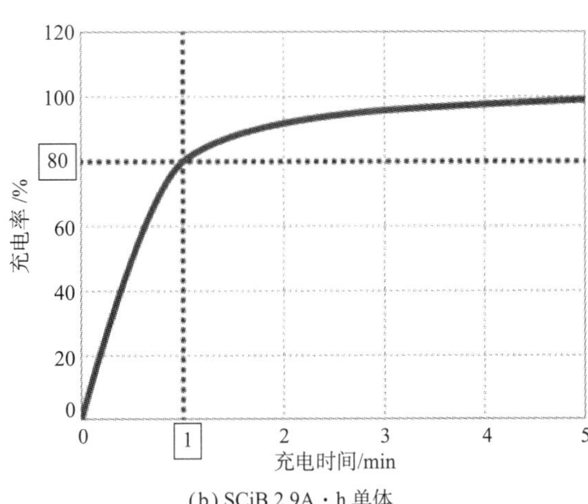

(b) SCiB 2.9A · h 单体

图 13 快速充电特性

也不会析出（图 14）。在 -30℃的低温环境中，SCiB 可放电 80% 以上，也可以充电。

SCiB 的 SOC 范围比 LIB 广得多，常年使用造成的容量劣化很小。

■ 内阻低，支持高输入 / 输出功率

● 再生能量回收效率高

如前所述，SCiB 支持大电流充放电，在车辆减速时更容易通过再生电能充电，在电机启动时可以提供大电流。

● 与其他 LIB 相比，内阻较低

表 4 为测得的 SCiB 2.9A・h 单体和 23A・h 单体的交直流电阻，与普通的 18650 系列 LIB 进行了比较。单体内阻的差异竟然这么大，可见大电流充放电时 SCiB 电压几乎不会下降。

LIB 和 SCiB 的电压与输入 / 输出电阻之间的关系如图 15 所示。就像坚固、进水口大的水龙头，SCiB 的负极体积变化小，使用寿命长。

■ SOC 适用范围广

● 许多 LIB 在充电率高时就劣化

通常，LIB 在完全充电状态（100% SOC）下闲置会劣化得更快。

混合动力车中的 LIB，将 SOC 限制在 20% ~ 80%，可减缓常年使用导致的性能下降。

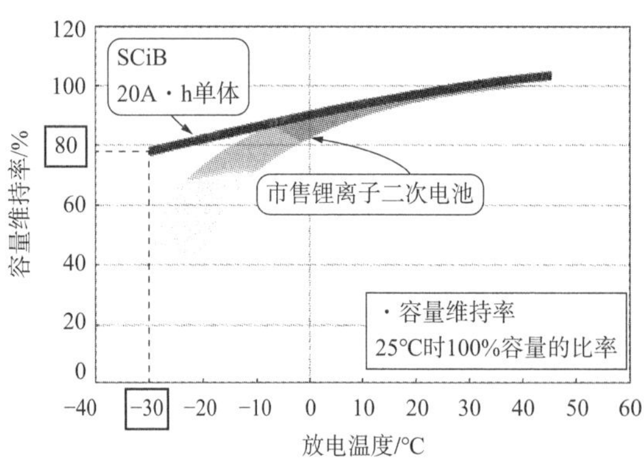

图 14　SCiB 与 LIB 的低温性能比较

表 4　电池内阻

单　体	交流电阻 /mΩ	直流电阻 /mΩ
2.9A・h SCiB	0.946	1.372
23A・h SCiB	0.517	0.776
18650 系列（3A・h）	35	80

SCiB 单体的类型

参见表 5，SCiB 单体有 4 种规格：2.9A・h、10A・h、20A・h、23A・h。它们的主要特征如下。

（1）高输入 / 输出功率 2.9A・h 单体

2.9A・h 单体的输入 / 输出功率高，非常适用于短时间大功率充电，常见于小型轻量化电池。

铃木汽车公司的 “Ene Charge” 采用了这种单体。其平均电压为 2.4V，5 个串联后的电压与铅酸蓄电池相同，非常容易与铅酸蓄电池互换。

虽然体形和容量相对较小，但支持大功率输入 / 输出。特别是采用锰酸材料正极后，可实现 200A 的大电流充电。

（2）高输入 / 输出功率 10A・h 单体

10A・h 单体所用的电极材料与 2.9A・h 单体相同，轻混合动力车采用的就是这种单体。10A・h 单体适用于短时间大电流充放电应用，如汽车的怠速停止和铁路 / 工业设备的电能再生。

（3）大容量 20A・h 单体

这种单体的正极使用镍酸材料，实现了 20A・h 大容量。然而，与 10A・h 单体相比，其平均电压低 2.3V 左右。三菱汽车 i-MiEV 使用了这种单体。

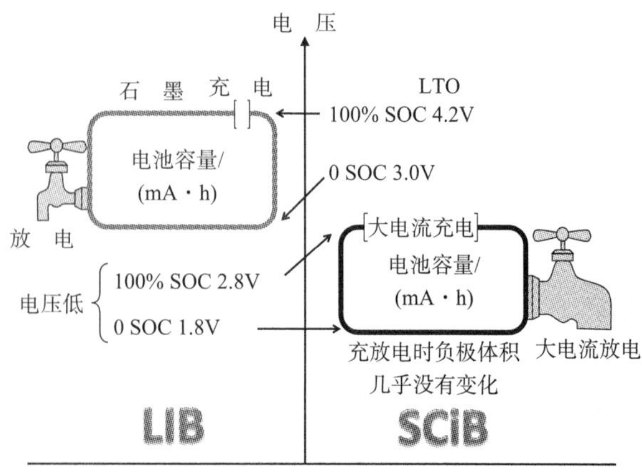

图 15　LIB 和 SCiB 的电压与内阻之间的关系

表 5　SCiB 单体的种类

标称容量 /（A·h）	2.9	10	20	23
标称电压 /V	2.4	2.4	2.3	2.3
能量密度 /（W·h/L）	84	91	176	202
输出功率 /W	420*	1800*	—	—
输入功率 /W	480*	1500*	—	—
宽 × 直径 × 高	63mm × 14mm × 97mm	116mm × 22mm × 106mm		
质量 /g	约 150	约 510	约 515	约 550
应用实例	·铃木汽车： Ene Charge S–Ene Charge	·铃木汽车： Mild Hybrid	·三菱汽车：i–MiEV（M）、MINICAB–MiEV ·涡潮电机：E–Trikes ·电动巴士：欧洲 Solaris、Van Hool、Proterrra ·日本东北电力：20MW·h，40MW·h ·美国 Willey Battery Utility ·LLC：2MW·h ·意大利国家电网：1MW·h × 2 ·JR 西日本：TWILIGHT EXPRESS 瑞风 ·日本东京地铁：银座线 1000 系列 ·日本东武铁路：储电补偿 ·VIBE：电动游船 ·JR 东海：下一代新干线“N700S”试验车	

*50% SOC，10s，25℃

（4）大容量的 23A·h 单电池

23A·h 单体是容量升级的 20A·h，正极材料相同。

安全使用 SCiB

完全充电的 SCiB 是一大能量块。尽管 SCiB 被认为是安全的，但它可以在比普通 LIB 更高的电流下充放电，可能会危及周围。本节将与 LIB 电池对比着介绍小型高输入 / 输出功率的 2.9A·h 电池和大容量 23A·h SCiB 电池的安全使用方法、电池系统构建方法。

■ 单体监测

● 电压检测

LIB 的单体电压为 2.3 ~ 3.8V，电流为数十至数百安培。当实际需要更大的电压 / 电流时，则将多个单体串并联为电池组使用。

串并联使用单体的前提是，每个单体的特性相同。如果某个单体的特性与其他单体不同或出现异常，则电池组在充放电时可能异常消耗能量并发热。

为了安全地使用 LIB，必须准确监测每个单体的电压。

● 温度监测

还要监测电池温度。与普通电子元件相比，LIB 只能在很小的温度范围内使用。在任何情况下，每个单体都不能过充电或过放电。特别是，过充电会增大单体起火、破裂或漏液的风险。LIB 电池组需要安全监控各单体的电池管理系统（Battery Management System，BMS），如图 16 所示。

■ 过充电导致的电池劣化

● 完全充电后还继续充电

随着充电的进行，单体电压逐渐升高。不同类型的 LIB，有着不同的完全充电电压。单体电压达到完全充电后仍继续充电（即过充电）时，正极结构变化等导致内阻增大，会产生异常的焦耳热。

当电压超过 4.5V 时，由于电解液氧化 / 晶体结构遭到破坏（电解），SCiB 和其他 LIB 都会产生大量的热量。这会导致负极析出锂金属，降低负极性能。

● 单体电压检测需精确到 10mV

过充电会加速单体劣化。尤其是 LIB 完全充电电压（约 4.2V）接近危险电压（约 4.5V 或以上），因此电池电压检测精度也很重要，需精确到毫伏。

SCiB 与普通 LIB 的电解液和正极材料相同，但 SCiB 具有较低的完全充电电压（2.8V），距离危险电压有较大电位差。

在危险电压下，尽管 SCiB 因内阻增大而劣化，但负极没有锂金属析出，相对安全（图 17）。

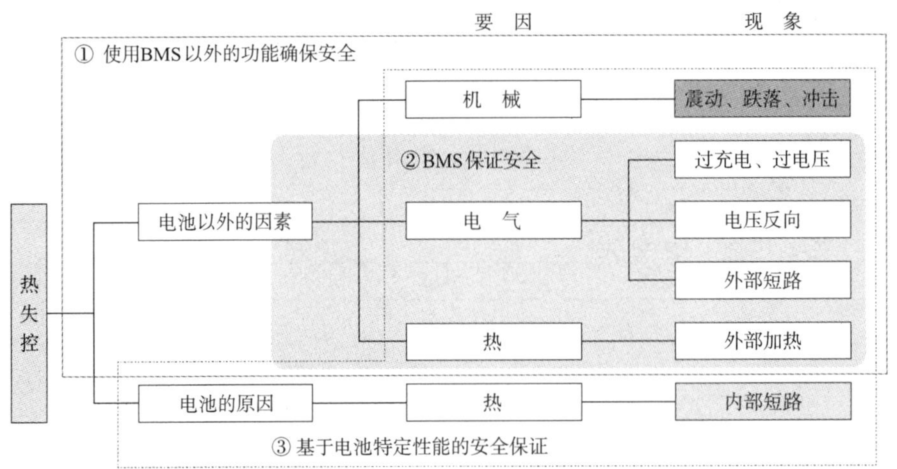

图 16 LIB 不安全的原因

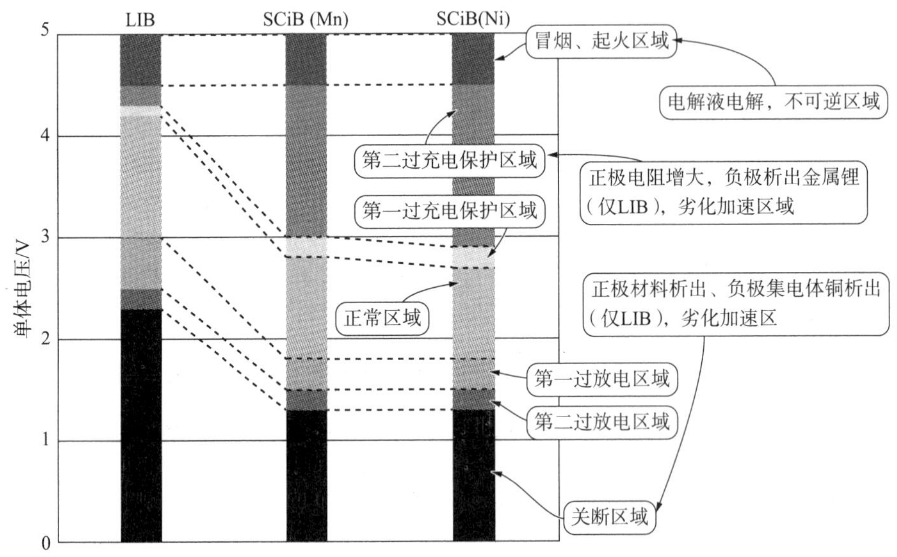

图 17 保护电压的比较

■ 完全充电后补充充电会导致劣化

● 即使进行小电流补充充电，也会导致电池劣化

电池容量会因自放电等而略微减小，要保持完全充电电压，就要以小电流进行充电。不论是浮充还是涓流充电，持续长时间都会导致电池内阻增大，加速容量劣化，对电池造成伤害。

尽管这充电方法对铅酸蓄电池有效，但不适用于完全充电状态下的 LIB。

● 快速充电以 80% SOC 为上限

目前的 EV 快速充电，建议达到 80% SOC 时终止充电。

充电超过 80% SOC 时，LIB 劣化会加速。即使是快速充电，达到 80% SOC 时，电压也会在恒流充电状态下逐渐升高至完全充电电压，变成恒压（CV）充电。在高压条件下，充电时间和温度的积分成比例地劣化。

但是，SCiB 可以快速充电至 100% SOC，即便在完全充电状态下长时间闲置，也几乎不会劣化（图 12）。

■ 过放电导致电池劣化

● 超限使用电池容量会导致劣化

采用碳基负极的 LIB 很多。在这种情况下，负极活性材料石墨中的铜箔作为集电体存在。在 0 SOC 的电压下，尤其是当单体电压低于 1.5V 的状态持续很长时间时，负极集电体析出铜①，正极析出钴，二次电池功能受损。电极活性物质吸附大量锂离子后呈多孔状，有利于电解液渗透并接触集电体。

● 长时间闲置电池的评估

长时间处于过放电状态的电池还能否发挥作用，可通过涓流充电等确认电压能否升至0 SOC 电压以上。如果能，则可以采用正常的充电电流对其充电。

在这种状态下，SCiB 不应长时间闲置。SCiB 的负极不使用铜，但长时间的过放电可能会导致内阻增大、电池特性劣化。

图 18 显示了如何确定过放电期间的控制参数。考虑到过放电状态，BMS 的电流消耗应尽可能小。

■ 注意高温和低温

● 高温会加速 SCiB 的劣化

LIB（包括 SCiB）的电解液由有机溶剂（如碳酸亚乙酯或碳酸二乙酯）和锂盐［如六氟磷酸锂（$LiPF_6$）］组成，在高温下充放电会加速劣化。

特别要注意，充电时的温度上限为 40 ~ 60℃，低于放电时的温度上限。

SCiB 的高温特性与 LIB 并无不同。

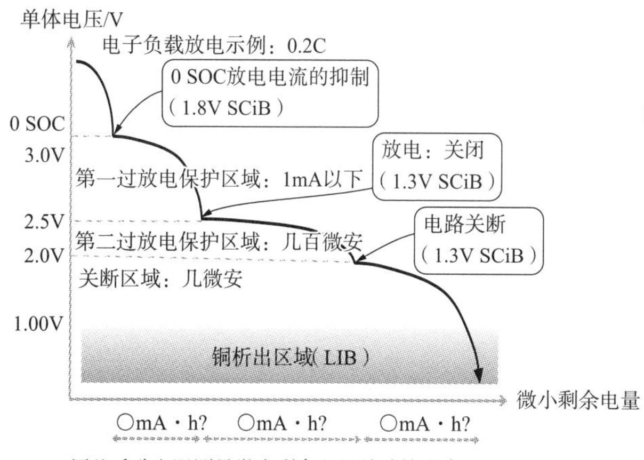

图 18　过放电期间的控制参数确定

● 低温应用注意事项

当碳基 LIB 在 0℃或更低的温度下充电时，负极石墨将失去活性。充电至负极电位（石墨为 0.1 ~ 0.2V）以上时，向负极移动的锂离子将析出为金属锂。晶须状金属锂会刺穿隔板，导致单体内部短路。

碳基 LIB 可在低至 −20℃的环境下放电，但在低温下无法进行大电流充放电。

而 SCiB 可以在 −30℃下充放电。LTO 负极电位为 1.55V，因此不会发生锂析出。

● 单体之间的连接要采用激光焊接

包含 SCiB 在内的锂离子电池，单体连接产生的热量会导致电解液密封树脂和内部绝缘材料劣化。

LIB 单体通常采用点焊进行连接。而 SCiB 负极使用钛酸锂，因此，不仅正极有铝端子，负极也有铝端子，不能直接进行接线。

SCiB 具有小于 1mΩ 的极低内阻，支持大电流输入 / 输出。换句话说，为了发挥 SCiB 的优点，要使用连接电阻更低的激光焊接（图 19）。SCiB 单体之间的焊接要由专业人员执行。

■ 单体的连接

● 应选用特性一致的电池进行连接

在 LIB 中，为了得到理想电压和容量，要将多个单体串并联成电池组，但是必须遵循以下规则。

（1）并联单体，确保每个单体的特性一致

首先，将特性一致的 LIB 单体并联，以获得所需的容量。

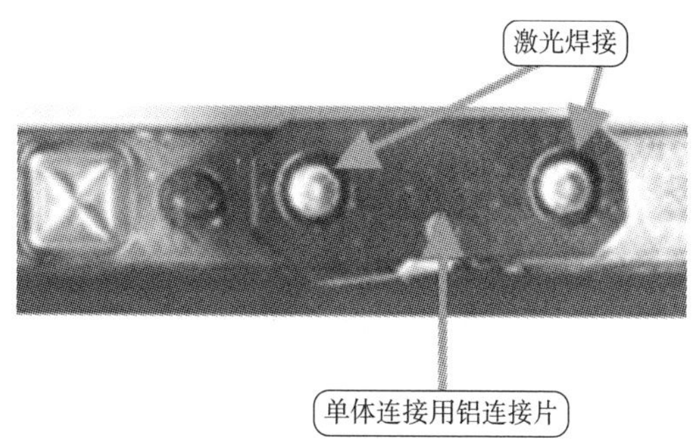

图 19　激光焊接（单体之间的连接）

① 锂离子电池的正负极活性材料具有吸附大量锂离子的作用。出于增大活性材料表面积的考虑，两个电极通常为薄板，导电性差。但是，为了更好地集电，一般将导体组成的集电体制成箔状，用作薄板电极芯。集电体连接到电池的正负极。锂离子电池的正极集电体通常为铝箔，负极集电体多数为铜箔。在电池制造过程中，活性材料被涂敷到集电体表面。也可选用不与电极材料或电解液发生化学反应的集电体。

（2）串联单体

然后，将并联后的单体进行串联，以获得所需的电压。以这种方式得到的电池组表示为“○ P-□ S”，其中“○”为并联数，“□”为串联数。

如图 20（a）所示的 3 并 5 串，表示为 3P-5S。

● 单体串联后再并联非常危险

另一方面，单体串联之后再并联会发生各种问题，如图 20（b）。特性不一致的单体串联后会出现电位差，再并联后电位差会增大，导致单体之间会产生大电流，这非常危险。

此外，随着反复充放电，串联单体之间经常出现电位差，并产生异常电流（交叉电流）。

如图 20（b）所示，串联之后再并联时，单体电压监视电路应增加到并联数。

● 组合单体时要使用同批次的电池

同样，特性一致的单体必然属于同一批次。组合单体时，应根据容量差异和内阻差异进行分级，并使用相同等级的单体。

因此，如果电池组由不同批次或特性不一致的单体组成，则可用容量会减小。另外，由于单体特性差异大，使用寿命也短。

特别是内阻小、输入 / 输出功率大的单体，串并联后电流大，尤其要注意安全。

● 单体均衡控制

串并联组合（电池组）单体之间的特性差异会随着反复充放电而扩大。如果单体之间的温度差为 5℃或更高，即在某特定单体严重受损的状态下继续充放电，那么单体之间的容量差会扩大，导致电池组容量大幅减小（图 21）。

单体均衡控制可消除单体之间的容量差：测量充电时和充电完成时单体之间的电压差，并控制单体电压与最低电压。

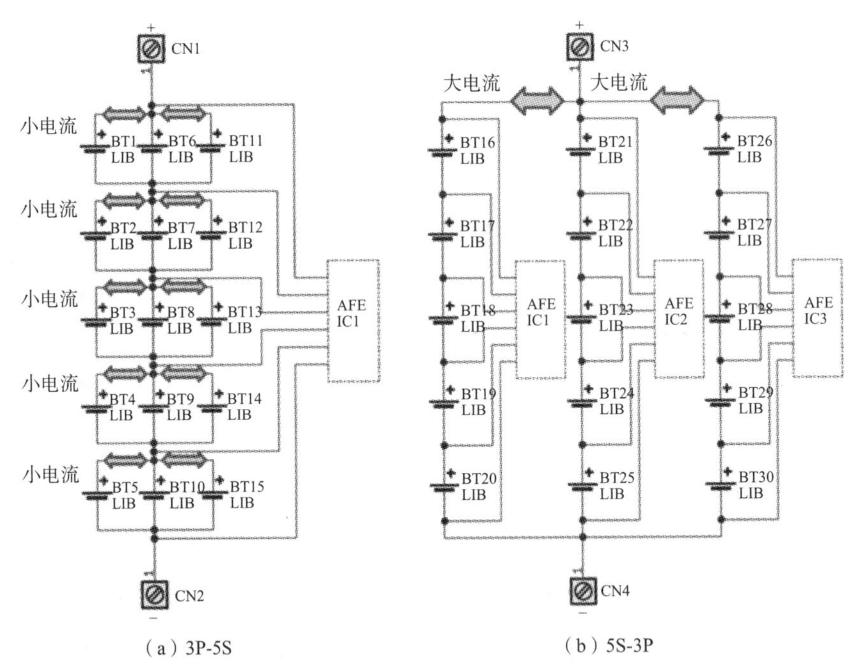

图 20　单体的串并联

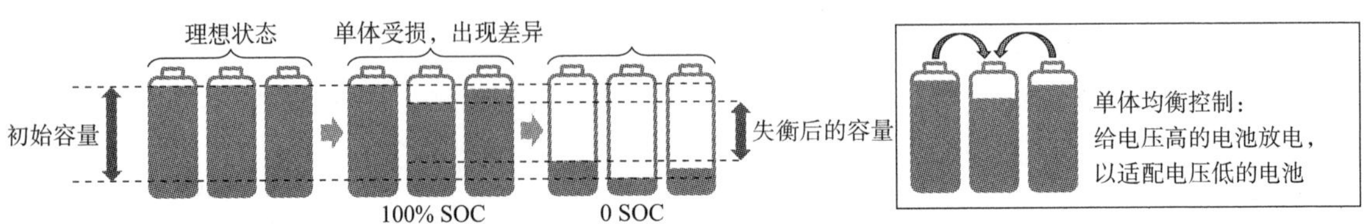

图 21　单体之间的容量差异导致电池容量减小

专栏 C 了解充放电效率

LIB 的充放电效率由电量（库仑量）计算，不是使用上的“能源效率”。

充放电效率是指，从 0 SOC 到 100% SOC 的充电量（W · h）作为分母，与从 100% SOC 放电到 0 SOC 的电量（W · h）作为分子的比值。

由于充电电压必须高于电池电压，因此单体内阻越低，充放电效率越高。这意味着每个单体的充放电效率都不同。

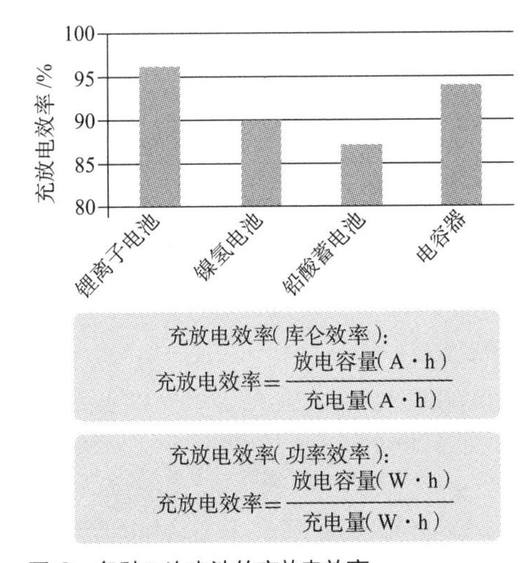

图 C 各种二次电池的充放电效率

■ SCiB 的过电流保护

● 过电流保护

SCiB 的充放电电流非常大，因此不能使用带有接点的连接器。普通连接器的接触电阻为几十毫欧，而 SCiB 单体的电阻约为 1mΩ(交流电阻)，一旦发生短路，充放电 FET 器件便会因存在导通电阻而发热。

换句话说，最大电流必须进行严格限制，如 SCiB 单体的限制、电路器件的额定电流，以及电路板的允许电流。

● 充电需要独立的双重保护电路

在储能的充电过程中，必须提供独立的双重保护。例如，用于禁止充电的 FET 开关电路的 FET 器件出现故障时，如果在没有充电保护功能的情况下继续进行充电，那么不论是何种 LIB，都会爆裂或者起火。

考虑到保护电路的电压监测电路、微控制器、充电禁止 FET 的故障，非常有必要设置独立的双重过充电电压检测电路和可强制切断充电电源的 SCP（Self Control Protector，自控保护器），如图 22 所示。

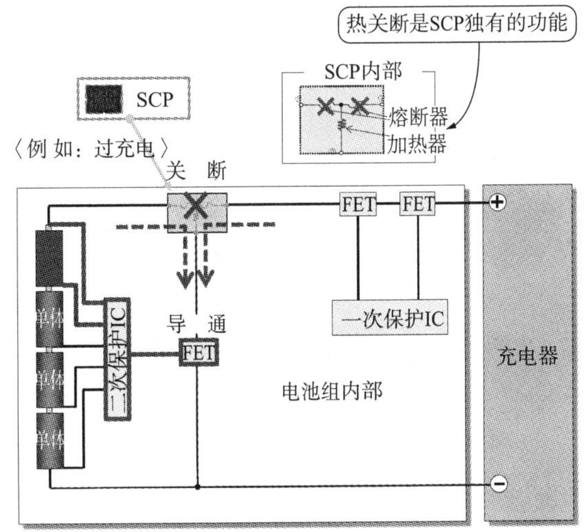

图 22 SCP 过充保护的示例

● 单体 / 电池组和保护电路的接线

单体 / 电池组和保护电路的接线必须格外小心，注意事项如下。

（1）带电接线

电池系统的生产，是彻头彻尾的带电作业。常规

专栏 D LIB的入手难度

在日本，普通人越来越难以买到日本产 LIB。此外，日本电池厂商通常不出售大容量 LIB。

原因在于，非专业人员很难确保安全使用，出现问题后难以处理。

市面上有各种级别的 LIB，重要的是向可靠的供应商购买带保护电路的 LIB。

电子电路的接线（焊接）是不带电的，但是单体连接过程中始终连接着电源（电池单体）。

因此，整顿作业环境、采取绝缘措施、向作业者警示带电作业是非常重要的。

由于在常规电子电路的组装接线中严禁带电作业，因此请让非专业人员远离现场。

在接线过程中，低电阻部分发生短路，会导致SCiB低电阻单体中流过过大的短路电流。可能发生线路熔断、工具灼伤，接触发热元件时被灼伤。作业时要设置危险作业标识，起警示作用。

（2）闩锁效应

连接保护电路板和电池时，仍然是带电状态。因此，有必要针对闩锁效应采取有效的对策。闩锁效应是指电源系统电路中的寄生二极管和晶体管突然产生大电流，之后无法恢复原状的现象。这会造成电路器件损坏、工作异常，进而导致事故。

保护电路从单体电压监控IC端子，到IC内部的保护二极管和寄生二极管。当电源电压不确定或输入/输出端子电压高于电源输入端子电压时，可能会产生过大电流。如果该电流超过IC的允许值，则该器件将处于闩锁状态，而持续过大电流将导致器件损坏。

如图23所示，插入限流电阻可防止闩锁效应。此外，输入/输出端子通过二极管接电源，以防止过大的电流在IC内部流动。

● 不能更换单体

单体之间临时短路产生短路电流所导致的电位差，会随着时间的推移消失。

例如，1% SOC时短路电流产生的电位差约为几毫伏，一旦混用了这种电池，单体均衡即遭破坏（图24），电池模块和电池组的容量将减小。

● 采取有效的防静电对策

连接电池的保护电路，为了降低功耗而被高电阻化。除了保护电路板上的半导体，电阻等无源元件的值也容易受到静电的影响。因此，工作环境中应采取有效的防静电对策。

使用大量高电阻元件时，必须充注意外部引发的故障，尤其要避免在易受静电影响的外部端子等位置使用不耐静电元件，如薄膜电阻。

● 必须预先检查待连接的电路板

必须对所有连接到单体的保护电路板进行操作确认。

单体保护电路从连接到单体，至被废弃之前一直连续工作。二次电池保护电路通常处于通电状态，直到电池组或电池系统被废弃。这就要求保护电路器件的可靠性高，额定参数需留有余量。

■ 缩短SCiB接线以减少短路事故

● 尽量减少低电阻部分的接线工作

单体电压监测线属于低电阻线路，但是如果与邻近的低电阻部分接触，便能产生立即熔断线路的大电流。

产生短路电流的单体容量减小，组合的各单体之间产生容量差。另外，短路还存在引发二次灾害的风险。

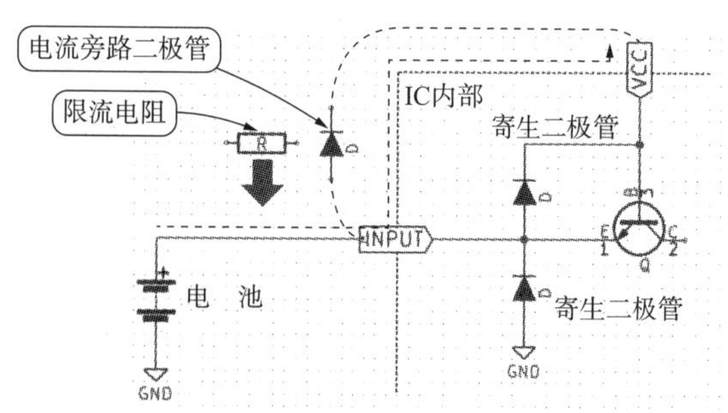

图23　闩锁效应的对策

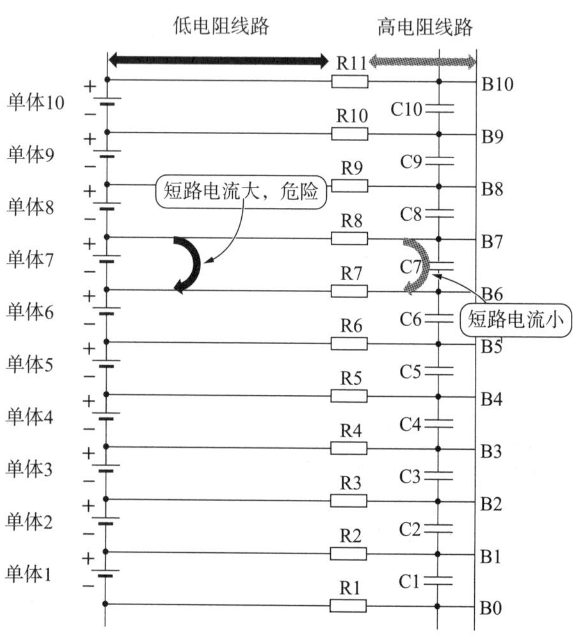

图24　线路的高电阻化

■ SCiB 的充电方法

● CC–CV 无法快充

SCiB 的充电方法与碳基 LIB 基本相同，都是 CC–CV（恒流恒压）充电。使用这种方法，即使是高恒流（CC）充电率的 SCiB，完全充电时间也不短。

这是因为无法缩短达到完全充电电压后的恒压（CV）充电时间。

● 分段重复 CC 充电的降压充电

这时，建议降压充电：以大电流执行 CC 充电，达到完全充电电压时将电流减小一半，然后再次执行 CC 充电。

SCiB 是一种电阻特别低的电池，即使在 1C 下充电，23A · h 电池也可充电至 95% SOC，2.9A · h 电池可充电至 99% SOC。

如果停止 CV 充电，则可以在很短的时间内实现快速充电。如图 13 所示，12C 充电可在大约 6min 内充电至 80% SOC。

● 快速充电带来的问题

SCiB 的快速充电，需要非常大功率的充电器和电源。家用电源插座的功率上限大约是 1.5kW，这意味着 5 个电池串联而成的 23A · h 电池系统（1P–5S，23A · h）只能进行 5 ~ 6C 充电，由完全放电状态充电至完全充电状态需要 10 ~ 20min，进一步缩短充电时间会导致家庭断路器跳闸。

但是，容量为 2.9A · h 的 5 串电池系统（1P–5S，2.9A · h）可以在几分钟内快速充电，需要减小电阻以应对大电流。例如，接触电阻为 10mΩ 的连接器，通过 100A 电流会产生 100W 的热量。换句话说，实现大电流充电非常困难，对线缆材料有很高的要求。

● BMS 常伴随着暗电流

通常，BMS 本身的电源是二次电池组合单体的保护电路，由监测单体供电。单体输出的 BMS 驱动电流，被称为“暗电流”。

带有 BMS 的电池组和模块即使长时间不进行充放电操作，也会释放暗电流。当单体电压降低至 BMS 驱动电压以下时，BMS 便会自动关断。

这就要求 BMS 消耗电流低。如果电池容量为 3000mA · h 的 BMS 的暗电流仅为 10mA，那么即使电池完全充电后存放，剩余电量也会在 300h（不到两周）内消失。

专栏 E EV电池的剩余电量计

EV 或混合动力车仪表板上显示的电池剩余电量，是如何测得的?

◆ 笔记本电脑使用分流电阻

笔记本电脑等的剩余电量计，以小电流流过测量电阻（分流电阻），根据积算充放电电流得出剩余电量。

充放电电流的积算值对于二次电池很重要。确定电压信息，以便在完全充电电压下 SOC 为 100%，在放电终止电压下 SOC 为 0。

充放电电流的积算值会出现累积误差，通过充放电使 SOC 达到 100% 或 0 可以消除积算误差。

◆ EV 使用霍尔元件

汽车不同于笔记本电脑。除了充放电电流，还要考虑外部噪声的影响，因此它不使用带分流电阻的库仑计，而是使用带霍尔元件的非接触式电流传感器的库仑计。

使用霍尔元件的电流测量具有较大的积算误差和较低的精度，这是因为与充放电相关的偏移误差大于并联电阻的偏移误差。

◆ EV 不会充电到 100%，也不会放电到 0

混合动力车基于约 50% SOC 控制充放电电流，不会在 SOC 达到 100% 或 0 时使用电池。因此，难以消除驱动时由霍尔元件引起的库仑计积算误差。长时间停放（数小时或更长时间）时，测量 OCV（无负载电池端子电压），并根据 OCV–SOC 表进行粗略校正。

EV 基于 80% SOC 控制快速充电电压，基于 100% SOC 控制低速充电电压，达到控制电压时校正霍尔元件引起的库仑计误差。长期停放的误差校正方法与混合动力车相同。

将来，引入带分流电阻的高精度库仑计后，电池剩余电量精度将会提高，有利于最大限度地利用电池容量。

通常，在BMS设计中，当电池电压下降到剩余电量耗尽时，电流消耗将进一步降低。因此，当剩余电量完全放电后，可通过充电恢复。

结束语

即使是大容量LIB，无串联保护电路的电池模块也是可以买到的，但安全使用的难度太大。CQ出版社将发布可用于CQ EV卡丁车的铅酸蓄电池替代SCiB，以及业余无线电用的电源（用于紧急通信和移动通信）。

充电方法与铅酸蓄电池相同，容量为23A・h（1P5S），并且可以承受瞬时大电流的电池正在研发中。希望能尽早在市场上看见其身影。

参考文献

[1] 独立行政法人 新エネルギー・産業技術総合開発機構（NEDO）. NEDO二次電池技術開発ロードマップ2013(Battery RM2013),2013-8.

[2] 資源エネルギー庁 . 蓄電池技術の現状と取組について ,1999-2.

[3] 東芝インフラシステムズ株式会社カタログ，SBT-002c17-07

[4] 2016年の成果 . 東芝レビュー，2017, 72(3).

[5] 小杉伸一郎，稲垣浩貴，高見則雄 . 安全性に優れた新型二次電池SCiBTM. 東芝レビュー , 2008, 63(2).

[6] 高見則雄，小杉伸一郎，本多啓三 . 耐久性と安全性に優れたハイブリッド自動車用新型二次電池SCiBTM. 東芝レビュー , 2008, 63(12).

[7] ハイブリッド自動車用リチウム・イオン電池EH5 High Power and Long Life Lithium-ion Battery EH5 for HEVs.（株）ブルーエナジー Technical Report.

[8] Panasonicニッケル水素電池カタログ .

[9] 経済産業省 . 蓄電池戦略プロジェクトチーム . 蓄電池戦略 ,2012-7.

[10] デクセリアルズ株式会社 . 表面実装型ヒューズ . 技術資料およびカタログ .

[11] 電力中央研究所 研究報告書（電力中央研究所報告）T01033. リチウム・イオン電池の劣化メカニズムの解明 – 劣化機構とその診断法 –.

[12] Panasonic円筒形リチウムイオンUR18650ZTAカタログ .

[13] 高見則雄 . 蓄電池システム（ESS）向け二次電池の技術と応用（株）東芝 .

笔者介绍　　涉谷信男

1997–2000年：东芝电池株式会社，从事笔记本电脑的BMS和保护（AFE）IC的开发。

2001–2003年：东芝研发中心，从事小型燃料电池（DMFC）系统的开发。

2003–2009年：东芝研发中心，从事SCiB的BMS和保护（AFE）IC的开发。

2010–2015年：东芝研发中心，从事二次电池动态阻抗测量系统和保护（AFE）IC的开发。

2015年：从东芝研发中心退休。

2016年至今：Criotech株式会社，负责SCiB电池系统的销售技术和BMS技术。

SBS1.1 标准与 SMBus[①]通信协议

——BMS 与剩余电量测量的电量计 IC

〔日〕大熊均　执笔 | 邹雨含　译

电池组由多个电池单体串并联而成，并配有 BMS（Battery Management System，电池管理系统）。BMS 没有严格的定义或标准，主要功能是保护电池，其次是监测剩余电量、均衡单体，提高电池的安全性、效率、寿命。剩余电量通常使用电量计 IC 测量。对于特定规模或更大规模的电池，有时使用通信标准 SMBus 定义的 SBS 协议与 IC 通信。这种协议可以说是 I^2C 的扩展。本文将展示如何使用 SBS 电量计 IC 测量电池的剩余电量和劣化情况。

（编者按）

锂离子电池组的电路板和电量计 IC

锂离子电池组的电路板必须具备保护功能，通常使用专用保护 IC，防止过充电、过放电、过电流、温度异常等。

● 电路板上可能有电量计 IC

除了必需的保护功能，电路板还具有剩余电量监测功能等。现在的移动设备，如智能手机、平板电脑、便携式游戏机、蓝牙耳机等，几乎都具备显示剩余电量的功能。

专栏　电池剩余电量算法

SBS1.1 中未指定电池剩余电量估算方法，电量计 IC 厂商似乎有自己的算法。但是，笔者认为没有很多 IC 厂商发布该算法。

互联网上也能找到估算剩余电量和寿命的算法，如 TI 的 CEDV 和 Impedance Track，以及 MAXIM 公司的 Model Gauge。

■ TI 公司的 Impedance Track

顾名思义，TI 的 Impedance Track 算法就是阻抗跟踪法，跟踪电池内阻。

根据暂时的（温度、放电电流的大小等引起）和持久的（经久劣化、反复操作劣化等引起）的内阻增大，通过积累和使用测量数据来返回高精度信息。

许多 TI 电量计都在 EEPROM 或数据闪存中存有大量数据，内部算法会根据需要更新或读取这些数据，以操作 IC。

■ MAXIM 的 Model Gauge

MAXIM 公司的 Model Gauge 有以下版本。

● Model Gauge

仅在开路电压下估算剩余电量。不需要分流电阻，不会造成浪费。

● Model Gauge M3

根据释放电压和分流电阻的库仑量估算剩余电量。

● Model Gauge M5

在 M3 的基础上增加了循环数增加至劣化预测算法、消除剩余电量近零时的计算误差的“收敛至空”算法。此外，还增加了电池容量学习的功能。

---

① System Management Bus，系统管理总线。SMBus 是英特尔公司提出的 BMS 标准接口规格，为 2 线式串行总线接口。

现在，剩余电量监测功能更加不可或缺。有些产品使用电压表和剩余电量计，有些使用电量计 IC。制造商通常会配备电量计 IC。

电量计 IC 和燃油车的油表一样，英文表示为“fuel gauge”或“gas gauge”。

● 电量计 IC 的作用

电量计 IC 的主要功能是监测电池的剩余电量和劣化程度。截至 2018 年，一些先进的 IC 可能具有保护串联单体，控制每个单体的电压的均衡功能，以及剩余电量监测功能，如德州仪器（Texas Instruments，TI）制造的 BQ40Z50。下面仅就剩余电量监测功能进行介绍。

电池劣化是指环境原因或自然劣化导致电池容量低于出厂时的初始容量。电池劣化后的完全充电电量即剩余容量。

● 电量计 IC 的剩余电量、劣化状况监测功能

除了测量电池的电压、库仑值、内阻、单体温度外，每家厂商还有自己的算法。然而，由于研究对象同是锂离子电池，算法差别不大，都是基于电池劣化的前提，对大量单体实际充放电和环境试验所得的数据建立的。

实际上，比较 TI 的 BQ2060A 和 BQ40Z50 可知，后者具有更多的参数和更复杂的内部逻辑，且可完成前者无法完成的工作，如在非充放电期间监控电池状态，获得剩余电量和劣化数据。

锂离子电池通信标准

电量计 IC 的通信没有绝对的标准。到目前为止，笔者见过的市售电量计 IC 的通信协议，有 1-Wire、I²C（SMBus）和 SPI 三种。其中，I²C（SMBus）产品占据了大部分市场。

■ SBS1.1 简介

● SMBus

SMBus 与 I²C 几乎相同（图 1），但电气规格略有不同，使用时应查看数据表或规格书。主要区别在于，I²C 有处理（1B 读写、2B 读写、多字节读写等）和数据错误校验（Packet Error Check，PEC）功能。

在选择 IC 时，应注意其是否兼容 SMBus 和 I²C，有些仅支持一项协议。

笔者认为这方面的信息不太全面，因此查了许多文献、制造商的技术支持说明书、论坛。

对于 SMBus，即使想使用 PEC 修正错误，也没有办法。有些 IC 虽然自称“支持 I²C”，但实际上支持的是 SMBus PEC。

有关 I²C 和 SMBus 的具体规格，请参考以下网址：

- I²C 总线规范和用户手册：https://www.nxp.com/docs/en/user-guide/UM10204.pdf
- SMBus：http://smbus.org/

● SMBus 上定义电池信息的 SBS

SBS 即“智能电池系统”（Smart Battery System）。

这里的 SBS 指的是电池、充电器等的从地址和剩余电量等信息（从寄存器值）的标准，最新版本为 1.1，官方名称为“智能电池数据规范”（Smart Battery Data Specification）。

SBS 实际上是制定该标准的组织的名称。用户期望此标准规范适用于多种 IC，但现实是大多数 IC 都不符合规范或只符合部分规范（如 Maxim、Intersil、ON Semiconductor）。其中，TI 电量计 IC 完全符合 SBS 规范且具有扩展功能。

但是，不符合标准或部分符合标准的 IC，其功能名称也可能类似于 SBS 规范。

例如，Maxim 的 MAX1726X 不符合 SBS 规范，但是其以下功能：

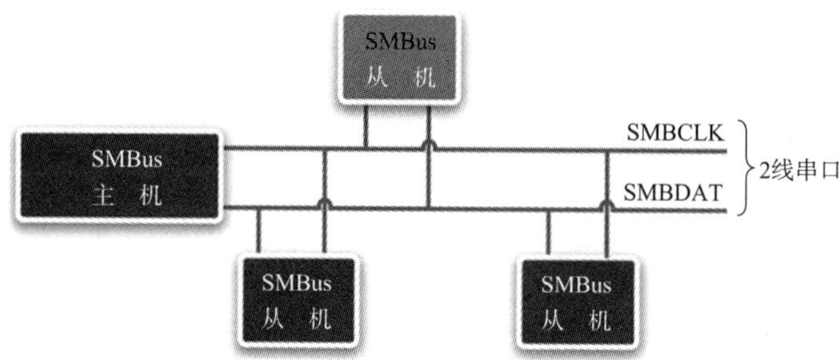

图 1　SMBus 拓扑结构

```
0x05 RepCap
0x06 RepSOC
0x10 FullCapRep
```

与 SBS 的以下功能：

```
0x0f RemainingCapacity
0x0d RelativeStateOfCharge
0x10 FullChargeCapacity
```

是等效的。以上功能依次为电池剩余电量（mA・h）、电池剩余电量（%）、完全充电容量（mA・h）。

SBS 相关信息可参考以下网址：

- SBS 官网：http://sbs-forum.org/
- SBS1.1：http://sbs-forum.org/specs/sbdat110.pdf

SBS1.1 命令

电池组侧的电量计 IC 符合 SBS 标准，有利于使用电池的设备侧固件操作，通过发出读取请求来获得所需的通信数据。

需要注意的是通信错误和通信速度，确保不遗漏任一个 IC 的校验。

■ SBS1.1 命令概要

表 1 列举了笔者常用的 SBS1.1 命令。

● 命令是描述为寄存器值的指令

有许多电量计 IC，无论它们是否符合 SBS，寄存器值通常以十六进制形式描述。

作为示例，首先介绍 SBS1.1 中返回剩余电量（mA・h）的功能——RemainingCapacity() 的定义。

- 0x0f: RemainingCapacity

表 1　常用的 SBS1.1 命令

命　令	名　称	功　能
0x08	Temperature	以 0.1K 为单位返回温度
0x09	Voltage	返回电池组的当前电压
0x0d	Relative State Of Charge	返回剩余电量（%）
0x0f	Remaining Capacity	返回剩余电量（mA・h）
0x10	Full Charge Capacity	返回当前的完全充电容量（mA・h）

- 单位：mA・h
- 数值范围：0 ~ 65535mA・h
- 粒度：0.2%DesignCapacity() 或更佳
- 精度：-0,+MaxError()*FullChargeCapacity()

为了满足 SBS 标准，必须为此功能分配寄存器 0x0f。

因此，使用电量计 B 替换电量计 A 时，如果它们都符合 SBS 标准，则不用更新设备侧的固件。

唯一的例外是新旧更替——即使接口（寄存器地址）保持不变，内部操作也可能完全不同。例如，将 TI 的 BQ2060A 更换为 BQ40Z50。

假设一个电路配备了微控制器，而微控制器在很大程度上依赖于 BQ2060A 的操作。这时，将电量计 BQ2060A 更换为 BQ40A50，很可能需要更新微控制器的软件。

代表性功能如下：

```
0x0f RemainingCapacity()
0x0d RelativeStateOfCharge()
0x10 FullChargeCapacity()
```

随着电量计 IC 的发展，各项功能越来越丰富。

■ 0x0f:RemainingCapacity()［RC，剩余电量（mA・h 或 10mA・h）］

0x0f 可以立即获取剩余电量值（mA・h 或 10mA・h）。

SBS 标准仅定义了接口，包括 RemainingCapacity() 在内的所有值的计算都由 IC 厂商定义。

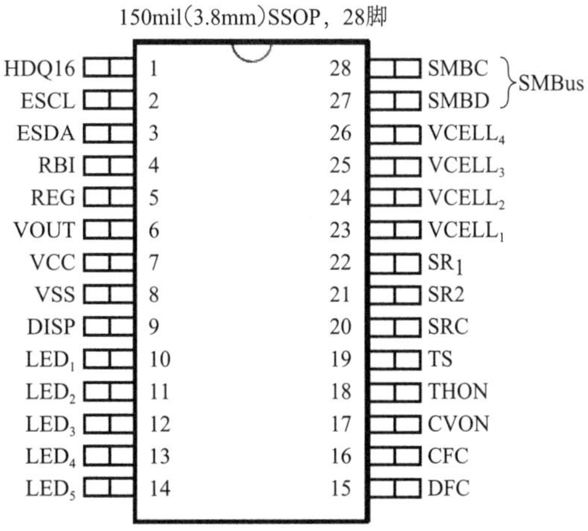

150mil(3.8mm)SSOP，28脚

HDQ16 1　28 SMBC
ESCL 2　27 SMBD
ESDA 3　26 $VCELL_4$
RBI 4　25 $VCELL_3$
REG 5　24 $VCELL_2$
VOUT 6　23 $VCELL_1$
VCC 7　22 SR_1
VSS 8　21 SR2
DISP 9　20 SRC
LED_1 10　19 TS
LED_2 11　18 THON
LED_3 12　17 CVON
LED_4 13　16 CFC
LED_5 14　15 DFC
SMBus

图 2　BQ2060A 的引脚配置

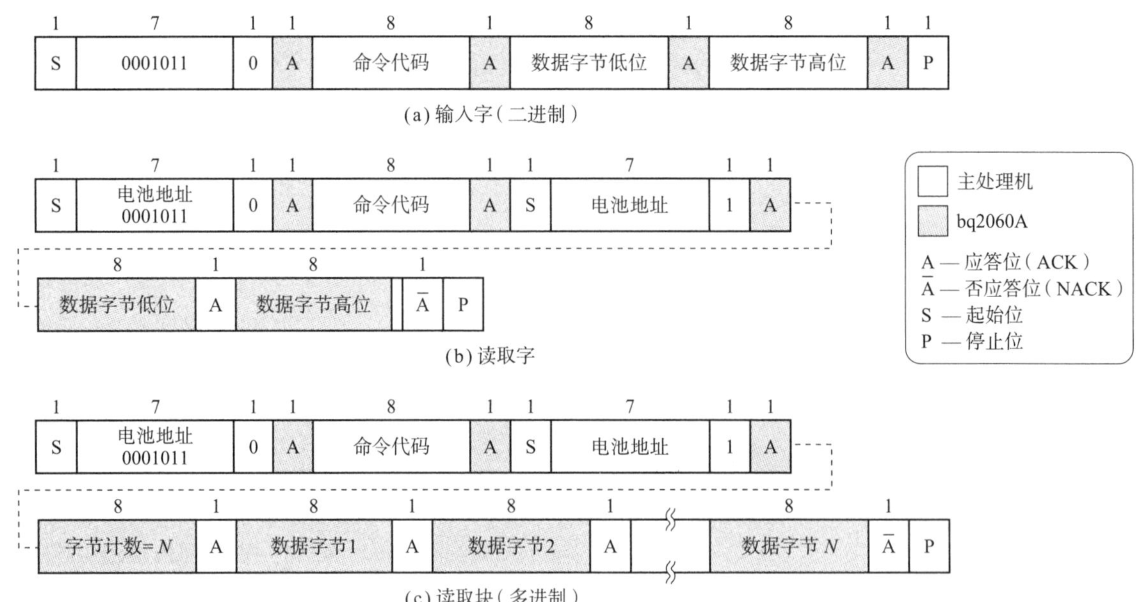

图 3　BQ2060A 的通信协议

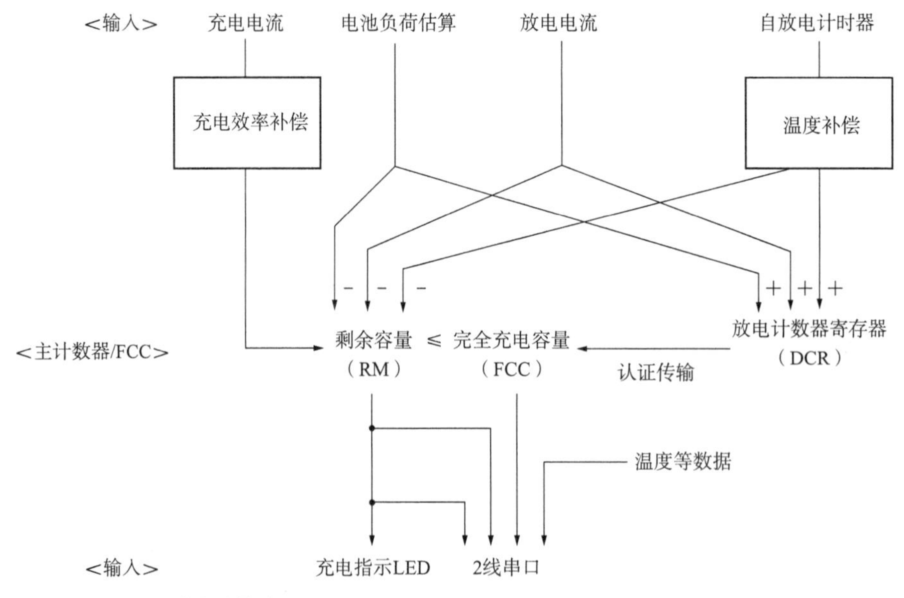

图 4　BQ2060A 内部计算流程

● 例：TI 公司的 BQ2060A

BQ2060A 的引脚配置如图 2 所示，通信协议如图 3 所示，部分与 `RemainingCapacity()` 相关的操作流程如图 4 所示。

● 例：TI 公司的 Q40Z50

剩余电量会根据各种因素动态变化，如放电开始、放电终止、温度变化，以及非外部调用数据的更新。BQ2060A 已经无法应对环境变化。

将 Q2060A 更换 BQ40Z50 的用户，访问和使用 `0x0f` 即可享受新功能。

■ 0x0d:RelativeStateOfCharge()［RSOC，剩余电量（%）］

`0x0d` 是以百分比表示的剩余电量，常表示为“SOC”或“RSOC”。在 SBS 中，后述的 `FullCharge Capacity()` 为 100% RSOC 时的容量。

`FullChargeCapacity()` 为考虑电池劣化的当

前完全充电状态下的最大电池容量（mA·h）。

因此，RelativeStateOfCharge() 可以通过 RemainingCapacity()/FullChargeCapacity() 计算。

应当理解，FullChargeCapacity() 是随使用和劣化而减小的值，而 RemainingCapacity() 以此减小的值（FCC）为 100%。对于 BQ40Z50 等新型 IC，可以根据目的将该基准更改为其他值。这里继续使用 FCC 基准，如图 5 所示。

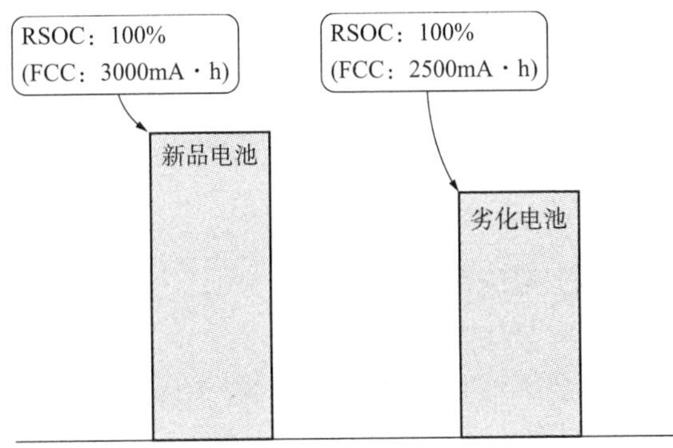

图 5　RSOC 同样是 100%，实际容量却不同

● 例：TI 公司的 BQ2060A

如 SBS 所述，有一点要特别注意：FullChargeCapacity() 必须始终保持正常。与新型电量计 IC 不同，BQ2060A 需要花费一些时间来更新 FullChargeCapacity() 值。

● 例：TI 公司的 BQ40Z50

获取的值与 BQ2060A 相同，符合 SBS 标准。但是，其内部管理、计算与 RemainingCapacity() 一样是新的。更新时机也相同，如放电开始、放电终止、温度变化、外部一般不引用的数据的更新。因此，它像 BQ2060A 那样须努力将相关数据 FullChargeCapacity() 保持为正常值，可以以较少的代价获得高精度的值。

■ 0x10:FullChargeCapacity() ［FCC，完全充电容量］

寄存器 0x10 是 FullChargeCapacity() 值，表示完全充电容量——有时缩写为 FCC。

受单体的个体差异、电池组的组装、存放环境和存放期限等因素的影响，新电池组实际最大容量并不相同，但与标称容量几乎相同。标称容量通常标注在电池表面。

尽管该值会随着使用和劣化而减小，但可以用电量计随时监测其减小情况。

上面是 FCC 的概述，但笔者想举一个例子，说明仅靠电量计获得准确结果是多么容易。通过记录电池的所有充放电特性，可观察到这种转变。实际上，劣化试验及其记录是一项非常耗时的任务，因此电池特性分析通常不由单体厂商或电池组厂商以外的单位执行。

下面将介绍笔者几年前对 2S1P 电池（松下 18650）进行劣化试验的结果。该试验旨在为笔者供职的公司积累专业知识，试验条件和环境并不严格。此外，请注意，我们目前不提供电池组性能评估之类的服务。

● 进行劣化试验

劣化试验相关信息如下。

- 电池组信息：松下 18650，2S1P
- 充放电次数：600 次以上
- 试验期间：秋、冬
- 试验环境：普通办公室（室内温度根据是否有人、是否是工作日等变化很大）
- 充电：0.7C 或 1C
- 放电：1C、2C 或 3C（终止电压通常为 5V。单体电压为 2.5V）

● 循环实验结果

下面，检查即使在相同的放电条件下，劣化导致的达到终止电压的时间是否变短了。

图 6（a）所示为 0.7C 充电和 2C 放电的循环重复 7 ~ 8 次时的放电特性。图 6（b）所示是执行 600 次或更多次相同的循环后的放电特性。从曲线和水平轴可见，达到 5V 终止电压的时间变短了。

图 7 所示为 600 次以上放电的特性变化，可以看到实际容量由于使用而下降。这是放电器记录的数据，虽然依赖库仑计，但基本符合 FCC。

实际上，除非实际使用 SBS 的 FCC 或类似功能，否则不以这种方式实际测量就得不到想要的值（如用分流电阻器进行库仑计测量）。

● FullChargeCapacity() 和劣化程度

至于劣化后的容量对标称容量的百分比（%），电量计用户通过简单的除法就可得到：

0x10 获取值 / 标称容量

按 SBS 标准，可以表示为

FCC/DesignCapacity

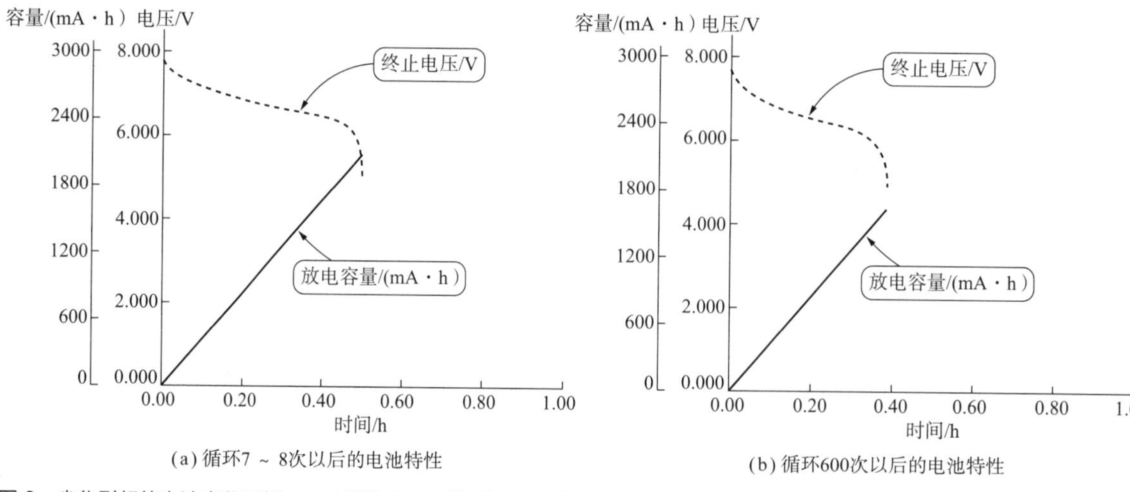

图6 劣化引起的电池变化示例——达到终止电压的时间提前（2串锂离子电池）

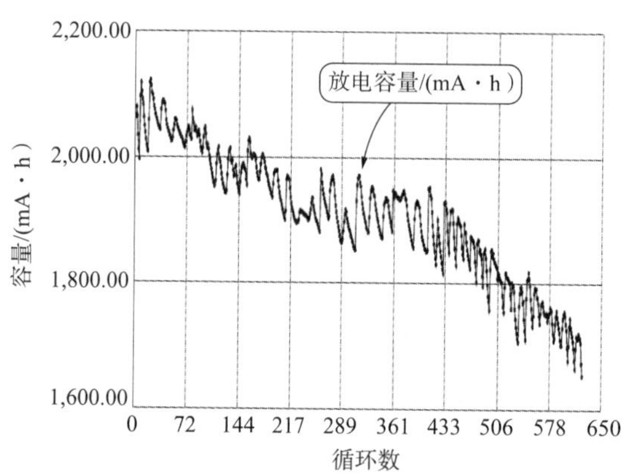

图7 FCC随着劣化而减小——0 ~ 600次循环的数据

这种劣化程度的常表示为“SoH”（State of Health，健康状态）。

● 例：TI公司的BQ2060A

必要时可进行如下计算：

```
FullChargeCapacity()/DesiginCapacity()
```

其中，`DesignCapacity()` 为标称容量。

● 例：TI公司的BQ40Z50

SoH可以通过扩展SBS命令直接获取。

在内部，还有SoH计算专用的 `FullChargeCapacity()` 数据，被认为比BQ2060A的可靠性更高。

由于包括FCC更新时机在内的内部逻辑与BQ2060A完全不同，因此无法使用 `FullChargeCapacity()/DesignCapacity()` 进行计算。

■ FCC相关注意事项

● 例：TI公司的BQ2060A

考虑电池从几乎完全充电状态放电到几乎完全放电状态的情况。

这里的“几乎完全充电”，是根据EEPROM中存储的值和当前FCC值计算出来的。使用TI公司的默认值时，近似范围如下：

`FullChargeCapacity()` ~ `FullChargeCapacity()`－200（mA・h）

另外，“几乎完全放电”也是根据EEPROM中存储的终止电压相关参数计算出来的。

请注意，完全充电和完全放电是更新的必要条件，因此应用有限制。例如，在以下情况下，BQ2060A无法更新FCC，并且FCC与实际容量的差异会随着使用而增大。

- UPS 90%以上的时间处于待机状态
- 考虑到寿命，电池在（30% ~ 80%）FCC的范围内使用
- 充电和使用总保持40%左右的稼动率

实际上可能会出现以下大偏差：

- 标称容量：3000mA・h
- FCC：3000mA・h
- 真实的完全充电容量：2000mA・h

如果BQ2060A发生这种情况，则要进行手动修复，至少要进行多次完整的完全充放电循环。之所以要进行多次循环，是因为单次修复的FCC调整量是有上限的。

● 例：TI 公司的 BQ40Z50

RemainingCapacity() 与 RelativeStateOfCharge() 的数据更新时机相同：

· 开始放电
· 终止放电
· 温度变化
· 非外部调用数据的更新

与 BQ2060A 不同，无论用户如何操作，FCC 都会不时更新。

BQ40Z50 不需要完全充放电修复过程。

● 说 明

中国市场上有一种面向小型设备电池单体的电量计 IC，仅提供了几个设置寄存器，功能等同于 RemainingCapacity()。笔者认为，在质量有保证的前提下价格优先，所需功能够用就可。

电量计 IC 的注意事项

检查 IC 是否正常运行很重要。只有正确执行此检查，用户才能随时获取所需的电池信息。

正常运行的检查方法因电池厂商和生产年份而异，如一直用来比较的 BQ2060A 和 BQ40Z50，BQ2060A 出现的年份较早，BQ40Z50 较晚。

就 TI 产品而言，新产品更智能，更复杂。BQ40Z50 的命令数和数据闪存参数量是 BQ2060A 的两倍，并且内部逻辑也更复杂。因此，与其他 IC 一样，只要在适用范围内，选择 BQ2060A 即可。

当前，TI 销售的与 SBS1.1 兼容的电量计 IC，最简单的确认方法是检查 MaxError()。

● 例：TI 公司的 BQ2060A

· 复位后为 100%
· 学习周期完成后（平常）为 2%
· 每发生一次内部错误，增加 1%

由于它用于某些 SBS 命令的“+ 误差值”，因此不会出现错误累积。“+ 错误值”的常用命令如下：

```
RelativeStateOfCapacity()(0x0d)
RemainingCapacity()(0x0f)
FullChargeCapacity()(0x10)
```

学习周期是 BQ2060A 的关键，用于确认 FCC 是否已更新。学习周期终止，即 FCC 更新完成。为了使 MaxError() 值保持正常，应更新 FCC，进行完全充放电。

● 例：TI 公司的 BQ40Z50

· 复位后为 100%
· 重要的内部参数 A 更新时为 5%
· 重要的内部参数 B 更新时为 3%
· 重要的内部参数 A、B 更新时为 1%
· 每发生一次内部错误，增加 0.05%

1% 是正常值。另外，与 BQ2060A 不同，它不用于 SBS 命令“+ 误差值”，仅用于向用户指示错误程度。

重要的内部参数 A 和 B 即之前 BQ40Z50 说明部分介绍的 RemainingCapacity()、RelativeStateOfCharge()、FullChargeCapacity() 的非外部调用数据。

对于 BQ40Z50，MaxError() 为 5% 或更小。如果没有 IC 故障，它很快会减小到 1%。BQ2060A 所需的 FCC 和 MaxError() 的完全充放电，在这里不是必需的。

两个 IC 的内部情况不同，但都可通过 MaxError() 值来查看错误状态。这被认为是遵循 SBS1.1 的共同优势。

结束语

许多电量计 IC 都有剩余电量和寿命估算的算法，特别是符合 SBS1.1 标准的 IC。利用这种算法得出的数据最终反映在用户访问的 FCC、RC、RSOC 等中。如本文多次提到的，无需深入了解算法本身，即可获得准确的剩余电量信息和劣化判断所需的以下信息（无特定顺序）。

电量计 IC 不论其大小和复杂程度如何，都具有测量剩余电量和寿命的功能，用户可以轻松获得所需的值。如果是本文介绍的符合 SBS 标准的 IC，可以通过通信协议轻松获得上述值。

在大多数情况下，用户不了解 IC 的规格、厂商和特性、剩余电量算法以及以下内容，就可获得准确的剩余电量和劣化信息。

· 单体特性，如厂商、系列、特征（高倍率、大容量等）、充放电特性等

· 单体一致性
· 电池组的制造质量
· 运输和存放时间的影响（运输方法、存储环境的温湿度、存储时间等）
· 使用环境（温度等）
· 操作方法（高速率？设备处于待机状态？在0.1C或更低倍率的放电下长时间运行？充电时间？一种操作方法面对多种情况？）
· 各种数据的记录、跟踪和使用（库仑量、温度、内阻等）

笔者介绍

大熊均

ODS有限公司技术部

职业生涯始于计算机软件开发，目前对微控制器的嵌入式软件感兴趣。除了设计、制造和进口锂离子电池，还擅长设备引进和剩余电量计IC等的技术支持。

公司主页：http://www.ods-web.co.jp/

使用 SMBus 监测 CQ 锂离子电池组的内部状态

——锂离子电池组数据采集单元的制作

〔日〕鹤岗正美 执笔 | 邹雨含 译

EV 卡丁车的 CQ 锂离子电池组输出 SMBus 端口信号，用户可以据此监测电池组的电压、电流、温度、剩余电量等。

（编者按）

许多锂离子电池组都配备了 SMBus 端口，这是电池组专用的标准串口。CQ 锂离子电池组 /EV 卡丁车也有该端口，虽然说明书中有说明，但没有解释如何使用 SMBus 协议。笔者将通过简明易懂的例子来说明使用方法。

通过 BMS/SMBus 收集电池数据

● 测量电池的电压、电流、温度

一般而言，锂离子电池组内部存在被称为“BMS”（Battery Management System，电池管理系统）的电池保护电路。除了保护电池免于过载（主要任务），BMS 通常还具有监测电池的电压、电流、温度等并与外部通信的功能。CQ 锂离子电池组（下文简称“电池组”）/ EV 卡丁车的说明书中也标明了“SMBus 兼容”。

这样，实际驱动 EV 卡丁车时，可获得电池组的电压和电流的值。下面探讨外部通信获取数据的方法。

● 用 BMS 监测电池组的状态

与电池组通信离不开数据读取和存储，需要电路（硬件）和软件。具体来说，要满足以下要求：

- 使用微控制器与电池组通信
- 将数据保存到 EEPROM 中
- 将保存的数据发送到外部 PC

电池数据采集单元的制作

笔者使用配有瑞萨 R8C/29 微控制器的微控制器板 MB-R8C29（图 1），以收集锂离子电池组数据。微控制器单元的框图如图 2 所示，电路图如图 3 所示，制作实物如图 4 所示。

● 采集单元的三个通信功能

- 电池组通信
- EEPROM 通信
- PC 通信

CQ 锂离子电池组具备 SMBus 端口，这是 BMS 的标准接口，是 2 线式串行总线接口。其兼容 I^2C，为电池专用规格，有 SMBD（数据）和 SMBC（时钟）端子。

采集单元与电池组和 EEPROM 之间的通信都采用 I^2C，可以通过从地址选择对象进行通信。换句话说，电池组和 EEPROM 挂在同一通信总线上。

采集单元与 PC 之间的通信通过 RS-232C 完成。对于笔记本电脑，可采用 USB 转换线连接。

图 1　配有 R8C 的微控制器板 MB-R8C29（Sanhayato）

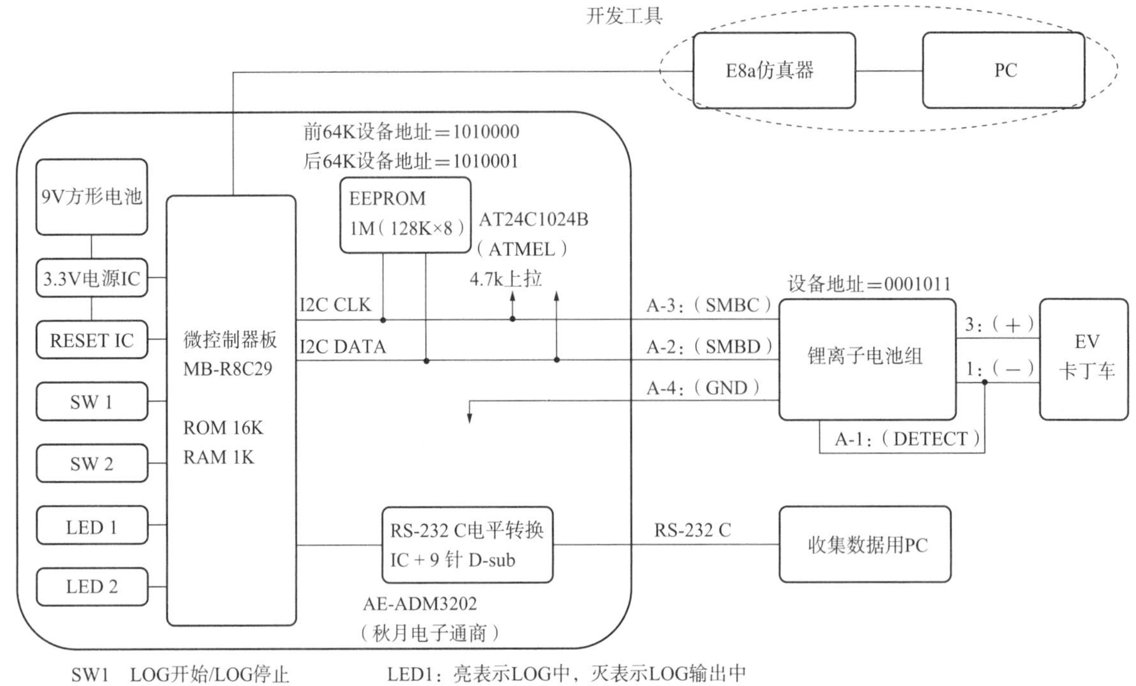

图 2　电池组数据采集微控制器单元的框图

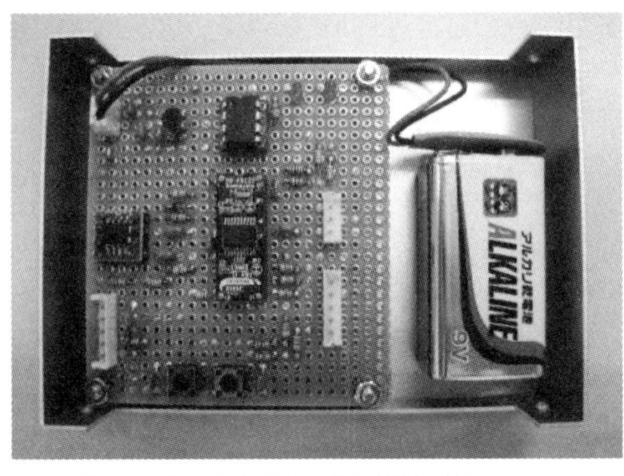

图 4　制作完成的电池组数据采集微控制器单元

电池组通信命令说明

● 读取电池组电池数据

使用 I²C / SMBus 通信格式。图 5 所示为串行通信协议的命令格式，该命令是一个两位十六进制代码。

I²C / SMBus 的通信过程是先指定地址，由主 IC 发送命令到从 IC（电池组）。然后，根据主时钟，从 IC 返回数据。

该电池组的地址（从机地址）为 `0B`（十六进制），这是固定的。根据 I²C 标准，其前 7 位是 `0001 011`。

S	从机地址	W	A	命令代码	A	S	从机地址	R	A	低位数据字节	A	高位数据字节	A	PEC	NA	P

▭为电池组响应
S为启动条件
从机地址 (7位)：`0001 011`
W为右循环
A为ACK (低)
命令代码：`0x09` 总电压，`0x0A` 充放电电流，`0x4A` 单体温度，`0x0D` 剩余电量

R为读取周期
数据字节：各命令数据
从机地址 (7位)：`0001 011`
PEC为包错误代码：已读取，但本次未用
A即ACK (低)
NA即NACK (高)
P为停止条件

图 5　SMBus 命令的格式

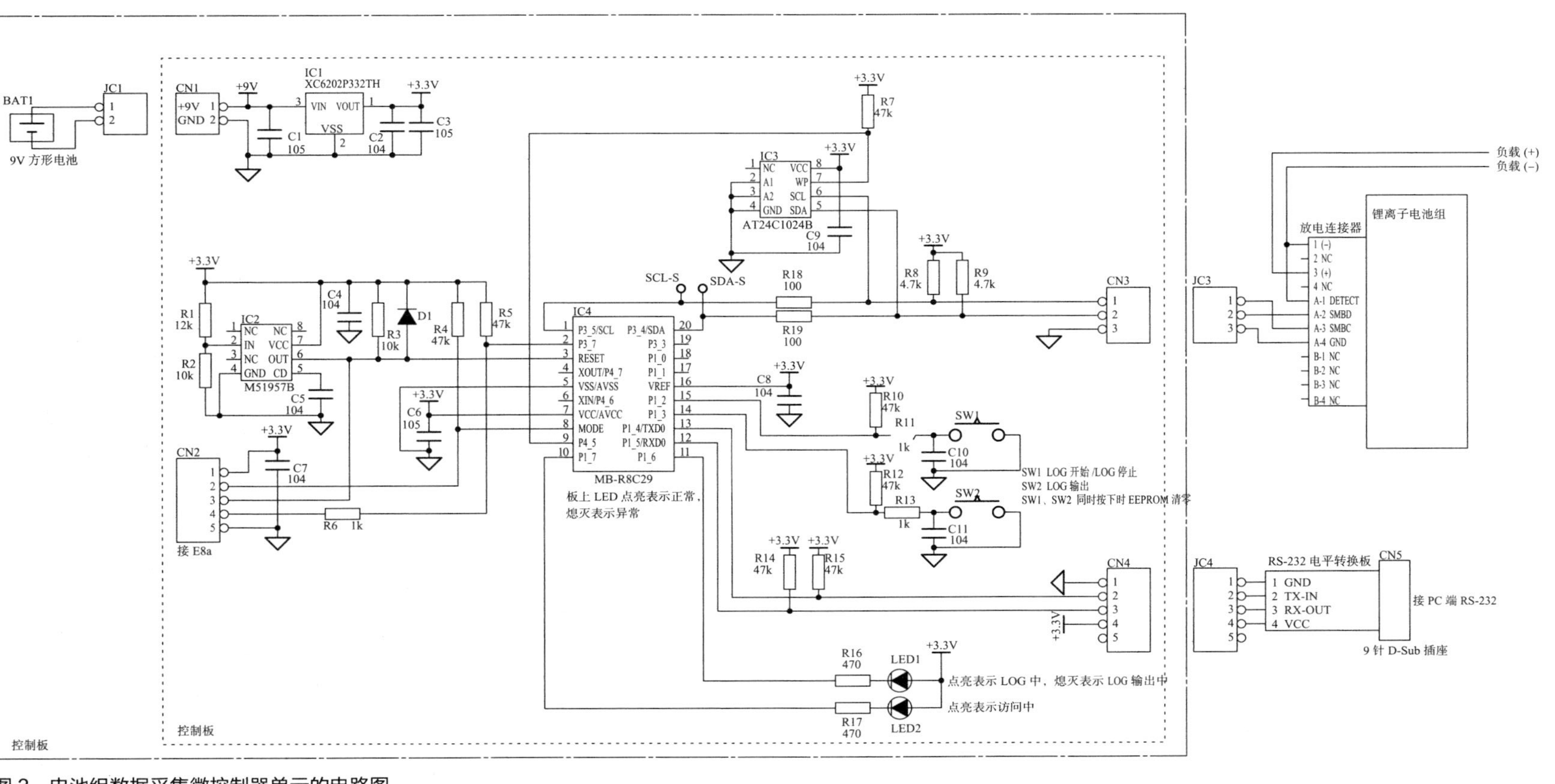

图 3 电池组数据采集微控制器单元的电路图

协议中使用以下命令作为主 IC（CPU）的命令。电池组说明书会给出可用命令，但通常使用以下命令：

· 电池电压（V）：`09`
· 电流（mA）：`0A`
· 温度（0.1K）：`4A`
· 电池剩余电量（%）：`0D`

（SBS 标准电池组使用的是 SMBus 协议，CQ 电池组也符合 SBS 标准）

● 操作方法

数据采集单元板的操作如下。

按下 SW1 时，电池数据采集开始，再按一次则停止。接下来，指示灯 LED1 点亮，访问 EEPROM 时，LED2 点亮。

对于数据采集，SMBus 命令大约每隔 1s 读取一次数据，如电池组总电压、充放电电流、温度和剩余电量。读取的数据通过 I^2C 保存在 EEPROM 中。保存时间可达 8000s，即 EEPROM 可保存 8000 条数据。采集 8000 条数据后，该单元停止工作。

采集单元侧微控制器的整体处理流程如图 6 所示。

实际电池组的信号波形

笔者使用中国台湾 ZEROPLUS 公司制造的逻辑分析仪（LAP-C 系列）进行波形确认。从主机发送 `0x09` 命令，电池组返回数据为 `0x64D4`。如图 7 所示，依次返回了 `0xD4`、`0x64`。十六进制数 64D4 转换为十进制为 25812（mV）。如图 8 所示，为用示波器观察电池组的两条 SMBus 信号线。

通过串行通信输出到 PC

按下控制器板上的 SW2 开始串行通信，使用 PC 端通信软件获取数据，随后将数据导入 Excel 等电子表格中进行分析。

PC 串行通信使用 RS-232C 通信。如果没有 RS-232C 端口，可使用 USB 转 RS-232C 转换线。串行通信设置如下：

· 波特率：38400
· 数据长度：8
· 奇偶校验：无
· 停止位：1
· 位流：无

● 通信软件画面

使用通信软件（COM6）获取电池组信息，如图 9 所示，从左到右依次为时间（s）、电池组电压（mV）、电流（mA）、温度（K）和剩余电量（%）。

使用 Excel 处理读取的数据并图表化。图 10 是当电子负载以约 1300mA 恒流放电时的电池信息，即电池特性图。

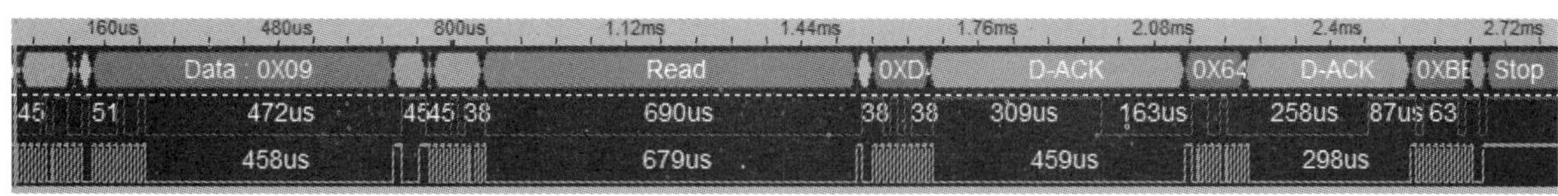

图 7　使用逻辑分析仪观察通信数据

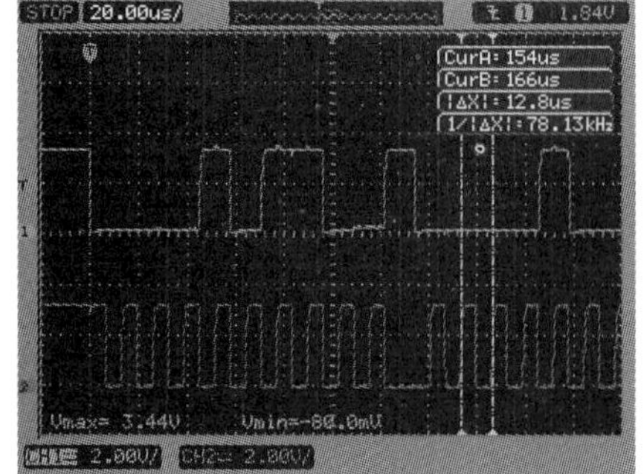

图 8　示波器观测到的 SMBus 信号波形

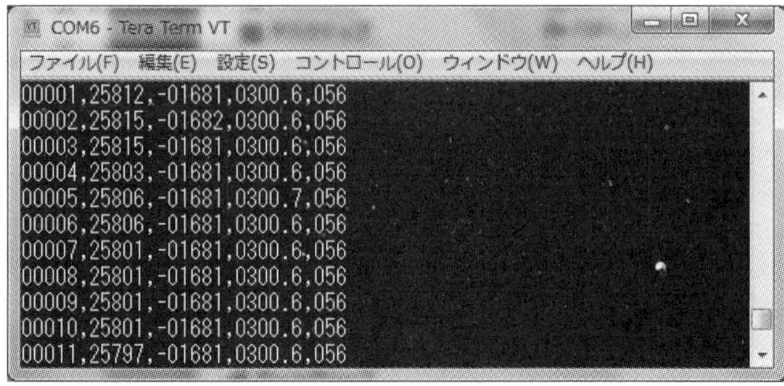

图 9　通信软件 COM6 上显示的电池内部数据

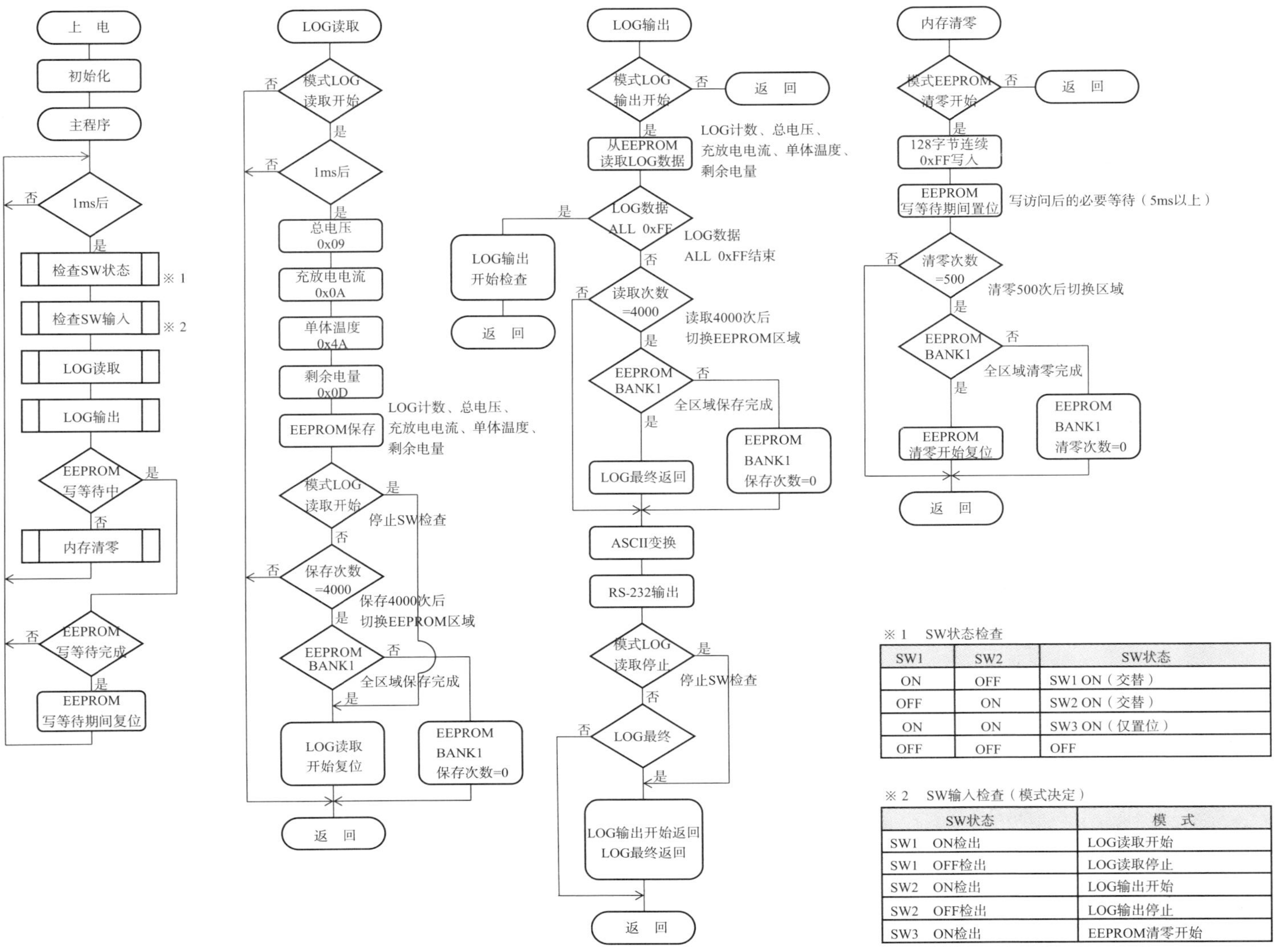

※ 1　SW状态检查

SW1	SW2	SW状态
ON	OFF	SW1 ON（交替）
OFF	ON	SW2 ON（交替）
ON	ON	SW3 ON（仅置位）
OFF	OFF	OFF

※ 2　SW输入检查（模式决定）

SW状态	模　式
SW1　ON检出	LOG读取开始
SW1　OFF检出	LOG读取停止
SW2　ON检出	LOG输出开始
SW2　OFF检出	LOG输出停止
SW3　ON检出	EEPROM清零开始

图 6　数据采集单元侧的处理流程

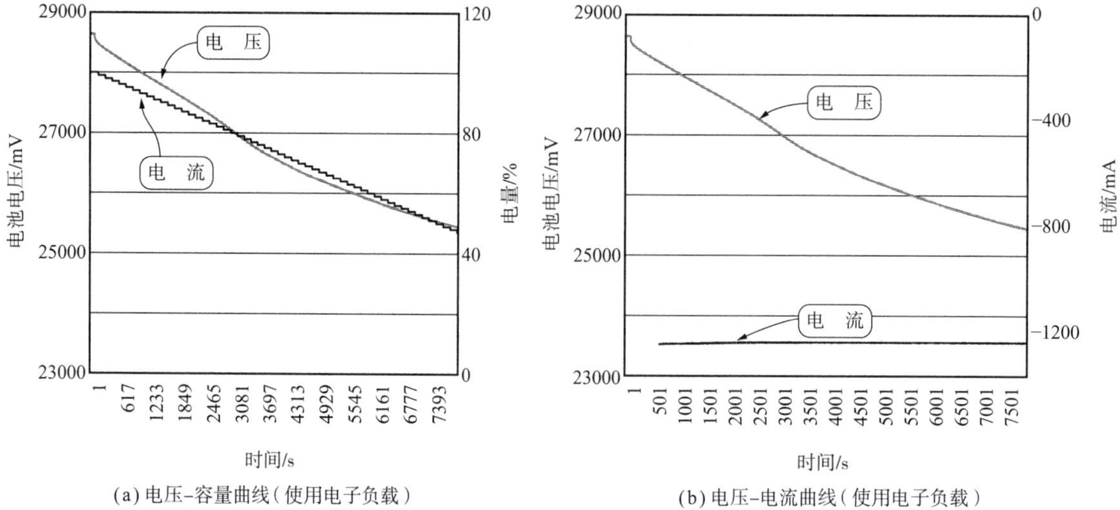

(a) 电压-容量曲线（使用电子负载）

(b) 电压-电流曲线（使用电子负载）

图 10　电池特性图

笔者介绍

鹤冈正美

E&C Lab 株式会社

自镍镉电池盛行的全盛时代开始，积累了 30 年以上的蓄电池充电器和电池组设计开发经验。目前，在日本从事安全性电子设备制造工作。

固态电池的安全性讨论

——探讨锂离子电池的未来

〔日〕鹤岗正美　执笔｜邹雨含　译

锂离子电池使用有机液体作为电解液，一旦电池本体温度升高，就会有起火和爆炸的风险。在这种情况下，使用陶瓷材料作为电解质、不使用电解液的固态电池的开发便提上了日程。虽然完全投入实用还需一些时间，但一些中国台湾的企业已经开始销售固态电池单体。固态电池的安全性还有待验证。

（编者按）

引言：固态电池入市

据预测，固态电池于2020年上半年进入汽车应用市场，并于2035年左右形成巨大的市场。固态电池规避了锂离子电池的最大缺点，没有起火、爆炸的危险，是目前最受期待的电池。但是，在日本很难见到实物。

笔者购买了中国台湾ProLogium公司（以下简称PLG）制造的固态电池，并进行了简单的测试。虽然测试样本只是用于智能设备的单体，并不是用于EV的电池组，但测试中足以感受到固态电池的魅力。

ProLogium固态电池概述

笔者数年前访问过PLG，彼时知道该公司正在生产固态电池。当笔者于2018年再次访问时，工厂已经搬迁和扩建，大规模生产正在全面展开。

第二工厂的开工仪式已经完成，可确保1GW·h的年生产能力。最初，该工厂主要生产工业、军事、消防/救援用途的高附加值产品。现在，新工厂已经计划生产汽车用的产品。

● 固态电池的结构和安全特性

笔者本次测试的是FLCB系列柔性片状单体和PLCB系列层压型单体。

这类PLG固态电池的特性如下。

- 阳极与阴极间没有绝缘层（隔板），结构简单。
- 主要电解质是陶瓷材料，不会因短路而起火、爆炸；电池内部不会发生漏液；不会泄漏硫化物，与水反应产生气体
- 陶瓷电解质层的弯曲性能好，可承受10000次弯曲（15° 以内）
- 可在 –20 ~ +85℃充电，在 –40 ~ +105℃放电

因此，与传统的锂离子聚合物电池相比，固态电池的安全性更高，工作温度范围更广。

● 目前生产规模小，价格高

固态电池也存在一些弊端。最大的问题是，固态电池的成本是锂离子聚合物电池的几倍。其次，固态电池在制造过程中也面临挑战，由于设备正在升级，因此产量很小。

不过随着产量的增加，降价是趋势，电池质量在未来也会有所改善。

为了解决成本问题，PLG已经投资建设第二家工厂，供应量将随着需求的增加而增加，成本会降低。据PLG称，其与各国汽车厂商的合作已经开始，EV电池正在开发中。

固态电池的特性

● 基本特性

本次测试所用的PLG固态电池如图1所示，FLCB051076AAAA（柔性片状FLCB系列电池）和PLCB4360A5AAMA（层压PLCB系列电池）的基本特性分别见表1和表2。FLCB具有更大的额定容量。由于电极材料不同，FLCB的额定电压略高。

(a) FLCB051076AAAA

(b) PLCB4360A5AAMA

图 1　本次测试所用的 PLG 固态电池

表 2　PLCB4360A5AAMA 型固态电池的特性

电气特性	额定容量	90mA・h
	额定电压	3.75V
	工作电压	4.35 ~ 2.75V
尺　寸		长 76mm，宽 51.5mm，厚 0.43mm
工作环境	标准充电方式	定电流－定电压充电模式（CC-CV）
	标准充电电流 / 电压	0.2C/4.4V
	关断电流	0.05C
	最大充电电流	1C
	标准放电方式	定电流操作模式（CC）
	工作温度	-20 ~ +60℃

● 特性图

FLCB051076AAAA 和 PLCB4360A5AAMA 的特性对比如图 2 ~ 图 5 所示。可见，两者之间似乎没有显著差异。

充放电特性如图 2 所示。可见，固态电池的充放电特性与普通锂离子电池没有显著差异。

表 1　FLCB051076AAAA 型固态电池的特性

电气特性	额定容量	2150mA・h
	额定电压	3.8V
	工作电压	4.4 ~ 2.75V
尺　寸		长 105mm，宽 60mm，厚 4.5mm
工作环境	标准充电方式	CC-CV（恒流－恒压）
	标准充电电流 / 电压	0.2C / 4.4V
	关断电流	0.05C
	最大充电电流	2C
	标准放电方式	CC（恒流）
	工作温度	-20 ~ +60℃

循环特性如图 3 所示。进行 0.5C 反复充放电，以显示劣化后的容量比率。PLCB 系列电池劣化较慢。与传统的锂离子电池相比，似乎区别不大。

不同放电电流（0.2 ~ 2C）下的放电特性如图 4 所示。但是，没有显示 FLCB 系列 1.5C 和 2C 的数据。这大概是由于 FLCB 具有更大的容量，即使进行大电流放电，特性也几乎没有变化。

不同温度下的放电特性如图 5 所示。PLCB 系列更耐低温，特性不逊于碳基阴极的普通锂离子电池。

固态电池的安全性试验

为了研究固态电池究竟有多安全，结构简单且不含可燃电解质的特性实际能发挥到何种程度，笔者拿到试验和展示的许可后决定开始进行试验。

通常，电池的安全性试验项目如下。

・针刺试验：用导电钉子穿过电池

・压力试验：用压力机等对电池施加过大的力

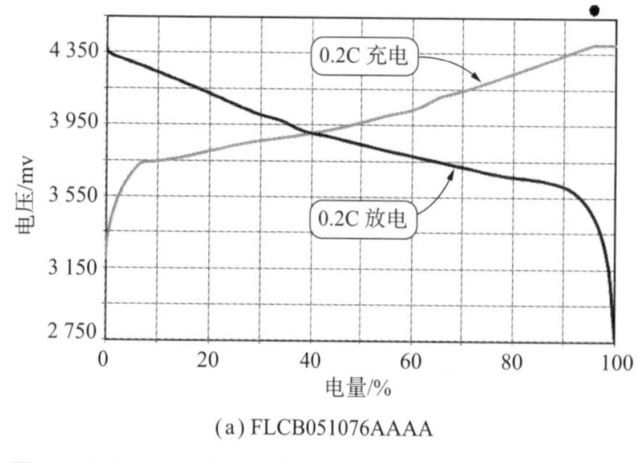

(a) FLCB051076AAAA

(b) PLCB4360A5AAMA

图 2　充放电特性（CC-CV，以 0.2C 充电至 4.35V，关断电流为 0.05C；以 0.2C 由 4.35V 放电至 2.75V）

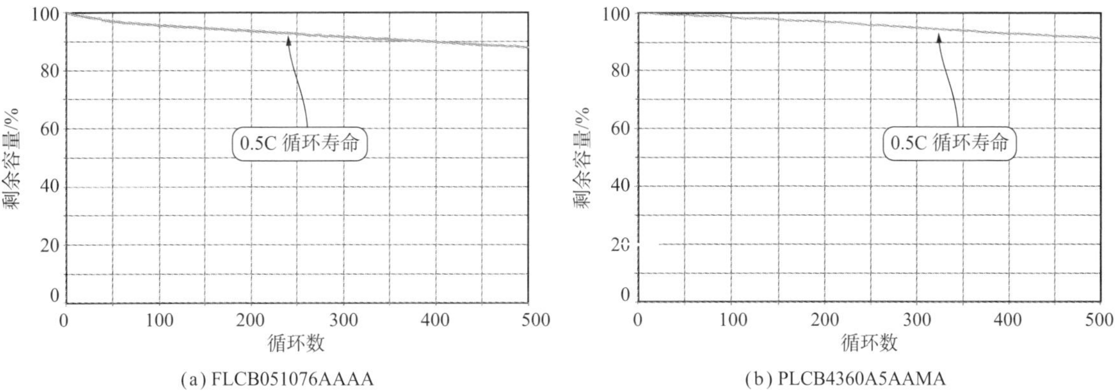

图 3　循环特性（0.5C 反复充放电时的容量劣化，充放电间隔 15min）

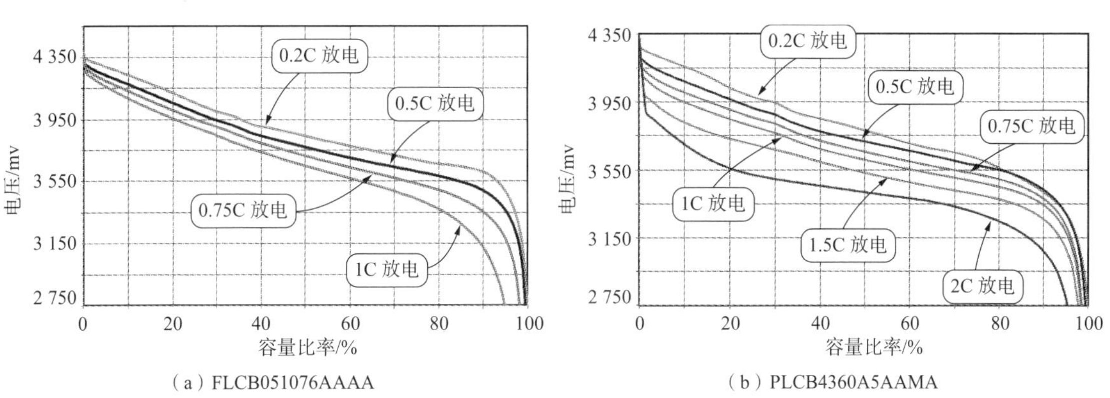

图 4　不同放电电流下的放电特性（4.35V 放电至 2.75V）

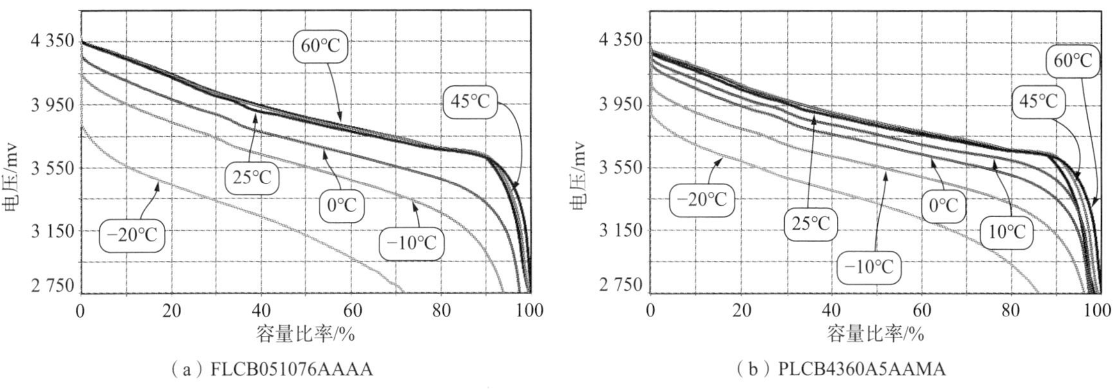

图 5　不同温度（−20℃ ~ + 60℃）下的放电特性

- 外部短路试验：将完全充电电池的输出端子短路
- 过充电试验：充电至高于额定充电电压的电压
- 跌落冲击试验：使电池从 1m 或更高的高度跌落
- 高温暴露试验：将电池暴露在 80℃以上的环境中

笔者挑选一些便于实施的试验执行。

● 针刺试验

用针刺试验机对电池进行穿孔。对于层压柔性包装，穿孔很容易。

将电阻和 LED 连接到电池输出端子并通电，检查电池功能是否正常，如图 6 所示。

在钉子刺穿电池的瞬间，LED 因为正负电极短路而熄灭。随后，取出钉子，LED 点亮。理论上电池会因为短路而发热、变烫，但实际上仅有一点温热。

● 对含电解液的锂离子电池进行试验

为了比较参考，笔者对典型的圆柱形锂离子电池和层压型锂离子聚合物电池分别进行针刺试验。这两种电池都不是完全充电状态，试验时应戴安全手套。

圆柱形锂电池进行针刺后就泄漏电解液并起火，火焰高度约为 50cm，如图 7（a）所示。

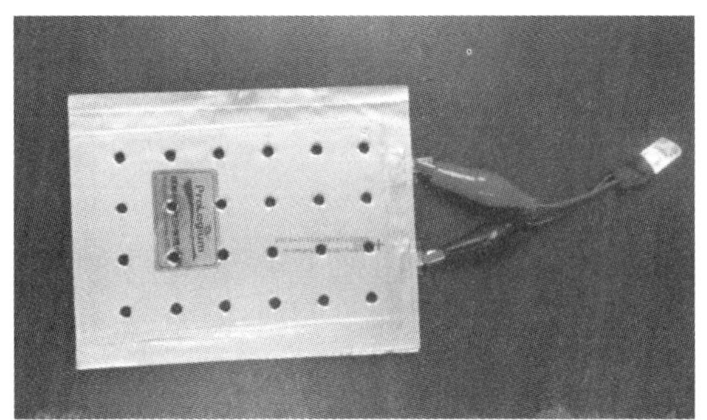

图 6　固态电池进行针刺之后通电，LED 点亮（电池性能保持良好，不受穿孔影响）

据说聚合物电池较前者安全，笔者对其进行了相同的试验。电解液同样喷发而出，虽然没有出现较大火焰，但产生了大量浓烟，如图 7（b）所示。

该试验比笔者想象的更危险。

● 用剪刀进行剪切试验

笔者使用金属材质的剪刀对电池进行剪切试验，相对容易切入、剪断电池。同针刺试验一样，剪刀使电池短路的瞬间 LED 熄灭，但当剪刀离开时 LED 会重新点亮。如图 8 所示，固态电池被剪碎后并未起火或产生浓烟，可以用手接触。

● 用锤子进行压力试验

笔者将电池置于水泥地面，用锤子砸向电池，以施加压力。如图 9 所示，电池表面出现了击打痕迹，除此之外没有任何异常，能正常放电，也可以用手接触。

● 海水浸泡试验

最后一项试验，笔者将电池浸入海水中 16h。如图 10 所示，仍然没有出现异常现象。

● 试验总结

通过以上试验可知，固态电池的安全性令人惊讶。

(a) 圆柱形锂离子电池

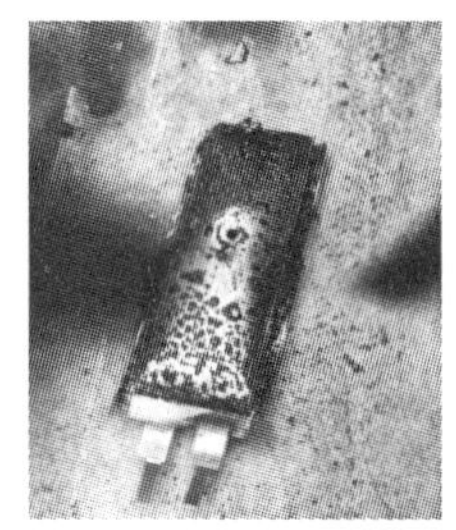

(b) 层压型锂离子聚合物电池

图 7　传统锂离子电池针刺试验

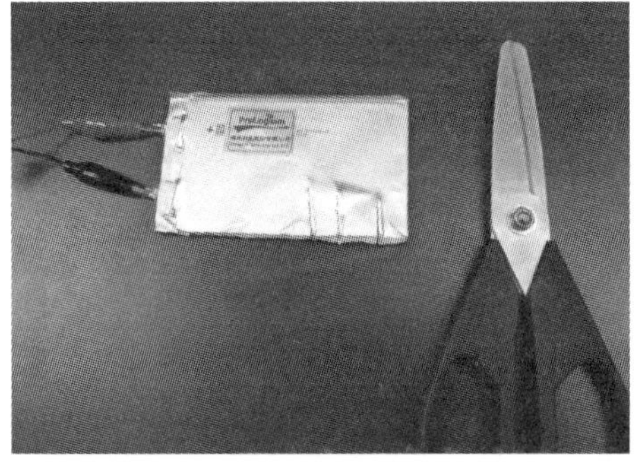

(a) 用剪刀很容易剪断层压包装

(b) 即使破损严重，LED依然点亮

图 8　固态电池剪切试验

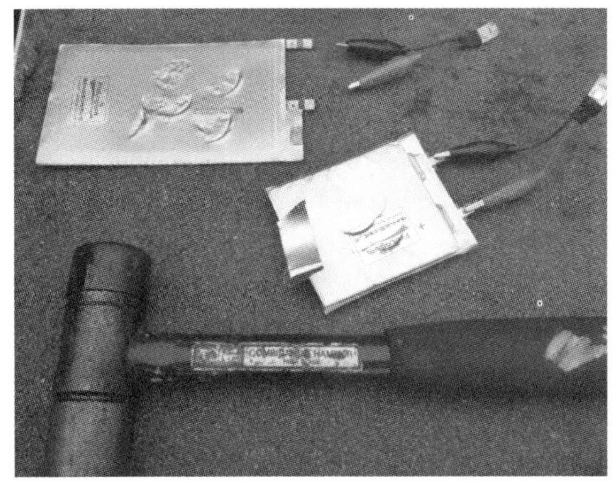
图 9　受到锤子的冲击力，电池并无异常变化

图 10　将电池浸入海水中 16h，并无异常变化

目前市场上的主流是锂离子电池，其燃烧风险令人们担心，但固态电池没有这方面的顾虑。锂离子电池可以大电流放电，就算电池本身不燃烧，也可能由于电路中产生焦耳热而燃烧。

● 电池试验具有危险性

本文介绍的固态电池的安全性非常高。但是，使用普通锂离子电池进行相同的试验是非常危险的，读者不可轻易尝试。万一发生火灾，用水进行灭火甚至会引发爆炸。

笔者的试验均在保证安全的前提下于室外进行。

未来展望

有报道称各汽车厂商正致力固态电池开发。毫无疑问，固态电池的发展是 EV 普及的关键之一。从中国的情况来看，固态电池全面进入市场已提上日程，但在这之前还有一些难关需要攻克。

如果它在我们的生活中普及，那么人们将迎来更安全的移动生活，甚至可以将电池带入飞机。

锂离子电容器的制作

——实验室用的水平掺杂法

〔日〕白田昭司　执笔｜邹雨含　译

锂离子电容器（Lithium-Ion Capacitor，LIC）是一种具有锂离子电池（LIB）和双电层电容器（EDEC）双重机能的聚合物蓄电池。但由于价格昂贵，普及率不高。如同《电动汽车　第 6 辑》介绍动态无线电能传输时所述，它可用于 LIB 和 EDEC 无法发挥其作用的地方。本文是基于实验室环境的 LIC 报告。制作方法有好几种，这里采用水平掺杂法。

（编者按）

引　言

既不是锂离子电池，也不是电容器——锂离子电容器就是这样的二次电池。从字面上看，它结合了锂离子电池和双电层电容器的“长处”。

相对于锂离子电池的价格随着使用的普及而下降，双电层电容器的普及较晚，所以价格没降下来。锂离子电容器不如双电层电容器普及，还处于高价格的状态。

可以购买市售商品来评价其充放电特性等，不过笔者认为还有一个能更加深入了解其特性的方法——通过实际制作来推测其内部结构。

相关厂商的锂离子电容器制作方法是非公开的，很难得知具体内容。即使在厂商授权的公报中，制作相关的事例也只能管中窥豹。

笔者的实验室致力于锂离子电池从上游到下游的制作（《电动汽车　第 4 辑》记载有相关事例），基于这些经验研究锂离子电容器的制作。

锂离子电容器的特征

锂离子电容器是兼具双电层电容器（EDLC）和锂离子电池（LIB）的特征的混合型电容器，如图 1 所示。

■ LIC 的原理

LIC 的工作原理如图 2 所示。另外，LIC 的材料与其他两类蓄电装置的对比见表 1。

(a) YUNASKO（英国/乌克兰）：1300mA・h，2.8V，75mm×120mm×11mm，功率密度4.0kW/kg，能量密度37W・h/kg，内阻1.0 ~ 1.2mΩ

(b) SAMWHA（韩国）：360mA・h（1000F），2.8V，ϕ35 mm×60mm

(c) 太阳诱电（日本）：89mA・h（200F），3.8V，ϕ25mm×40mm

图 1　市售 LIC 示例

● 充　电

电解液中的锂离子（Li^+）被负极的石墨（碳）吸附。如图 2 所示，临近完全充电时，石墨内部保有大量锂离子。这种吸附叫做“掺杂”（dope）——原本是预先少量添加的化学用语。

此时，电解液中的阴离子（anion）BF_4^-（或 PF_4^-）附着于正极的活性炭上，附着界面处的 BF_4^- 和正极正离子形成双电层蓄电结构。

● 放　电

放电时，锂离子从负极石墨释放到电解液中，BF_4^-（PF_4^-）从正极的活性炭中释放。

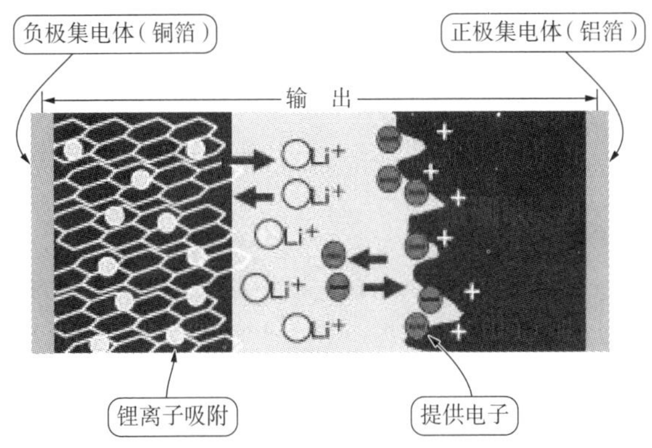

图 2　LIC 的工作原理

表 1　蓄电装置的材料对比

种　类	正　极	电解液	负　极
锂离子电池	钴酸锂	锂盐（$LiBF_4$、$LiPF_6$）	石　墨
双电层电容器	活性炭	碳酸丙烯酯	活性炭
锂离子电容器	活性炭	锂盐（$LiBF_4$、$LiPF_6$）	锂掺杂碳材料

■ LIC 的特征

与 EDLC 相比，LIC 的特征如下。

· 电容量大
· 电池电压高
· 能量密度大
· 可快速充放电
· 高温循环特性好
· 耐久性和可靠性高
· 自放电少
· 安全性高

LIC 和其他蓄电装置的特性比较见表 2。

LIC 的制作方法

● 预掺杂制作 LIC 的两种方法

LIC 的制作可采用负极预掺杂（吸附）法。

对负极集电体上涂敷的负极活性物质，预先掺杂（吸附）少量的锂。这种做法被称为“预掺杂”。负极预掺杂能够实现高能量密度的电容器。

另外，若负极电位降低，则电容器的电压能够提高。

预掺杂方法大致分为两种。

（1）垂直掺杂法

如图 3 所示，在涂敷负极活性物质的多孔集电体（负极）的对面设置锂金属箔。这种方法又被称为“开孔箔法”。

（2）水平掺杂法（贴附法）

如图 4 所示，制造非多孔负极时贴附锂金属箔。

表 2　蓄电装置的特性比较

项　目	锂离子电池	双电层电容器	锂离子电容器
最高使用温度 /℃	60	60	80
使用下限电压 / V	2.7	无	2.2
功率密度 /（W / L）	100 ~ 5000	1000 ~ 5000	5000
能量密度 /（W · h / L）	150 ~ 600	2 ~ 6	10
循环寿命 / 次	1000	100 万（容量减小 30%）	100 万（容量减小 30%）
充电性能	充电需要时间	几秒钟内完成充放电	几秒钟内完成充放电
内　阻	高	低	低
寿　命	短	长	长
安全性	发热 / 起火	安　全	安　全

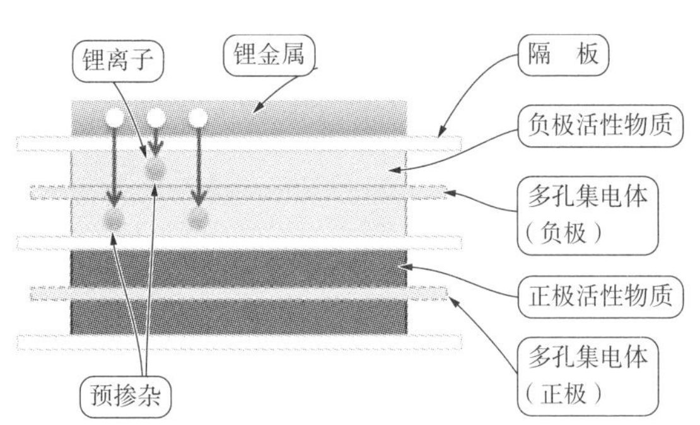

图 3 垂直掺杂法（开孔箔法）

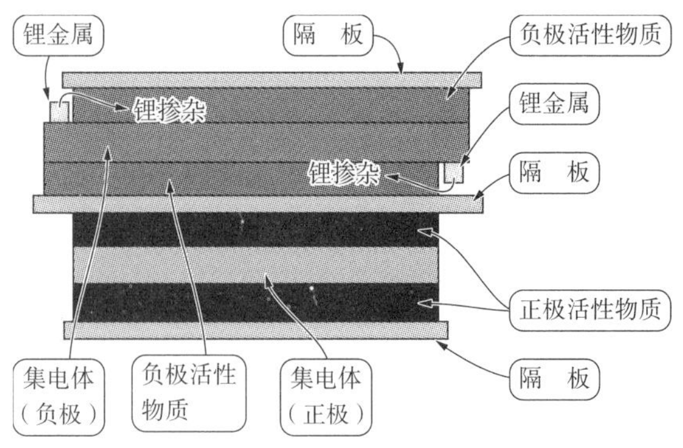

图 4 水平掺杂法（贴附法）

这种方法又被称为“贴附法”。

● 负极集电体的制作顺序

集电体是电极芯，呈箔状。多孔集电体有蚀刻箔、压延箔、PF 箔（贴附聚乙烯薄膜的箔）3 种。

多孔集电体示例如图 5 所示。

（1）水平掺杂法

锂金属箔负极的水平掺杂法，有笔者实施的镍金属箔一体安装法和传统合金法。

根据预掺杂的处理方法，将组装后的电池置于 40 ~ 60℃的恒温室中长时间保温：① 锂金属箔析出锂离子；② 锂离子在电解液中移动；③ 被吸附于负极活性物质中。

（2）垂直掺杂法

垂直掺杂法利用孔隙率为 30% ~ 50% 的多孔电极，锂离子可通过孔顺畅移动。

该方法适用于层压式电体。水平掺杂法是制作单体时将锂箔贴附在负极上的方法，有利于后述的卷绕（文末的附录会说明实验室用的卷绕工具的制作）。

● 正极板的制作

极板呈薄膜状。

接下来的工程是在正极集电体上涂敷正极活性物质：① 混合活性炭和黏合剂，浆（粥状）化；② 将粥状物体涂敷在铝箔上；③ 干燥处理（烘干）。

● 负极板的制作

和正极一样，也要将负极活性物质涂敷在薄膜状负极集电体上。

活性物质使用和锂离子电池相同的石墨：① 混合黏合剂并浆化；② 涂敷在集电体的铜箔上；③ 干燥处理。

接着进行点焊，将带极耳的电极引线安装于各个电极板上。

笔者会在专栏中介绍实验室用的涂敷工具的制作。

● 电极体的装配

装配收藏在铝层压板收纳盒的电极体。

根据预掺杂法，电极体的制作方法有卷绕法和层压法两种。无论哪一种，都需要隔板将正负极及锂金属箔绝缘，装配成三明治状结构。

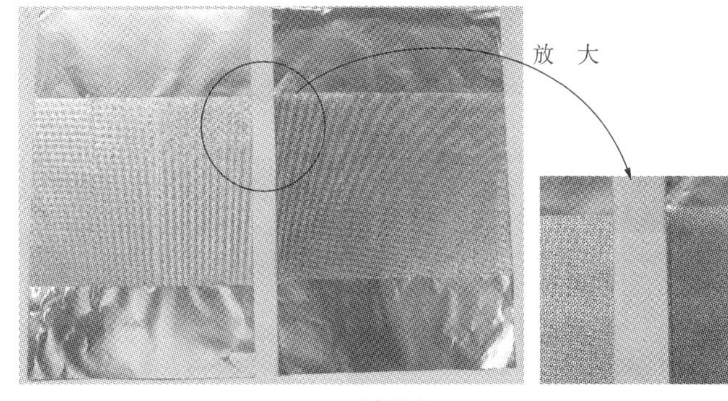

(a) 正负极板
（铝箔厚度15μm，孔径100μm，孔距0.4mm）

(b) 负极板双面涂敷活性物质
（铜箔厚度10μm，孔径100μm，孔距0.4mm）

图 5 笔者制作的多孔集电体

最后，往收纳盒里注入电解液后封住注入口，单体制作完成。再用恒温干燥机进行预掺杂处理，完成LIC制作。

LIC 制作实例

笔者的实验室采用的是水平掺杂法。也就是说，将锂金属箔剪成规定尺寸，并贴附在负极片位置。之后，分别以层压法（试做A）和卷绕法（试做B）制作两种结构的单体。

■ 正负极片的规格

使用的正负极片的基本规格见表3，电极片的形状如图6所示。

将试作所用正负极片切割成图7所示的尺寸。

- 试作A：正负极均为50mm×85mm
- 试作B：正极为63mm×240mm，负极为75mm×240mm

另外，对于负极板两端的非涂敷面，使用NMP溶液将涂层剥离至指定宽度。

表3　正负极片的规格

项　目	活性物质	涂敷条件	厚度/μm			集电体	尺　寸	非涂敷面
			总　计	涂　层	集电体			
正极片	活性炭	双　面	18	2	16	铝　箔	宽26cm，卷长80m	两端都为2cm
负极片	石　墨	单　面	60	50	10	铜　箔	24cm×20cm	无

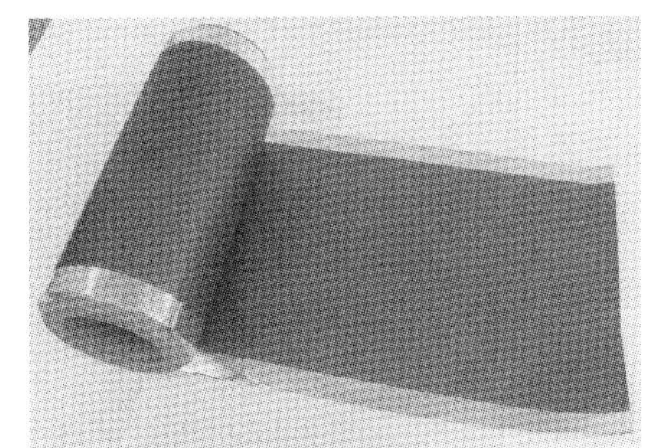

(a) 正极片

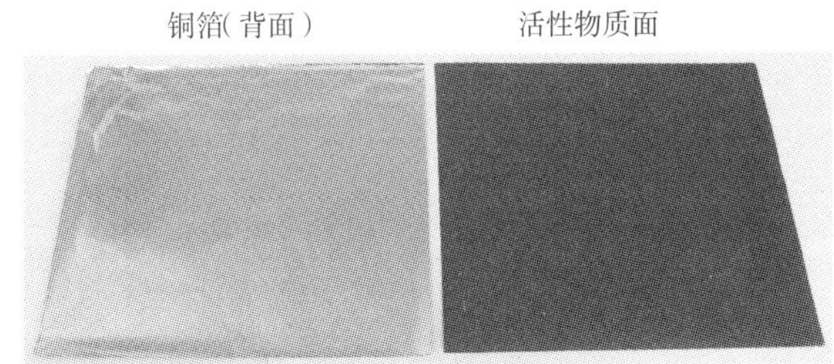

(b) 负极片

图6　正负极片

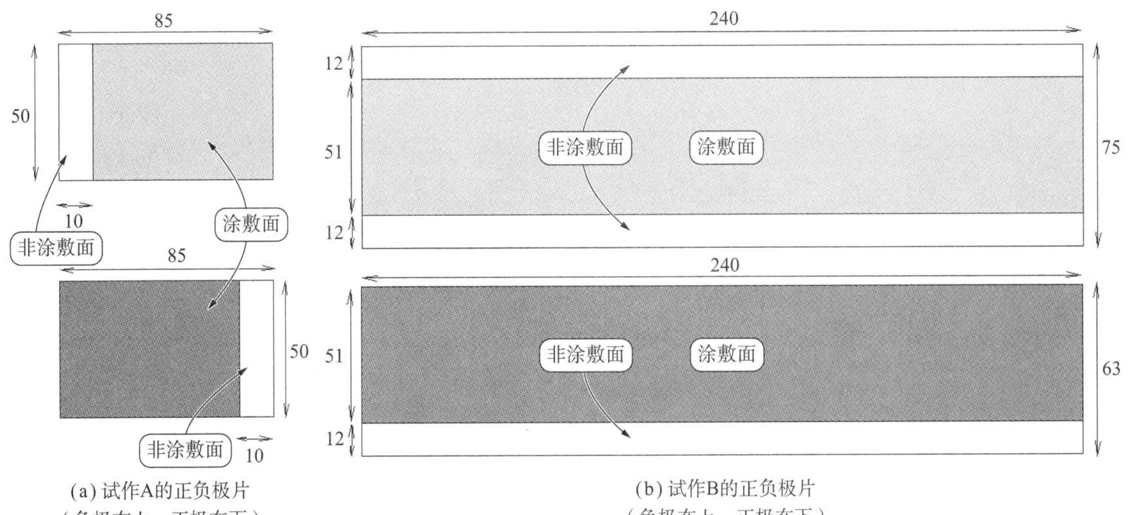

(a) 试作A的正负极片（负极在上，正极在下）

(b) 试作B的正负极片（负极在上，正极在下）

图7　试作A和试作B的正负极片尺寸（单位：mm）

■ 锂金属切割处理

● 锂金属的特点

锂（原子序数 3，原子量 6.941，元素符号 Li）是碱金属元素之一，呈银白色，比热容最高。

锂金属非常柔软，是金属中密度较低（0.5）的。它在正常状态下是稳定的，但化学活性极强，即使在室温下也会与大气中的水分反应，形成 Li_3N（氮化锂）并变成灰白色。使用锂金属时，必须在空气中快速作业。

● 锂金属箔的使用

LIC 制作使用箔状锂金属，压延加工成 0.1mm（厚）×44mm（宽）×100cm（长）的尺寸。将锂金属箔卷成线圈状，在惰性气氛中包装后出货。

贴附在负极板上的锂金属的切割作业要特别注意，为了避免与水分接触，建议在充满置换氩气的惰性气氛真空手套箱中进行。

对于试作 A，锂金属箔的切割尺寸为 10mm（宽）×35mm（长）。对于试作 B，锂金属箔的切割尺寸为 8mm（宽）×45mm（长）和 8mm（宽）×35mm（长）两种。

手套箱中的切割作业如图 8 所示。

■ 电容器试作 A 的制作

● 带极耳的电极引线的制作

负极片进行单面涂敷，将切割好的锂金属箔用电极胶带固定在非涂敷面长度方向的两端，将带极耳的电极引线点焊在一端。

锂金属箔和电极引线的安装如图 9 所示。

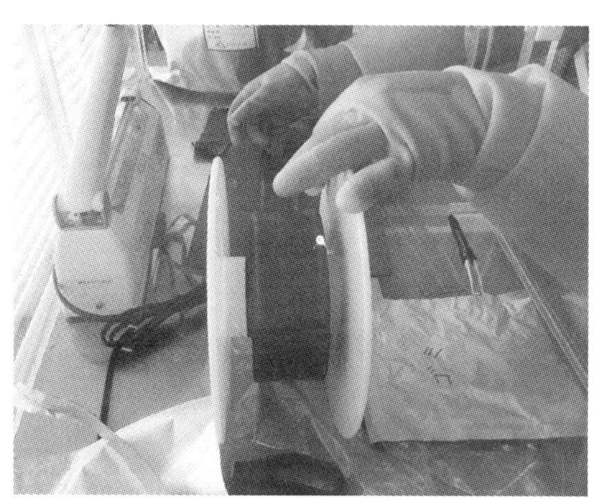

(a) 锂金属箔

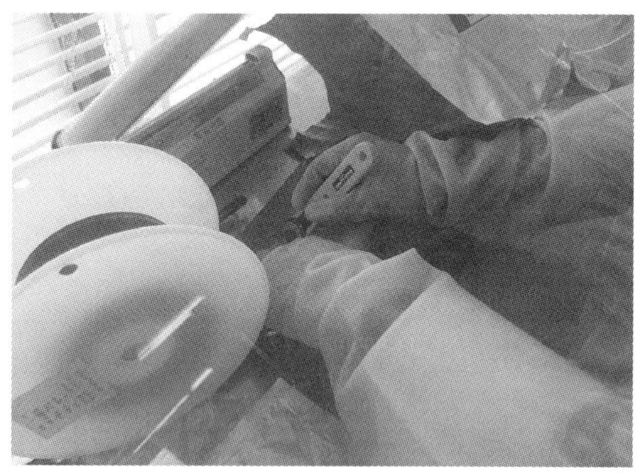

(b) 用辊刀切割

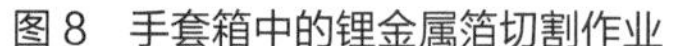

图 8　手套箱中的锂金属箔切割作业

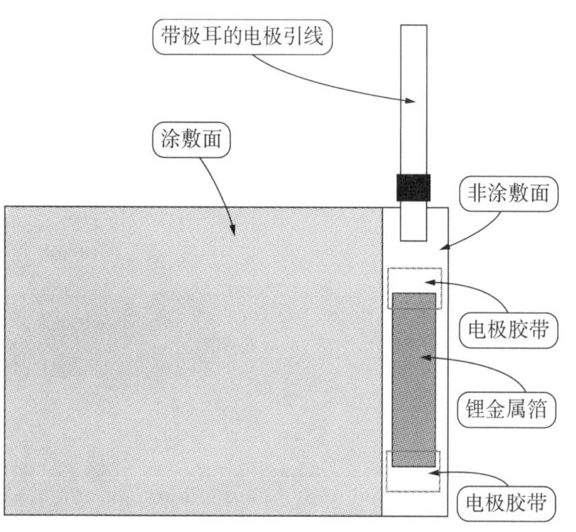

(a) 负极板

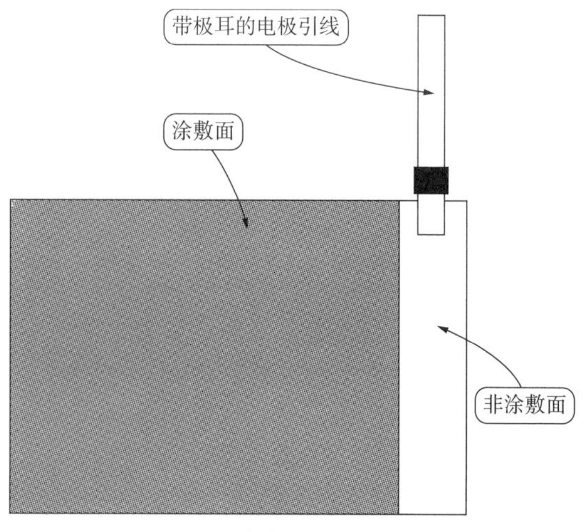

(b) 正极板

图 9　锂金属箔和电极引线的安装

● 层玉方式的电极体制作

正极板采用双面涂敷，分别制作 4 张，形成图 10 所示的双层层压式电极体。

将两片负极片叠在一起，使背面(铜箔)彼此贴合，并以掺杂锂金属的石墨涂敷表面。这就是负极片进行单面涂敷的原因。

另外，为了保证两张负极板和正极板之间不发生短路，采用夹着隔板的三明治结构制成电极体。

● 收纳在层压板中

按照制作完成的层压式电极体，从标准铝层压板上剪切所需尺寸，折弯制成 70mm（宽）× 140mm（长）× 5mm（厚度）的收纳容器。接着，将电极体安装在收纳容器中，单体制作便完成了。

电解液注入量约为 10mL。从正负极板的制作，到贴附锂离子金属的层压式单体的制作过程如图 11 所示。

■ 电容器试作 B 的制作

● 极板涂敷

与试作 A 一样，负极板单面涂敷，在两端的非涂敷分别安装 4 片锂金属箔。

负极板和双面涂敷正极板叠层后卷绕，制成电容器。锂金属箔和带极耳电极引线的安装如图 12 所示。

● 金属箔的安装

用新制作的开孔镍箔［10mm（宽）× 50mm（长）× 0.1mm（厚），开口率约 30%，如图 13 所示］固定，并从上方点焊。图 14 所示为以此方式制造的负极板。

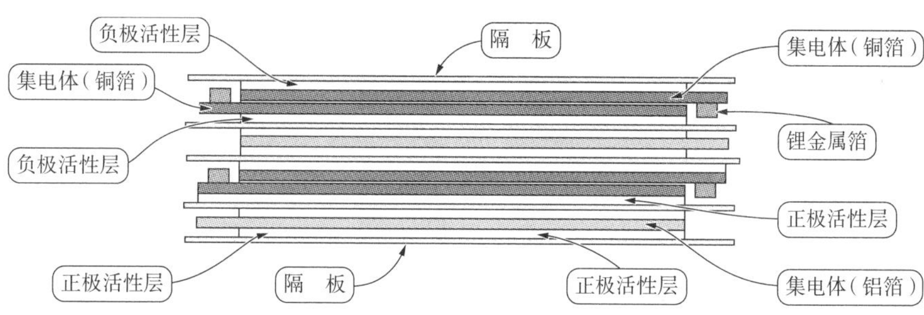

图 10 双层层压式单体的结构

(a) 正极板的制作

(b) 锂金属箔的贴附

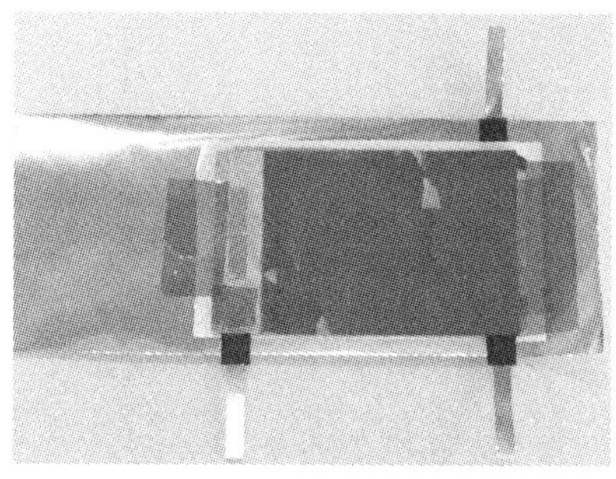

(c) 将电极体设置在收纳容器中

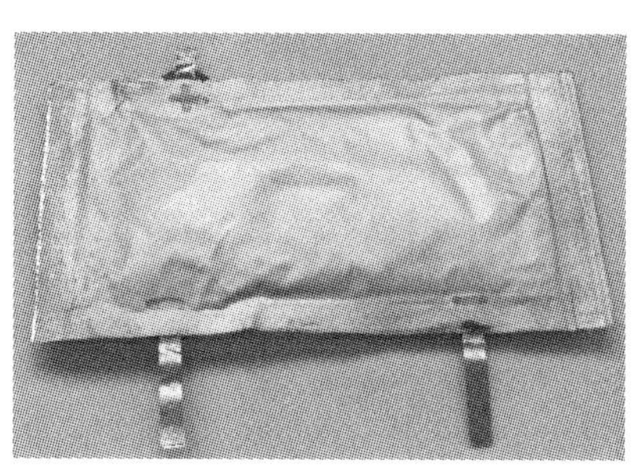

(d) 制作完成的单体

图 11 贴附锂金属的层压式单体的制作

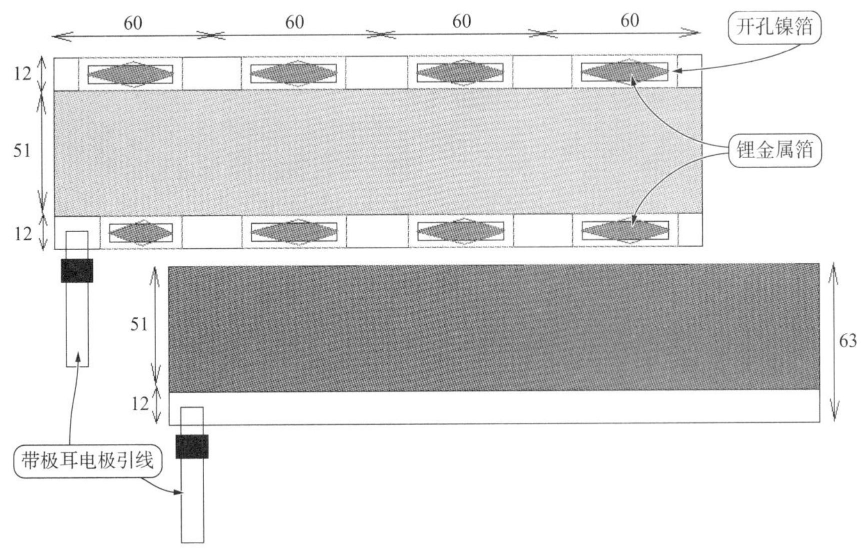

图 12　以卷绕法制作正负极板

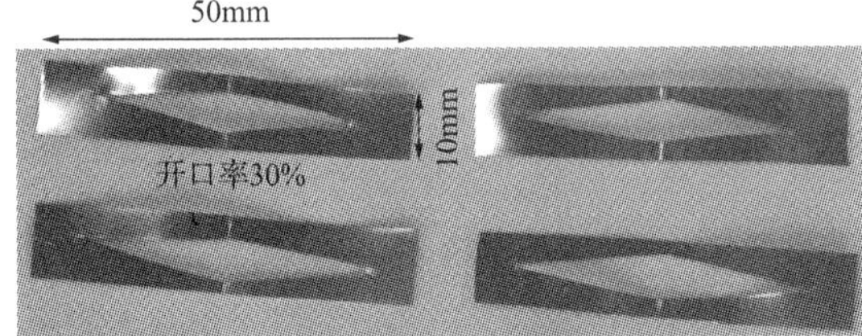

图 13　固定锂金属箔的开孔镍箔

图 14　以镍箔固定锂金属箔的负极片

● 完成电极体制作

为了让正负极片的涂敷面匹配，将隔板夹在中间并用双手卷绕，完成电极体的制作（图 15）。

最后，将电极体放入袋型铝层压板收纳容器［60mm × 100mm × 5mm（厚度）］中，并注入电解质以制成单体。

电解液注入量约为 10mL，与试作 A 相同。

(a) 正负极板的叠合

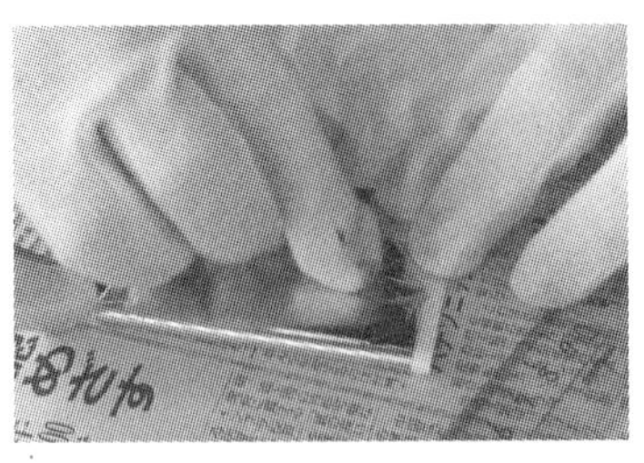

(b) 用双手卷绕

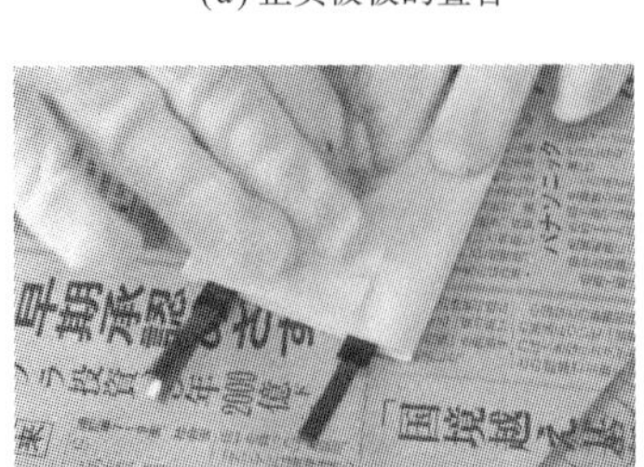

(c) 制作完成的电极体

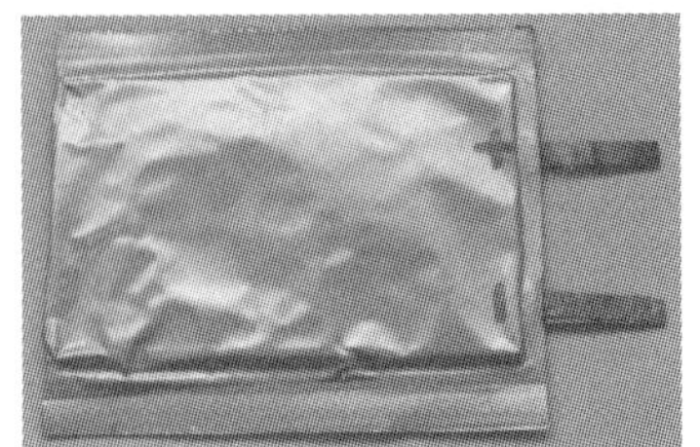

(d) 制作完成的单体

图 15　卷绕制作电极体

专栏 活性物质的涂敷与半自动涂敷机的制作

LIC 和 LIB 的正负极板的制作是，将作为电极材料的活性物质（吸附锂离子和电子的物质）浆化后，涂敷到作为电极集电体的铝箔（正极）和铜箔（负极）上。

◆ 手动半自动涂敷

通常使用专用涂敷机（或贴合机）进行涂敷。涂敷分两种：仅在集电体一面进行涂敷的单面涂敷和两面都进行涂敷的双面涂敷。

工厂使用的涂敷机是全自动的，涂敷后的烘干处理是自动进行的。另一方面，实验室用的涂敷机有简易的手动型，从涂敷到烘干的半自动型（图 A.1）。手动型涂敷机的安装有涂敷杆和支架，通过手动移动涂敷杆进行涂敷（图 A.2）。

◆ 半自动涂敷机的制作

实验室级半自动涂敷机相对较贵，带烘干功能的就更贵了。购买这些机器时，必须考虑性价比，如使用频率和成本效益。

考虑到这些因素，笔者基于市售的手动涂敷机制作了一款半自动涂敷机。该涂敷机的成本相对较低，所用材料见表 A。

对于可动部分，使用配备商用无程序控制器的电动执行器。可以在手动模式下设置参数，移动速度有 4 段可选。

制作的半自动涂敷机如图 A.3 所示。图 A.4 所示为用夹子将集电体固定在玻璃板上涂敷浆状活性材料的情形。

图 A.1　研究用的半自动涂敷机（无烘烤功能）

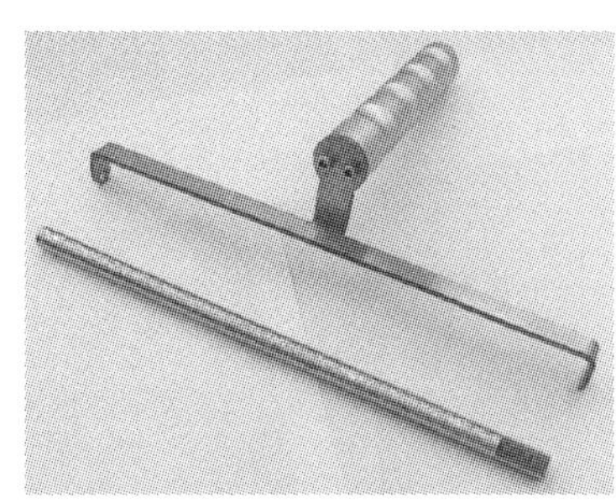

(a) 涂敷杆和支架

(b) 涂敷杆的放大图

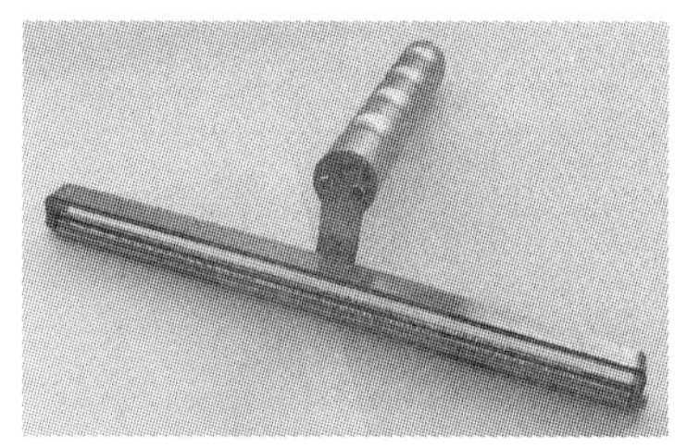

(c) 安装在支架上的涂敷杆

图 A.2　手动涂敷机的涂敷杆

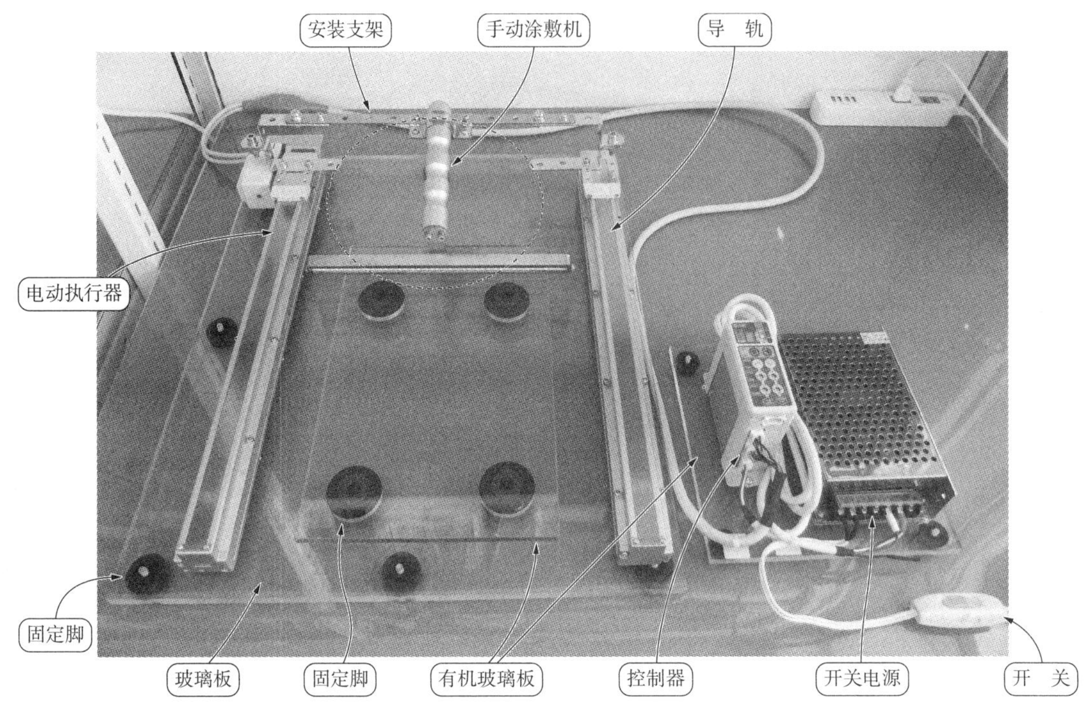

图 A.3 自制的半自动涂敷机

表 A 半自动涂敷机制作所用材料

名 称	规 格	型 号
电动执行器	滚珠丝杠驱动 电机右转返回 行程 450mm	LEFS16RA-350
无程序控制器	DC 24V 驱动器 兼容电机：步进伺服电机（DC 24V） 步进数：14（无程序） 并行输入 / 输出类型：NPN 型	LECP1N-LEFS16RA-350
支撑导杆	宽 40mm × 高 40mm × 行程 350mm	LEFG16-S-350
玻璃板	A4 尺寸，厚度 mm	
有机玻璃板	430 × 500 × 10mm，1 张 200 × 200 × 8mm，1 张	
手动涂敷机	质量：1kg	OSP-120
	涂敷棒：有线式，SUS304，长 250mm，直径 10mm，表面硬度 1300HV，涂层厚度 120μm	
	手柄：不锈钢，长度 140mm，直径 ϕ24mm	
直流电源	开关直流稳压电源 输入 AC 85 ~ 100V；输出 DC 24V，5A，120W 199 × 98 × 38mm，0.6kg	S-120-24
辅助材料	金属结构件（杆件、L 支架、铰链、固定脚）、螺丝类、接线材料	家居建材商店

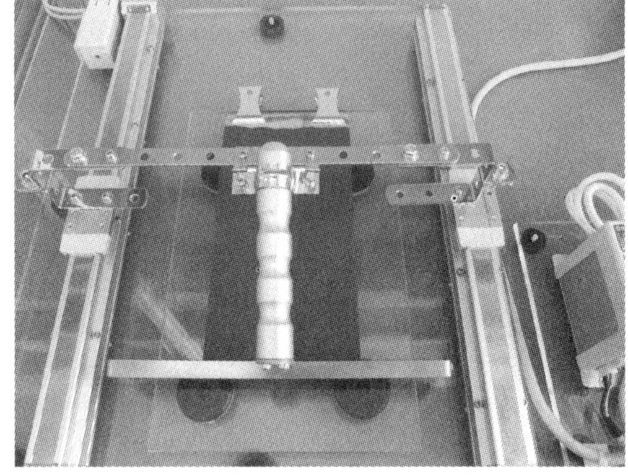
图 A.4 负极片涂敷

试作 LIC 的充放电评估

对试作 A 和试作 B 进行充放电试验，以评估 LIC 的基本特性。将预制的电容器单体在室温中放置 4 天，进行预掺杂。

● 试作 A 的充电特性

图 16 所示为 40mA 恒流 – 恒压（CC–CV）充电时试作 A 的充电特性。与锂离子电池的非线性电压特性不同，充电电压随时间消逝逐渐增大的特性近似线性。同样，充电电流随时间变化特性是，电容器达到完全充电状态之前都是恒流充电，之后电流逐渐减小。

● 试作 A 的放电特性

图 17 所示为试作 A 的放电特性。试作 A 的最大放电电流为 2mA。电压降至放电终止电压 0V 之前都可以反复放电，这是电容器的特性。

将 1mA 和 2mA 的放电特性曲线看作一条直线时，估算得到的电容量见表 4。

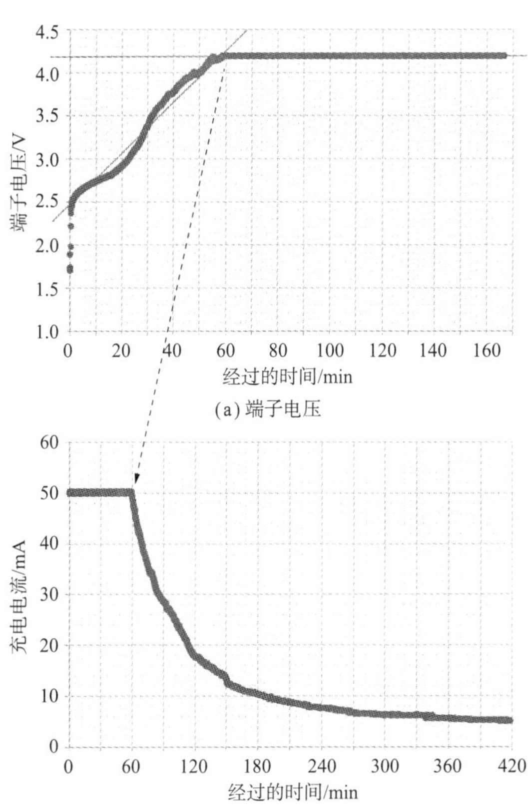

图 16　试作 A 的充电特性

● 试作 B 的充电特性

图 18 所示为 20 ~ 40mA 范围内恒流 – 恒压充电期间试作 B 的充电特性。

充电电压会随着时间消逝逐渐增大，大致呈线性。

● 试作 B 的放电特性

图 19 所示为试作 B 的放电特性。反复放电，直到电压降为放电终止电压 0V。

试作 B 的最大放电电流为 6mA，大约是试作 A 的 3 倍。将各放电特性曲线视为直线，估算得到的电容量见表 5。

试作 B 的电容量是试作 A 的 7 倍左右。

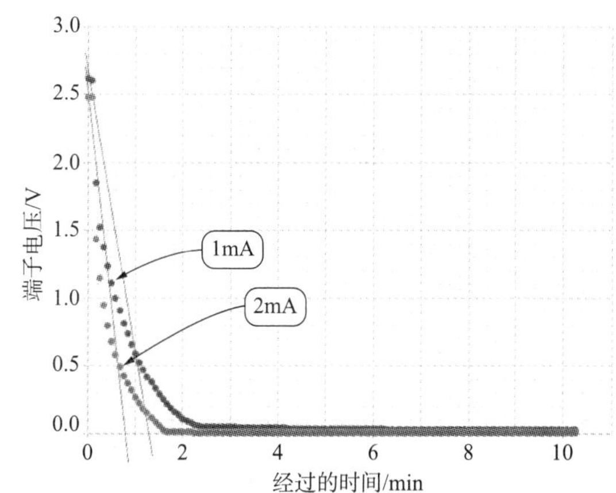

图 17　试作 A 的放电特性

表 4　试作 A 的电容量估算值

电流 /mA	1	2	平　均
电容量 /F	0.029	0.048	0.038

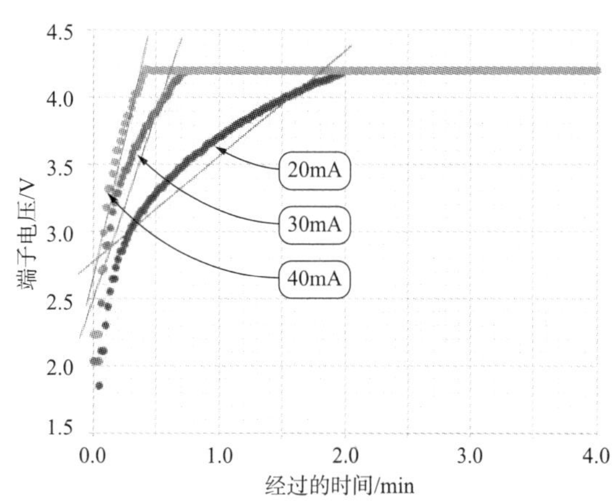

图 18　试作 B 的充电特性

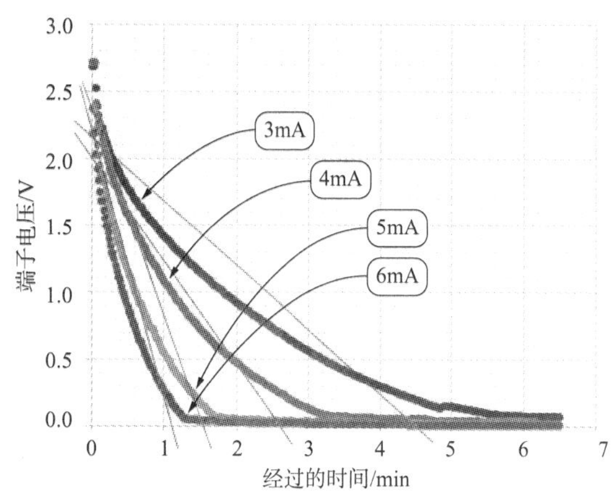

图 19 试作 B 的放电特性

表 5 试作 B 的电容量估算值

电流 /mA	3	4	5	6	平 均
电容量 /F	0.4	0.32	0.2	0.18	0.28

LIC 制作的要点

尽管是实验室级 LIC，但还是总结一下 LIC 制作的要点。

（1）在真空手套箱中，凭经验将锂金属卷绕在线轴上，并用辊刀切割成规定的尺寸，以便贴附在负极板上。

（2）将切割好的锂金属贴附于负极板非涂敷面，并用开孔镍金属进行点焊固定。这种锂金属安装方法的效率较高。

（3）可以使用层压法或卷绕法制造电极体。最初的层压法是两段压合，也可以采用多段压合来增加电容量。

（4）通过测量层压式试作 A 的充放电特性，可以获得线性充电特性曲线和 0V 终止放电电压，这是 LIC 的特性。根据放电特性估算的电容量平均值为 0.03F。

（5）通过测量卷绕式试作 B 的充放电特性，可以确定电容器的特性类似于试作 A。另外，根据放电特性估算的电容量平均值为 0.3F。可见，卷绕法可以提高容量。

（6）试作 A 和试作 B 的充放电特性曲线明显不同于过去的锂离子电池，这是 LIC 独有的特性。

结束语

本文介绍了笔者实验室的 LIC 制作，尤其是锂离子水平掺杂法。尽管是实验室级 LIC，但我们仍然得到了不同于锂离子电池的电容器特有的特性，如终止放电电压为 0V、可估算电容量。

另外，专栏中还介绍了不仅适用于 LIC 制作，也适用于锂离子电池制作的小型卷绕工具的制作，以及如何将活性物质浆料涂敷在集电体上，还有较低成本的半自动涂敷机的制作。

附 录 小型卷绕工具的制作

试作 B 是采用卷绕法制作的。试作 LIC 中使用的正负极板长 240mm，相对较短，如附图 1 所示。

◆ 小型卷绕工具的制作动机

利用卷绕法制作 LIC 时，为了增大电池容量，必须加长正负极板，且必须使用专用工具进行卷绕。因为市售台式卷绕工具的占用空间和质量相对较大，无法安装在真空手套箱中。

对于电池制作，如果能将卷绕工具安装在真空手套箱中，则从卷绕作业到电解液注入，再铝层压板密封一气呵成，可以缩短总的电池制作时间。

出于此目的，笔者制作了可以装进手套箱中的小型卷绕工具。将实际制作的工具安装在手套箱中，实施 1000mA · h（电池 A）和 2000mA · h（电池 B）两种锂离子电池的卷绕作业。这是一种电池制作新方法。

◆ 卷绕工具的制作

实验所用的真空手套箱由透明有机玻璃制成，可透视内部作业。如附图 1 所示，其长 1200mm，宽 500mm，高 500mm。为了将卷绕工具收纳进箱内，使用了市售的带速度控制器的电机（附图 2，附表 1）。

◆ 卷绕头的制作

卷绕工具的电机旋转轴上需要安装专用卷绕头，如附图 3 所示。该卷绕头的固定座是用 3D 打印机制造的。

(a) 全　景

(b) 安装设备

附图 1　带制作工具的真空手套箱

附图 2　制作的卷绕工具

附表 1　电机和控制器规格

最大输出功率 /W	25
主　轴	带齿轮
齿轮类型	平行轴（组合式）
减速比	7.5
连接电缆长度 /m	1
电压 /V	单相 100
速度控制范围（60Hz）/（r/min）	12 ～ 213
电机尺寸 /mm	80 × 80 × 145
控制器尺寸 /mm	60 × 103 × 140

成型材料使用 ABS 树脂。电池 A 的固定座制作图如附图 4 所示。

将卷绕头固定到 3D 打印固定座上（附图 5），再连接到电机轴上（附图 6）。

◆ 电池制作的比较

两种锂离子电池制作方法的制作时间对比见附表 2。

共有 3 种电池组合：制作电池 A 和电池 B 各 1 节，制作电池 A 和电池 B 各 2 节，同时制作 2 节电池 A 和电池 B。分别进行制作计时。

表中的时间测量值基于使用锂离子电池正负极板（附图 7）。

传统方法使用包括手套箱在内的器材，需要约 $3m^2$ 的空间，如附图 8 所示。新方法所用的器材都在手套箱中，如附图 9 所示。

传统方法和新方法的电解液注入量相同，电池 A 为 40mL，电池 B 为 60mL。另外，卷绕速度和控制器设定值也相同。

◆ 小　结

制作 1 节电池 A 或电池 B 时可以缩短约 50% 的时间，制作 2 节电池可以缩短近 40% 的时间。另一方面，同时制造电池 A 和电池 B 时可以缩短约 5% 的时间，原因是手套箱的有限空间中放置大量器材降低了工作效率。

最后，分别测量采用两种方法制作的电池 A 和电池 B 的充放电特性，如附图 10 所示。虽然制作方法不同，然而充放电特性并没有显著差异。

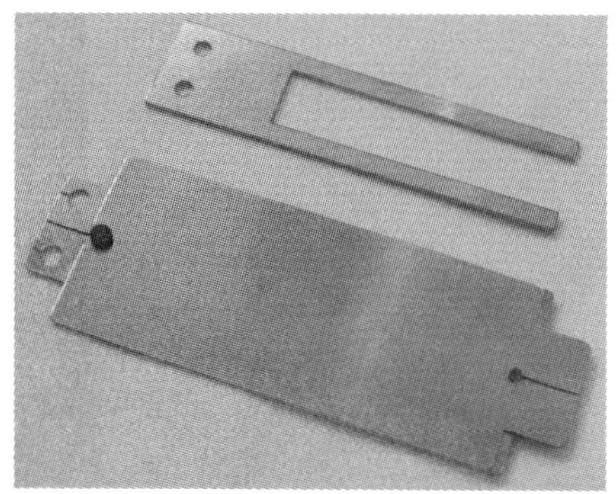
附图3 卷绕头(顶部的用于电池A,底部的用于电池B)

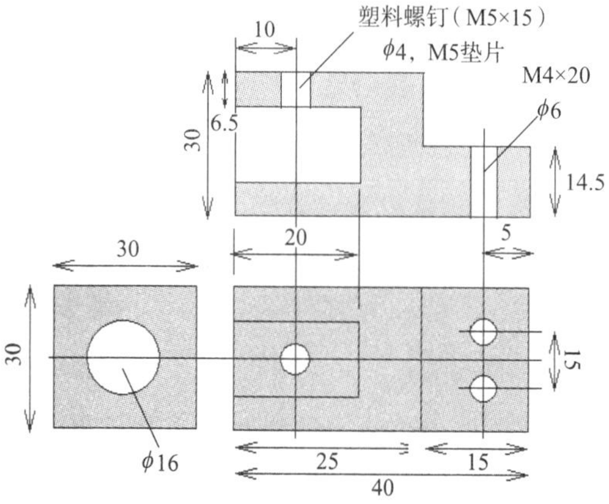

附图4 卷绕头的制作图(电池A用)

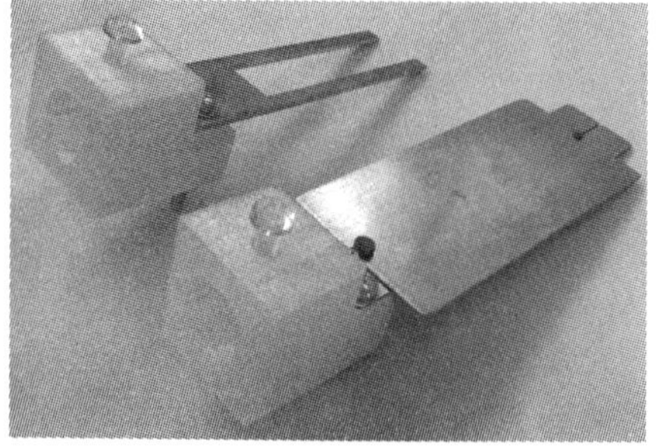
附图5 将卷绕头安装到固定座上

附图6 将卷绕头安装到电机轴上

附表2 电池制作时间比较

电池(组合)	时间 /min				
	A	B	2A	2B	2A+2B
传统方法	31.72	36.28	49.98	63.58	65.85
新方法	16.25	18.9	29.45	37.23	62.35
缩短比例 /%	48.8	47.9	41.1	41.4	5.3

附图7 双面涂敷正负极板(上为正极,下为负极)

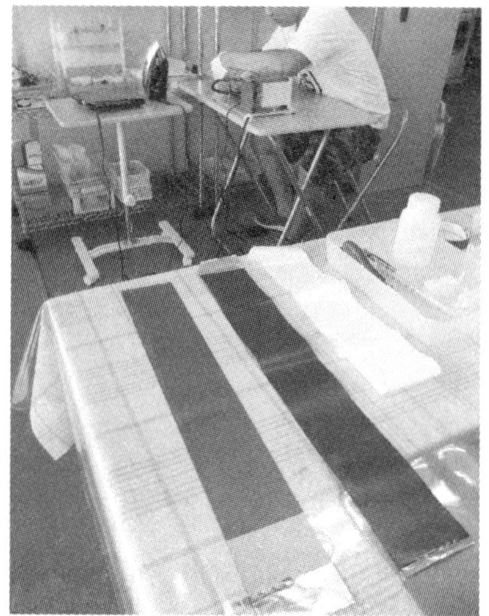
(a) 生产场景

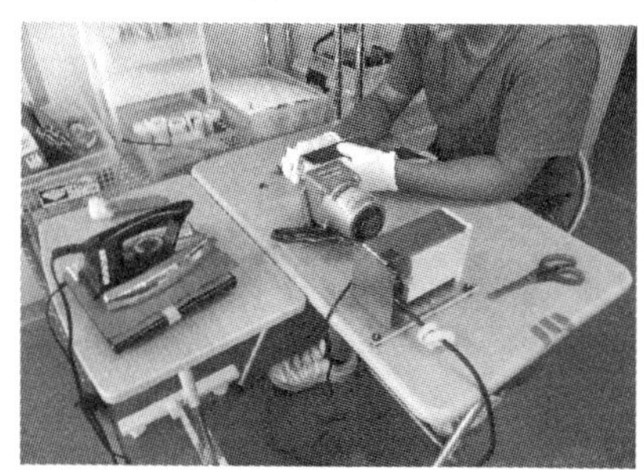
(b) 桌面卷绕作业

附图8 利用传统方法制作电池

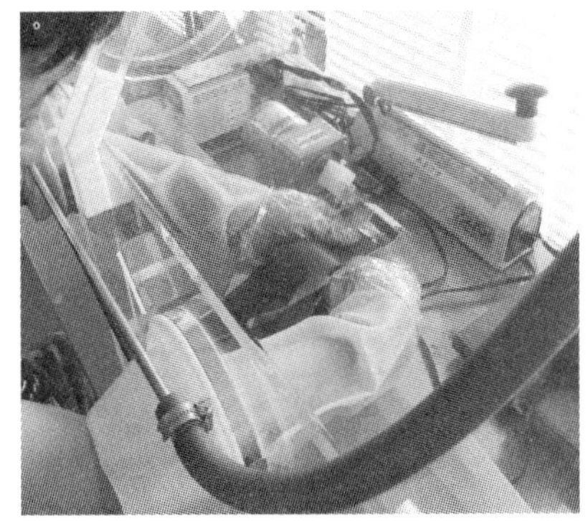

(a) 卷绕作业(在手套箱中)

(b) 电解液注入作业(在手套箱中)

附图 9　使用新方法制作电池

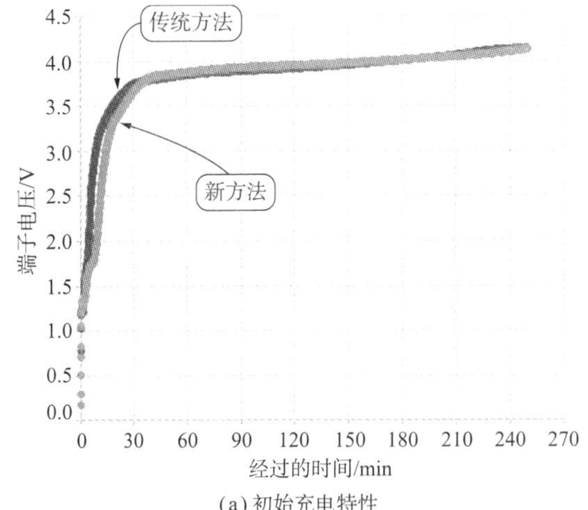

(a) 初始充电特性

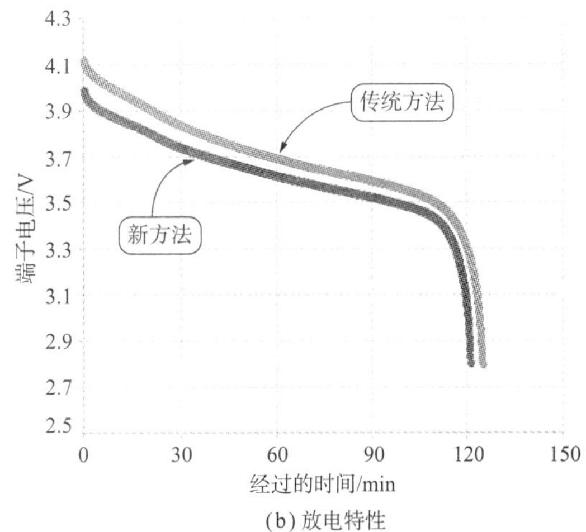

(b) 放电特性

附图 10　使用新旧方法制作的电池 A 的充放电特性

笔者介绍　　臼田昭司（工学博士）

大阪电气通信大学 客座教授兼研究员

1975 年 3 月修完北海道大学研究生院工学研究系博士课程，后就职于东京芝浦电气株式会社（现东芝）。自 2013 年起担任大阪府立工业高等专科学校（现大阪府立大学工业高等专科学校）教授至今。2008 年起任华东理工大学（中国）客座教授，2013 年起任胡志明理工大学（越南）客座教授。2014 年获得第 61 届日本电气科学技术鼓励奖（《锂离子电池的教育研究》），在英国电池技术杂志 *Batteries International* 第 92 期上发表了双单体锂离子电池技术。著有《锂离子电池电路设计入门》(日刊工业新闻社，2012 年)。

笔者实验室的锂离子电池制作和应用研究实例：http://usuda-lab.info/。

电场耦合无线电能传输

——期待今后像磁耦合一样普及

〔日〕大平孝 执笔 | 邹雨含 译

无线电能传输（WPT）是移动设备和电动汽车（EV）的重要技术关键词。无线电能传输有多种方法，此前已有各种磁场耦合方法，电场耦合法也备受关注。本文介绍基于电场耦合的无线电能传输的思考方法。要实现高效的无线电能传输，被称为“kQ积”（k是耦合系数，Q是品质因数）的性能指标很重要，这对于磁耦合方法和电场耦合方法都适用。

（编者按）

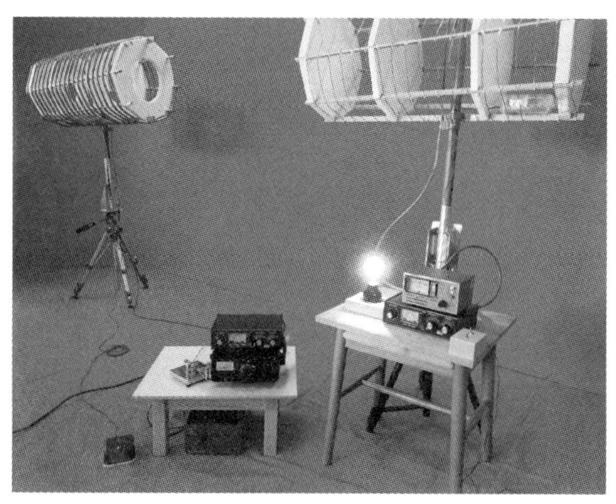

图1 磁场耦合无线电能传输实验

磁耦合和 kQ 积

● WPT，电磁感应，磁共振

瞄准广播和通信之后的第三个高频市场，无线电能传输（Wireless Power Transmission，WPT）的研究正在世界范围内兴起。当你听到“WPT”时，脑海中会浮现怎样的画面？一个典型例子是两个距离很近的线圈和贯通它们的磁力线（图1）。

当交流电流通过一个线圈时，另一个线圈会产生相同频率的交流电压。这种物理现象被称为“磁感应”。

曾经有过在电磁感应中加入电容器构成名为“磁共振”（参见专栏A）的结构，这里将其统称为“磁场耦合”。

● 磁耦合系统由 L、M 和 R 构成

磁耦合系统的结构如图2（a）所示，等效电路如图2（b）所示。其中，L为自感，M为互感，R为线圈电阻。

为了简单起见，这里假设两个线圈具有相同的形状——将其看作对称结构来说明。

专栏A “共振”不是新的物理现象

很久以前，笔者经常看到把“磁耦合系统”分类成“电磁感应式”和“磁共振式”，说明两者的物理现象不同的报道。但是，最近越来越多的人发现它们并没有本质区别。

例如，在电机领域，毋庸置疑，在驱动电路中插入电容器是为了补偿感抗。另外，在高频放大器的设计中，通常实行电感支路负载和晶体管寄生电容共轭匹配（图A）。

改变既有技术的应用场所，效果确实会让人感觉耳目一新，但要注意，因此就将其称为新的物理现象会迷失本质。

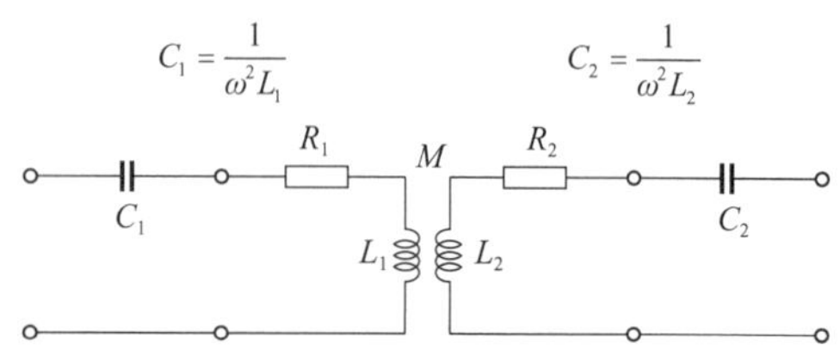

图A 仅添加 C_1 和 C_2，耦合方式就变了

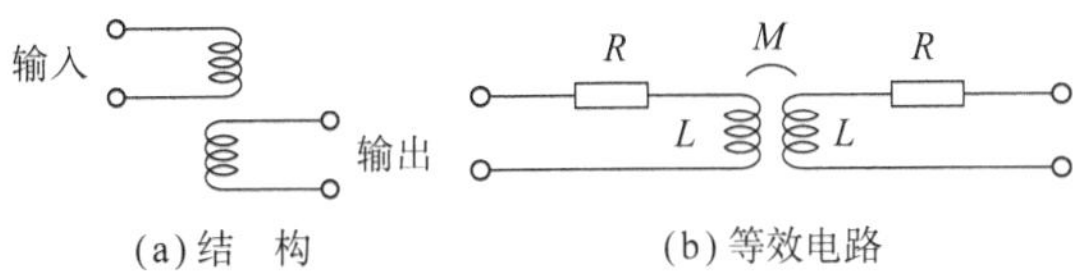

图 2 磁耦合系统

● 性能指标 kQ 积

购买设备和电子零件时，可通过数据表看其性能指标，以此作为选型参考，举例如下。

- 晶体管：h_{FE}（电流放大倍数）
- 二极管：V_r/V_f（反向耐压 ÷ 正向电压）
- 运算放大器：GB 积（增益 × 带宽）
- 逻辑电路：PD 积（功耗 × 延迟时间）
- 接收天线：G/T 比（增益 ÷ 噪声温度）
- 光学镜头：F 值（光圈 ÷ 焦距）
- 跑车：功率质量比（功率 ÷ 质量）

WPT 的性能指标是 kQ 积（耦合系数 × 品质因数）。

● kQ 积表示的是 WPT 效率的上限

kQ 积表示的是 WPT 效率（接收功率 ÷ 传输功率）的上限，如图 3 所示。

普遍且通用的 kQ 积法则不仅适用于磁耦合，也适用于电场耦合、天线耦合乃至所有的 WPT 方式，是无线世界中继众所周知的“弗里斯公式”和“香农定理”之后的第三个法则。

● 耦合系数 k 的确定

耦合系数 k 是从左线圈到达右线圈的磁力线占总磁力线的比例。

$$k = \frac{M}{L} \tag{1}$$

由式（1）可知，如果两个线圈彼此靠近，k 会变大。磁力线不可能突然在空间内产生，所以 k 不可能大于 1。因此也可以理解互感 M 总是小于自感 L。

● 品质因数 Q 的确定

品质因数 Q 是单个线圈的性能指标。它是耦合系统输出端开路状态下，从输入端预估的耦合系统阻抗的实部与虚部之比，如图 3（b）所示。

$$Q = \frac{\omega L}{R} \tag{2}$$

式中，$\omega = 2\pi f$。其中，f 是期望的传输频率。

● kQ 积与共振无关

把式（1）和式（2）相乘，可得到式（3）。

$$kQ = \frac{\omega M}{R} \tag{3}$$

这里有重点需要注意。

推导式（1）~式（3）时，没用到“共振”这个概念。也就是说，kQ 积是一个与共振无关的基本性能指标。式（2）和式（3）中的 ω 也都不是共振频率。详细内容见参考文献［13］。

● 增大 kQ 积的方法

为了提高 WPT 效率，考虑增大 kQ 乘积。要增大 kQ，由式（3）可知，以下内容很重要。

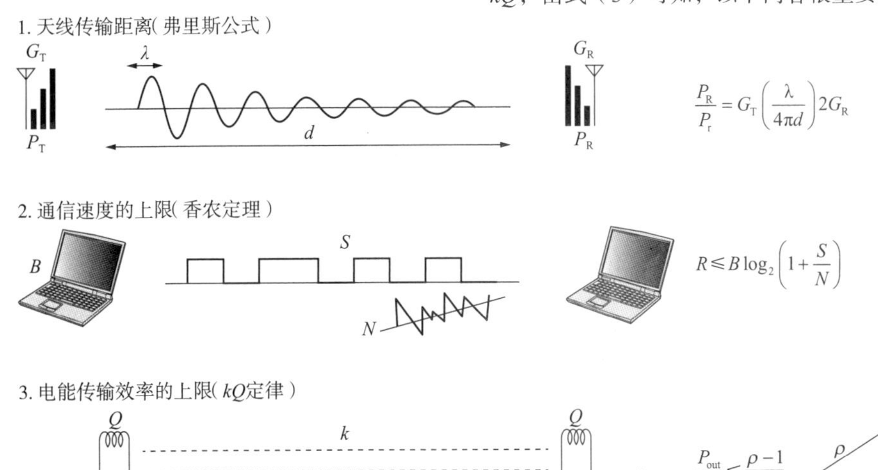

图 3 无线传输的三个基本法则

· 研究线圈的形状和相对位置，增大互感
· 使用低电阻的线圈
· 自感与 kQ 积没有直接关系

● kQ 积取决于材料

kQ 积在很大程度上取决于耦合系统的材料和结构。如果清楚地知道材料常数和形状，可以通过电磁场模拟估算 kQ 积。如果有条件，实际测量样品会更准确。这时，比起分别测量 M 和 R，直接测量 kQ 积更快。有关测量方法，请参照专栏 B。

式（3）右侧的分子中有 ω。即使这样，kQ 积和频率也不是简单地成正比。因为 M 和 R 会随频率而变化。

电场耦合方式的理论

● 两组平行板导体的电场耦合

无线电能传输的又一种手段是本文的主题“电场耦合”。

电场耦合的结构示例如图 4（a）所示。可见，平行板导体（相当于电容器）仅有 2 组，并排排列。与使用线圈的磁场耦合相比，此结构非常简洁。

● 电场耦合的 kQ 积

kQ 积法则也适用于电场耦合。这里尝试与磁场耦合进行对比，推导出等效电路的耦合系数和品质因数。

根据原理，电场耦合中存在如下转换：

· 磁场 ⇔ 电场
· 电流 ⇔ 电压
· 串联 ⇔ 并联
· 短路 ⇔ 开路
· $L \Leftrightarrow C$
· $R \Leftrightarrow 1/R$

左右两侧的物理量是对偶关系，借此可将磁耦合转换为电场耦合。

● 磁场耦合的等效电路

请回顾图 2（b）所示的磁场耦合，进行如下电路变量转换：

· 串联电阻 R →并联电导 $1/R$
· 自感 L →寄生电容 C_1

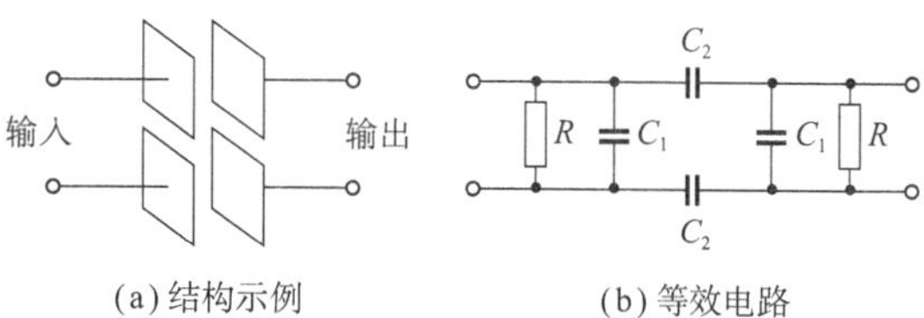

(a) 结构示例　　(b) 等效电路

图 4　电场耦合系统示例

专栏 B　测量 kQ 积的捷径

购买用于磁场耦合方式或电场耦合方式的耦合器时，要根据所需频率来确认 kQ 积。数据表不记载 kQ 积的情况很常见，所以肯定要获取样品进行实际测量。当然，自制耦合器时也是如此。测量理论在参考文献［19］中有记载。

另外，因为有时需要立即测量 kQ 积，所以市场上也有更便利的测量仪器。

对于兆赫兹频段的期待传输频率，有 DS 科技公司的超小型网络分析仪“DZV-1”；对于吉赫兹频段，有 Anritsu 公司的 SHOCKLINE 系列微波网络工作分析仪（图 B）。

(a) DZV-1（DS科技）

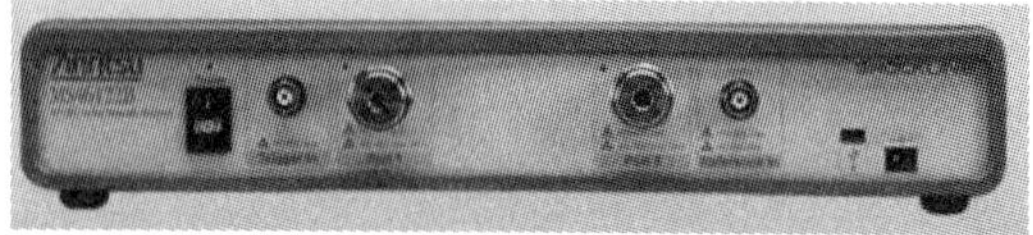

(b) SHOCKLINE（ANRITSU）

图 B　具有 kQ 积测量功能的网络分析仪

· 互感 M →耦合电容 C_2

结果如图 4（b）所示。这样就可以得到电场耦合的等效电路。

这里有两点需要注意。一是 L 到 C_1 的转换。寄生电容 C_1 对应磁场耦合的漏磁通。因此，C_1 不是 L，而是 L–M。

$$L-M \to C_1 \tag{4}$$

二是使用两个耦合电容。从电流的路径来看，它往返 2 次经过 C_2，所以电容值减半。

$$M \to \frac{1}{2}C_2 \tag{5}$$

● 电场耦合的耦合系数

将式(4)和式(5)的左右两侧分别相加，可得式(6)。

$$L \to C_1 + \frac{1}{2}C_2 \tag{6}$$

将式（5）和式（6）代入式（1）并整理，可得式（7）。

$$k = \frac{C_2}{2C_1 + C_2} \tag{7}$$

这是图 4（b）所示的电场耦合的耦合系数。在物理意义上，它表示的是图 4（a）中从左电极到达右电极的电力线占总电力线的比例。

由式（7）可知：

· 寄生电容 C_1 减小时，k 增大

· 耦合电容 C_2 增大时，k 增大

· k 不超过 1

● 电容与 kQ 积的关系

另一方面，电容器单体的性能，和线圈一样用品质因数 Q 表示。

将电阻转换为倒数，可得式（8）。

$$R \to \frac{1}{R} \tag{8}$$

将式（6）和式（8）代入式（2），可得式（9）。

$$Q = \omega\left(C_1 + \frac{1}{2}C_2\right)R \tag{9}$$

式（9）可解释为，在图 3（b）所示等效电路输出端短路的状态下，从输出端看到的耦合系统的导纳①的实部与虚部之比。

将式（7）与式（9）相乘，可得式（10）。

$$kQ = \frac{1}{2}\omega C_2 R \tag{10}$$

式（10）是图 4（b）所示的电场耦合的 kQ 积。有关详细说明，见参考文献［20］。

磁场耦合与电场耦合的比较见表 1。

$$Y = \frac{1}{Z}$$

此外，和阻抗一样，导纳可以用复数表示（类型表示）。

$$Y = \frac{1}{R + \mathrm{j}X} = G + \mathrm{j}B$$

式中，实数部分 G 为电导，虚部部分 B 为电纳。

表 1　磁场耦合与电场耦合的比较

	电场耦合	磁场耦合
耦合系数 k	$\frac{C_2}{2C_1 + C_2}$	$\frac{M}{L}$
品质因数 Q	$\omega\left(C_1 + \frac{1}{2}C_2\right)R$	$\frac{\omega L}{R}$
kQ 积	$\frac{1}{2}\omega C_2 R$	$\frac{\omega M}{R}$

传输频率

● WPT 系统使用 ISM 频段

WPT 系统常用的频率被称为“ISM 频段”（Industry Science Medical Band）。

经常有人问“我想开发一个新的 WPT 系统，应该使用什么频率”。WPT 并不是在任何频率都能使用。为了运用系统，还必须注意是否会干扰现有的广播和无线通信。

● 分散在宽带上的 ISM 频段

ISM 频段各种频带中都有分布。日本的 ISM 频段

① 导纳表示的是交流电路中电流流动的容易程度。相反，阻抗表示的是交流电路中电流流动的困难程度。换句话说，导纳 Y 是阻抗 Z 的倒数。

（工业科学医疗频率）见表2。

除此之外，还有一个最近被认可的6.78MHz频段，即13.56MHz除以2，被用作电场耦合频率，如图5（b）所示。

● 频率选择

制作WPT硬件时，千赫兹频段（长波）和兆赫兹频段（短波）各优缺点。

前者的优点是电源电路和整流器电路所需硅半导体的低价且普及。

后者的优点是耦合器轻量，线圈和铁氧体等电子零件能够小型化，适用于尺寸和质量有限制的无人机等。

表2 工业科学医疗频率（ISM频段）

	中心频率	带 宽	波 长
1	13.56MHz	14kHz	22m
2	27.12MHz	326kHz	11m
3	40.68MHz	40kHz	7m
4	2.45GHz	100MHz	122mm
5	5.8GHz	150MHz	52mm
6	24.125GHz	250MHz	12mm

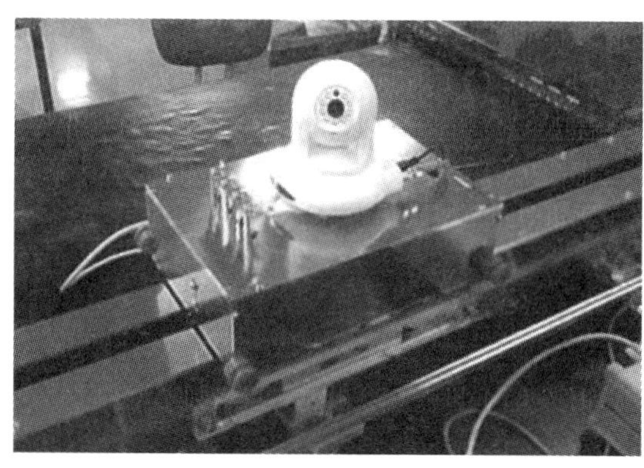

(a) 直线导轨

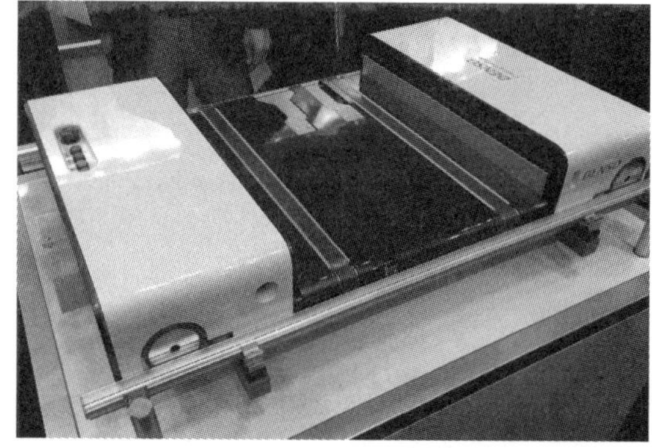

(b) 高速搬运机器人D-Depot

图5 利用电场耦合WPT在工厂内行走的自动导引车

● 兆赫兹频段WPT用半导体

适用于兆赫兹频段WPT系统的垂直型宽带隙化合物半导体正在迅速发展。

它具有高耐压、高速开关，以及兆赫兹频段的快速频率响应特性，有利于功率变换效率的提高。

电场耦合式WPT系统开发实例

■ 便携式电子设备（WPT输出功率：10W）

● 利用WPT实现的移动设备充电器

进入21世纪后，随着移动终端的普及，无线充电的研究流行起来了。

2011年秋季，日立MAXELL的iPad2无线充电器AIR VOLTAGE问世。村田制作所推出了用于AIR VOLTAGE的WPT模块。

● 从磁耦合改为电场耦合

日立MAXELL正售的iPhone4磁耦合无线充电器，但由于功率不足，无法给平板电脑设备充电。解决方案是改变WPT方式，从磁耦合改为电场耦合。

根据电场耦合原理，村田制作所推出了DC-DC变换器的功率转换效率为70%且输出功率为10W的充电器。因此，利用WPT给iPad2充电成为可能（图6）。

利用电场耦合，该充电器具备电极薄、发热小、对电池友好、位置自由度高、易于集成到设备中、供电电压范围广、电磁干扰小的特点。

■ 无人自动导引车（WPT输出功率：50～100W）

● WPT用于工厂的自动导引车

如果WPT输出功率达到百瓦级，其应用领域将更为广泛。举例来说，生产工厂中的无人自动导引车（Automatic Guided Vehicle，AGV）就是这方面的典型。

AGV如图7所示，主要用于工厂内各道工艺之间的设备搬运和向生产线的零件供给。

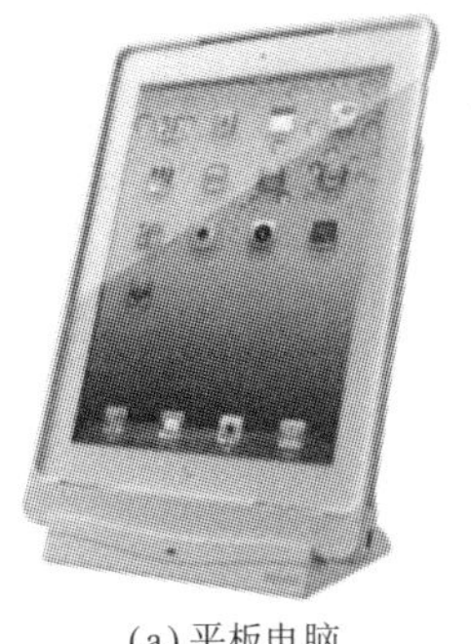
(a) 平板电脑

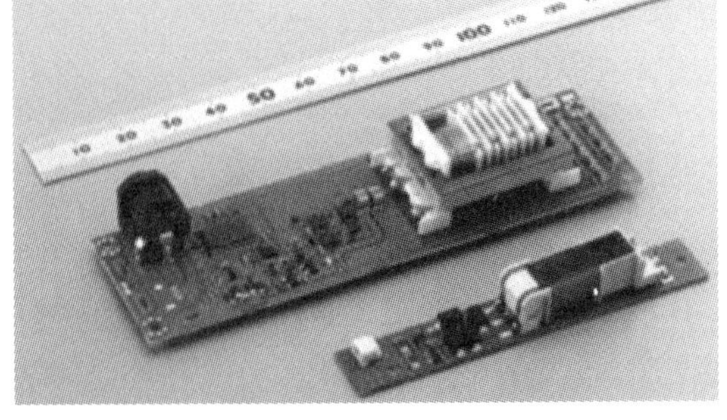
(b) 电场耦合WPT量产模块

图 6　移动设备的无线充电（来源：村田新闻室）

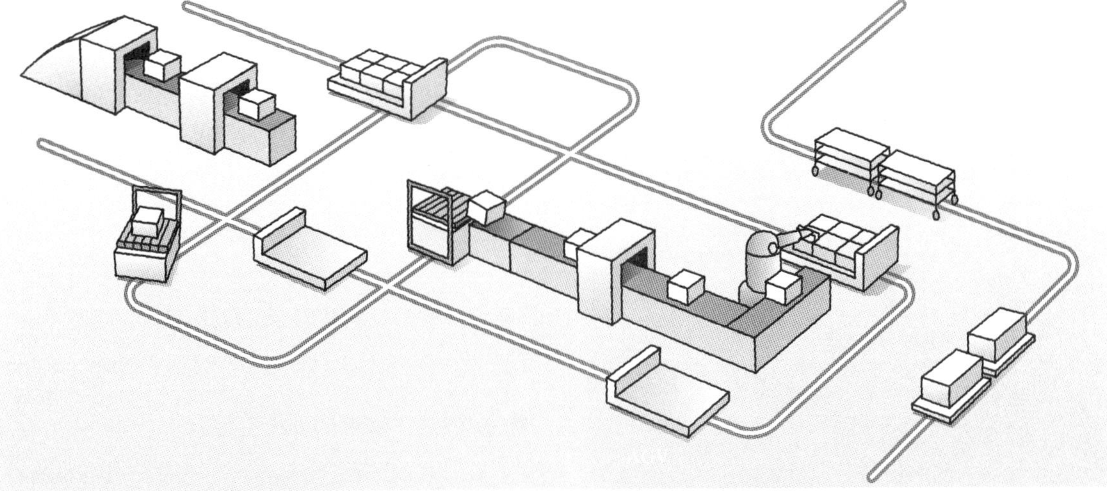
图 7　电池供电的 AGV 在制造现场繁忙工作

● WPT 用于导轨型高速移动机器人

图 5（a）所示为 E-Cross H 公司试制的直线导轨，电机驱动的移动台车在直线导轨上往返移动。

台车底部的平板电极与轨道进行电场耦合，在 2MHz 传输频率下为移动台车提供 50W 电能传输。

该系统还配备有使用漏泄同轴电缆的通信系统，将安装在小车上的摄像头捕获的图像传输到轨道侧。

● 尝试大功率 WPT

丰桥技术科学大学和 DENSO 反复进行电场耦合高功率化的联合研究，并开发了一种通过 WPT 移动的小型高速传输机器人。其特征发射轨道被夹在两个接收板之间，形成三明治型电场耦合结构，可以抑制负荷引起的车身垂直振动的影响。其传输频率为 6.78MHz，动态传输功率达到 100W。

由于可以同时进行电机驱动和电池充电，所以能够提高工厂稼动率。

Denso 将其商品化，并在 2017 年国际机器人展览会上展出了新型 AGV“D-Depot”，如图 5（b）所示。DENSO 计划将其用于自有工厂，并向其他公司出售。

■ 电动汽车（WPT 输出功率：千瓦级）

● 用于电动汽车的千瓦级 WPT 供电系统

古河电工进行了一项电动汽车（EV）底部的高频传输实验，如图 8 所示。

两块 458mm × 220mm 铝板电极相对，中间间隔 70mm，传输功率达到 1kW。为了减小电场的泄漏，电极周围用铝壳屏蔽。因为是电场耦合，与带有大铁氧体屏蔽的磁耦合相比，可以大幅轻量化。

● 动态电能传输的关键是解决充电时间问题

阻碍 EV 普及的原因是充电步骤和时间的长短。若要长距离行驶，EV 须提前在充电站长时间充电。随着动力电池性能的提高和容量的增大，充电时间还会变长。

燃油车几分钟就可以加满油，大概可行驶东京到大阪这么长的距离。EV行驶相同的距离需要大约100kW・h的能量，要想在停车的几分钟内充满电，必须准备数兆瓦的充电设备。这个问题的根本解决方案是无线电能传输。

● 通过轮胎进行WPT

为了实现无线电能传输，最好的方法是沿路连续供电。

问题在于，用于停车充电的WPT发射器是以离散方式排布的，无法避免与短时间内快速充电相同的问题。

作为连续供电方式的突破口，通过轮毂进行无线电能传输（V-WPT）这一想法常被提及。目前，丰桥技术科学大学和大成建设公司正在进行相关的实证研究。

图8　使用电场耦合为EV电池充电

● 测试路线

图9（a）所示为施工中的测试路线。铺设像铁轨一样的两个长铁板，表面铺上沥青，利用行驶轮胎的钢带和铁板轨道之间的静电容量进行无线电能传输。

为了观测车辆行驶时的连续供电情况，在驾驶席安装了电压表和电流表，如图9（b）所示。由于电机仅由无线传输电能驱动，因此取下了EV中的动力电池。

图9（c）所示为对埋设的钢板施加13.56MHz高频电能的瞬间。在报道镜头的见证下，改装EV明显加速了。

(a)铁板轨道埋设工程（表面铺设沥青）

(b)驾驶席显示行驶过程中受电连续性的仪表

(c)无电池电动汽车平稳运行

图9　动态无线电能传输的实证（来源：参考文献[15]）

年轻人的热战

● 使用塑料模型的WPT竞赛

于2018年春天在东京电机大学举行的世界首次塑料火车模型无线电能传输竞赛如图10所示。来自日本各地的高专生、大学生、专业工程师等共计 15 支队伍，带来了他们制作的 WPT 火车模型，进行速度竞赛。比赛概要见表 3。

● 兆赫兹频段的电场耦合方法

在 WPT 火车上，笔者团队努力试验了超高 *kQ* 线圈、超轻平面电极、天线阵列耦合和最短庞加莱距离（专栏 C）匹配等。

多数参赛团队使用了千赫兹频段磁耦合，最终结果是使用兆赫兹频段电场耦合的“冈山大学神奇翼号”获胜。获胜的决定性因素是采用了与采用线圈的磁耦合方式相比，结构简单、轻量的电场耦合方式。

表 3　比赛概要

使用车辆	塑料模型火车（无电池）
行驶路线	直线水平塑料导轨
行驶距离	1500mm
WPT 方式	电场耦合，磁场耦合，天线耦合等
电　源	直流电压 12V，输出电流 1A
传输频率	45Hz ~ 3THz

(a) 日本高专、大学和企业制作的WPT火车蓄势待发

(b) 决赛：丰桥技术科学大学队（左）和冈山大学队（右）

图 10　世界首次塑料火车模型无线电能传输竞赛（来源：日本电子情报通信协会 WPT 竞赛委员会）

专栏 C　庞加莱距离

◆ 电源和负载的阻抗匹配

阻抗变换是提升电能传输系统性能的有效技术。通过匹配电源和负载的阻抗，可以最大化传输效率。

特别是向移动物体供电时，负载阻抗有时会随时间变动。试着思考一种定量表示阻抗变动量的方法。

◆ 阻抗变换电路

考虑将负载 Z_1 变换为阻抗 $\hat{Z}_1$ 的无损耗 *LC* 电路，如图 C（a）所示。

在史密斯圆图上，将 Z_1 用实心圆表示，$\hat{Z}_1$ 用空心圆表示，如图 C（b）所示。图中的虚线是插入 *LC* 电路后的阻抗变换轨迹。

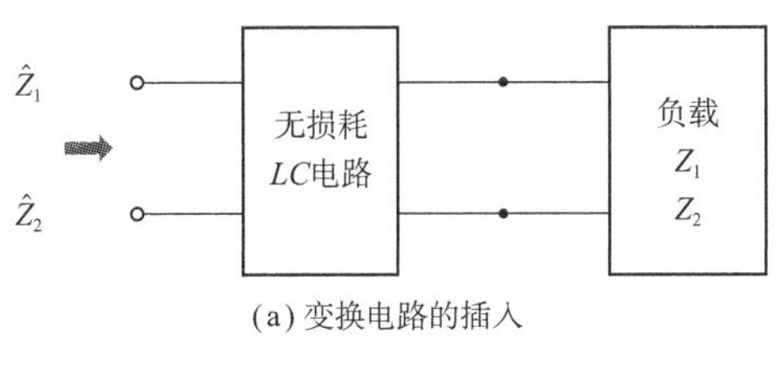

(a) 变换电路的插入

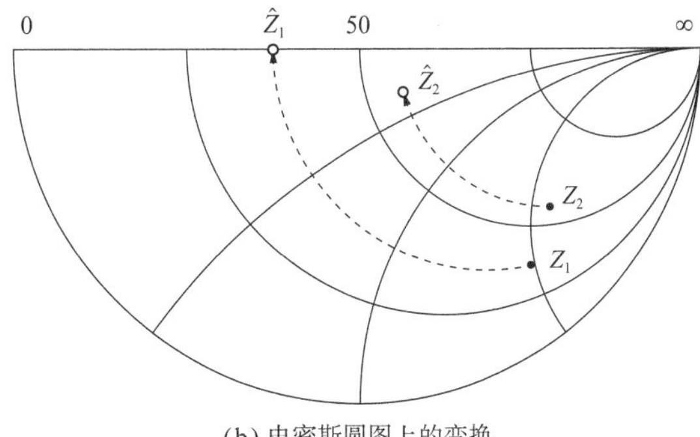

(b) 史密斯圆图上的变换

图 C　无损耗 *LC* 电路的阻抗变换

◆ 假设负载变动

假设在该状态下由于某种原因负载从 Z_1 变动到 Z_2。此时，从右侧看 LC 电路的输入阻抗也会变动为 $\hat{Z}_2$。

如何在数值上比较负载变动的大小？

◆ 欧几里得距离

与两个实心圆（Z_1，Z_2）之间的距离相比，两个空心圆（$\hat{Z}_1$，$\hat{Z}_2$）之间的距离看着似乎更远。这个目测距离被称为“欧几里得距离”。

可见，史密斯圆图上的欧几里得距离不能用作负载变动大小的衡量指标。这时，就到了庞加莱距离发挥作用的时候了。

◆ 庞加莱距离

两个阻抗（Z_1，Z_2）之间的庞加莱距离 $D(Z_1, Z_2)$ 可由式（C.1）得出。

$$D(Z_1, Z_2) = \log\rho \tag{C.1}$$

式中，

$$\rho = (1+\gamma)/(1-\gamma) \tag{C.2}$$

甚至可以用 Z_1 和 Z_2 计算 γ：

$$\gamma = |(Z_1 - Z_2)/(Z_1 + Z_2^*)| \tag{C.3}$$

式中，两条竖线表示复数的绝对值，星号表示共轭复数。

◆ 阻抗转换电路无损耗时的庞加莱距离

在前面的史密斯圆图中，空心圆的距离看起来比实心圆的距离更远，但是庞加莱距离完全相同。用数学公式表示：

$$D(\hat{Z}_1, \hat{Z}_2) = D(Z_1, Z_2) \tag{C.4}$$

换句话说，无论在负载之前插入什么样的阻抗变换电路，只要电路无损耗，就不会增大或减小负载变动的影响。

◆ 阻抗转换电路有损耗时的庞加莱距离

变换电路有损耗时，庞加莱距离变短：

$$D(\hat{Z}_1, \hat{Z}_2) < D(Z_1, Z_2) \tag{C.5}$$

换句话说，插入衰减器（阻尼器）可以抑制负载变动。

在高频领域，式（C.2）中的 ρ 被称为“电压驻波比”（VSWR），式（C.3）中的 γ 被称为“电压反射系数”。简而言之，VSWR 的对数是庞加莱距离。详情见参考文献［22］。

例如，对行驶中的 EV 进行高频电能传输时，电机转速和加速度会随着行驶状态发生复杂的变动。在对负载阻抗变动敏感的系统设计中，准确测量庞加莱距离非常有效。

结束语

WPT 理论从磁场耦合发展到了电场耦合。抓住电场和磁场的对偶原则，等效电路和 kQ 积之间的关系也就清晰了。

尽管与先进的磁耦合相比研究案例较少，但是从移动设备到电动汽车，电场耦合的大功率化势头超过了磁耦合。确信在不久的将来，电场耦合将成为 WPT 的主流。

感谢 E-Cross-H 的原川健一先生、古河电工的增田满先生以及日本电子情报通信协会 WPT 竞赛委员会供图。

参考文献

[1] 原川健一 . 電界結合によるワイヤレス電力伝送 . グリーン・エレクトロニクス , 2011,(6):34-34.

[2] 村田製作所 . 電界結合方式ワイヤレス電力伝送モジュールの量産開始 .https://www.murata.com/ja-jp/about/newsroom/news/application/energy/2011/0928. https://www.murata.com/ja-jp/about/newsroom/techmag/metamorphosis16/customer.

[3] 小丸尭 . 電界結合を用いた無線電力伝送における結合係数の位置特性評価 . 電子情報通信学会 技術報告 WPT2013-15,2013:20-24.

[4] 大平孝 . 電化道路電気自動車 . 自動車技術 特集：進化する道路関連技術 ,2013,67(10):47-50.

[5] 藤岡友美 . 建物内電化フロア構造の実験的検討 . 電子情報通信学会 技術報告 WPT2014-44, 2014,114(246):43-46.

[6] 原川健一 . 電界結合による回転系スライド系への非接触電力供給 . グリーン・エレクトロニクス ,2014,(17):28-45.

[7] 広瀬優香 . 電界結合方式による EV への給電 . グリーン・エレクトロニクス , 2014,(17):46-49.

[8]佐藤孝彦 . 電界結合方式ワイヤレス給電装置の製作 . グリーン・エレクトロニクス ,2014,(17):50-59.

[9] 鈴木良輝 . バッテリーレス電動カート連続給電走行のための右手左手複合系電化道路 . 電子情報通信学会 論文誌 ,2016,J99-C(4):133-141.

[10] 遠藤哲夫 . 電界結合方式を利用した走行中給電技術の開発 . 電設技術 , 2016,(764): 94-98.

[11] 宮崎基照 . 工場内自動車部品搬送システムのための平行平板型電界結合器 . 電子情報通信学会 技術報告 WPT2016-40，2016,116(321):19-23.

[12] 原川健一 . 電界結合による非接触電力供給の技術 . グリーン・エレクトロニクス , 2017,(19):70-77.

[13] 大平孝 . ワイヤレス結合の最新常識 kQ 積をマスタしよう . グリーン・エレクトロニクス , 2017,(19):78-88.

[14] 崎原孫周 . 電動ビークル走行中給電のためのモルタル舗装電化フロア . 電子情報通信学会 論文誌 ,2017,J100-A(6):219-227.

[15] 崎原孫周 . 電気自動車へワイヤレス給電するための道路インフラ：電化道路の開発 . 大成建設技術センター報 , 2017,(50):14.

[16] 大平孝 . 電化道路：自動車の電動化に向けた走行中給電インフラ .EHRF 高速道路と自動車 ,2018,61(2)5-8.

[17]増田満 . 電界共鳴による電気自動車への大電力給電 . 古河電工時報 ,2018,137: 20-27.

[18] 原邦彦 .SiC 要素技術研究と低 ON 抵抗 SiCECMOSFET の開発 . 電気学会電気技術史研究会資料 HEE-18-6,2018:31-39.

[19] 大平孝 . ワイヤレス電力伝送の基礎 .RF ワールド ,2018,(43):17-29.

[20] Ohira.T.Power transfer theory on linear passive twoport systems （invited）.IEICE Transactions on Electronics, 2018,E101C(10):719-726.

[21] 富井里一 .kQ 積測定機能のご紹介と 7 MHz 帯ヘリカル MLA による WPT 実験 .RF ワールド ,2018,(44):111-121.

[22] 大平孝 . スミスチャートの縮尺とポアンカレ距離 . 電子情報通信学会誌 ,2019,102(4).

笔者介绍

大平孝

丰桥技术科学大学 未来汽车城研究中心主任

1983 年毕业于大阪大学，获得工学博士学位。曾负责 NTT 横须贺研究所樱花卫星 4 号、菊花卫星 6 号、菊花卫星 8 号的砷化镓 MMIC 设计。2005 年任 ATR 波动工程研究所主任，现任丰桥技术科学大学教授兼未来汽车城研究中心主任。

IEEE 微波理论与技术协会（MTT-S）关西分会、名古屋分会创始人，IEEE 杰出讲师，IEEE 院士，IEICE 院士，URSI 院士，日本电子情报通信学会无线电能传输竞赛委员长。

行驶中供电的必要性

——未来 EV 普及的技术支撑

〔日〕畑胜裕　居村岳広　藤本博志　佐藤基　郡司大辅　执笔｜邹雨含　译

EV 将在全球范围内普及，这几乎是毫无疑问的。EV 最大的缺点是续航里程比燃油车短。延长续航里程的一个简单方法是安装更多电池，但这会使车辆变得更重、不环保，并且充电时间也会变长。若能普及行驶中供电，这些问题都能得到解决。

（编者按）

引言：EV 的问题在于续航里程和充电时间

● 减少二氧化碳排放

作为解决包括全球变暖在内的环境问题的对策之一，在全球范围内减少二氧化碳（CO_2）排放是一个紧迫的问题。以日本为例，汽车排放的二氧化碳占比很大（图 1）。特别是，私家车的二氧化碳排放量（图 2）比公共交通工具大，是能源效率较低的代步工具。

● EV 的环保性

图 3 所示为燃油车和 PHEV/EV 的二氧化碳排放量对比。

可见，EV 行驶时，即油箱到车轮阶段的排放为零。正因为此，EV 也被称为“零排放车辆”（ZEV）。不过，还必须考虑油井到油箱阶段的二氧化碳排放量。可即便如此，EV 的环保性远超过燃油车。

当然，如果 EV 的能源不是来自核能发电，而是火力发电，那么二氧化碳排放量定会增大。然而，发

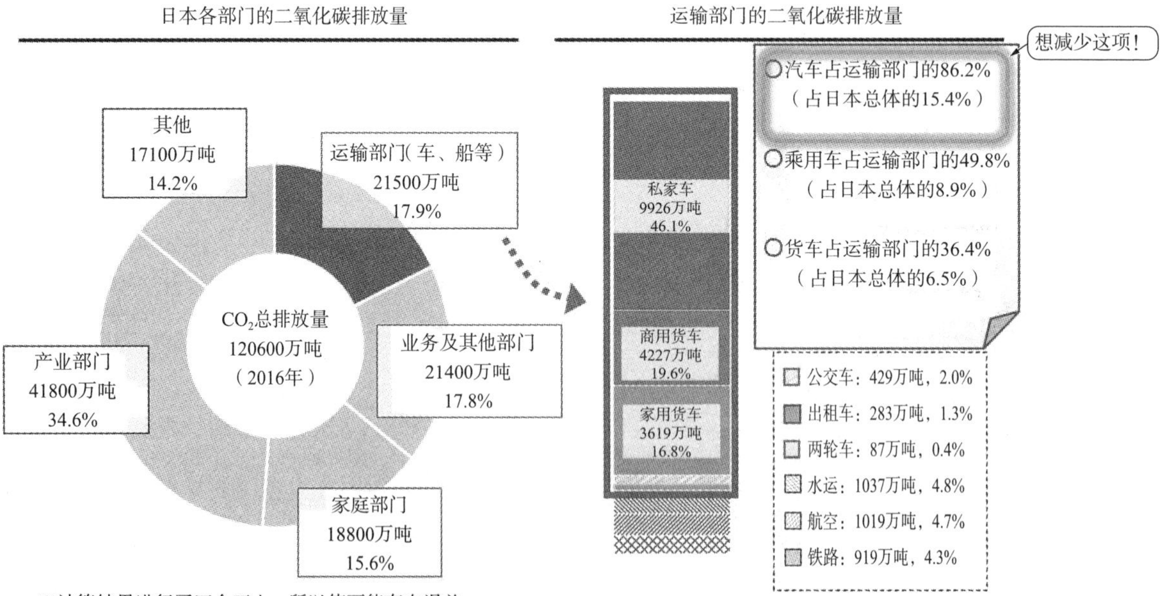

日本各部门的二氧化碳排放量
其他
17100万吨
14.2%
运输部门（车、船等）
21500万吨
17.9%
CO_2总排放量
120600万吨
（2016年）
产业部门
41800万吨
34.6%
业务及其他部门
21400万吨
17.8%
家庭部门
18800万吨
15.6%

运输部门的二氧化碳排放量
想减少这项！
○汽车占运输部门的86.2%
（占日本总体的15.4%）
○乘用车占运输部门的49.8%
（占日本总体的8.9%）
○货车占运输部门的36.4%
（占日本总体的6.5%）
私家车
9926万吨
46.1%
商用货车
4227万吨
19.6%
家用货车
3619万吨
16.8%
公交车：429万吨，2.0%
出租车：283万吨，1.3%
两轮车：87万吨，0.4%
水运：1037万吨，4.8%
航空：1019万吨，4.7%
铁路：919万吨，4.3%

※计算结果进行了四舍五入，所以值可能存在误差

※与电力公司、供热公司相关的排放，根据消耗量分配给了终端需求部门

※根据日本国土交通省环境政策课温室气体清单办公室的《日本温室气体排放数据（1990–2016年度）安全值》编制

※2015年之前两轮车都被算在“业务及其他”中，但从2016年开始作为独立项目算在“运输部门”

图 1　日本的二氧化碳排放量中运输部门所占比例（2016 年）

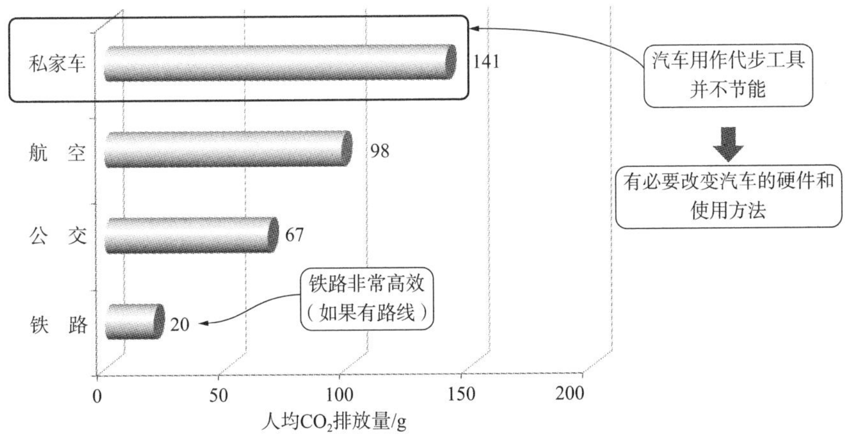

图 2 日本运输量对应的二氧化碳排放量

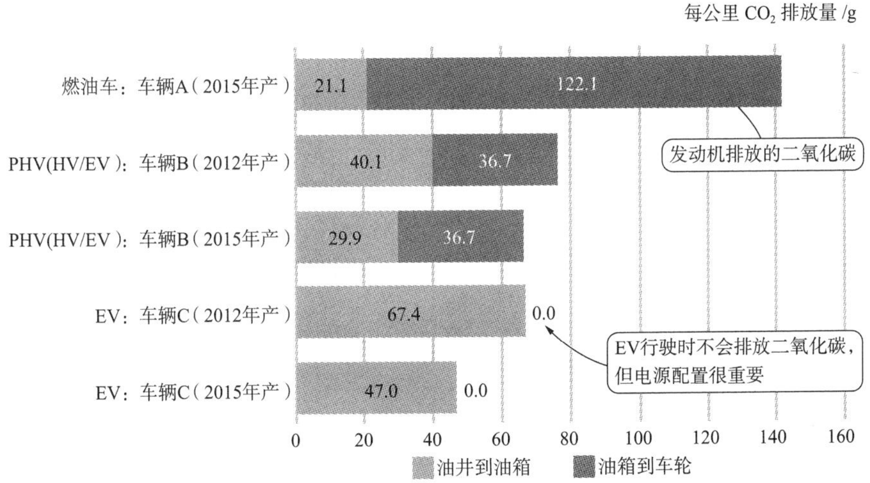

对于同级别（排量、车辆质量等）的车辆，基于LCI数据库IDEA燃料单位、JC08模式的油耗/电费，以及长期能源供需前景的2030年发电单位计算。PHV（插电式混合动力车）按照电动、混动各行驶50%计算

图 3 燃油车和 EV 的二氧化碳排放量
（来源：日本汽车研究所）

电方式有很多种，以可再生能源发电的基础设施预计会迅速发展。这种趋势在欧洲已经很明显了。当然，即使能源来自火力发电，EV 的二氧化碳排放量仍然比燃油车小得多。

可以说，汽车的电动化趋势不可避免。

● EV 的挑战仍然来自续航里程和充电时间

那么，让汽车全面电动化不就行了？问题并非这么简单。毕竟，汽车是一种交通工具，在确保能源利用效率的基础上，它必须能够提供行驶舒适性。

目前 EV 不能普及的最大原因是续航里程短、充电时间长。在日本，作为量产 EV，三菱 i-MiEV、日产聆风等已经投放市场一段时间了，但它没有像预期的那样普及。目前的情况是，用户仍然对 EV 有所抵触，总感觉它缺少点什么。

EV 开发当前似乎是被电池卡了脖子。确实，续航里程、充电时间、耐用性和成本都受制于电池性能。但这是解决问题的唯一路径吗？

在本文中，笔者想展示 EV 诸多问题的解决方法以及我们真正应该聚焦的问题。在这之中，笔者会介绍自己的终极目标 EV 及研发成果。

减轻 EV 对电池电量的依赖性

● 有 3 种策略可行

除了开发高性能电池，目前还有 3 种手段（图 4）。然而，到目前为止，大部分努力都是围绕“电池开发”进行的，“快速充电”和“行驶中供电”最近才开始有动作。

■ 增大电池容量

● 多装电池

在 EV 上多安装一些电池，续航里程自然会延长。问题是，性能相同的电池数量加倍，续航里程也不会简单地加倍。因为车辆质量增大了，行驶所需的能量会增多，电费 / 油耗增加。

如果通过这种方式来延长续航里程，那么 EV 将不再环保，不适合作为未来汽车。因此，以相同质量提供更大容量的下一代电池的开发被寄予厚望。

● 提高电池性能

例如，EV 聆风的电池容量从 24kW · h（2010 年）增大到 30kW · h（2015 年）后，又迅速增大到了 40kW · h（2017 年）。但是，电池尺寸几乎没有变化。这证明近年来电池性能在快速提升。但是，这并未解决所有问题。

● 充放电寿命和成本

首先，只要用电池，就无法避免寿命问题。当然，长寿命是研究和开发的目标，但是大容量、高输出功率和长寿命兼备的电池开发极其困难。

而且，多安装高性能电池，明显会推高购买车辆时的初始成本。考虑到几年后将要出现的电池更换，用户的负担相当沉重。此外，大量废旧电池的回收和再利用也是一大问题。

● 谁来提供电池?

以上是使用时或使用后的问题，但在此之前电池制作问题也很重要。鉴于全球电动化的趋势，新电池 / 替换电池的数量将变得巨大，如何大量生产和供应高性能、高质量的电池?

如果相当于全球年产量 20% 左右的 2000 万辆汽车配备 40kW · h 的电池，则每年需要 800GW · h 的电池。这相当于 2016 年市场规模的 17 倍，需要 23 个特斯拉超级工厂（图 5）。如果再加上替换电池，那么谁来提供这么多电池?

● 稀有金属资源供给风险和下一代电池开发

此外，我们必须考虑资源供给风险。由于需求激增，锂离子电池所用的锂和钴等稀有金属的价格开始上涨。可开采这些资源的国家是有限的，从长远来看可能难以确保稳定。

因此，在电池研发方面，不需要稀有金属的新一代电池或固态电池的开发备受瞩目。如果电池性能得以显著提高，那么稀有金属资源的需求量可能会减小。

● 固态电池输出功率高、容量大

在这里，我们稍微了解一下固态电池的特性。根据研究和开发方向，有不同特性的固态电池，如强调大功率密度的和大容量的。图 6 所示为东京工业大学菅野教授的研究团队发表的固态电池的特性。它具有高输出功率和大容量双重特性，也许会成为像电容器那样可超快速充电的创新性电池。

● 也许固态电池的普及还需要时间

固态电池仍处于研发阶段，考虑到成本和质量，似乎还需要一段时间才能量产。锂离子电池从基础理

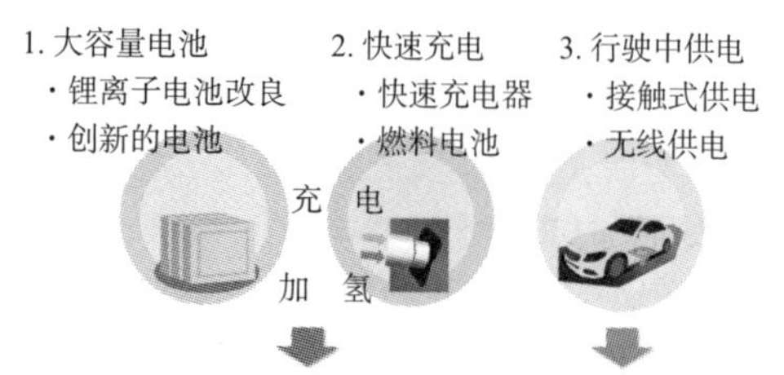

图 4 延长 EV 续航里程的 3 种手段

图 5 特斯拉超级工厂完工效果
（设计年产能35GW · h，面积达455 000m²，计划分阶段建设，完工后将是世界上最大的建筑）

论体系到 EV 应用也花了大约 20 年的时间。

然而，这种创新研究和开发结果，未来必定会推动 EV 的变革。如本文开头所述，不可能只开发电池，还必须密切关注今后的发展趋势。

■ 快速充电器的开发

● 充电时间这一问题极其棘手

在 EV 面临的挑战中，充电技术非常关键。电池容量越大，充电时间越长。以特斯拉公司的车型为例，试图通过增大电池容量来延长续航里程时，问题变得很棘手。

● 即使快速充电也需要时间等待

目前的 EV 充电器，一般为几千瓦，快速充电型在 50kW 以上。特斯拉的“超级充电器”能以 120kW 快速充电，但也很难在几分钟内充满电。

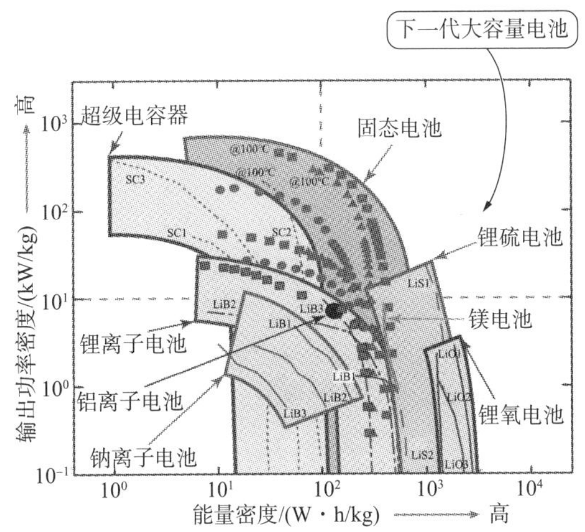

图 6　高输出功率、高能量密度固态电池的特性

图 7　ABB 发售的 350kW 大功率快速充电器

因此，无法像燃油车那样，没油时就近驶入加油站，几分钟后又能马上出发。

● 大功率化的苗头

或许有人会提出，进一步提高输出功率不就好了吗？事实上，最近市场上出现了一种 350kW 的快速充电器，如图 7 所示。

然而，大功率化面临着电缆冷却、安全性和电源保证等问题。另外，突然接通或关断大功率负载，对电力系统的影响非常大。由此可见，很难实现大功率充电设备的普及。

● 充电不像加油那样方便

考虑传统汽车的加油情况。

加注 1L 汽油需要大约 2.5s。每升汽油的能量约为 34MJ，转换为电能为 13 600kW（图 8）。这相当于 JR 东日本 E4 系列新干线（8 节车厢编组，共 2 组）的输出功率：约 13 400kW → 25 000V × 530A（图 9）。与新干线采用受电弓从高压线受电相比，数百安级别的充电电缆着实考验人们的想象力。

因此，EV 几乎不可能以汽车加油那样的方式充电。

图 8　汽车加油

图 9　E4 系列新干线

● 燃料电池车

燃料电池车（Full Cell Vehicle，FCV）也是电动汽车的一种，从快速补充能量的角度出发，两者可以在同一框架中讨论。

FCV 加氢在几分钟内完成，与传统汽车加油的方式类同。然而，加氢站不像加油站那样遍布。以日本为例，全国约有 3 万个加油站，但开设的加氢站不过 100 个（这已是国际领先水平）。将来，加氢站能否配备到加油站这样的规模还存疑。

从这个角度来看，FCV 只是汽车电动化的一种选择，并且很难用 FCV 替代所有汽车。氢气本身的生产和存储都存在问题，而且基础设施负担也很大。

不过，FCV 能快速补充能量，如果能合理选择使用场景，必将大放异彩。因此，FCV 与传统汽车和纯电动车的用途不同，应加以区别，灵活应用。

● 应该存储多少能量上路

上述电池大容量化和快速充电技术，都是在讨论通过增大汽车上存储的能量来实现长距离续航。但是，携带大量的能量上路是否真的合适？

获得电能后最好立即使用，存储以后再使用有损利用效率。出于这个原因，历史选择建立强大的电网。所以，请重新考虑一下，EV 应该携带多少能量？

■ 行驶过程中供电 / 充电

● 火车的续航里程

当前，汽车的续航里程几乎取决于其携带的能量。因此，EV 的电池容量决定了其续航里程，到目前为止也一直在讨论大容量化和快速充电的问题。

与火车一样，如果不仅考虑自身存储的能量，还考虑从基础设施获得的能量，那么汽车的续航里程将不受电池容量的限制。

● 汽车和基础设施的连接

将能量发送到正在行驶的汽车、连接汽车与基础设施的行驶中供电技术非常重要。

专栏 行驶中供电的优点

◆ 快速充电对电力系统的影响

据说 EV 的普及对电力基础设施影响不大，最大的问题是快速充电。预计不想花时间给 EV 充电的需求会增长，并且可能会带动快速充电的发展。

常规充电的功率不是很大，EV 充电几乎不会给电力系统带来麻烦。但是，50kW 的快速充电相当于多个普通家庭突然用电，必须对供电设施采取适当措施。

因此，安装快速充电器的地方受到限制，并且需要相应的电力合同。至于 350kW 的快速充电器，可安装的地方就更少了。

◆ 行驶中供电不需要大功率

行驶中供电相当于边行驶边充电，功率需求不大。当然，大型车辆的供电必须单独考虑。如果基础设备覆盖率有保障且行驶速度不是很快，则普通乘用车的充电不需要快速充电那样的功率，对电力系统的影响也好控制。

另外，如果广泛铺设行驶中供电的线路，减少快速充电站那样的局部大功率用电，可以期待负载均衡的效果。

◆ 停车场充电无需等待

近来，EV 充电站正在增多，由于缺电而无法行驶的担忧也有所减少。然而，随着 EV 的普及，高速公路的快速充电站可能会发生等待充电的情况。由于停车位以及可安装的充电桩数量有限，因此难以改善。

行驶中供电避免了停车长时间充电，充电工作本身非必需，可显著提高 EV 的便利性。

◆ 公寓居民也能驾驶 EV

最后，让我们思考一下行驶中供电广泛普及的未来社会。到目前为止，只讨论了将行驶中供电技术导入高速公路和主干道路的情况。若能在十字路口铺设基础设施，那么不需要居家充电的智能城市就变得可期。

到目前为止，对于公寓居民，在停车场安装普通充电桩也存在很大的障碍。但是，在这样的智能城市中，EV 在行驶期间就能够进行充电，EV/PHEV 将是人们的首选。出于这个原因，行驶中供电技术是拓展未来 EV 客户的一个重点。

特别是汽车，它必须能够在一定程度上自由行驶，并不是总像火车那样与基础设施相连，而是仅在必要时受电。如果没有基础设施支撑，就只能使用自身存储的能量。

在这里讨论所有系统不现实，下面就几种供电方式，介绍行驶中供电的全球趋势。

行驶中供电技术

■ 接触式供电的挑战

● 高功率、高效率的接触式供电

首先，展示一下接触式供电技术。汽车的接触式供电和火车一样，通过集电机构和基础设施接触来传输能量，最大的优点是易于高功率化。对于需要高功率供电的大型车辆，接触式供电有很大的优势，且容易实现高效率电能传输。

需要考虑的是，供电部位与受电部位须在行驶过程中保持接触。此外，与仅供特定车辆行驶的铁路不同，道路上存在许多非特定来往车辆，要充分考虑行驶中的供电路径和安全性。

● 全球电动化道路的发展

接触式供电技术已经进行了许多实证试验。在瑞典，图 10（a）和（b）所示的电动道路开始铺设在公路上。另外，许多技术已经在“电动道路研究与创新平台”框架内得到了验证，诸如 2018 年 5 月在斯德哥尔摩举行的第 2 届电动道路系统国际会议（International Conference on Electric Road Systems）等活动也人气高涨。

西门子公司在美国加利福尼亚州进行了受电弓接触式供电的实证。在日本，本田技术研究所也进行了集电臂接触式供电的实证，如图 10（c）所示。这种方式一直备受关注，本田也在上述国际会议上发表了相关演讲。

(a) 受电弓（车辆上部）

(b) 电动道路（车辆下部）

集电臂被按压在轨道上

(c) 集电臂（车辆侧部）

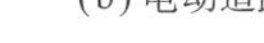

图 10　接触式供电实证

■ 非接触式供电的挑战

● 高自由度的非接触式供电（无线电能传输）

非接触式供电不需要集电机构，仅考虑汽车的行驶，可以在不明显改变驾驶操作的情况下实现。非接触式供电的优点在于对行驶引起的汽车位置偏差宽容度高，可以根据传输方式构成新系统。

然而，基础设施通过空间向汽车供电，实现高效传输和抑制电磁波泄漏都是问题。此外，目前的安装成本较高，有待系统简化以及低成本化。

（1）欧洲项目：FABRIC

作为行驶中供电相关的项目，欧洲 FABRIC①发布的实证试验对世界产生了巨大影响。测试站点遍布法国、意大利、瑞典和其他国家，涉及停车和行驶中无线供电，以及图 10（a）和（b）所示的行驶中接触式供电。

法国凡尔赛近郊的测试路线，采用高通 Halo 无线电能传输技术，向以 100km/h 行驶的 EV 传输 20kW 的功率（图 11）。此外，其他站点也进行了各种实证试验。可以说，该技术处于世界先进水平。

(a) 凡尔赛近郊的行驶中供电路线

(b) Qualcomm Halo供电装置

图 11　欧洲项目 FABRIC 实证试验

（2）以欧盟为中心的九国 25 家公司组成的联盟

FABRIC 是以九国 25 家公司组成的联盟（图 12）为主体的大型项目，总预算达 9 亿欧元。

实际参与该项目的公司远不止 25 家，规模巨大。此外，其研发速度很快，有必要不断确认其在欧洲推动行驶中供电技术发展的动向。

（3）北美项目：SELECT

在北美，SELECT②研究中心已作为以大学为中心的项目启动，行驶中供电技术主要由美国犹他州立大学负责研发（图 13）。

除了大学，图 14 所示的公司也参与其中，该项目的规模像欧洲项目一样大。

图 12　欧洲项目 FABRIC 联盟

在大学内建设的行驶中供电设施

图 13　犹他州立大学电动公交车

图 14　参与北美项目 SELECT 的大学和公司

---

① Feasibility Analysis and Development of On-road Charging Solutions for Future Electric Vehicles，未来电动汽车在途充电方案的可行性分析与发展。

② Sustainable Electrified Transportation，可持续电气化交通。

SELECT不是一个专注于行驶中供电技术的项目，研究领域还包括自动驾驶和电网互联技术。在2018年2月召开的第5届电动道路与车辆年度会议（CERV）上，其公开了行驶中供电设施的测试路线等。

（4）韩国和中国的技术进展

除了欧洲和北美的大型项目，亚洲各国也在推动自主开发。

韩国先进科学技术研究所（KAIST）也是行驶中供电的先驱，致力于电磁感应式行驶中无线供电OLEV①系统的开发。中国也有许多大学及科研机构正在进行包括实证在内的研发，最近可看到结合太阳能电池的国家级项目。

■ 行驶中供电是未来必备的技术

● 各种方式的概念相同

目前，世界各国都在研究行驶中供电技术，虽然方式不尽相同，但基本概念都是以基础设施向行驶中的EV提供能量，向实用化迈进。

如果能将行驶中供电技术导入基础设施，则EV不必携带大量的能源，利用小容量电池就可实现远距离行驶（图15）。

● 行驶中供电是EV社会的关键技术

如果电池容量得以减小，则EV可以更轻量、更环保，成本也可以进一步降低。此外，结合优良的电机驱动控制，可以说EV是未来出行的理想车型。

基于行驶中供电技术的EV提供了一种全新的使用方式，这是传统汽车无法实现的，也无法用传统EV实现。到目前为止，EV只是被视为汽油车替代者，但行驶中供电可能是加速汽车电动化的关键技术。

● 未来EV社会的前景

在本文的最后，探讨未来EV社会。

如前所述，很明显，行驶中供电技术将极大地改变EV的使用方式。但是，所有道路都电动化，很难想象密密麻麻的汽车与基础设施连接。此外，不仅长途运输车辆和在城市中行驶的车辆的使用方法不同，交通繁忙的主干线和山间细长道路的基础设施建设成本、设备利用率也不同。

考虑到这些汽车用途和区域特征，我们不应该拘泥于某一种方式，而是将列出的三种方式有机结合起来。此外，基础设施切换过渡期需要各种技术支持，还需要进行多方面的研究和开发。

图15　行驶中供电，电池容量小

① On-Line Electric Vehicle，非接触式供电电动汽车。

参考文献

［1］国土交通省 . 環境：運輸部門における二酸化炭素排出量 .http://www.mlit.go.jp/sogoseisaku/environment/sosei_environment_tk_000007.html.

［2］環境省 . 日本の約束草案（2020年以降の新たな温室効果ガス排出削減目標）.https://www.env.go.jp/earth/ondanka/ghg/2020.html.

［3］外務省 . エネルギーをめぐる国際的議論 Vol.4 IEA発行『世界の電気自動車の見通し（2017）』レポートの概要 .https://www.mofa.go.jp/mofaj/ecm/es/page25_001146.html.

［4］International Energy Agency .Energy Technology Perspectives 2015.http://www.iea.org/publications/freepublications/publication/ETP2015.pdf.

［5］経済産業省 .EV・PHVロードマップ検討会報告書 .http://www.meti.go.jp/press/2015/03/20160323002/20160323002-3.pdf.

［6］日産 . リーフ[LEAF]Webカタログ .https://www3.nissan.co.jp/vehicles/new/leaf.html.

［7］テスラ ギガファクトリー .https://www.tesla.com/jp/gigafactory?redirect=no.

［8］東工大ニュース . 超イオン伝導体を発見し全固体セラミックス電池を開発—高出力・大容量で次世代蓄電デバイスの最有力候補に—.https://www.titech.ac.jp/news/2016/033800.html.

［9］ABB.ABBは初の350kWハイパワーEV充電器を発売し、eモビリティを追求 .http://www.abb.com/cawp/seitp202/c2a0e87d9fcb1bd8c125827c0032639e.aspx.

［10］久保登 . 超小型電気自動車が作る未来 . 次世代自動車産業研究会8月度技術者会講演資料 , 2017.

［11］トヨタ自動車 MIRAI.https://toyota.jp/mirai/.

［12］経済産業省 . 世界に先駆けて水素ステーション100か所が開所します .http://www.meti.go.jp/press/2017/03/20180323004/20180323004.html.

[13] 経済産業省 . 平成 28 年度末揮発油販売業者数及び給油所数を取りまとめました .http://www.meti.go.jp/press/2017/07/20170704007/20170704007.html.

[14] SCANIA. World's first electric road opens in Sweden. https://www.scania.com/group/en/worlds-first-electricroad-opens-in-sweden/.

[15] Research and Innovation Platform for Electric Roads.http://www.electricroads.org.

[16] SIEMENS.Press release – Siemens demonstrates first e Highway system in the U.S. https://www.siemens.com/press/en/pressrelease/?press=/en/pressrelease/2017/mobility/pr2017110069moen.htm&content []=MO.

[17] 田島孝光，中里喜美，和地雄 .450kW 走行中充電システムの研究 . 自動車技術会学術講演会講演予稿集，2018,(90).

[18] Fabric.Fabric EU Project.https://www.fabric-project.eu/.

[19] Qualcomm.From wireless to dynamic electric vehicle charging：The evolution of Qualcomm Halo [video]. https://www.qualcomm.com/news/onq/2017/05/18/wireless-dynamic-ev-charging-evolution-qualcomm-halo.

[20] SELECT.Sustainable Electrified Transportation Center. https://select.usu.edu/.

[21] Utah State University.New Electrified Transportation Research Center Opens at USU.https://engineering.usu.edu/news/main-feed/2016/select-open.

笔者介绍

畑胜裕

日本学术振兴会特别研究员（PD）/ 堀藤本实验室成员

（http：//hflab.k.u-tokyo.ac.jp/main_ja.html）

1990 年 11 月 5 日出生。2013 年 9 月，茨城工业高等专科学校工业技术系统设计工程专业毕业。2015 年 9 月修完东京大学研究生院前沿科学研究系高级能源工程专业硕士课程，2018 年 9 月修完工学系研究科电气工程专业博士（工学）课程。2016 年 4 月起担任 JSPS 研究员（DC1），主要从事 EV 无线电能传输技术和电力电子应用相关的研发。IEEE 会议，日本电气学会、日本汽车工程师学会、日本电子通信学会会成员。

藤本博志

东京大学研究生院 前沿科学研究科高级能源工程专业 / 工学系研究科电气工程专业副教授

1974 年 2 月 3 日出生。2001 年修完东京大学研究生院工学系研究科电气工程专业博士课程，同年任长冈技术科学大学工学院电气系助手。2002 年 8 月，任美国普渡大学工学院机械工程系访问研究员，为期 1 年。2004 年任横滨国立大学研究生院工学研究科讲师，2005 年任助理教授，2007 年任副教授。2010 年任东京大学研究生院前沿科学研究科副教授，从事控制工程、运动控制、多率控制、纳米级伺服、EV 行驶控制、电机和逆变器的高性能控制以及视觉伺服相关的研究。曾获 2001 年和 2013 年 IEEE Trans.IE 优秀论文奖，2010 年高桥熏电力电子奖，2010 年测量控制学会著作奖，2016 年永守奖，2017 年 IEEE Trans.PE 优秀论文奖等。日本测量自动控制学会、机器人学会、汽车工程师学会会员，IEEE、日本电气学会高级会员。

居村岳広

东京大学研究生院 工学系研究科电气工程专业 特聘讲师

1980 年 8 月 11 日出生。2005 年 3 月毕业于上智大学理工学院电气工程系，2007 年 3 月修完东京大学研究生院工学系研究科电子工程专业硕士课程。2010 年 3 月修完东京大学研究生院工学系研究科电气工程专业博士后期课程，4 月起任东京大学研究生院前沿科学研究科客座共同研究员，9 月起任助教。2015 年 9 月起任东京大学研究生院工学系研究科特聘讲师。曾获得 2015 年日本电气学会产业部门论文奖和 2017 年 IEEE Trans.PE 优秀论文奖。目前致力于 EV 及电气设备磁共振式无线电能传输的研究。IEEE 会员，日本电气学会、汽车工程师学会、电子电气通信学会成员。

佐藤基

东洋电机制造株式会社研究所 技术研究部

1981 年 3 月 18 日出生。2005 年修完长冈科学技术大学电气电子工程专业硕士课程，同年加入东洋电机制造株式会社。2016 年 9 月东京大学研究生院前沿科学研究科高级能源工程专业博士课程。2017 年获得 IEEE Trans.PE 优秀论文奖。IEEE 会员，日本电气学会会员。

郡司大辅

日本精工株式会社汽车技术综合开发中心 动力系统技术开发部

1982 年 10 月 31 日出生。2007 年 3 月修完电气通信大学研究生院电气通信学研究科智能机械工程专业硕士课程，4 月加入日本精工株式会社。2015 年 9 月修完东京大学研究生院前沿科学研究科高级能源工程专业博士课程。主要从事 EV 关键技术的研发。曾获得 2014 年日本电气学会产业应用部门鼓励奖和 2017 年 IEEE Trans.PE 优秀论文奖。IEEE 会员，日本电气学会、汽车工程师学会会员。

无线轮毂电机式 EV 的开发（上）

——从规格的确定到迷你模型实验

〔日〕畑胜裕　居村岳広　藤本博志　佐藤基　郡司大辅　执笔｜邹雨含　译

上篇文章从环境 / 节能的角度出发，认为行驶中供电方式是 EV 的理想选择。作为实现方法，本文介绍具有无线供电功能并配备轮毂电机的四轮驱动 EV 的开发——从规格的探讨到迷你模型的开发。

（编者按）

瞄准终极 EV

本文会介绍作者设想的终极 EV。

前面有过介绍，EV 的优势不仅在于环保性，还在于可以利用电机的高速响应实现安全驾驶。而且，如果每个车轮都采用轮毂电机进行独立控制，那就可以实现迄今未能实现的高级车辆运动控制。

本文围绕关键词“轮毂电机”“行驶中供电”，思考 EV 的理想形式。

此外，还将提出轮毂电机独有的新式行驶中供电，在介绍实际制作的实验车辆和行驶中供电设备的同时，展示技术背景和实验情况。

选择轮毂电机的理由

● 车载电机式和轮毂电机式

EV 靠电机驱动行驶，根据驱动电机的配备方式，可分为车载电机式和轮毂电机（In-Wheel Motor，IWM）式。

简而言之，车载电机式用驱动电机代替传统发动机，IWM 式是在每个车轮上都配备驱动电机（图 1）。

● IWM 式的各轮独立控制

车载电机式通过机械部件将一个电机的输出功率传递到每个车轮。

IWM 式能够独立控制每个车轮上的电机，因此，EV 具备很高的控制性。这种先进的车辆运动控制不仅可以提供防侧滑等姿势控制，还可以提高舒适性并延长续航里程。

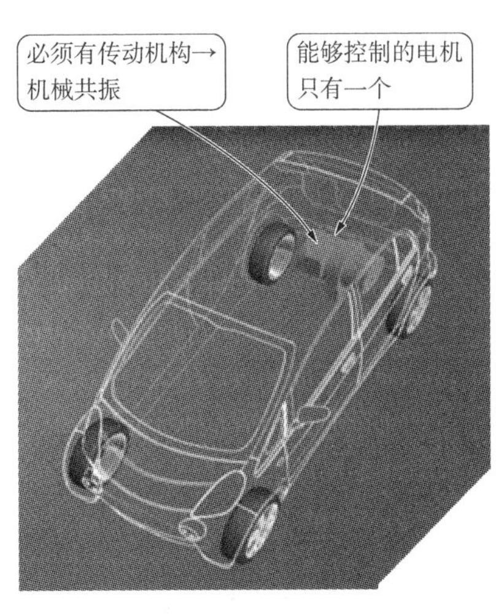

(a) 车载电机式

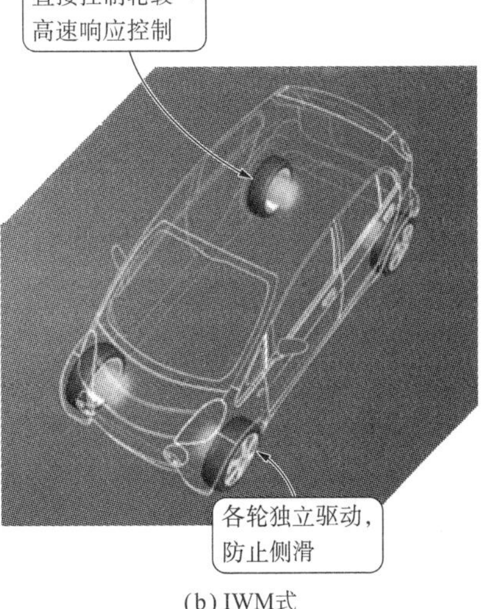

(b) IWM式

图 1　EV 的驱动方式

● 无线轮毂电机的开发

受悬架动作的影响，IWM式EV的车体向电机传输功率的电缆会被反复弯曲，其可靠性存在问题。

无线轮毂电机(Wireless In-Wheel Motor，W-IWM)的问世，提供了无线化的根本性解决方案，如图2所示。

开发的W-IWM满足以下要求：

- 单轮最大输出功率为3.3kW
- 含功率变换电路的传输效率为94.3%

世界首台配备W-IWM的EV已实现实车行驶，虽然从效率和功率的角度来看其实用化仍处于研究阶段，但也表明EV采用IWM驱动具备可行性。

■ 新的行驶中供电方式

● 迄今为止，对象为车载电机EV

无论是接触式还是非接触式，对行驶中车辆供电的实验已经取得成功，并且正在推进实用化的研发。然而，两者都是针对车载电机式EV的。接触式车体侧设置集电机构，非接触式车体底部设置受电线圈，给车载电池充电（图3）。

由于这些不一定适用于IWM式EV，因此笔者决定开发IWM专用行驶中供电系统。

● 电机驱动优先，而不是电池充电优先

到目前为止研究的行驶中供电都是先对电池充电，然后驱动电机。因此，会产生电池充放电损耗，而且要先接收电能再传输给电机，总效率低下。

部分行驶中供电系统尝试将接收的电能适当分配给驱动电机和电池，以有效利用电能。本文也作同样的考虑，通过行驶中供电系统获得的能量优先用于电机驱动，剩下的用于电池充电。

● 通过道路直接向IWM供电

在IWM式EV中，每个车轮都配备了一个驱动电机，因此优先使用能量的是减震弹簧下的每个车轮。为了避免IWM的电力电缆可靠性问题而采用W-IWM时，车体底部的受电线圈接收电能之后，再从车体侧向轮毂侧无线供电的效率不高。

笔者的方式不是通过公路线圈向车体线圈供电，而是直接向IWM无线供电。

如图4所示，将车体底部的大线圈改为小线圈，分散到每个IWM接收电能。

● 这一行驶中供电方案的优点

与此前讨论的行驶中供电相比，本研究提出的IWM专用行驶中供电具有以下优点。

- 电能传输不通过车载电池，系统整体效率得以提高
- 分别向每个车轮供电，路面侧线圈的输出功率可以减小
- 受电线圈配置在IWM上，即使悬架移位，和路面侧线圈之间的距离（间隙）也始终不变→间隙裕量可以减小

● 利用多个线圈受电，容易大功率化

此前提到的行驶中供电，需要大功率传输的大型车辆如电动公交车也配备了多个受电线圈，这样每个线圈接收的功率不会过大。在笔者的行驶中供电方案中，每个IWM配备有受电线圈，可以产生相同的效果。

另外，将路面侧线圈分成左右两个，可以减小每一个的输出功率。而且，配备IWM的4个车轮在通过路面侧线圈上方时可以通过前后轮的受电线圈接收电能，路面侧线圈的利用率提高了一倍。

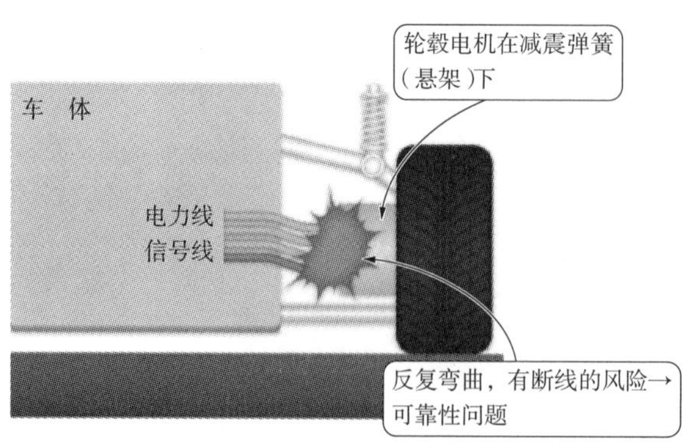
轮毂电机在减震弹簧（悬架）下
车 体
电力线
信号线
反复弯曲，有断线的风险→可靠性问题

(a) 普通IWM

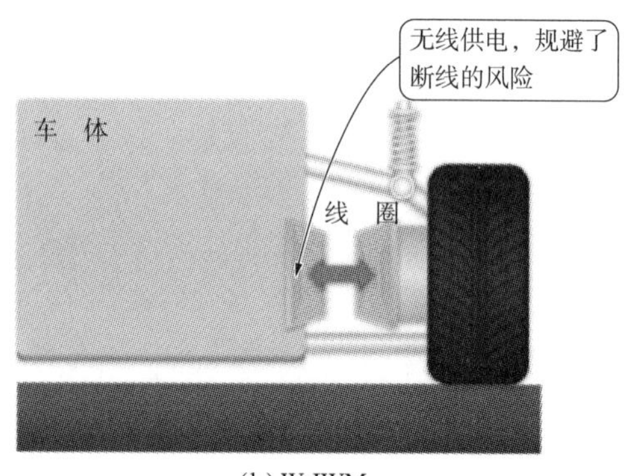
无线供电，规避了断线的风险
车 体
线 圈

(b) W-IWM

图2 第一代W-IWM的概念

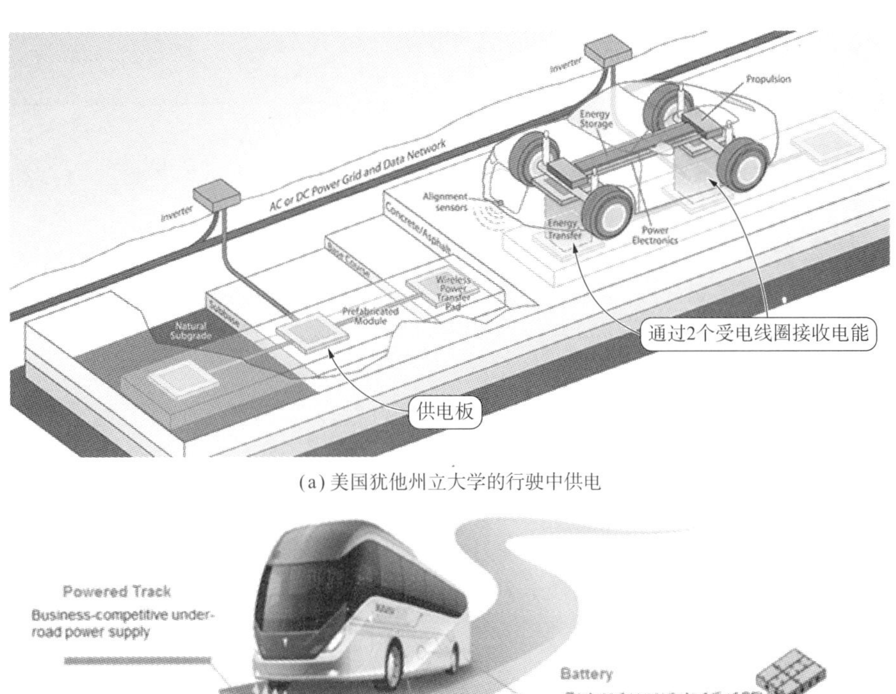

(a) 美国犹他州立大学的行驶中供电

(b) KAIST的行驶中供电

图 3　目前的行驶中供电概念

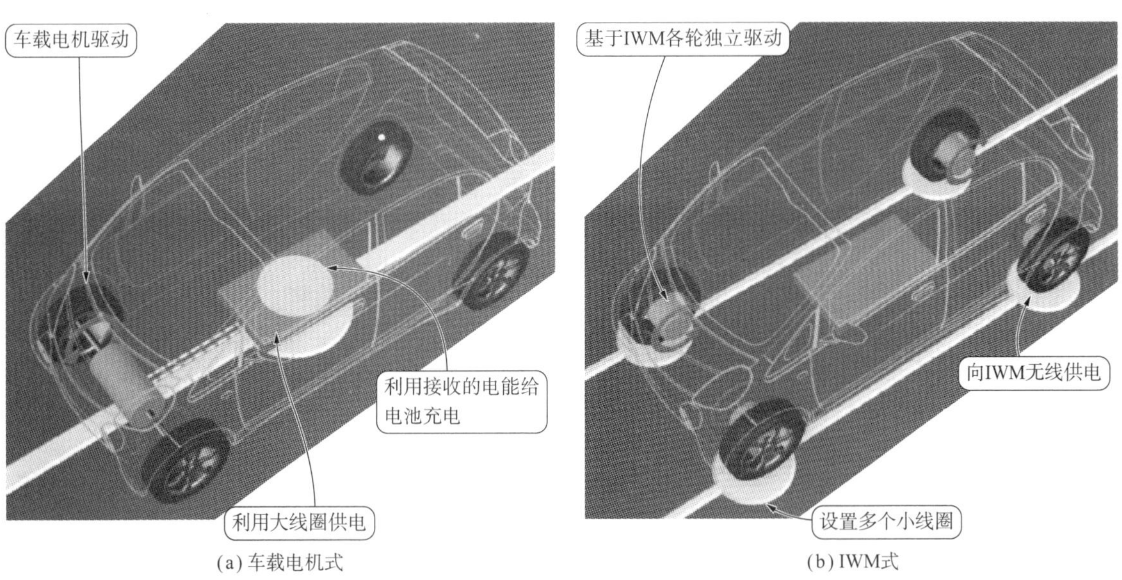

(a) 车载电机式　　(b) IWM式

图 4　适用于 IWM 的行驶中供电

● 在间隙一定的情况下，可实现更高效率的设计

如上所述，受电线圈安装在车体底部时，道路凹凸不平和乘客数量变化都会引发悬架下沉，因此安装高度须留出裕量。而间隙变化直接影响传输效率和接收功率，很难实现稳定供电。

在笔者提出的方案中，受电线圈安装在减震弹簧下的 IWM 上，所以无论悬架如何移位，路面和受电线圈之间的间隙都几乎不变。因此，可以让受电线圈尽可能靠近路面侧线圈，消除非必需的裕量，实现高效率设计（图 5）。而且间隙不变，可以进行更先进的控制设计。

● 汽车的行驶功能全在轮毂中

如果汽车利用行驶中供电的能量就能行驶，那就不需要车载电池供电。进一步，如果能在 IWM 上安装蓄电装置，维持行驶中供电路线之间的续航，则汽车的行驶、转向和停止等功能全都可以集成到轮毂中。

如上所述，IWM 和行驶中供电技术是笔者设想的未来 EV（终极 EV）的关键。接下来，笔者将介绍具有这些功能的第二代 W-IWM 的开发。

第二代 W-IWM

第一代 W-IWM（2015）实现了车体和车轮之间的供电无线化，而第 2 代 W-IWM（2017）将实现行驶中无线供电。

除此之外，为了提高各个车轮的输出功率和再生效率，轮毂中配备了蓄电装置，可以实现更先进的功率流控制。

■ 系统结构

● 结构特征

第二代 W-IWM 的系统结构如图 6 所示，与第一代一样，也是机电一体化结构 IWM。

电机和功率变换电路及两个无线供电线圈安装在轮毂附近，各线圈不会在转向和悬架动作过程中干扰悬架臂。

车体与 IWM 之间的线圈间隙为 100mm，路面与 IWM 之间的线圈间隙也为 100mm。

电机通过轮毂轴承单元内置的偏置轴减速器向轮毂传递扭矩。另外，轮毂侧配置蓄电装置是一大结构特征。

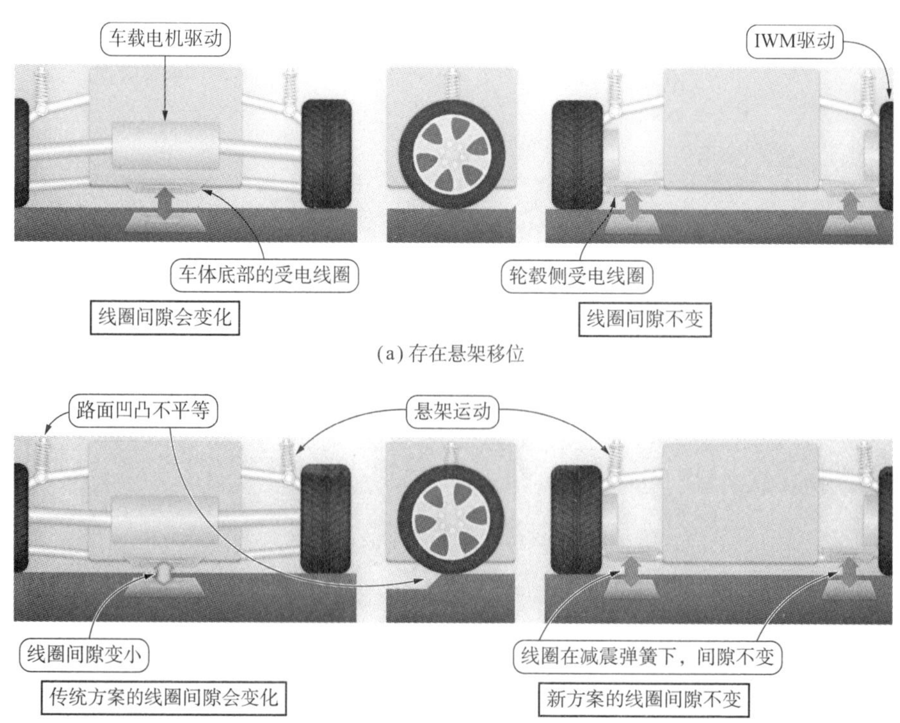

图 5　道路凹凸不平和乘客人数差异产生的变化

● 功能特征

· 车体与 IWM 之间的双向无线供电（已经在第一代 W–IWM 中实现）
· 直接从路面侧到轮毂侧的行驶中无线供电
· 使用 IWM 内置蓄电装置进行功率流控制

■ 电路结构

● 磁共振耦合的基本结构

图 7 为第二代 W–IWM 的原理图。

这里采用的是磁共振耦合式无线电能传输方式，且供电侧和受电侧都采用线圈和谐振电容器串联的 SS（Series–Series）式谐振电路。

工作频率为符合 EV 无线电能传输标准的 85kHz。

● 存在两个无线供电路径

第二代 W–IWM 存在两个无线供电路径：车体 – 轮毂，路面 – 轮毂。

前者与第一代 W–IWM 相同，可以在车体和 IWM 之间进行双向无线供电。后者是为了实现行驶中无线供电，配备有从路面侧线圈接收电能的受电线圈及谐振电路。

磁共振耦合式无线电能传输是一种交流（这里为 85kHz）电能传输，因此功率变换电路不可或缺。下面，我们试着比较第一代和第二代的电路结构（图 8）。

● 功率变换电路将直流转换为交流

车体 – 轮毂的无线供电，即使是第一代，也要先将车载电池的直流电转换为交流电。轮毂侧接收电能后再转换为直流电，通过三相 PWM 逆变器控制驱动电机。

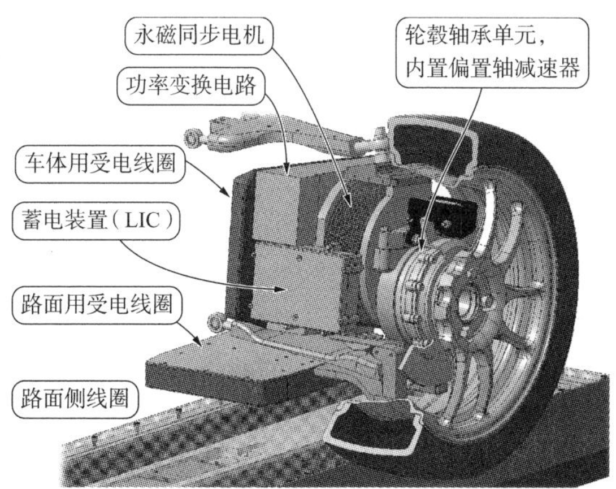

图 6　第 2 代 W–IWM 的结构

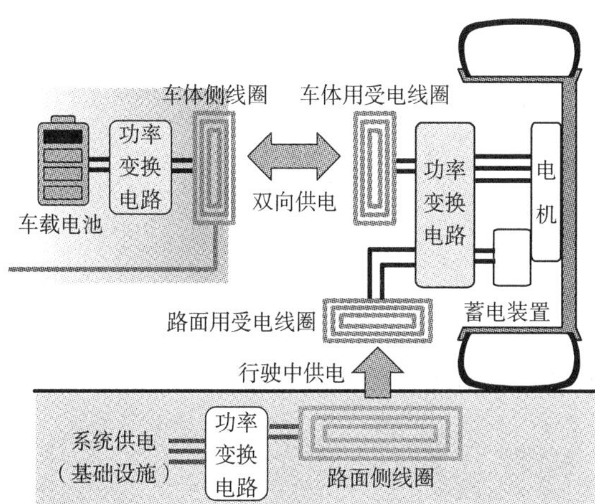

图 7　第二代 W–IWM 的原理图

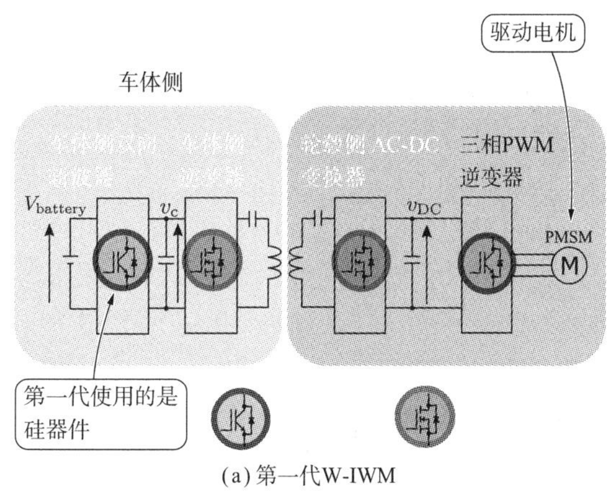

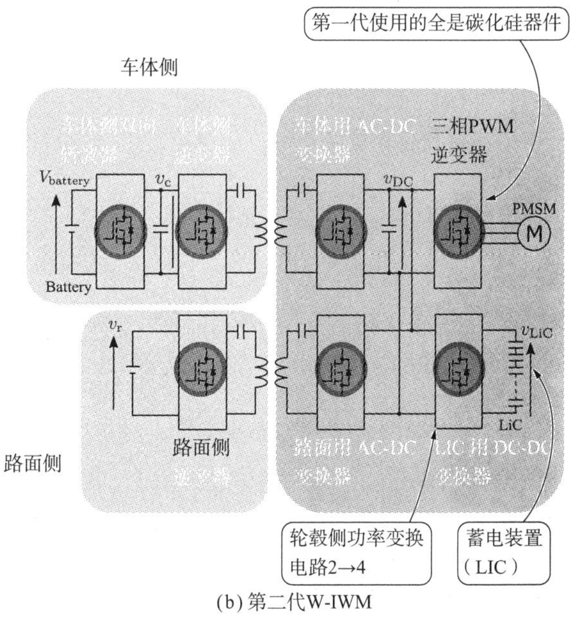

图 8　第一代和第二代 W–IWM 的电路结构比较

在第一代的基础上，第二代配备有将从路面接收的电能转换为直流电的路面用 AC–DC 变换器和有效利用 IWM 内蓄电装置储存电能的 DC–DC 变换器。

● 第二代全面采用碳化硅器件

在第一代产品中，碳化硅 MOSFET 仅用于频率较高的车体侧逆变器和轮毂侧 AC–DC 变换器，而车体侧升降压斩波器和轮毂侧三相 PWM 逆变器采用硅 IGBT。

随着 IWM 的高功率化，第二代功率变换电路全面采用碳化硅 MOSFET。这有利于轮毂内功率变换电路高速工作，实现了小型化和高输出功率密度化。

● 具备多种能量来源

第二代 W–IWM 内置了 LIC（Lithium–Ion Capacitor，锂离子电容器），IWM 直流母线连接有以下 4 种能量。

- 与车体侧的双向无线供电能量
- 路面侧行驶中无线供电能量
- LIC 充放电能量
- 电机驱动 / 再生能量

因此，必须合理控制能量流，将直流母线电压控制（稳定）为期望值。

■ 接收能量并用于驱动

根据行驶场景，下面介绍 3 种工作状态下的能量管理，如图 9 所示。

● 行驶中供电时

如图 9（a）所示，当 EV 在路面侧线圈上行驶时，接收的能量优先用于负载电机的驱动，以有效利用能量。

如果接收功率大于行驶所需的负载功率，则利用剩余功率给 IWM 内的 LIC 或车载电池充电，甚至同时对二者充电。

这里，对车载电池充电需要 IWM 和车体之间进行无线供电。考虑效率等因素，积极利用 LIC 更有利。

● 行驶中不供电时（普通道路）

如图 9（b）所示，在行驶中不供电的道路上，行驶所需的能量必须由 LIC 和车载电池提供。此时，如果使用来自 LIC 的能量，则不必进行无线供电，就能有效利用能量。但是，与车载电池相比，LIC 的容量小，难以持续放电（参照专栏 A）。

因此，在加速等需要高输出功率的情况下，应充分利用 LIC；匀速行驶时，最好利用车载电池提供能量，并构建与此相适应的控制系统。

● 制动时

与普通 EV 一样，W–IWM 式 EV 也可以通过再生制动回收能量。这时，应优先给 IWM 内的 LIC 充电，而不是向车体进行无线供电，以便下次加速时有效再利用减速时回收的能量。此外，使用高功率密度的 LIC 还可以提高再生效率

但是，长时间行驶在下坡路段时，LIC 的 SOC（荷电状态）可能会达到 100%。这时，可以从轮毂侧向车体侧进行无线供电，利用再生能量对车体侧电池充电。

控制设计和迷你模型制作

下面，笔者将展示第二代 W–IWM 的控制设计，并介绍小功率实验装置（迷你模型）的制作及实验。

■ 轮毂侧直流母线的输入 / 输出功率

首先，为了控制轮毂侧的功率流，笔者将仔细研究直流母线的输入 / 输出功率，据此适当控制各功率变换电路，以实现期望的动作（功率流控制）。

● 功率是单向流动，还是双向流动

图 10 所示为第二代 W–IWM 式 EV 的轮毂侧直流母线的功率流。输入 / 输出功率如下。

- P_{WPT}：与车体侧的无线供电功率
- P_{DWPT}：路面侧行驶中无线供电功率
- P_{LIC}：LIC 充放电功率
- P_{L}：电机驱动 / 再生功率

为了对车载电池进行再生充电，P_{WPT} 需要双向流动。但是，如果尽可能地从基础设施接收电能，而再生能量不必传输到基础设施，则 P_{DWPT} 可以是单向流动的。

此外，为了充分利用 LIC 输入 / 输出再生电能，P_{L} 需要双向流动：电机驱动和再生制动。

● 定义功率流方向

P_{DWPT} 单向流动，通常视为正。但是，可以双向流动作 P_{WPT}、P_{LIC} 和 P_{L} 必须定义方向。

首先，如果车体与 IWM 之间的无线供电功率

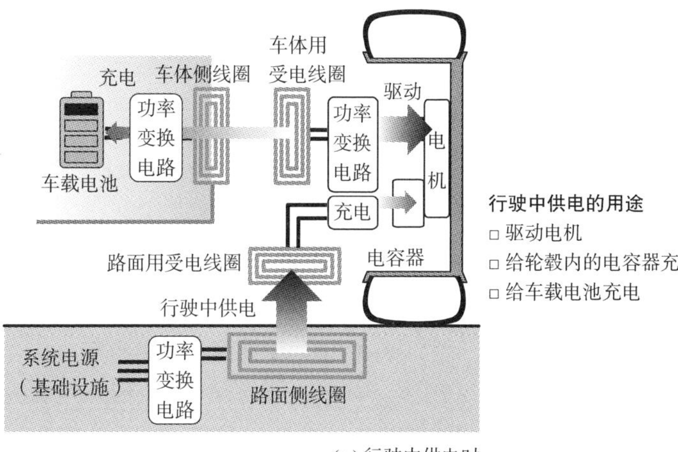

(a) 行驶中供电时

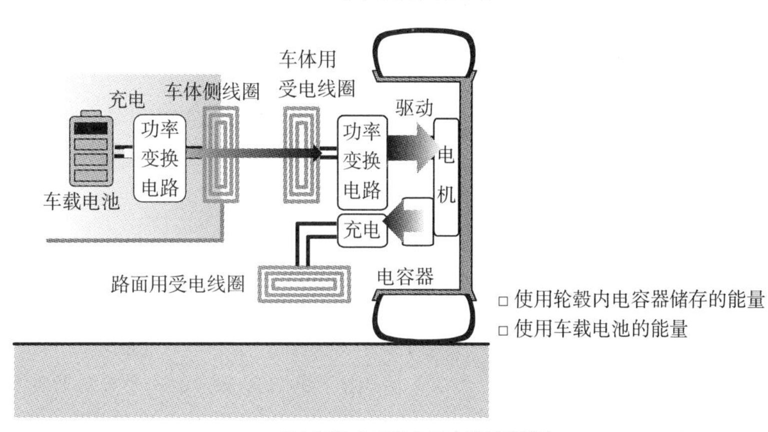

(b) 行驶中不供电时（普通道路）

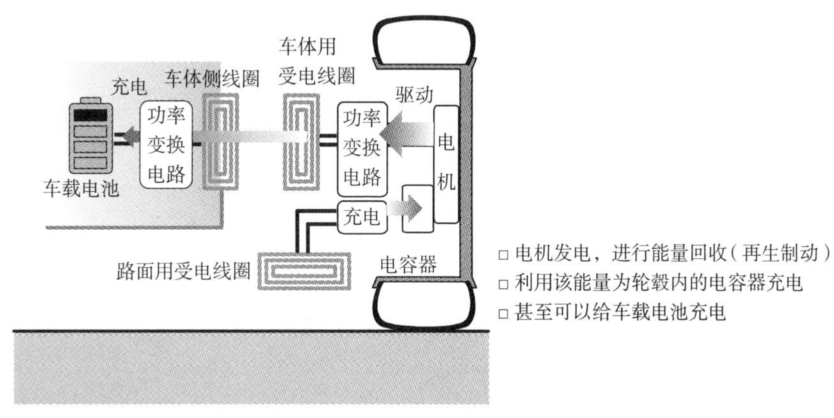

(c) 制动时

图 9　第二代 W-IWM 的工作状态

$P_{WPT}>0$，则表示功率从车体侧传输给 IWM；如果 $P_{WPT}<0$，则表示功率从轮毂侧传输给车体侧。

其次是 LIC 充放电的功率流，$P_{LIC}>0$ 代表放电，$P_{LIC}<0$ 代表充电。

最后是负载的功率流，$P_L>0$ 代表电机驱动，$P_L<0$ 代表电机再生制动。

● 4 个功率的平衡很重要

4 个功率都通过功率变换电路连接到轮毂侧直流母线电容器。如这些功率不平衡，则直流母线电压将快速发散，无法实现稳定的动作（功率过大时电压升高，功率不足时电压降低）。

专栏A 蓄电装置的比较

◆ 电池与电容器

作为蓄电装置，首先想到的难道不是电池吗？然而，近年来，随着电容器容量的增大，越来越多的人将双电层电容器（Electric Double Layer Capacitor，EDLC）和锂离子电容器（LIC）用作蓄电装置。

在本系列技术专辑中，锂离子电池（Lithium-Ion Battery，LIB）已被介绍很多次了。其中，《电动汽车 第4辑》介绍过EDLC，《电动汽车 第5辑》介绍过LIC。这里，我们介绍一下第二代W-IWM采用LIC的前因后果。

◆ LIC是LIB和EDLC的结合

首先简单描述一下前面介绍的3种蓄电装置。LIB是一种化学电池，其正负极都利用锂离子进行化学反应。而EDLC是一种物理电池，利用正负极产生的双电层储存电荷。

LIC的正极采用和EDLC一样的双电层，负极利用锂离子的化学反应来蓄电。可以说，LIC是结合了LIB和EDLC的蓄电原理的蓄电装置（然而，它们差不多是同时被提出的）。

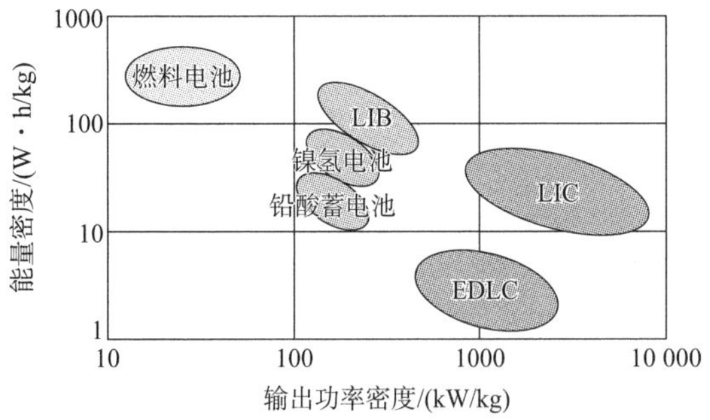

图A 蓄电装置的输出功率密度和能量密度

◆ 输出功率密度和能量密度

比较蓄电装置时，输出密度（kW/kg）和能量密度（W・h/kg）特别重要。

图A所示为各种蓄电装置的特性。LIB的容量较大，但输出功率密度不如EDLC。EDLC支持高功率输出，适合瞬时充放电。

LIC兼具LIB和EDLC的以上特性，既具备高输出功率密度，也具备较大的容量。

◆ 采用LIC的前因后果

LIC、EDLC、LIB的性能比较见表A。LIC的内阻小且支持大功率输出，因此和EDLC一样，在EV中常被用于能量再生和加速供电。

由于第二代W-IWM要提高再生效率，因此宜采用高输出功率密度的蓄电装置，如EDLC和LIC。但是，为了将其安装在轮毂内的有限空间，决定使用具有更高能量密度的LIC。

然而，LIC不仅有上限电压，还有下限电压，因此需要适当进行SOC控制和单体电压管理。

表A 蓄电装置性能比较

评价项目	LIC	EDLC	LIB
能量密度	中（高功率输出时高）	低	高（特别是低功率输出时）
输出功率密度	高	高	低（不适用于快速充放电）
充电性能	可以在几秒钟内充放电	可以在几秒钟内充放电	充电需要时间
维护性	免维护	免维护	维护管理至关重要
安全性	安　全	安　全	有危险（发热、起火）
短路危险性	会缩短使用寿命但安全	耐短路，安全	耐短路，危险
成　本	用于高输出功率、高能量密度应用时成本低	用于高输出功率、低能量密度应用时成本低	用于低输出功率、低能量密度应用时成本低

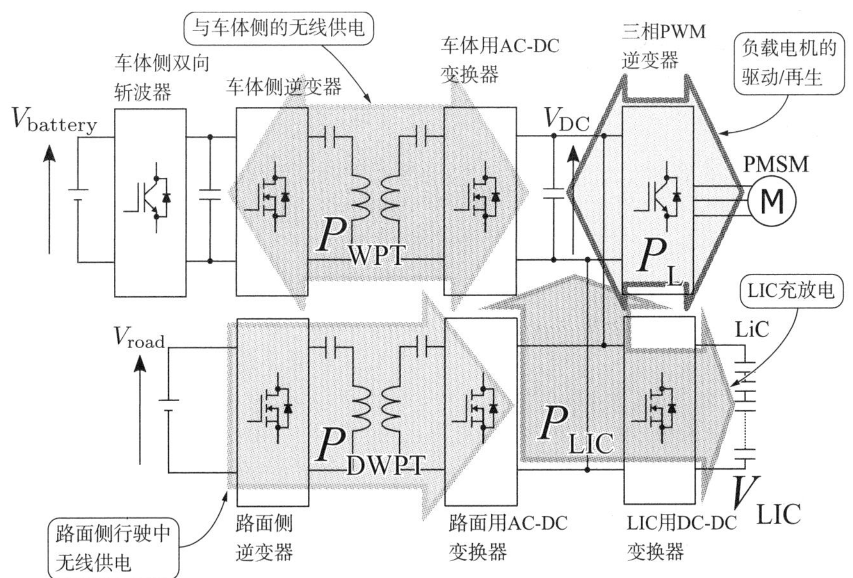

图 10　轮毂侧直流母线中的功率流

功率流控制的重点是平衡 4 个功率，以满足以下关系：

$$P_L = P_{WPT} + P_{LIC} + P_{DWPT} \quad (1)$$

● 功率流控制以外的考虑

除了适当调整这些功率来实现功率流控制，第二代 W-IWM 还须考虑电机驱动 / 再生制动、行驶中无线供电性能以及 LIC 的 SOC 管理等。

因此，要针对每个功率变换电路的作用实施更先进的控制。这里，根据所需的控制性能（响应性等）来决定它们的作用。

■ 各功率变换电路的作用

● 三相 PWM 逆变器电机控制

EV 的行驶性能取决于驱动电机——由离电机最近的三相 PWM 逆变器控制。

因此，与第一代 W-IWM 一样，使用功率变换电路稳定直流母线电压，通过三相逆变器空间矢量控制来驱动负载电机。

请注意，负载功率 P_L 取决于驾驶员的加速操作和路面状况，因此不能用于其他控制，如功率流控制。

● 行驶中供电功率 P_{DWPT} 缺乏调节功能

接下来，让我们考虑行驶中供电功率 P_{DWPT}。假设在行驶中供电区间，供电功率被最大限度地接收。另一方面，在行驶中不供电区间，P_{DWPT} 始终为零，因此功率控制不起作用。

考虑到这一点，P_{DWPT} 几乎没有功率调节功能，无法用于功率流控制。

● 路面用 AC-DC 变换器的作用

然而，驱动电机的负载输出功率 P_L 非常小，在车载电池和LIC 几乎完全充电的情况下（尽管非常罕见），如果仍接收不必要的行驶中供电功率 P_{DWPT}，而车体侧不消耗功率，路面用 AC-DC 变换器就要通过调整或关断 P_{DWPT} 来维持供需平衡。

此外，为了支持专栏 B 中介绍的车辆检测技术，路面用 AC-DC 变换器还用于受电模式 / 待机模式控制，但不用于其他控制。

● 功率流控制的对象

根据以上讨论可知，仅 LIC 用 DC-DC 变换器或车体用 AC-DC 变换器适用于轮毂侧功率流控制。

功率流控制的重点是保持各功率的平衡，并且要以快速响应补偿 P_L 和 P_{DWPT} 的波动。鉴于此，这里基于控制响应性和蓄电装置的特性来选择功率变换电路。

● 第一代使用 AC-DC 变换器

在第一代 W-IWM 中，利用车体用 AC-DC 变换器调节受电功率 P_{WPT} 来实现电压稳定。然而，随着功率变换电路的模式切换和负载变化，车载电池供电功率变化很大，车载电池的负担也变大了。

而且，考虑到无线供电电路的瞬态特性，与仅靠

专栏 B 路面设施的结构与控制技术

◆ 电路结构大致分为两种

针对本文提出的新无线供电方式，这里介绍路面设施的配置。

之前的研究提出了各种路面设施电路结构，可大致分为以下两种。

· 在行进方向上安装较长的路面侧线圈，以大容量逆变器驱动

· 在行进方向上安装多个较短的路面侧线圈，每个线圈以小容量逆变器驱动

◆ 长线圈的大容量化和低损耗化是问题

长线圈结构所需的逆变器少，但是每个路面侧线圈上可能同时存在多辆 EV，因此需要大容量的逆变器。

而且，高频交流电流路径变长，有必要在减少布线和减小线圈损耗方面下工夫。此外，没有 EV 的线圈的漏磁将成为问题。

◆ 短线圈的逆变器增多

短线圈结构所需的逆变器多，但是每个线圈上仅存在一辆 EV，因此可以减小每个逆变器的容量。

而且，将每个逆变器安装在靠近线圈的位置，可以缩短高频交流电流路径，因此可以实现较少布线和较小线圈损耗的结构。此外，漏磁也相对容易控制。

◆ 本研究使用短线圈

笔者采用短线圈结构。

如图 B.1 所示，系统电源通过 AC-DC 变换器输出直流电，经直流母线连接各路面侧线圈附近的逆变器。线圈长度设计得小于 EV 总长，且路面侧线圈和 EV 侧受电线圈总是一对一传输。

◆ 一个线圈对应一个逆变器

每个逆变器驱动一个线圈。这里，除了上述的逆变器容量问题，还要考虑车辆检测和供电控制的自由度。

一个逆变器配一个线圈时，每个逆变器只在检测到受电线圈时才传输电能，不需要供电控制。一个逆变器驱动多个线圈时，要考虑未检测到受电线圈的供电线圈损耗和漏磁。

◆ 无车辆时的供电

本研究采用 SS 式磁共振耦合无线电能传输方法。然而，如果没有检测到受电线圈，即路面侧线圈上无车辆时，则供电会产生大电流，必须避免由此引起大的功耗和漏磁（《电动汽车 第 6 辑》中有介绍）。

◆ 其他方式也需要进行车辆检测 / 供电控制

即使采用其他方式，在没有车辆的情况下供电，功耗和漏磁也不能减小到零。因此，无论长距离的行驶中供电设施采用什么方法，都要进行车辆检测，以减小待机功耗并进行供电控制。

◆ 不使用车辆检测传感器

本研究采用无传感器车辆检测和供电开关控制（见《电动汽车 第 6 辑》），通过每个逆变器检测路面侧线圈中的电流来判断车辆是否存在，进而开关供电，从而避免使用车辆检测传感器。

这样一来，设计不必考虑传感器的可靠性，也降低了成本。

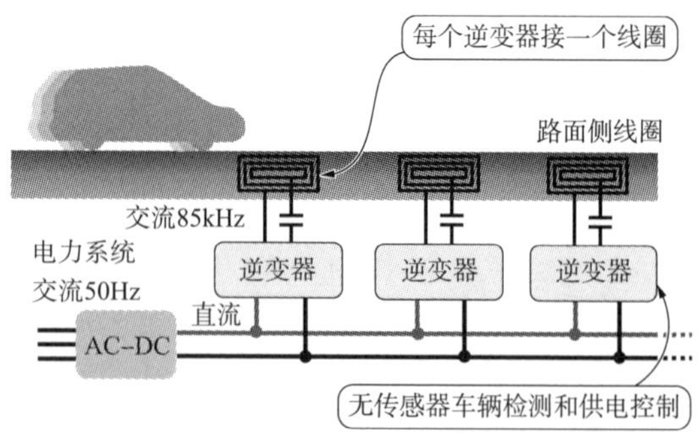

图 B.1 本研究所用路面设施的电路结构

◆ 根据从路面侧看到的阻抗判断

图 B.2 所示为车辆检测和供电控制的概述。这里，利用从路面侧看到的阻抗，根据路面侧线圈中的电流来检测车辆是否接近。

· 车辆远离路面侧线圈时，阻抗小→电流迅速增大

· 车辆接近路面侧线圈时，阻抗大→电流缓慢增大

在这种情况下，根据高效传输电能的阈值进行供电开关。

另外，车辆检测不必连续操作，可以根据预想的车速设计检测周期，在确保检测分辨率的前提下实施间歇操作。

◆ 通过搜索脉冲减小待机功耗

为了减小车辆检测的待机功耗，笔者引入了车辆检测三电平电压输出（搜索脉冲），参见《电动汽车 第 6 辑》。搜索脉冲以与供电矩形波电压相同的频率工作，通过减小脉宽来降低电压有效值，进而降低待机功耗（图 B.3）。

◆ 驾驶实验期间的待机功耗为几十瓦或更少

最后，介绍实际行驶实验期间的待机功耗。尽管该值会因实验条件而异，但是车辆检测期间输出搜索脉冲的时间短至 1ms 或以下。已证实，即使在几十千瓦的供电实验中，车辆检测功耗也不过几十瓦或更少。

虽然实验结果还足以代表实际应用，但通过优化设计参数（如电流阈值和检测周期）还能进一步减小功耗。

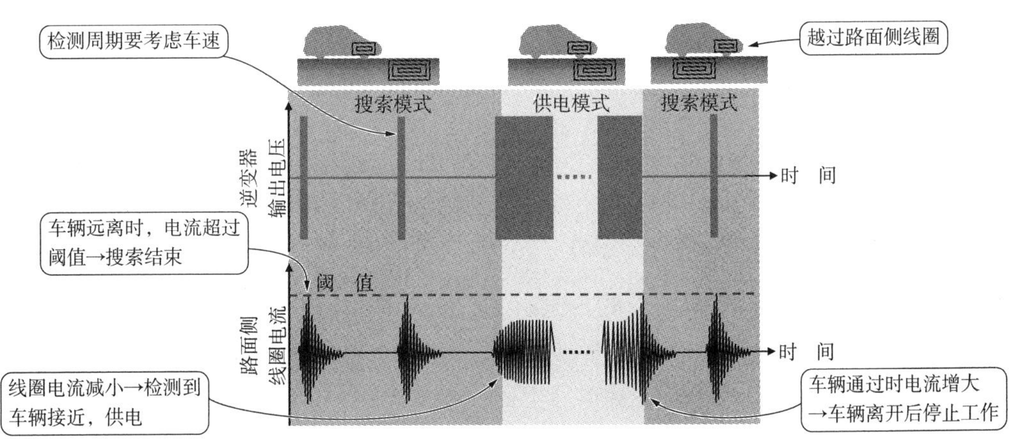

图 B.2 路面设施的车辆检测和供电控制概述

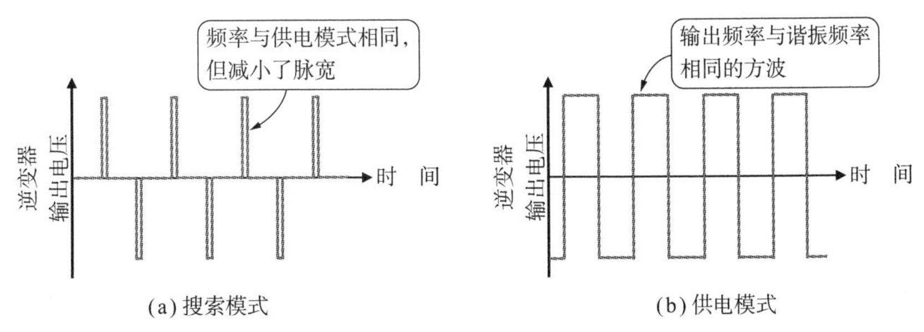

图 B.3 无传感器车辆检测和供电控制的电压波形

轮毂侧控制的情况相比，多个功率变换电路控制的响应性难以提高。

● 第二代最好使用 LIC

在第二代 W-IWM 式 EV 中，轮毂侧配备有长寿命和高功率密度的 LIC。这样可补偿高速负载变化，使车载电池供电功率以低频稳定流动，以减轻车载电池的负担。

另外，如果使用 LIC 用 DC-DC 变换器构建电压控制系统，则可以实现功率流控制，也更容易设计简单且高响应性的控制系统。

● LIC 用 DC-DC 变换器可调节功率收支

当LIC用DC-DC转换器能稳定直流母线电压时，直流母线的输入 / 输出功率不会过剩或不足。 功率收支满足式（1）。

此时，LIC 的输入 / 输出功率 P_{LIC} 与其他功率的关系如下：

$$P_{LIC}=P_L-P_{WPT}-P_{DWPT} \tag{2}$$

换句话说，LIC 要补偿所有功率的过剩和不足。因此，稍有不慎，LIC 就会瞬间被完全放电或完全充电。因此，在第二代 W-IWM 中，除了功率流控制，还必须考虑 LIC 的 SOC 控制。

● 利用车体用 AC-DC 变换器控制 LIC 的 SOC

在式（2）成立的条件下，可以利用车体用 AC-DC 变换器改变 P_{WPT}，从而间接控制 LIC 的充放电功率 P_{LIC}（P_L 和 P_{DWPT} 可以是任意值）。

但是，式（2）仅适用于直流母线电压处于正常状态时，设计控制系统时必须注意。

因此，车体用 AC-DC 转换器不控制 P_{LIC} 本身，而是控制 LIC 的 SOC，有更长的时间尺度。换句话说就是，基于长时间功率，而不是短时间功率来实现 LIC 的 SOC 控制，同时保持直流母线电压 V_{DC} 稳定。

■ 控制系统的设计

之前的研究已经确定了轮毂侧 4 个功率变换电路的作用，下面基于各功率变换电路构建控制系统。

三相 PWM 逆变器执行传统的空间矢量控制，而路面用 AC-DC 变换器仅执行供电开关操作。下面介绍 LIC 用 DC-DC 变换器和车体用 AC-DC 变换器的控制系统设计。

● 直流母线稳压控制

（1）通过反馈控制器补偿功率平衡

轮毂侧的功率流控制，通过连接 LIC 的 DC-DC 变换器构建直流母线电压 V_{DC} 反馈控制系统。这里基于 DC-DC 变换器模型设计高响应性反馈控制器，使用 LIC 中储存的能量补偿伴有瞬时变化的直流母线功率平衡。

为了提升响应性，笔者构建了包括前馈控制器的两自由度控制系统。

（2）LIC 补偿负载增大引起的电压下降

举例来说，车辆加速时负载功率 P_L 突然增大，直流母线功率会暂时失衡。此时，直流母线电压 V_{DC} 降低，目标值与实际值之间产生差分。

反馈控制器的作用是为 DC-DC 变换器提供适当的控制输入，以补偿该差分。具体来说就是，利用 LIC 供电适当提高 V_{DC}，使其保持为期望值。

（3）再生和行驶中供电时给 LIC 充电

另一方面，在再生制动和行驶中供电时，流入直流母线的功率增大。此时，功率过剩致 V_{DC} 升高，反馈控制器产生控制输入，进行补偿。

结果是，剩余功率用于 LIC 充电，直流母线功率平衡，V_{DC} 被控制为期望值。

这样，通过 V_{DC} 反馈控制，可以自动调节 LIC 充放电功率 P_{LIC}，最终保持式（1）的功率平衡。

（4）基于建模的控制器设计

笔者将设计一个反馈控制器，以高响应性实现上述操作。这里仅介绍控制器的设计方法和编程，省略了数学推导过程，具体见参考文献［15］（《电动汽车 第 6 辑》中也有相关介绍）。

首先进行 DC-DC 变换器的建模。这里使用图 11

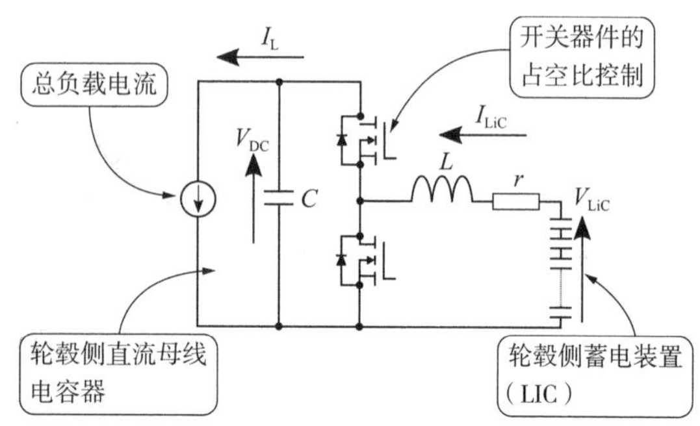

图 11　LIC 用 DC-DC 变换器的电路结构

所示的电路结构，根据开关器件的导通状态，利用状态空间平均法，在某个工作点进行线性化，以获得传递函数模型（小信号模型）。

此时，包括控制对象（设备）和反馈控制器的模型的闭环系统的传递函数具有任意极点，控制器的各增益取决于极点配置设计。接下来，将设计的控制器离散化，编程实现即可。

● LIC 的 SOC 控制

（1）车体用 AC-DC 变换器的工作模式

利用车体用 AC-DC 变换器构建 LIC 的 SOC 控制系统。与第一代 W-IWM 一样，车体用 AC-DC 变换器有两种工作模式（图 12），实施不同的占空比控制。

工作模式与第一代相同，通过车体侧的相位控制，从轮毂侧再生电能向车体侧传输，因此其仅需改变控制系统的设计方法。

（2）注意电压控制系统可以覆盖的带宽

利用车体用 AC-DC 变换器的 LIC 的 SOC 控制，基于式（2），通过操作 P_{WPT} 来间接改变 P_{LIC}。但是，式（2）仅适用于 V_{DC} 稳定的状态，前提是电压控制系统处于正常状态。

因此，当 AC-DC 变换器的工作频率超出电压控制系统的控制带宽时，不仅 P_{LIC} 的变化不符合式（2），轮毂侧直流母线电压的稳定性也会受损。因此，构建 LIC 的 SOC 控制系统时，控制器应设计得比电压控制系统的工作速度慢得多。

（3）SOC 控制系统基本上是反馈控制

接下来，思考 SOC 控制系统的工作。简而言之，如果实际值小于 SOC 目标值，则给 LIC 充电；如果实际值大于 SOC，则给 LIC 放电。根据实际值与目标值的差分，利用反馈控制器执行相应的动作即可。

LIC 具有电容器的特性，通过测量端子电压 V_{LIC} 就可以轻易地掌握其 SOC（$E = 1/2CV^2$）。这里，为 LIC 的 SOC 控制构建 V_{LIC} 反馈控制系统。

（4）在 SOC 恒定控制的正常状态下，P_{WPT} 和 P_L 平衡

探讨 SOC 目标值恒定，且 SOC 在正常状态下不会发生变化的控制系统。换句话说，在负载功率 P_L 和行驶中供电功率 P_{DWPT} 恒定的条件下，对 LIC 实施充放电功率 $P_{LIC} = 0$ 的控制。

行驶中不供电时，$P_{LIC} = 0$，$P_{DWPT} = 0$。根据式（1）可知，车体用 AC-DC 变换器以 $P_{WPT} = P_L$ 的方式工作。因此，控制系统应设计为，负载功率变化不大的正常行驶主要以车载电池供电。

（5）SOC 恒定控制下的瞬态动作

探讨车体用 AC-DC 变换器的瞬态动作。为简单起见，这里讨论行驶中不供电状态下负载功率 P_L 发生变化的情况。注意，在负载发生变化之前的正常状态下，$P_{LIC} = 0$。

首先，当 P_L 增大时，DC-DC 变换器的电压控制通过增大 P_{LIC} 来维持式（1）的功率平衡。此时，LIC 的 SOC 逐渐减小，V_{LIC} 反馈控制器为了对此进行补偿，操作车体用 AC-DC 变换器缓慢增大 P_{WPT}。然后，由式（2）可知，P_{LIC} 逐渐减小，最终变为负数，就像对 LIC 充电使 SOC 恢复到目标值。

当 P_L 减小时，反馈控制器适当操作 P_{WPT}，使 LIC 的 SOC 恢复到目标值，如图 13 所示。无论是哪种情况，当 SOC 达到目标值后，都会像 $P_{WPT} = P_L$ 那样动作，

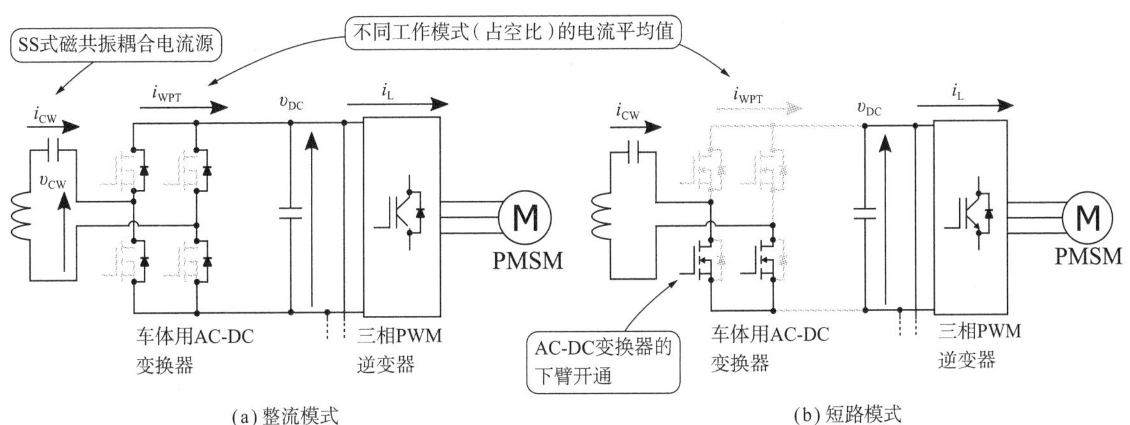

(a) 整流模式　　(b) 短路模式

图 12　车体用 AC-DC 变换器的工作模式

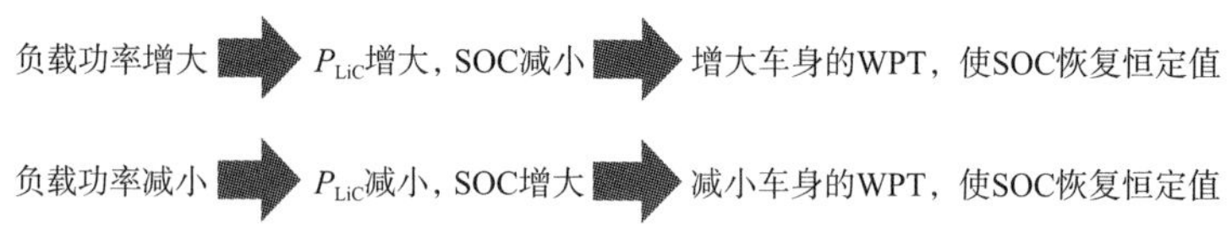

图 13　SOC 恒定控制示例

在正常状态下始终保持 $P_{LIC}=0$ 的 SOC 恒定。

（6）SOC 控制系统的设计

要为 SOC 控制系统设计一个反馈控制器，但是，SOC 控制系统不需要电压控制系统那样的高响应性，因此可以选择动作相对稳定的 PI 控制器试错。

第二代 W-IWM 控制系统的开发，假设经 DC-DC 变换器的电压控制后的直流母线电压稳定，导出利用多个电流源的轮毂侧功率流简易模型，和此前一样采用极点配置法设计反馈控制系统。有关控制器的详细设计，见参考文献［16］。

● 利用控制带宽的差异进行控制

（1）轮毂侧控制系统框图

根据以上研究，设计直流母线电压控制系统及 LIC 的 SOC 控制系统。组合这两个反馈控制系统的第二代 W-IWM 的控制框图如图 14 所示。

另外，通过巧妙利用两个控制系统之间的控制带宽的差异，第二代 W-IWM 可有效利用 IWM 内置 LIC 和车载电池的控制系统。

（2）采用 LIC 维持短时功率平衡

直流母线电压控制（V_{DC} 反馈控制）是一种功率流控制，它通过高响应性的控制系统设计来维持短时功率平衡。

在加减速或行驶中供电时的较快功率变化中，DC-DC 变换器积极利用功率密度较高的 LIC 供电，实现轮毂侧系统的稳定运行。

（3）将车载电池用于能源管理

另一方面，LIC 的 SOC 控制（V_{LIC} 反馈控制）不强制跟随快速功率变化，允许将 LIC 存储的能量用于短时功率流控制。

但是，即使是低速动作，也可以通过 SOC 控制跟随目标值，从而在续航行驶等正常状态下实现 LIC 的 SOC 管理。

在该控制中，车体用 AC-DC 转换器利用车载电池提供的无线供电功率来确定 LIC 的充放电量。

（4）适用于两种蓄电装置的动作

以上控制系统不仅可以维持轮毂侧系统的稳定，还可以灵活利用两种蓄电装置的特性，实现高效、长寿命的工作。

可以说，正确理解功率和能量之间的差异，合理选择蓄电装置并设计适用的控制系统非常重要。

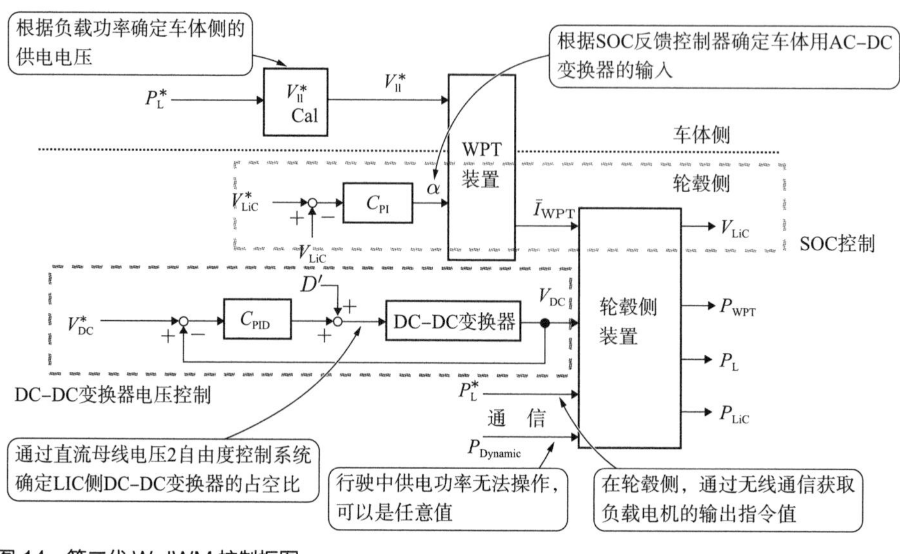

图 14　第二代 W-IWM 控制框图

迷你模型的制作

● 第二代 W-IWM 模拟实验装置

我们将引入一种小功率实验装置（迷你模型），以验证所提出的控制系统的有效性。电路结构如图 15 所示，装置的外观如图 16 所示。

尽管与实际的实验车辆相比只能被称为“迷你模型”，但是也可以处理几千瓦的功率。

此外，考虑到实验车辆应用，轮毂侧直流母线电压的目标值定为 200V。

● 每个电源和负载均由直流电源和 EDLC 组成

本次实验没有考虑车载电池和路面侧直流母线的再生动作，因此迷你模型分别使用各直流电源进行模拟。在轮毂侧，使用没有下限电压且易操作的 EDLC（2300F，24 串）代替 LIC。

负载电机使用再生型直流电源（Myway Plus 制 pCUBE）执行恒功率动作，以模拟电机驱动和再生。

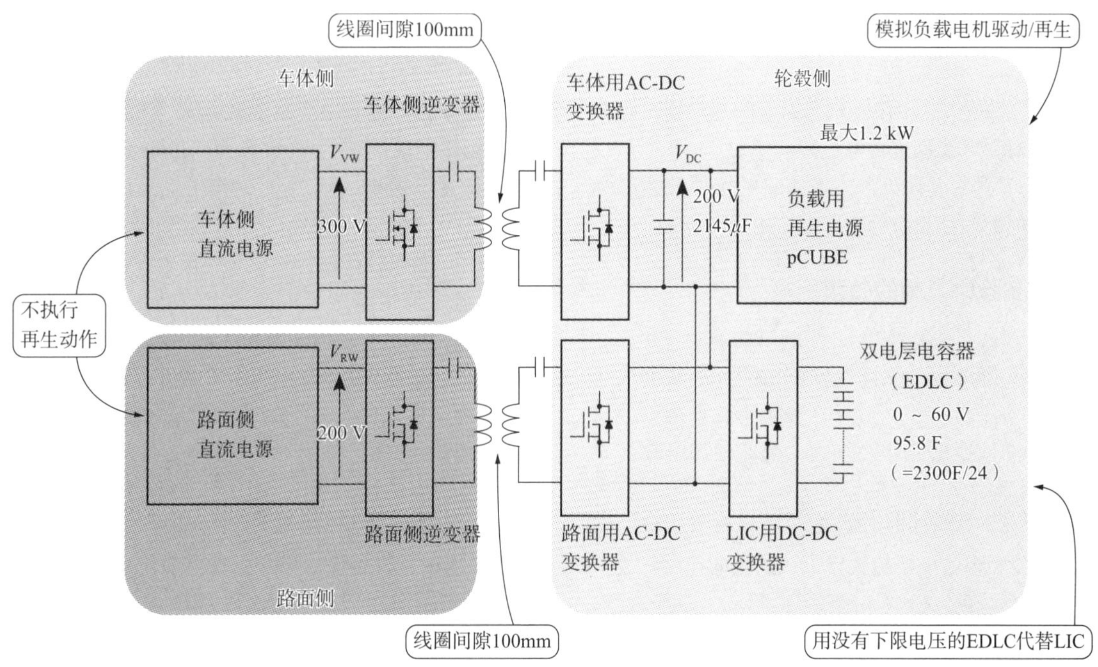

图 15　第二代 W-IWM 模拟实验装置（迷你模型）的电路结构

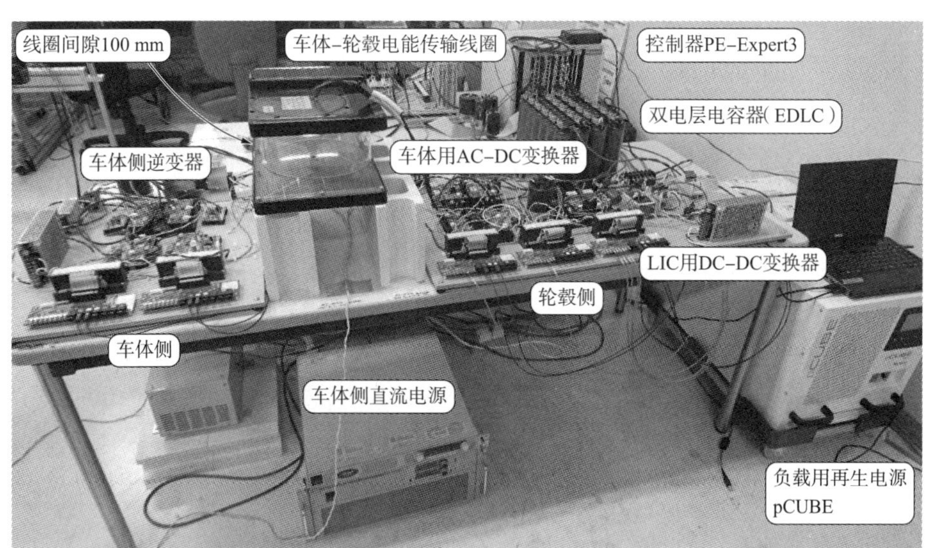

图 16　第二代 W-IWM 模拟实验装置（迷你模型）的外观

● 电能传输线圈沿用上一代的，功率变换电路换新

车体 – 轮毂电能传输线圈沿用第一代 W–IWM 的，由利兹线、铁氧体等制作（详情请参考《电动汽车 第 8 辑》）。与实车设计一样，线圈间隙为 100mm。

功率变换电路均采用二合一全碳化硅功率模块（SiC–MOSFET，SiC–SBD），控制器使用 DSP（Myway Plus 制 PE–Expert3）。

● 行驶中无线供电模拟实验装置

图 17 所示为本实验模拟行驶中无线供电的实验装置。该装置允许受电线圈以约 18km/h 的速度越过路面侧线圈，并对受电线圈进行电能传输实验。

与实验车辆的设计类似，本实验的路面侧线圈和受电线圈之间的间隙设置为 100mm。

● 支持的实验比以前的装置更多

与《电动汽车 第 6 辑》介绍的以前的装置相比，本装置的总长度更大，因此可以使用实际的路面侧线圈进行行驶中供电实验。另外，移动的受电线圈与模拟轮毂侧功率变换电路相距较远，因此使用电缆托架固定了连接线。

除此之外，本装置还比以前的装置凝聚了更多的心思，如生成不会激发模拟装置机械共振的速度轨迹。

● 路面侧线圈是为实车试验制作的

本实验所用的路面侧线圈是根据实车试验的设计数据手工绕制的。沿用第一代 W–IWM 使用的利兹线，但不配置背面的铁氧体。供电线圈的 Q 值和与受电线圈的耦合系数减小，传输效率略有降低，但不影响动作确认。

受电线圈沿用第一代 W–IWM 的，因此车体 – 轮毂的受电线圈和路面 – 轮毂的受电线圈采用相同的设计。

● 适合设想的第二代 W–IWM 的控制系统

直流母线电压控制系统及 SOC 控制系统的反馈控制器闭环系统传递函数具有 –1000rad/s 的四等根和 -6.28×10^{-2}rad/s 的二等根，其增益采用极点配置法设计。

此外，在包括动态行驶中无线供电在内的实验中，路面设施应用了专栏 B 介绍的无传感器车辆检测 / 供电开关控制。轮毂侧路面用 AC–DC 变换器检测到来自路面设施的供电（检测受电线圈的电流）后，将图 12（b）所示的短路模式切换为图 12（a）所示的整流模式，以接收电能。

● 关于实验数据的注意事项

本文显示的实验结果是根据电压传感器和电流传

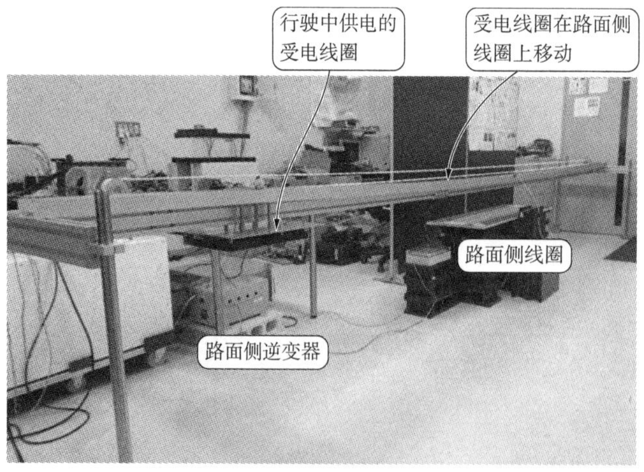

(a) 装置外观

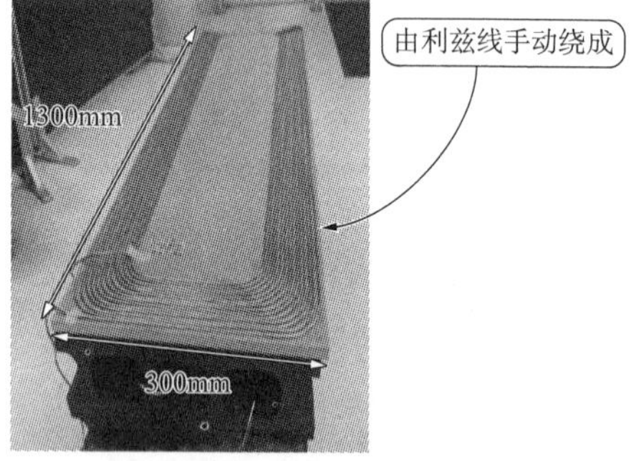

(b) 供电线圈

(c) 受电线圈

图 17 行驶中无线供电模拟实验装置

感器获得的电压值和电流值计算出来的，为了正确分析，实验数据经过了适当的滤波处理。

首先，轮毂侧的车体用 AC-DC 变换器采用图 12 所示的工作模式（《电动汽车 第 8 辑》也有介绍），采用双模式控制，计算功率时应采用移动平均滤波器消除噪声。此外，各电流的测量均采用了 1kHz 一阶低通滤波器。

迷你模型的动作确认实验

■ 负载功率阶跃变化实验

● 实验条件

设行驶中无线供电功率 $P_{DWPT}=0$，进行正常行驶于行驶中不供电路线的功率流控制和 SOC 控制的动作确认。

作为实验条件，当负载功率 P_L 按 1.2kW → 0.2kW → 1.2kW 连续阶跃变化时，确认电容器（EDLC）的 SOC 可以控制在恒定值，且轮毂侧直流母线电压 V_{DC} 稳定。为了与实车试验统一，EDLC 的电压和功率也分别表示为 V_{LIC}、P_{LIC}。

● P_{LIC} 功率平衡瞬时补偿

实验结果如图 18 所示。其中，图 18（a）所示为轮毂侧各输入 / 输出功率，可以确认 P_{LIC} 即时响应 P_L 的突变，且 P_{WPT} 动作延迟。此时，图 18（b）所示的 V_{DC} 被控制在目标值附近，因此可以看到直流母线电压控制正常动作。

另外，由于 P_{LIC} 与 P_{WPT} 之和始终与 P_L 一致，所以可以通过直流母线电压控制来实现轮毂侧功率流控制。

● V_{LIC}（SOC）恒定控制

图 18（a）所示 P_{WPT} 的响应慢于 P_{LIC}。但是，正常状态下 $P_{WPT}=P_L$ 且 $P_{LIC}=0$，因此可以实现想要的 SOC 恒定动作。这也可以由图 18（c）所示的电容器电压 V_{LIC} 跟随目标值确认，证明控制系统设计的有效性。

由此可见，应用图 14 所示的控制系统，即使负载功率急剧变化，轮毂侧的功率流控制和电容器的能量管理控制也可以稳定动作。

■ SOC 控制目标值变化的实验

● 实验目的

下面介绍 SOC 控制目标变化的实验。此前的探讨假设 SOC 恒定，但是实际上最好根据驱动条件适当控制电容器的 SOC。

与直流母线电压控制系统等相比，SOC 控制系统的响应不是那么快。因此，如果 SOC 控制系统的跟随速度足够快，则即使目标值发生变化，也可以让直流母线电压控制系统等稳定动作。

● 实际行驶中的 SOC 变化并不是很快

正常情况下，EV 高速行驶时应尽量减小 SOC 以备减速制动能量再生，停车或低速行驶时应保持较高的 SOC 用于下一次加速，这样可以有效利用能量。

虽然车速变化取决于行驶模式，但是正常行驶时只需几秒钟即可更改 SOC 目标值。另外，尽管也取决于轮毂侧电容器的容量，但是根据加减速时的负载变

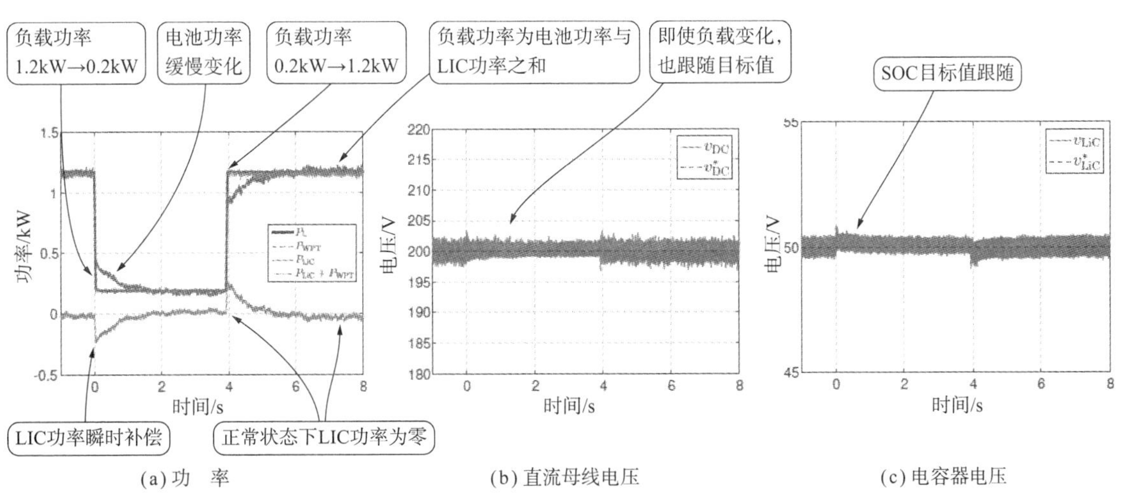

图 18　迷你模型的负载功率阶跃变化实验结果

化，电容器中的能量可能会突然变空或变满。可以说，SOC 控制目标值还是缓慢改变为好。

● 实验中 V_{LIC} 缓慢变化

本实验中，V_{LIC} 按 50V → 49V → 50V，缓慢改变 SOC 目标值。这里，行驶中供电功率 $P_{DWPT}=0$，负载功率 $P_L=0.6$kW。

实验结果如图 19 所示。同样，P_{LIC} 与 P_{WPT} 之和与 P_L 一致，可以实现轮毂侧功率流控制。此时，图 19（b）所示的 V_{DC} 稳定在目标值附近，图 19（c）所示的 V_{LIC} 也能跟随目标值。

由此可以确认，即使目标值改变，SOC 控制也能正常工作，实现期望的动作。

● P_{LIC} 随 P_{WPT} 变化

看一下 SOC 控制的动作。首先，式（2）总是通过 DC–DC 变换器的直流母线电压控制满足的。此时，车体用 AC–DC 变换器操作 P_{WPT}，如图 19（a）所示，可以确认 P_{LIC} 根据式（2）变化。利用此功能，成功使图 19（c）所示的 V_{LIC} 跟随目标值。

根据以上结果，如果直流母线电压控制系统能在 V_{DC} 稳定的范围内改变 SOC 目标值，则电容器的 SOC 可以跟随目标值而不会影响其他控制系统。

■ 行驶中无线供电实验

● 实验条件与注意事项

最后，验证 EV 进入行驶中供电路线时，可以从路面设施正常受电。在此，以负载功率 $P_L=1.0$kW、受电功率 $P_{DWPT}\approx 1.6$kW 的条件进行实验。

请注意，行驶中无线供电的供电时间非常短，大约为 0.3s，因此横轴显示的时间比之前的实验结果短。

● 行驶中供电功率主要用于负载，剩余的用于电容器

实验结果如图 20 所示。受电功率 P_{DWPT} 优先供 P_L 使用，剩余部分对电容器充电，如图 20（a）所示。此时 P_{WPT} 为 0，因为迷你模型没有向车体侧进行再生，但通过功率流控制可以适当调节轮毂侧的功率平衡。这也可以由图 20（b）所示的 V_{DC} 在包括行驶中供电的时间内一直保持稳定的事实得到证实。

● 通过路面侧线圈后使用电容器的能量

如图 20（a）和（c）所示，$P_{DWPT}=0$ 后，在行驶中供电时以及电容器 SOC 达到目标值之后，电容器的充电能量优先供负载使用。电容器 SOC 达到目标值之后，恢复来自车体的电能传输。

因此，可以按照负载→电容器→车载电池的顺序使用能量，即使在行驶中供电的情况下也可以实现高效工作。

● 功率流控制和 SOC 控制都稳定的动作

根据以上结果可以确认，直流母线电压控制系统在包括行驶中供电的所有时间内，SOC 控制系统除了瞬态行驶中供电，都可以正常动作。

实验表明，笔者提出的控制系统无需切换，即使在行驶中供电的情况下，也可以实现稳定且高效的动作。

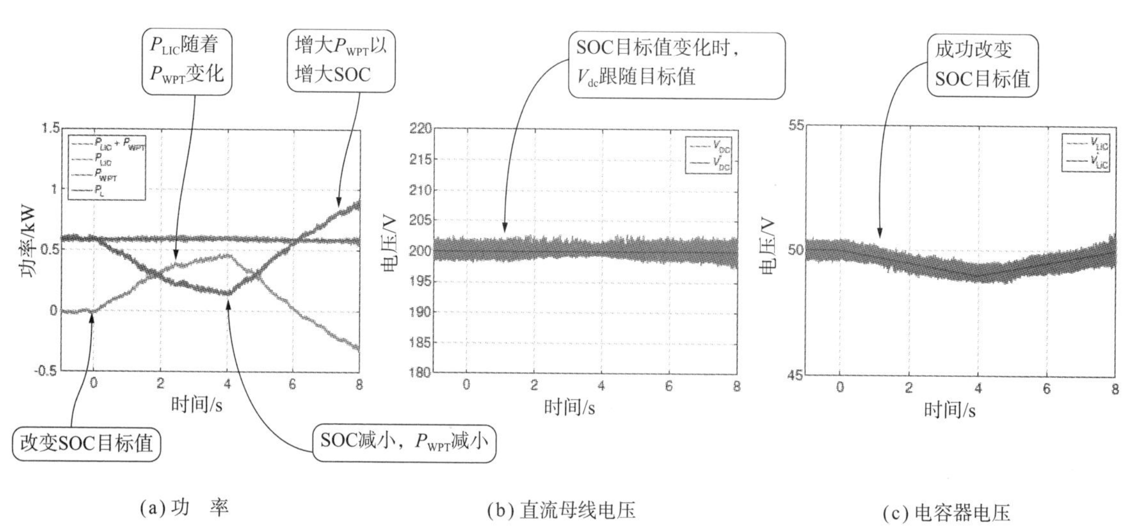

(a) 功　率　　(b) 直流母线电压　　(c) 电容器电压

图 19　使用微型模型进行 SOC 控制时目标值可变的实验结果

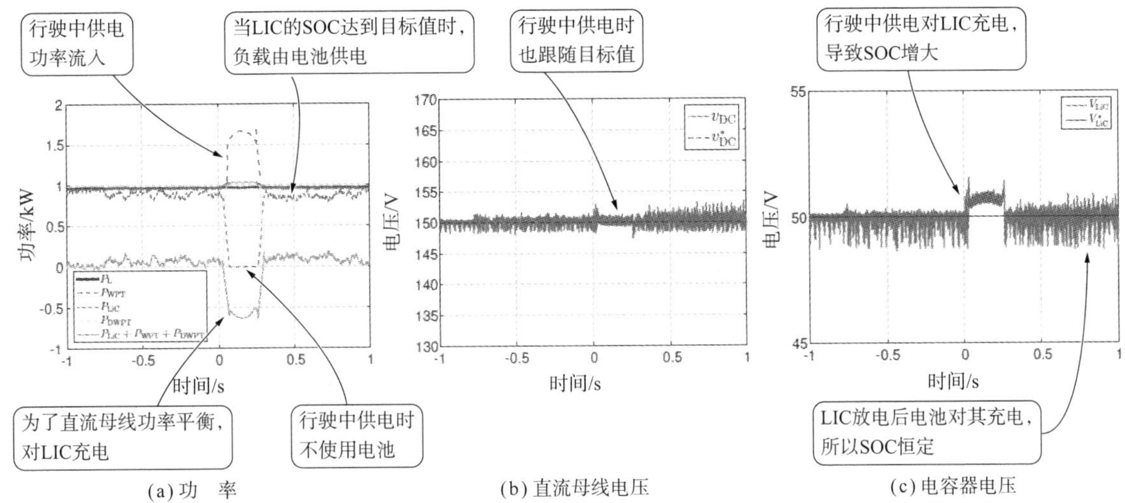

图 20　使用迷你模型的行驶中无线供电实验结果

参考文献

[1] 赤穂大輔 , 中津慎利 , 勝山悦生 , 高桑佳 , 吉末監介 . インホイール・モータ車の車両運動制御開発 . 自動車技術会学術講演会前刷集 ,2011,120(10):1-6.

[2] 藤本博志 . 航続距離を延長する電気自動車の制御システム . 自動車技術 ,2012, 66,(9):61-66.

[3] 福留秀樹 . インホイール・モータによる車両前後振動軽減 . 自動車技術会秋季大会学術講演会講演予稿集 ,2015:448-453.

[4] 勝山悦生 , 大前彩奈 . インホイール・モータを用いたばね下逆スカイフックダンパ制御による乗り心地の研究 . 自動車技術会論文集 ,2017:48(2):349-354.

[5] 佐藤基 , 山本岳 , 郡司大輔 , 居村岳広 , 藤本博志 . 磁界共振結合方式を用いたワイヤレス・インホイール・モータの開発 . 自動車技術会秋季大会学術講演会講演予稿集 ,2014, 113(14):9-12.

[6] Sato M., Yamamoto G., Gunji D., Imura T.， Fujimoto H. Development of Wireless In-Wheel Motor u s i n g M a g n e t i c R e s o n a n c e C o u p l i n g .I E E E Transactions on Power Electronics, 2016,31(7):5270-5278.

[7] 佐藤基 ,Giuseppe G., 居村岳広 , 藤本博志 . ワイヤレス・インホイール・モータの高効率化および高応答回生の実現に関する研究 . 電気学会論文誌 D,2017,137 (1): 36-43.

[8] 藤本博志 , 山本岳 , 佐藤基 , 郡司大輔 , 居村岳広 . ワイヤレス・インホイール・モータを搭載した電気自動車の実車評価 . 自動車技術会春季大会学術講演会講演予稿集， 2015,S267:1389-1394.

[9] Fujimoto H., Sato M., Gunji D., Imura T. Development and Driving Test Evaluation of Electric Vehicle with Wireless In-Wheel Motor,in Proc. EVTeC & APE Japan，2016.

[10] Utah State University.Electric Vehicle and Roadway（EVR）.https://select.usu.edu/evr/.

[11] KmatriX.Wireless Charging Electric Bus.https://kmatrix.kaist.ac.kr/wireless-charging-electric-bus/.

[12] Kurs A., Karalis A., Moffatt R., Joannopoulos J., Fisher P., Soljacic M. Wireless power transfer via strongly coupled magnetic resonance. Science Express,2007,317(5834):83-86.

[13] 居村岳広 . 磁界共鳴によるワイヤレス電力伝送 . 森北出版 ,2017.

[14] JM エナジー株式会社 .http://www.jmenergy.co.jp/.

[15] 竹内琢磨 , 居村岳広 , 藤本博志 , 堀洋一 . 複数電力源を用いるワイヤレス・インホイール・モータのシステム構成法 . 電気学会産業応用部門半導体電力変換 / モータドライブ合同研究会， 2016,SPC-16-004/MD-16-004:19-24.

[16] 竹内琢磨 . 居村岳広 . 藤本博志 . 堀洋一 . 走行中ワイヤレス電力伝送を適用したワイヤレス・インホイール・モータのシステム制御に関する基礎研究 . 電気学会産業応用部門半導体電力変換 / モータドライブ合同研究会， 2017,SPC-17-017/MD-17-017:33-38.

[17] Mi C.， Buja G.， Choi S.， Rim C. Modern Advances in Wireless Power Transfer Systems for Roadway Powered Electric Vehicles.IEEE Transactions on Industrial Electronics,2016,63(10):6533-6545.

无线轮毂电机式 EV 的开发（下）

——实车实验与路面设施的制作和实证实验

〔日〕畑胜裕　居村岳広　藤本博志　佐藤基　郡司大辅　执笔 | 邹雨含　译

在本文的前半部分，笔者将介绍第二代 W–IWM 实车实验单元以及路面设施的制作，还将介绍第一代的重大改进以及行驶中无线供电的新举措。在后半部分，笔者将介绍实车和路面设施的实证实验。

（编者按）

W–IWM 实车单元的制作

■ 开发规格

● 在第一代 W–IWM 的基础上高功率化

2015 年开发的第一代 W–IWM，制成了单轮最高功率为 3.3kW 的首次试制单元。两个后轮上都安装 W–IWM 后，总输出功率为 6.6kW。本次的目标是提高到 48kW（表 1）。

基于第一代 W–IWM 的首次试制经验，笔者以单轮最大功率 12kW、四轮总输出功率 48kW 为目标进行研发。

● 配备四轮后的性能与市售 EV 相当

本次开发的第二代 W–IWM 式 EV 的规格见表 2。单轮电机输出功率为 12kW，符合目标。配备四轮后可实现与市售 EV 总输出功率、总轮毂转矩相同的性能。

本次开发的第二代 W–IWM 是减速机型 IWM，电机转矩通过减速机传递到轮毂。因此，总轮毂转矩：76.4N · m（电机转矩）× 4.4（减速比）× 4（电机数）= 1344N · m。

表 1　第一代 W–IWM 的首次试制单元的规格

	目标性能	首次试制规格
电机数	4	2（后轮）
电机输出功率	12kW	3.3kW
总输出功率	48kW	6.6kW
总轮毂转矩	1300N · m	475N · m

高功率化是市售 EV 的性能瓶颈

● 第二代 W–IWM 前轮单元的制作

第一代 W–IWM 的首次试制，是为笔者实验室的实车 FPEV4–Sawyer 的后轮子单元制作的。当时没有考虑后轮转向，只要首次试制单元实现稳定行驶和再生即视为成功。

第二代 W–IWM 着眼于未来的四轮配置，要制作带转向机构的前轮子单元。因此，除了之前的悬架动作，还要探讨转向动作（参考专栏 A）。

■ 电能传输线圈的制作

● 车体侧和轮毂侧的线圈尺寸相同，支持大功率

第一代 W–IWM 的供电线圈（350mm × 218mm）和受电线圈（300mm × 218mm）采用了不同的设计。这次，车体侧和轮毂侧使用图 1（a）所示的两个线圈，供电线圈和受电线圈的形状相同（350mm × 250mm）。

与第一代 W–IWM 一样，线圈的线材为利兹线。但是，通过增加线材的整体截面积，第二代 W–IWM 的电能传输线圈支持 12kW 或更高的功率。同时，使用更细的利兹线可减小交流电阻，从而实现更高的效率。

● 增加行驶中供电用受电线圈的匝数

图 1（b）所示为行驶中供电用受电线圈。与车身 – 轮毂电能传输线圈相比，路面侧供电线圈与受电线圈

表 2　第二代 W–IWM 式 EV 与市售 EV 的性能比较

	第二代 W-IWM 式 EV*	M 公司生产的商用 EV**
电机输出功率	12kW	47kW
电机转矩	76.4N · m	160N · m
减速比	4.4	7.065
电机数	4	1
总输出功率	48kW	47kW
总轮毂转矩	1344N · m	1130N · m

* 目前只有两个前轮安装了 W–IWM。
* * 数据来源于网络。

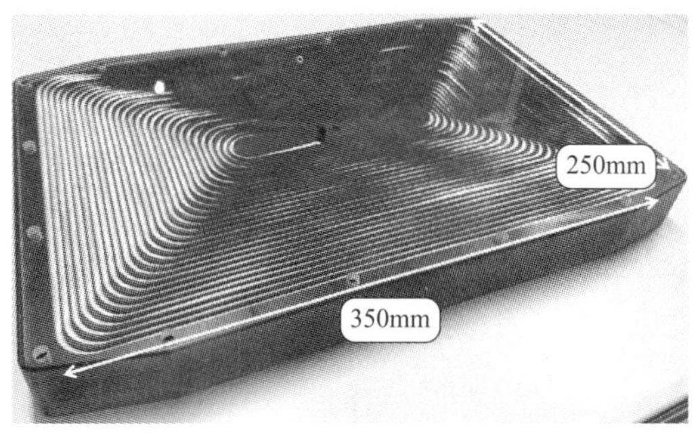

(a) 车体-轮毂电能传输线圈

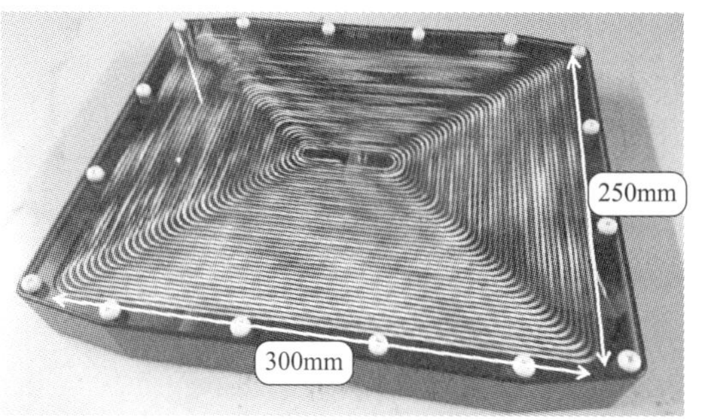

(b) 行驶中供电用受电线圈

图 1　第二代 W-IWM 电能传输线圈

专栏 A　实际动作的验证

◆ 前轮安装的电能传输线圈的偏移

本文介绍的第二代 W-IWM 安装在实验车辆的前轮上，车身 - 轮毂电能传输线圈的位置不仅会因行驶时的悬架运动而上下变化，还会受转向动作的影响而随轮轴旋转。

因此，如图 A 所示，考虑到各动作的最大幅度，模拟电能传输线圈的偏移情况。发生偏移时线圈之间的互感 L_m 减小，无线电能传输效率下降，各线圈的电流增大。因此，要测量各种条件下 L_m 的变化（表 A）。

◆ 根据 L_m 下限值设计各装置的额定值

由表 A 可见，L_m 测量值在左右转向时有所差异，这是因为受悬架结构的空间限制，线圈无法水平对称，导致轮毂侧受电线圈安装时不得不转动，参见图 16（b）。

这次的设计原则是，L_m 测量值要保证各装置在最恶劣的条件下仍能发挥最大输出功率而不会损坏，且不会过电流。

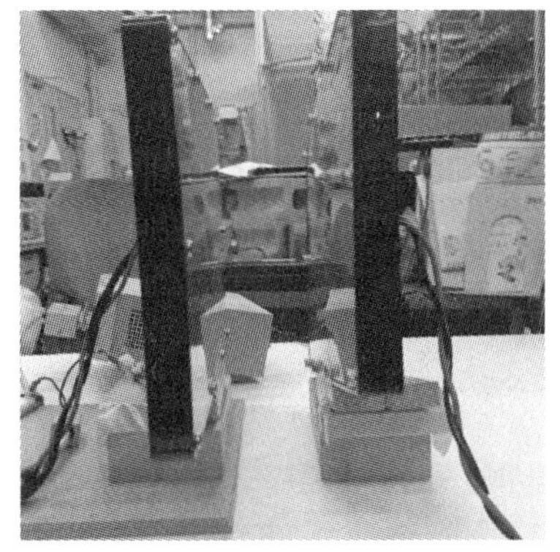
(a) 右转向，偏移量为50mm

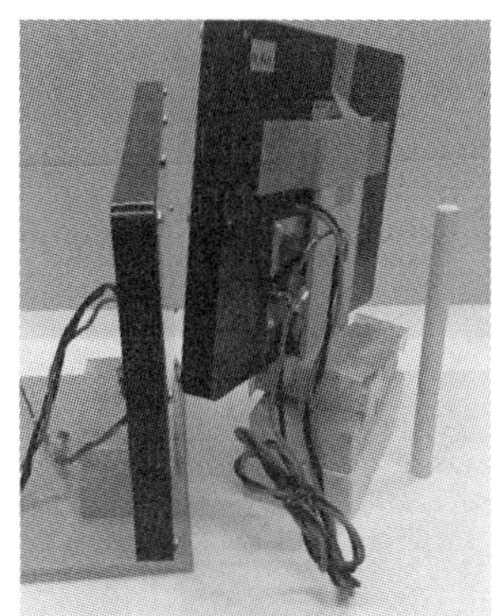
(b) 正常情况

(c) 左转向，偏移量为-50mm

图 A　车身和轮毂之间的送受电线圈错位

表 A　电能传输线圈偏移时的互感 L_m

	无偏移	轮毂侧偏移 50mm	轮毂侧偏移 -50mm
未转向	60.1μH	45.5μH	48.4μH
右转（满舵）	45.5μH	32.0μH	33.3μH
左转（满舵）	45.0μH	30.2μH	38.2μH

悬架运动时互感减小；转向时互感减小；采用下限值进行设计；左右转向略有不同

的形状差异很大，线圈间的耦合系数难以增大。要实现高效率传输，确保充分耦合是个问题。

因此，将受电线圈的匝数从 29 增加到 40，以增大线圈的自感，进而增强其与路面侧线圈的耦合。

● 电能传输线圈的结构

图 2 所示为电能传输线圈的结构，和第一代 W–IWM 一样：将利兹线嵌入树脂板的凹槽中，利用树脂密封成型。

在这次的开发中，考虑到线圈背面引出线的接线方式，引出线位置设计在线圈背面的铁氧体中心部分，如图 2（c）和（d）所示。

这种铁氧体不仅增强了电能传输线圈的耦合，还减少了线圈周围金属的影响，它用于抑制泄漏到外部的磁场。

● 谐振电容器与电能传输线圈一体化

这次的无线供电采用磁共振耦合方式，为了调节电能传输装置的谐振频率，需连接谐振电容器。

串联谐振时，电能传输线圈和谐振电容器会被施加极高的电压，要防止两端放电（绝缘损坏）。

因此，将谐振电容器配置在电能传输线圈的壳体内，使之一体化。这么做的目的是在壳体内完成高压线连接，确保壳体外部不存在高电压。这一思路对路面侧线圈的设计也很重要。

■ 功率变换电路 / 机电一体化 IWM 的制作

● 以相同的车体侧基本结构实现高输出功率

此次制作的功率变换电路如图 3 所示。车体侧与第一代 W–IWM 相同，基本由双向升降压斩波器和全桥逆变器构成。但是，为了应对电机高输出功率化，功率变换电路全面采用碳化硅器件。

这样，即使在行驶中不供电的道路上，也可以利用车体 – 轮毂无线供电提供正常情况下单轮 12kW 电机输出功率。

● 轮毂侧配备有 4 个功率变换电路

轮毂侧的功率变换电路，除了第一代配备的车体用 AC–DC 变换器和三相 PWM 逆变器，还追加了路面用 AC–DC 变换器和 LIC 用 DC–DC 变换器，总共 4 个。

除了功率变换电路，轮毂侧还配备有驱动用永磁同步电机和蓄电装置 LIC，这使得空间限制比以往更大。

实现单轮 12kW 的高输出功率，也是本次开发的一大难题。

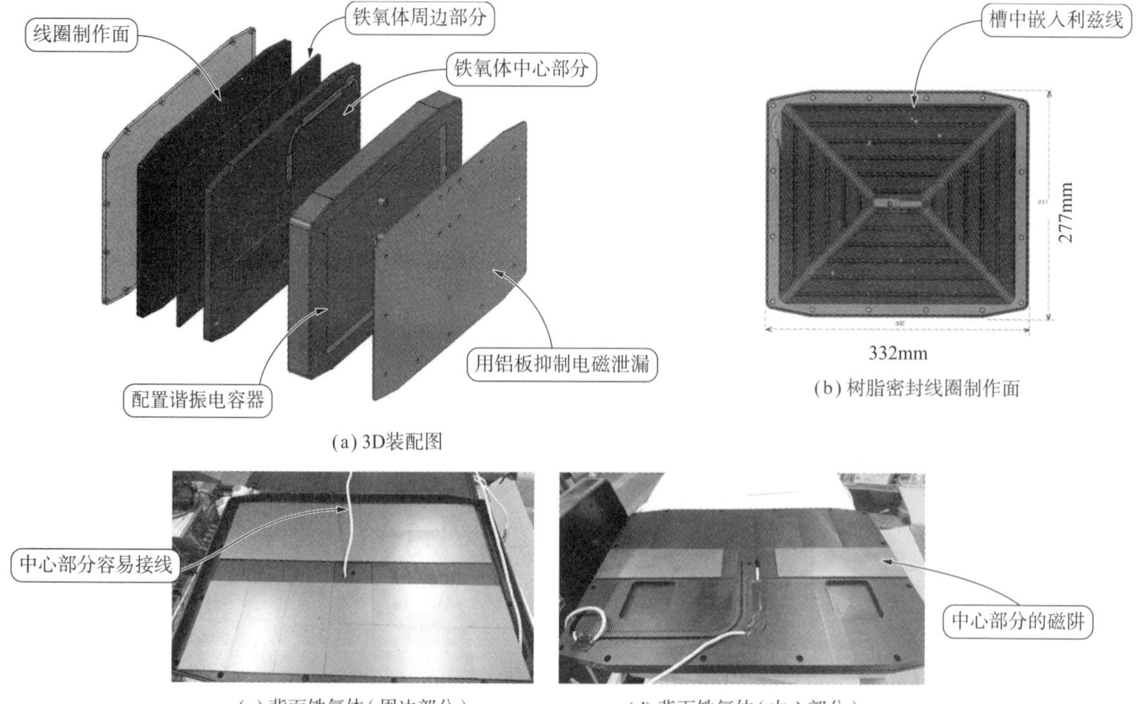

(a) 3D装配图

(b) 树脂密封线圈制作面

(c) 背面铁氧体（周边部分）

(d) 背面铁氧体（中心部分）

图 2　电能传输线圈的结构

● 利用内置偏置轴减速器的轮毂轴承单元实现小型化

第二代 W–IWM 采用机电一体化结构，功率变换电路与 LIC 配置在电机背面，实现了小型化。另外，采用减速器型 IWM，以减小驱动所需的电机转矩，从而节省空间。

此外，采用内置偏置轴减速器的轮毂轴承单元（图 4），电机旋转轴和轮毂旋转轴偏置，确保驱动性能所需的减速比，并实现小型化。

● LIC 用 DC–DC 变换器需要电感器

在第二代 W–IWM 式 EV 中，有许多功率变换电路要安装在轮毂侧，因此不仅要考虑机械结构，还要考虑电路的小型化。特别是 4 个功率变换电路中的 LIC 用 DC–DC 变换器，与其他电路不同，需要无源元件电感器。

通常，DC–DC 变换器用电感器应具有较大的电感值，以应对 LIC 充放电相关的大电流，充分抑制纹波电流。但是，这意味着该电感器的体积和质量会较大，难以安装在轮毂侧。

● 使用高频碳化硅器件，无源元件得以小型化

本次的试制，由于功率变换电路全面采用碳化硅器件，因此与传统使用硅 IGBT 的功率变换电路相比，工作频率可以更高。

功率变换电路高频化的好处是，即使采用电感值小的电感器，也可以有效抑制电流纹波。

因此，功率变换电路全面采用碳化硅器件不仅有助于高输出功率化，还有助于高频化，以促进无源元件电感器的小型化。

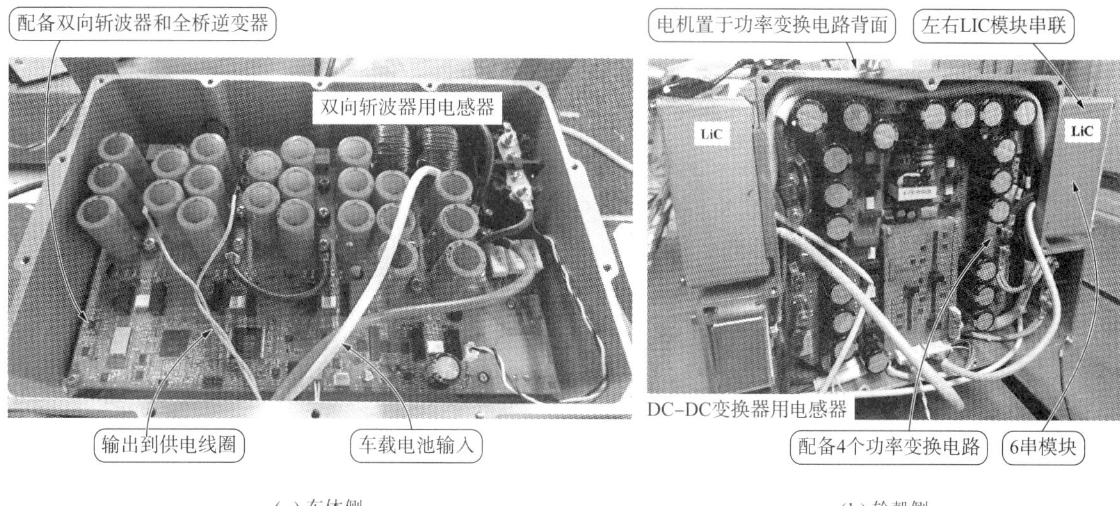

(a) 车体侧　　(b) 轮毂侧

图 3　车体侧和轮毂侧的功率变换电路（东洋电机制造）

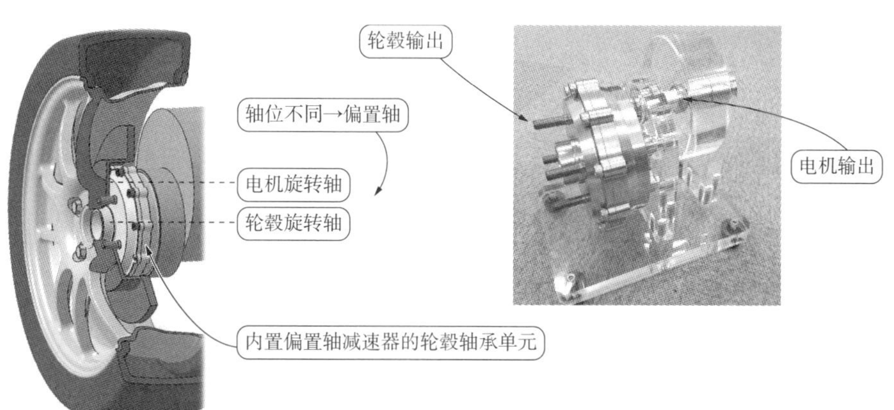

图 4　内置偏置轴减速器的轮毂轴承单元（日本精工制造）

■ 轮毂侧 LIC 的容量设计

● LIC 容量不能过大

正如之前探讨的，轮毂侧的空间非常有限，因此 IWM 内置 LIC 的容量不能过大。因此，必须合理设计 LIC 容量，以实现所期待的控制动作。

考虑到实际的行驶动作，下面基于模式行驶介绍容量设计。

● 考虑模式行驶的再生能量

本次的设计目标是，使用再生制动在 JC08 模式下回收所有减速能量并储存在 LIC 中。

例如，在图 5（a）所示模式行驶的后半部分从 80km/h 减速到 30km/h，可以回收大量的再生能量。

当所有这些能量都充电到 LIC 时，LIC 电压即 SOC 迅速增大，如图 5（b）所示。因此，应根据再生动作时可回收能量设计轮毂侧 LIC 的容量。

● 四轮配备第二代 W-IWM 时所需的 LIC 容量

这里假设四轮都配备第二代 W-IWM 并通过再生制动来减速，设计 LIC 容量。此外，根据实验车辆的参数（典型值）计算行驶阻力和再生能量。

结果发现，单轮 LIC 容量为 1500F × 12 串时，上述所有再生能量都能回收。如图 3（b）所示，已开发产品分为两个 6 串 LIC 模块，分别安装在轮毂侧功率变换电路的两侧。

● 在 JC08 模式下可以回收所有再生能量

12 串 LIC 模块的电容为 125F，工作电压为 28.8 ~ 43.2V。如图 3（b）所示，以图 5（a）所示 JC08 模式行驶时，假设所有再生能量都已给 LIC 充电，且加速时积极利用 LIC 的能量，则如图 5（b）所示，可以计算随行驶状况变化的 LIC 电压。

由此可见，即使车辆减速到极限，也可以保持 LIC 电压不超过其上限电压。

● LIC 用 DC-DC 变换器支持高升压比和大电流

在之前的设计中，所有 LIC 都是串联的。即便如此，LIC 的工作电压最大也才 43.2V，与目标电压约为 500V 的轮毂侧直流母线存在很大的电压差。

为了正确地连接 LIC 和直流母线，必须使用 LIC 用 DC-DC 变换器实现 10 倍以上的极高升压比。

另外，使用低压 LIC 输出大功率，必将面对大电流。而且，上述电感器的体积和质量也成问题，各方面的权衡对于电路设计非常重要。

■ 路面设施的制作

● 路面侧线圈与 EV 等长

此次试制，除了开发配备第二代 W-IWM 的实验车辆，还致力于开发行驶中无线供电路面设施。

如上篇文章专栏 B 介绍的，路面侧线圈设计为与 EV 等长。因此，如图 6 所示，设计的路面线圈长度为 1300mm，宽度为 400mm。

所用的线材是直径为 0.05mm、股数为 5650 的利兹线，捆扎成 2 × 63 束（5.9mm × 4.0mm）。线圈匝数为 14。

路面侧线圈的设计还要考虑线圈的 Q 值、与受电

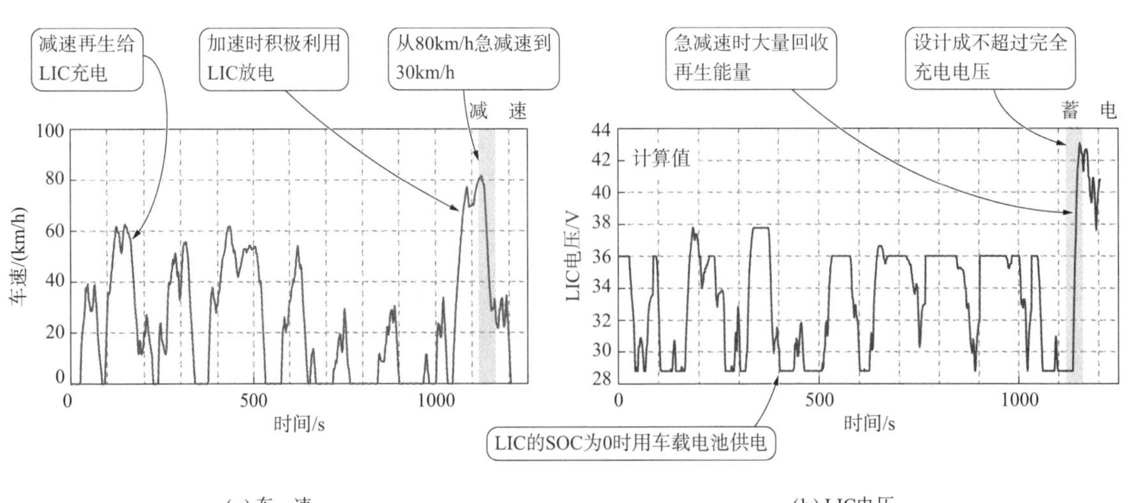

(a) 车　速　　　　(b) LIC电压

图 5　JC08 模式下的 LIC 充放电功率

线圈的耦合系数以及铁氧体等的影响，离不开复杂的计算。

● 本次使用树脂外壳制作（将来会埋设在地下）

路面线圈的首次试制如图 7（a）所示。根据图 6 所示的设计数据，它由一个安装铁氧体的树脂外壳和一个开槽嵌入利兹线的树脂板构成。这里，含树脂外壳的首次试做线圈的外形尺寸为 1400mm × 500mm。

此次试制出于动作验证需要，采用了树脂外壳结构，但也会讨论埋设在路面下方的结构。

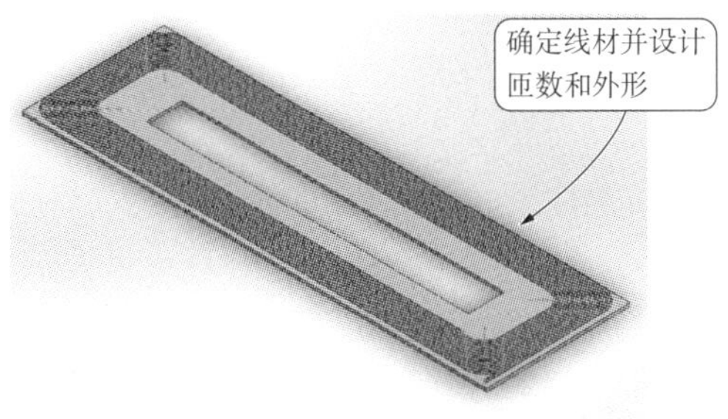
确定线材并设计
匝数和外形

(a) 3D CAD图

与受电线圈的耦合对于
无线供电很重要

(b) 检查与受电线圈的耦合

图 6　行驶中无线供电的路面侧线圈设计

● 可以承受车辆碾压的路面侧线圈结构

此次试制的路面侧线圈将用于实车实验，因此线圈结构要能够承受车辆碾压。

这里采用树脂中极耐冲击的聚碳酸酯，以及各个部分表面受力均匀的结构，获得了足够的强度。

此外，还通过各种努力来提高应用便利性，如从线圈壳体中抽出利兹线的结构以及雨天防水结构。

● 需要外装谐振电容器

如在实验车辆的电能传输装置设计中介绍的，磁共振耦合不仅需要无线电能传输线圈，还需要外部谐振电容器。

然而，路面侧线圈需安装在路面下，在其背面配置谐振电容器会导致厚度增大，埋设将成为一大问题。

为此，首次试制不得不将外装谐振电容器安装在线圈壳体之外。和路面侧线圈一样，它被密封在一个专用防水盒中。进行行驶中供电实验时，将谐振电容器配置在后面介绍的 U 形凹槽内。

● 路面侧线圈的放电问题

在路面侧线圈的首次试制中，供电线圈和谐振电容器没有一体化，因此采取措施以防止两端放电非常关键。如图 8 所示，开发初期路面侧线圈端部附近发生了放电现象，并且损坏了部分零件。

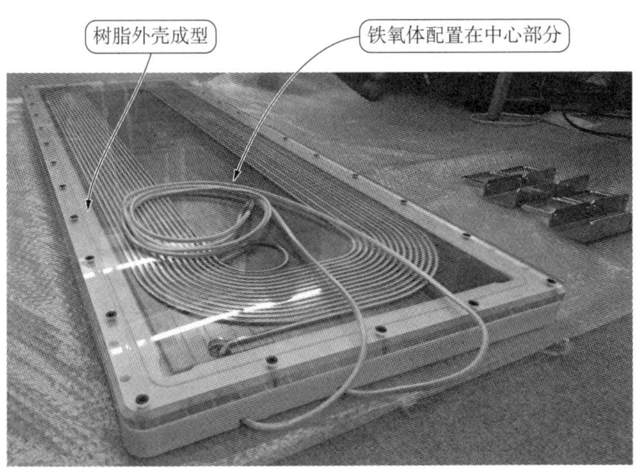
树脂外壳成型
铁氧体配置在中心部分

(a) 路面侧线圈

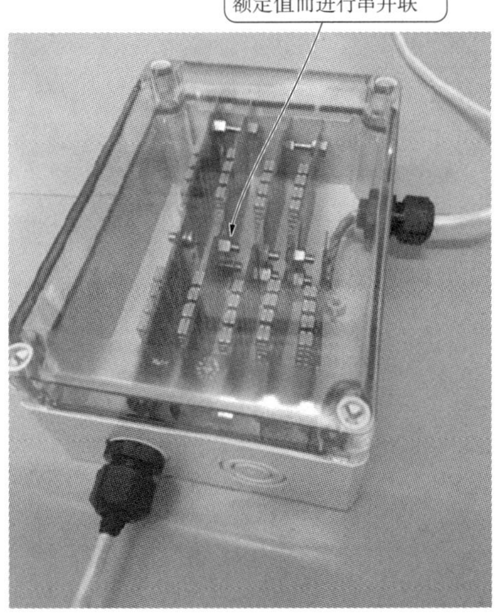
根据所需的谐振频率和
额定值而进行串并联

(b) 谐振电容器（外装）

图 7　行驶中无线供电路面侧线圈的首次试制

专栏 B 包括附属设备在内的路面设施的环境构建

◆ 包括 U 形槽钢在内的结构材料的影响

为了方便路面设施的铺设，笔者验证了包括 U 形槽钢等在内的结构材料带来的影响。过去为了抑制铁损而尽可能多使用树脂材料，但是实际应用最好选用传统结构材料。

实验如图 B 所示，在 U 形槽位于路面侧线圈正下方的条件下，路面侧线圈和 U 形槽之间的重叠量变化为 -20mm、-10mm、0mm、10mm、25mm 和 50mm。此时可以确认，路面侧线圈的电阻（损耗）在任何条件下均没有显著变化。

◆ 线圈铺设方法也要探讨

实验表明，行驶中无线供电路面设施可以采用 U 形槽结构，并且可以在不采用特殊施工方法的情况下铺设路基和路面。新设计的路面侧线圈，铁氧体配置在背面，使得电能传输的主磁通量几乎不会到达 U 形槽内的钢材，结果上不会影响效率。这样，不仅是电能传输设施本身，其铺设方法等的相关研究，也是实用化的一大问题。

(a) 路面侧线圈和U形槽的配置

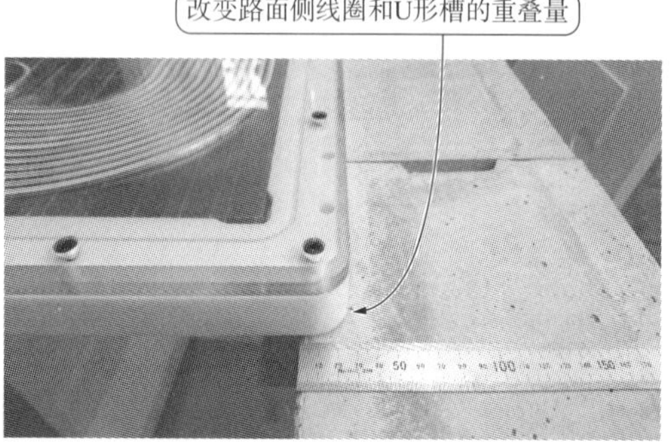

(b) 改变与路面侧线圈的重叠量后测量

图 B　配置 U 形槽时路面侧线圈的特性变化

这是因为电能传输过程中的共振，线圈两端产生的高压通过背面的铁氧体传导，从而引发放电现象。因此，将绝缘性能极佳的板材夹在线圈和铁氧体之间，制作如今仍可使用的路面侧线圈。

● 一体化的谐振电容器与路面侧线圈的制作

采用上述对策后，首次试制的路面侧线圈就可以用了。考虑到路面侧线圈和谐振电容器的连接以及接线处理等，一体化结构更有利于实际应用。

(a) 线圈接线

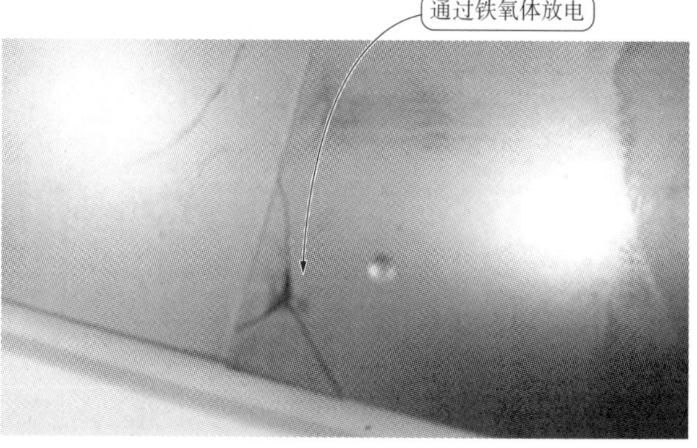

(b) 背面铁氧体

图 8　首次试制的路面侧线圈的放电现象

此次设计的新型路面侧线圈的结构如图 9 所示，去除了在线圈中心对电能传输效率没有太大帮助的背面铁氧体，利用该空间配置一个谐振电容器。

这样一来，线圈壳体外部就没有高压连接线了，路面侧线圈和逆变器的连接也变得非常简单。一体化路面线圈的外形尺寸为 1500mm × 500mm。

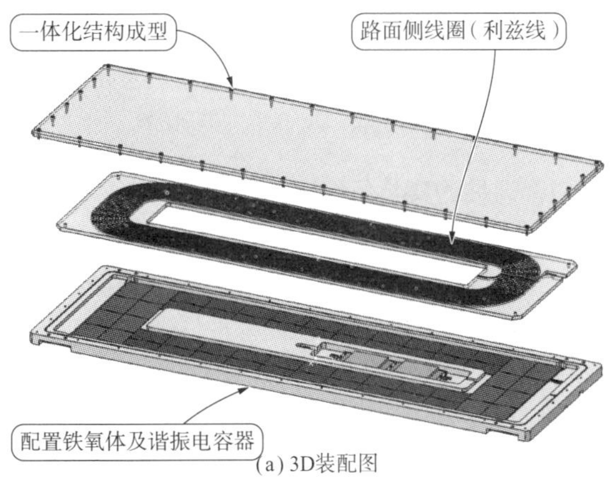

(a) 3D装配图

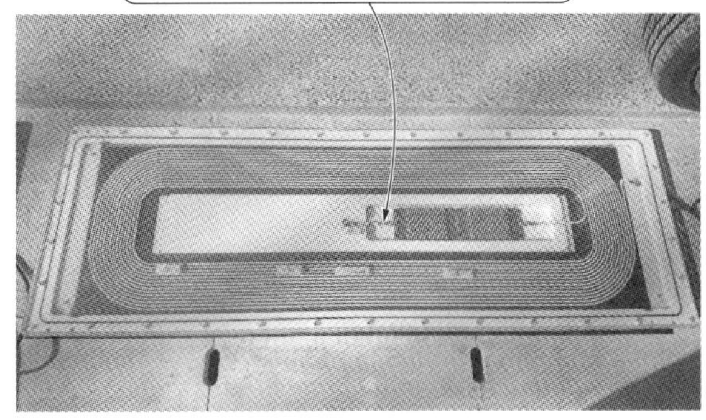

(b) 线圈外观

图 9　一体化的谐振电容器与路面线圈

● 一体化谐振电容器的电能传输实验

为了方便路面侧线圈与谐振电容器的连接和高压连接线的处理，我们研究了一体化的新型路面侧线圈。但即便理论上可行，也必须确认在实际工作环境中不会出问题。

实验如图 10 所示，验证了谐振电容器配置在路面侧线圈中心会发热，但可以确定在行驶中供电这样的短时电能传输中不会有问题。此外，此时的效率下降不超过 1%，更加证实了谐振电容器配置在与铁氧体层相同的深度，效率几乎不会下降（实验时配置在路面侧线圈上）。

● 路面设施配备 2 个逆变器

路面设施的逆变器如图 11 所示。正常动作是，路面侧直流母线输出的电能被转换为 85kHz 交流电，对路面线圈供电。此外，还实现了上篇文章专栏 B 介绍的无传感器车辆检测、供电开关控制以及实验数据测量功能。

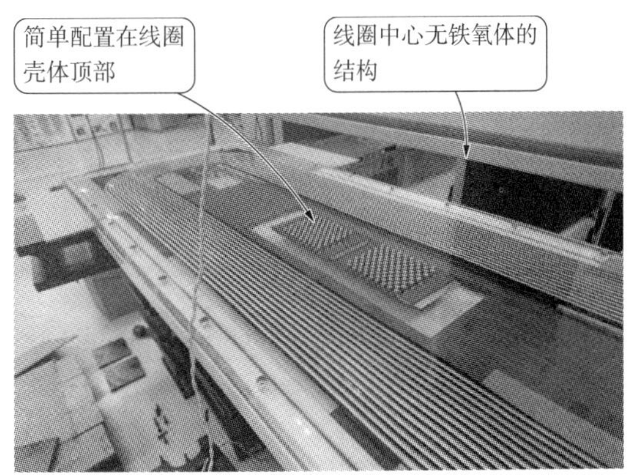

图 10　一体化谐振电容器与路面侧线圈的研发

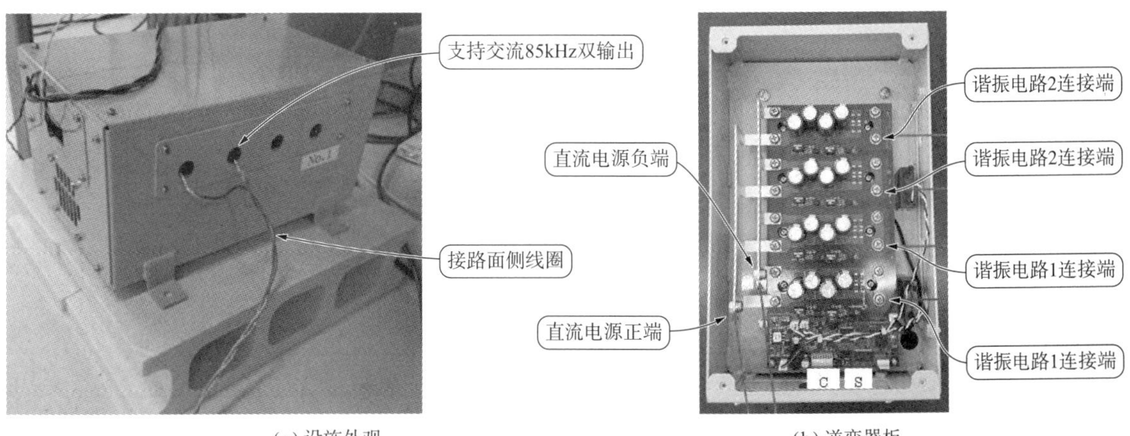

(a) 设施外观　(b) 逆变器板

图 11　用于行驶中无线供电的路面侧逆变器（东洋电机制造）

在实验车辆的实车行驶试验中，最初目标是单轮9kW无线供电，但图11所示的路面侧逆变器的额定容量约为12kW，且每台设施配备2个逆变器（分别驱动左右轮）。

行驶中无线供电的传输效率评估

● 台架实验的目的

这里基于台架实验设备进行行驶中无线供电效率测量实验。在实验车辆的行驶试验中，难以准确测量路面侧－轮毂侧的传输效率。因此，将两个线圈都固定在台架上静止不动，以便测量传输效率。

此外，使用实验电机和再生型直流电源可以轻松收集重复性好的实验数据。因此，台车实验在许多情况下都有优势，如获取更详细的实验数据或确认新控制方法的动作等。

● 台车实验设备的结构

台车实验设备的外观如图12所示。实验时将直流电源连接到路面侧逆变器，通过改变该直流电压来调节传输功率。为了向轮毂侧提供任意负载功率，用再生型直流电源（Myway Plus制造pCUBE）代替电机驱动逆变器，连接到轮毂侧直流母线，并以恒压模式运行。

路面侧逆变器的工作频率为89kHz（实测值），这也是供电线圈的谐振频率。利用功率计测量路面侧输入功率（直流侧）和轮毂侧直流母线功率。

为了求得DC-DC传输效率，还要测量路面侧逆变器和轮毂侧路面用AC-DC变换器的效率。

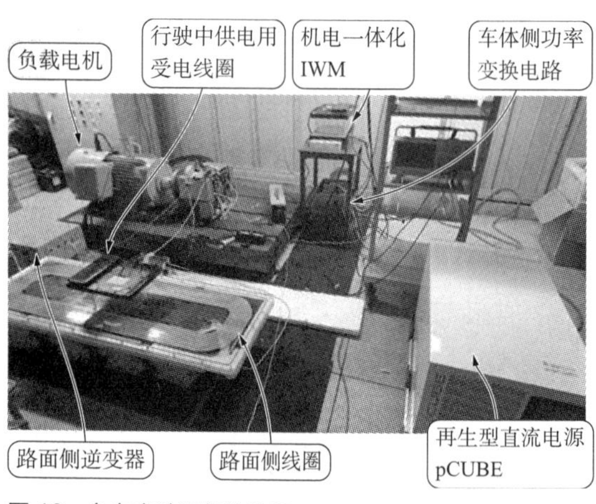

图12 台车实验设备的外观

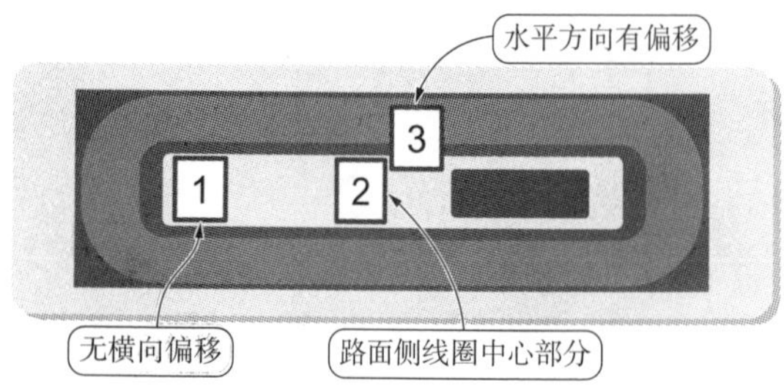

图13 台车实验中的受电线圈位置

● 效率评估的实验条件

轮毂侧受电线圈分别位于图13所示路面线圈之上的①、②、③处，线圈间隙约为100mm。根据各种条件下的传输功率变化，分别测量输入/输出功率，以计算传输效率。

当受电线圈处于图13所示的位置①时，线圈之间的耦合最强；处于位置②、③时，耦合依次变弱。

在这里，根据路面侧直流电压调整负载电压（轮毂侧直流母线电压），设定传输效率最高的电能传输点。

● 即使出现轻微偏移，也能高效工作

图14所示为台车实验的结果，线圈之间的耦合强度从强到弱依次为位置①→位置②→位置③。但是，即使受电线置处于偏移最大的位置③，也可获得86%及以上的传输效率。

因此，实际行驶中供电时，即使出现少许偏移也是可以接受的。

另外，当路面侧电压和轮毂侧电压的最优化时，无论传输功率如何，最大效率几乎都不会改变。

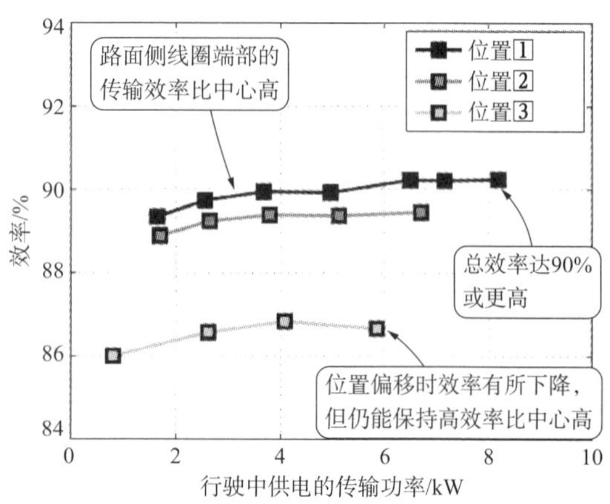

图14 台车实验的效率测量结果

● 包括功率变换电路在内的总效率达到90.24%

最后，最高功率和最高效率条件下的测量结果如图15、表3所示。

这里，路面侧直流输入功率为8.196kW，轮毂侧直流母线功率为7.396kW，实现了90.24%的高效率工作。

如上所述，要获得高效率，不仅要考虑供电线圈和受电线圈之间的传输效率，还要考虑路面侧和轮毂侧的功率变换电路的效率。今后，还要积极探索高功率化、高效率化。

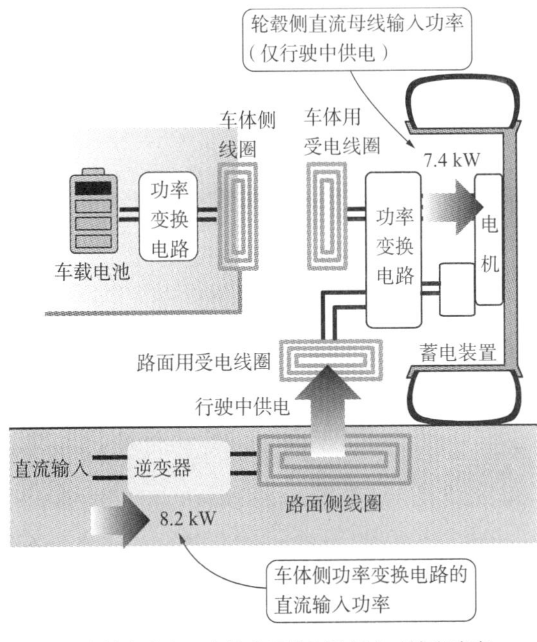

图15　高输出功率、高效率工作时的输入/输出功率

实车行驶中无线供电实验

■ 配备第二代W-IWM的实验车辆

下面，将之前介绍过的实车用开发单元安装在实验车辆上，并通过行驶试验来确认行驶中无线供电动作的结果。

图16所示为前轮配备第二代W-IWM的实验车辆FPEV4-Sawyer。在行驶试验中，使用开发的第二代W-IWM驱动前轮。另外，尽管本文未提及，但随着第二代W-IWM的开发，新的前轮副车架也在制作中，目的是确保行驶稳定、各部件互不干涉。

■ 行驶中无线供电设施的结构

● 用于基础实验的行驶中供电路线的结构

下面介绍新建的行驶中无线供电设施。本次实验未将路面侧线圈埋设在路面下，而是使用专用线圈壳体来代替，所以行驶中供电路线也采用了相应的结构。

表3　最高功率和最高效率工作时的测量结果

受电线圈位置	位置1
工作频率	89kHz
互感（估算值）	37.0μH
路面侧直流母线电压	448.7V
轮毂侧直流母线电压	451.6V
路面侧直流输入功率	8.196kW
轮毂侧直流母线输入功率	7.396kW
DC-DC变换效率	90.24%

(a) 实验车辆FPEV4-Sawyer

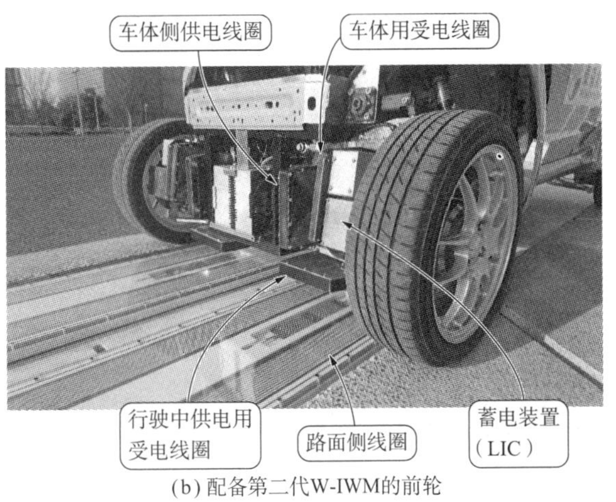

(b) 配备第二代W-IWM的前轮

图16　配备第二代W-IWM的实验车辆FPEV4-Sawyer

设计上与正常的铺设路面一样，为了确保行驶面平坦，制作一条 45mm 厚路面侧线圈和几厘米厚防滑板等结合的深 50mm 的供电路线。

● 行驶中供电路线上可安装 12 组线圈

建成的行驶中供电路线的总长度为 20m，可以安装 12 组（左右共 24 个）路面侧线圈。

该长度是按环形路线周长为 125m 设计的，如果以 15km/h 的速度行驶的实验车辆在供电段（20m）接收电能，则在非供电段（105m）不必依赖车载电池行驶。

注意，计算会因行驶中供电时的受电功率而异。但是，如果将第二代 W-IWM 安装在前轮上，单轮供电功率达 9kW 时，则不依赖车载电池供电就能行驶。

● 建设电源容量足够的实验环境

为了确保行驶中无线供电能为实验车辆提供足够的功率，电源设备是关键。鉴于此，我们在东京大学柏校区电动汽车实验场新建了一个供电车库，从头开始设计各设备的规格，构建一个新环境。

在这里，使用绝缘变压器将电力系统的三相 200V 升压至三相 400V，然后使用再生型 AC-DC 变换器将交流电转换为直流电，再利用直流电源设备为路面侧直流母线供电（最高 750V），通过各路面侧逆变器驱动路面侧线圈。

采用路面侧线圈向实验车辆的受电线圈传输电能，从而实现行驶中无线供电。

● 行驶中供电路线和供电车库的建设

图 17 所示为行驶中供电路线和供电车库的建设情况。首先完成供电车库的基础工程和电气工程，然后进行实验车辆行驶中供电路线的路基施工和路面铺设。

为了尽可能长时间维持路面侧线圈配置槽的结构，

(a) 完工的供电车库

(b) 行驶中供电路线的铺设

(c) 完工的行驶中供电路线

图 17　建造在东京大学柏校区的行驶中无线供电设施

行驶中供电路线采用半柔性路面（添加了水泥浆，路面呈白色）。而且，在行驶路面开槽，以便从供电车库至路面侧线圈布线。

此外，还要在实际应用方面下工夫，如在供电路线中心设置U形排水槽。

■ 使用实验车辆进行行驶中无线供电实验

● 第二代 W-IWM 实车行驶

图18所示为行驶试验的情形。本次实验利用配备第二代W-IWM的实验车辆和行驶中无线供电设备，从路面设施向实验车辆进行无线供电。此外，在行驶中不供电道路上利用车载电池供电行驶，如图19所示。

这里，实验车辆IWM的转矩指令值是由加速踏板产生的，且左右轮的转矩指令值相同。相应的，各轮毂侧控制器分别控制逆变器驱动IWM，牵引车辆行驶。

● 有无车辆的检测标准为3cm左右的移动量

路面设施利用上篇文章专栏B介绍的方法进行车辆检测。车辆检测所用的三电平电压波形（搜索脉冲）是通过缩小路面侧逆变器的占空比以减小有效电压值输出的，首次检测的脉冲输出时间为400μs，输出间隔为10ms。

本次实验的行驶速度小于12km/h，当输出间隔为10ms时，可以根据3.33cm的车辆移动量来判断路面侧线圈上有无车辆。

图18　行驶中无线供电实车行驶试验

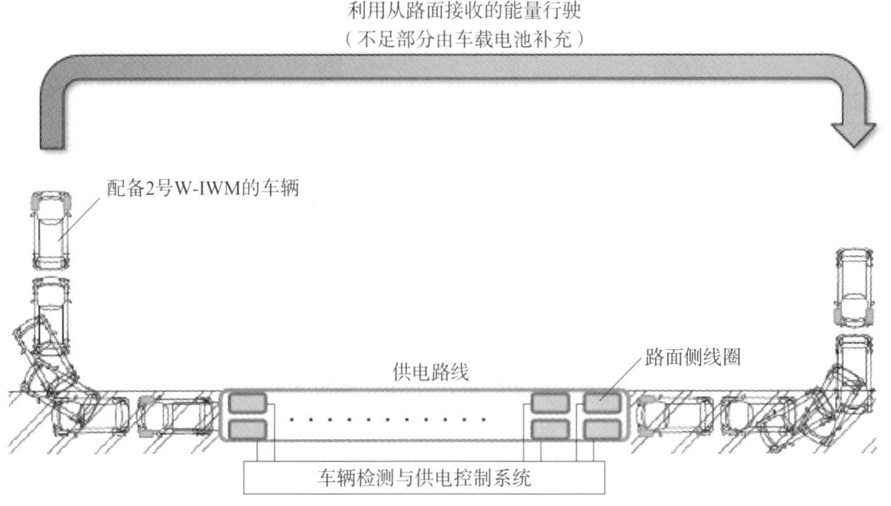

图19　行驶中无线供电的循环行驶试验

● 本次仅给右轮供电（也可以同时给两轮供电）

图 20 所示为行驶中供电路线的路面侧线圈配置。在本次实验中，各路面侧线圈在行进方向上的间隔为 1.6m，左右共安装了 6 个路面侧线圈。各线圈分别连接路面侧逆变器，检测到车辆时开始向实验车辆供电。

尽管行驶时可以同时为左右轮供电，但本文的实验结果基于仅右侧安装 3 个路面侧线圈。

● 各参数的设定值和控制目标值

本次实验使用再生直流电源（Myway Plus 制造 pCUBE）输出路面侧直流母线 200V，供给各路面侧逆变器（因为路面设施正在建设中）。

轮毂侧控制系统的结构和上篇文章介绍的一样。直流母线电压控制目标值为 500V，LIC 电压控制目标值为 38V（50% SOC）。行驶中供电的所有传输电能都会被接收，并根据控制系统的动作适当用于 IWM 驱动。

● 实车行驶试验注意事项

在本次行驶试验中，为了消除轮毂侧控制引发的噪声，和微型模型实验一样，也使用移动平均滤波器。另外，用于测量的各电流传感器都未经校准，因此这次未评估传输效率，留待以后测量。

● 配备第二代 W-IWM 的实车行驶成功

图 21 所示为行驶试验的结果。其中，图 21（a）所示为右轮配备的第二代 W-IWM 的转矩指令值，由驾驶员的加速踏板操作传递到各 IWM。这次与第一代 W-IWM 一样，车体侧到轮毂侧采用蓝牙通信。

从图 21（b）所示的车速逐渐增大（加速）来看，第二代 W-IWM 的实车行驶试验已成功。

● 3 个路面侧线圈依次开始行驶中供电

如图 21（c）所示，在右轮轮毂侧的行驶中供电用受电线圈电流曲线约 5.5s 处开始，3 个路面线圈依次开始行驶中供电。

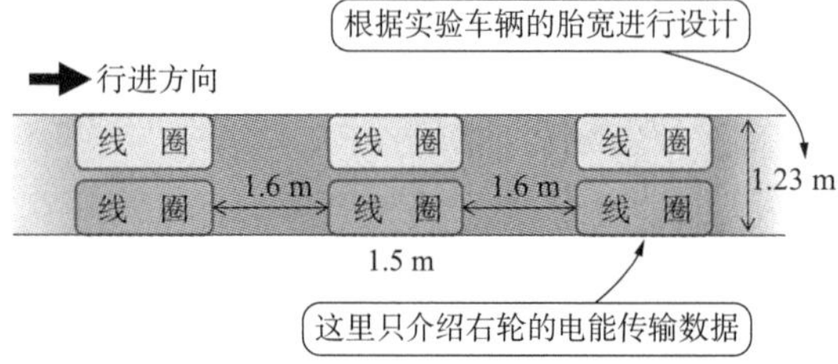

图 20　行驶中无线供电实车试验的路面侧线圈配置

如图 21（d）所示，轮毂侧直流母线电压在行驶中供电前后发生了变化。但是，通过开发的控制方法，可以适当进行目标值跟随控制。

今后还要改进控制系统，以抑制行驶中供电的电压波动，实现更稳定的工作。

● 行驶中供电时 LIC 充电

图 21（e）所示为在 LIC 电流的值，负值表示 LIC 充电。本次实验为简单起见，将 LIC 的 SOC 目标值设为恒定，但行驶中供电时 LIC 充电，LIC 能量会在路面侧线圈之间传输。

由以上结果可以看出，行驶中供电会引起短期功率波动，要积极利用 LIC 进行功率流控制，同时通过调节轮毂侧功率平衡来稳定直流母线电压。

● SOC 控制系统也正常运行

另外，行驶中不供电区间的 5.5s 之前和 10s 之后，如图 21（e）所示，LIC 电流几乎为零。在几乎没有功率波动的稳定状态下，LIC 的 SOC 恒定，可以靠车载电池续航。

因此，即使是实车行驶时，所提出的控制系统也能正常工作，并且可以验证其有效性，无关行驶中供电与否。

● 路面设施还实现了无传感器车辆检测 / 供电控制

接下来确认路面设施的动作。图 21（f）所示为第 2 个路面侧线圈的电流，请注意：其时隙不同于其他数据（因为车体侧和路面侧是分别测量的）。

从时刻 0s 到约 0.5s，可以确认路面侧线圈中有连续电流，且实验车辆的行驶中供电就发生在该时隙。

另外，供电之前和之后产生的尖峰状电流可用于车辆检测，通过比较设计阈值，可以确认供电动作切换是否正常。

● 车辆检测期间的功耗为 70W

尽管是估算值，但是根据直流电源设备的显示值可以确认，本次实验中车辆检测期间单线圈的功耗约为 70W，行驶时的功耗约为 3.8kW。

与供电时相比，待机时的功耗可以减小约两个数量级，但是实际应用中必须进一步节能。今后，不仅要实现行驶中无线供电的稳定动作，还要致力于低功耗研发。

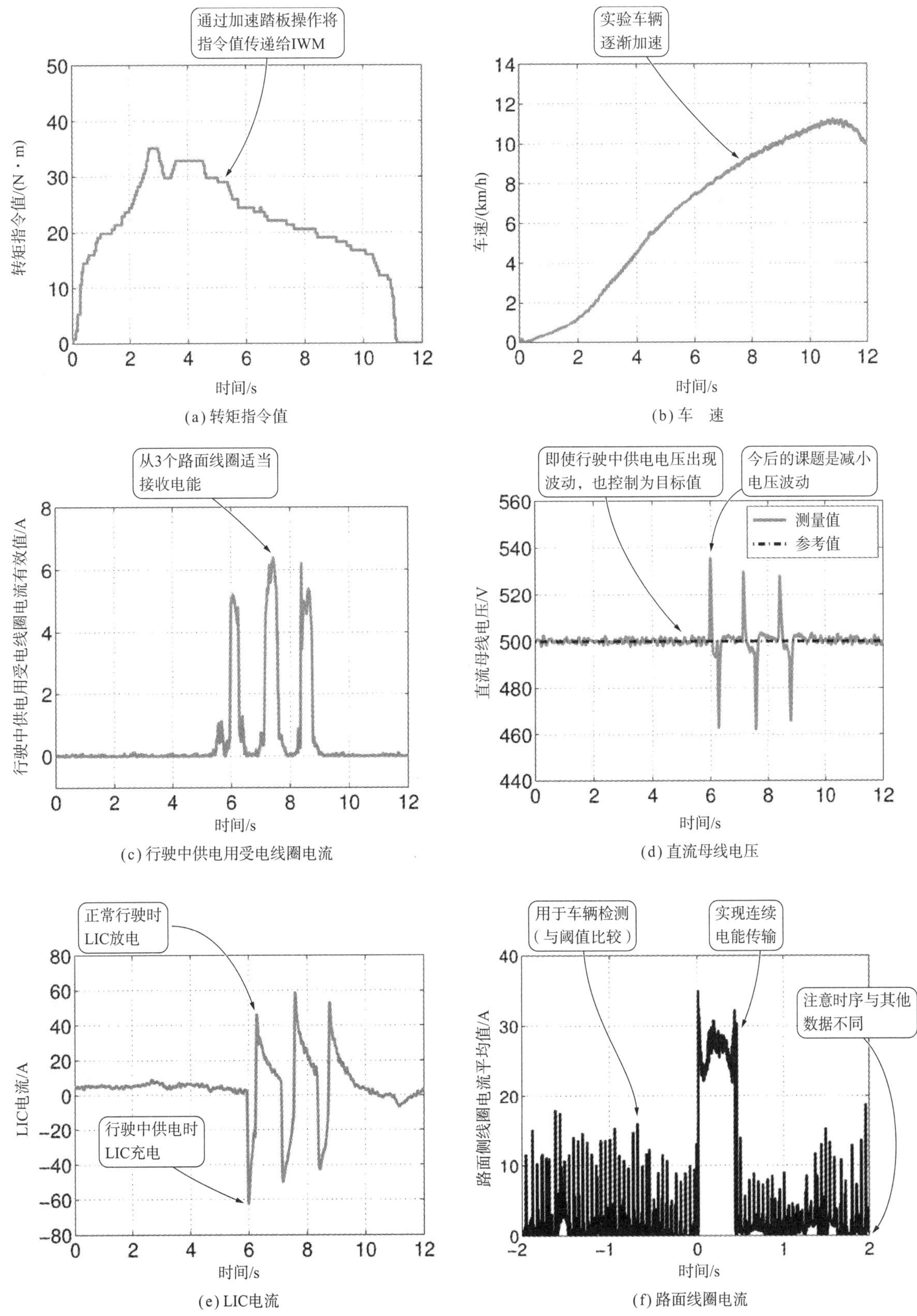

图 21 行驶中无线供电的实车试验结果

专栏 C 雨中的行驶中无线供电试验

◆ 磁共振耦合即使在雨天也能工作

当然，一般道路都难免暴露在雨雪中。因此，即使在恶劣天气下，行驶中无线供电设备也必须能够稳定工作。如果雨天无法供电，那么 EV 的便利性将完全无法改善，失去其存在价值。

磁共振耦合以磁场为电能传输介质，理论上基本不受非磁性体雨或雪（主要成分是水）的影响。

但是，作为大功率系统，必须设计为采取防水措施之后不会漏电的结构。

◆ 路面侧线圈须具备足够的防水性能和强度

此次制作的所有路面侧线圈都是考虑到实际运用而设计的，在行驶试验之前要进行各种试验。

首先，在线圈壳体内贴附浸水管理封印的情况下进行喷淋试验和浸水试验，并确认经过这些试验后没有浸水，以确保足够的防水性能（图 C.1）。

另外，利用乘用车进行微速、低速和加速碾压试验，确认线圈壳体及内部线圈 / 铁氧体无损伤且具有足够的强度（图 C.2）。从结果来看，不会因壳体破裂而渗水，说明防水性能过关。

◆ 雨天行驶试验

在采取这些措施的基础上建立试验环境，这样下雨天也能进行行驶中无线供电试验。但是，考虑到可再现数据的获取和偶然性，现实是不可能在雨天进行试验的。

但是，有时不得不在雨中进行试验，如参展和受访时。由于理论和结构上都没有问题，因此在意料之外的大雨中进行了试验准备，并在预期时间内实施了行驶中无线供电试验。

◆ 实证在雨天也能正常供电

图 C.3 所示为雨天试验准备工作以及行驶中无线供电试验。从停放实验车辆的车库到试验现场靠

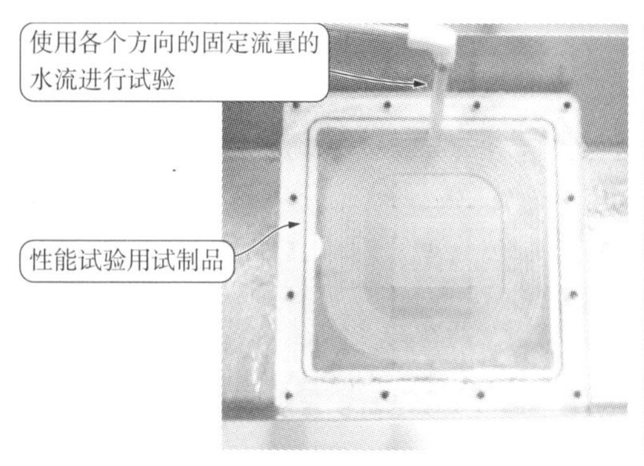
使用各个方向的固定流量的水流进行试验
性能试验用试制品

(a) 喷淋试验

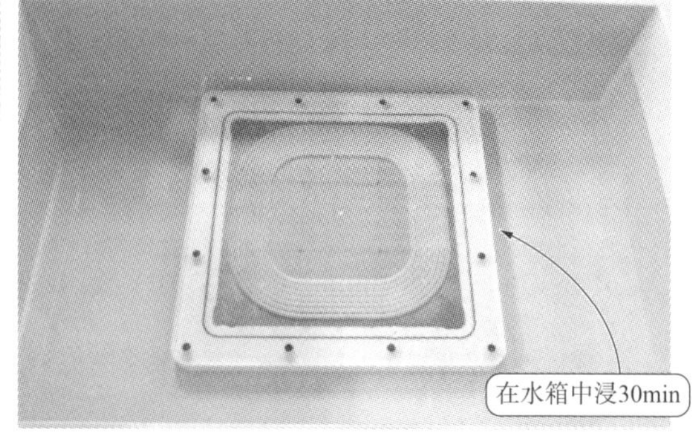
在水箱中浸30min

(b) 浸水试验

图 C.1 机械结构验证用路面侧线圈的防水性能评估试验

在不同高度碾压位置进行试验

(a) 微速、低速和加速碾压试验

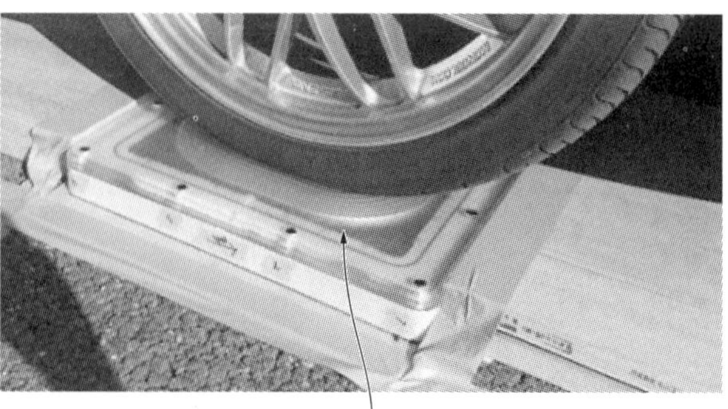
除了匀速行驶，利用加速工装进行前轮碾压

(b) 乘用车碾压试验

图 C.2 机械结构验证用路面测线圈的强度评估试验

前轮配置的第二代 W–IWM 行驶，因此确认了车身－轮毂无线供电正常。

行驶中无线供电试验是在路面侧线圈上残留雨水的恶劣条件下进行的。如图 C.3 所示，当前轮毂受电线圈接近路面侧线圈时，受电指示灯点亮，试验顺利成功。

◆ 长时间停车时也可以供电

雨天行驶试验开始于意料之外，这时笔者决定进行一项新的试验，由行驶中供电转向停止时供电。

这里假设在十字路口前等红绿灯，行驶的实验车辆停在路面侧线圈上，以确认供电状态是否可以维持。

结果与之前的行驶中无线供电一样，在切实检测到车辆之后开始供电。实验车辆停在路面侧线圈上时，路面设施也能检测到车辆，这样就成功切换到持续停车时供电了。

◆ 取得了意想之外的重大成果

这次实验车辆的行驶试验虽然始于意外降雨，但完成时却获得了许多成果。现在，无论天气如何，都可以进行行驶演示，有望实用化。

将来，笔者不仅将致力于基础研究，还将进行应用试验，以进一步提高性能。当该技术投入实用时，笔者将继续进行面向未来的研发。

(a) 行驶中供电的情形

(b) 停止时也能供电

图 C.3　雨天行驶中无线供电试验

结束语

● 本次研究总结

本次研究以“轮毂电机”和“行驶中供电”为关键词，描绘了未来 EV 的理想形式，并提出了 IWM 独有的新型行驶中供电形式。

除了通过第一代 W–IWM 实现的车体－轮毂双向无线供电，第二代 W–IWM 还支持路面行驶中供电，通过轮毂侧蓄电装置（LIC）实现了更高的再生效率和先进的功率流控制。

此外，实验车辆的行驶试验也取得了成功，首次证明可以从路面侧直接向轮毂侧无线供电。

● 仍然存在许多挑战

《电动汽车　第 6 辑》介绍了行驶中无线供电技术，而《电动汽车　第 8 辑》介绍的 IWM 在实用化之前还存在许多问题。本文介绍的第二代 W–IWM 更先进，所以还存在一些难以消除的壁垒。

然而，相对于只推进锂离子电池发展的 EV 开发，未来汽车社会的理想 EV 是真正可持续发展的，今后必须加速研发。

行驶中供电技术的发展将大大改变此前的道路基础设施，变成一种适合未来 EV 社会的新技术（图 22）。

● 期待此技术创造新的 EV 社会

在笔者实验室就行驶中无线供电技术于 2017 年 4

月举行新闻发布会（图 23）之后，媒体曝光率越来越高，参观请求也陆续增多，现在受到了前所未有的关注。但是，从现在开始才是面向实用化的关键时候。工业界、学术界和政府，包括大学和公司，以及国家和公共组织的协作，将变得更加重要。

本文介绍的技术将极大促进 IWM 的推广和实用化，期待终极 EV 对汽车社会的安全与保障以及全球环境的保护做出贡献。

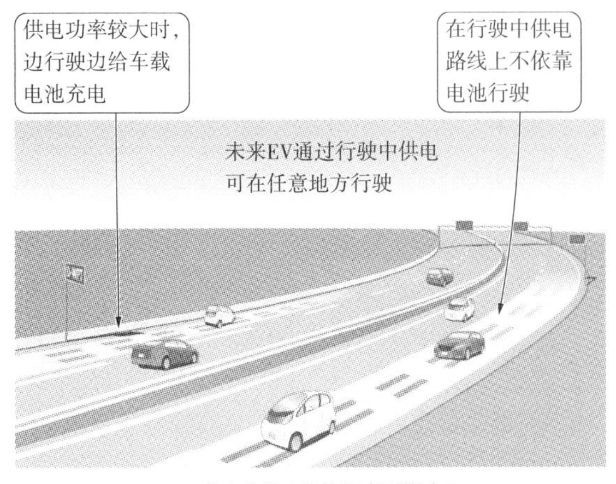

(a) 高速公路（续航距离无限大）

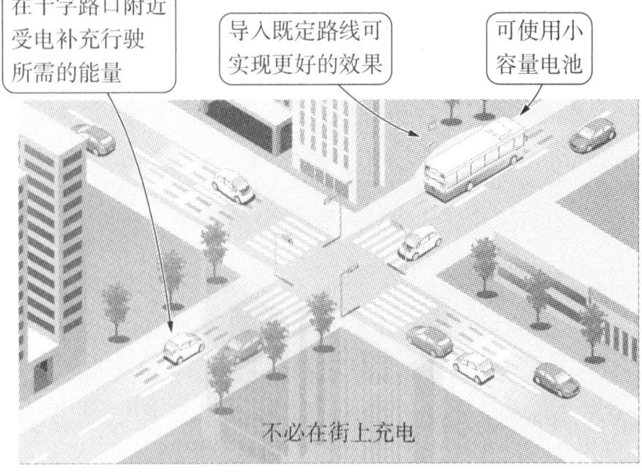

(b) 市区（无需在家充电）

图 22　行驶中供电未来道路的设想

图 23　共同研究人员的纪念照

参考文献

[1] 藤本博志，天田順也，宮島孝幸．可変駆動ユニットシステムを有する電気自動車の開発と制御．自動車技術会春季大会学術講演会前刷集，2013,8(13):17–20.

[2] 藤本博志，竹内琢磨，畑勝裕，居村岳広，佐藤基，郡司大輔．走行中ワイヤレス給電に対応した第 2 世代ワイヤレスインホイールモータの開発．自動車技術会春季大会学術講演会講演予稿集，2017:277–282.

报 告

永磁旋转型磁悬浮行驶装置

—— 磁轮的工作原理、实验、制作

〔日〕藤井信男 执笔 | 邹雨含 译

一般认为磁悬浮的实现离不开“超导性”，但这里介绍的“磁轮”是由钕磁铁与电磁线圈的感应排斥磁场在常温下驱动的。悬浮力源自磁轮高速旋转，部分悬浮力也用作推力。本次实验以 1000r/min 的转速成功实现了 35kg 实验车辆的悬浮行驶。 应该有人之前在铁路技术研究所的发布日看过磁轮悬浮吧。

（编者按）

引 言

提起“直线电机”，很多人会联想到东京—名古屋的超导磁悬浮新干线。

不过也有“不会悬浮”的直线电机，并且已经用于日本东京、大阪和福冈等地的部分地铁线路。《电动汽车 第 9 辑》对该技术进行了说明。另一方面，即使不是超导型直线电机，也可以利用“磁悬浮旋转体”实现。

本文是笔者设计、制造的“磁悬浮旋转型行驶装置”的实验报告。“磁悬浮旋转体”也被称为“磁轮”。

稳定的感应排斥型磁悬浮

磁悬浮特性是，悬浮间隙越小，排斥力越大，结果是避免了接触间隙变大，因此具有无需控制即可自动保持安全间隙的自稳定性。可以说，感应排斥型磁悬浮是一种稳定且可靠的方式。

感应排斥型磁悬浮可以实现稳定间隙，超导磁悬浮新干线运用的也是这种方式。

■ 静止式感应排斥型磁悬浮的原理

● 将可产生交变磁场的悬浮体放在导体板上

下面从磁轮的悬浮原理开始说明。图 1 所示为一个非常简单的模型。这是悬浮体在导体板上磁悬浮的实现方法之一。

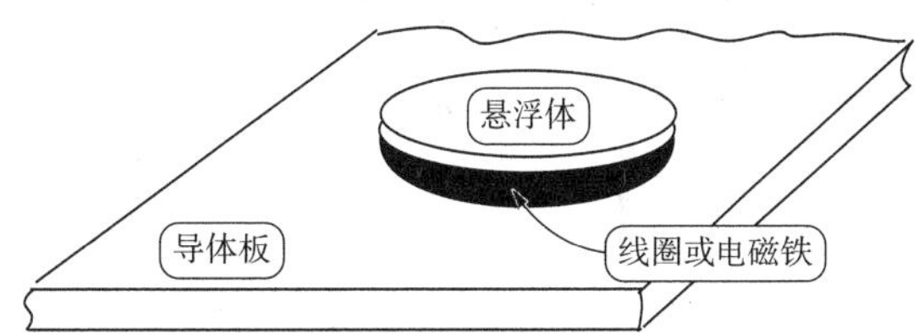

图 1 静电感应排斥型磁悬浮装置

● 悬浮体上装有产生磁场的线圈或电磁铁

悬浮体上装有线圈或电磁体，流过交流电流时会产生交变磁场、旋转磁场、移动磁场这三种随时间变化的磁场。

● 导体板产生的感应磁场与悬浮体的磁场相斥

悬浮体产生的磁场与导体板“交链”，使导体板中产生感应电流，让悬浮磁场与感应磁场之间产生排斥力。

优点是，悬浮体不必机械移动即可产生随时间变化的磁场。

● 不能抬起悬浮体

但是，该方法不能产生大于悬浮体重量的磁排斥力。

原因是，线圈通电发热会限制电流密度，这样一来便不能产生悬浮所需的磁动势。

● 磁力不足

使用超导线圈是有可能的，但目前没有交流超导线材可以在小型轻量的冷却下以较高频率稳定使用。

■ 静止式感应排斥型磁悬浮的应用

● 磁悬浮的实用条件

实用的感应排斥型磁悬浮装置要满足以下要求：

· 至少可以产生大于装置重量的排斥悬浮力。
· 磁场源及感应电流引起的焦耳损耗带来的耗电量小到可以忽略不计

● 解决办法

为了满足这些要求，要考虑以下两点：

· 轻量悬浮体能产生强磁场
· 使用能积较大的稀土类永磁体或超导磁体

但是，这些磁体的磁场不会随时间变化，因此要让磁体在导体板上进行机械移动。

■ 运动式感应排斥型磁悬浮

● 使悬浮体旋转

图 2 所示为感应排斥型磁悬浮示意图，永磁体或超导磁体的悬浮体安装在圆板上，并在导体板上旋转。

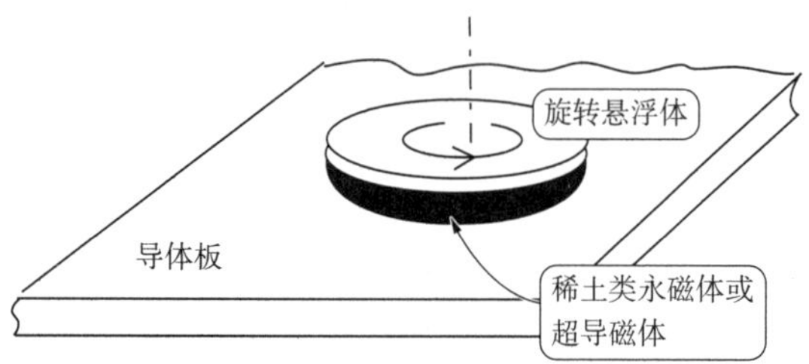

图 2 感应排斥型磁悬浮装置，可使导体板上的稀土永磁体或超导磁体旋转

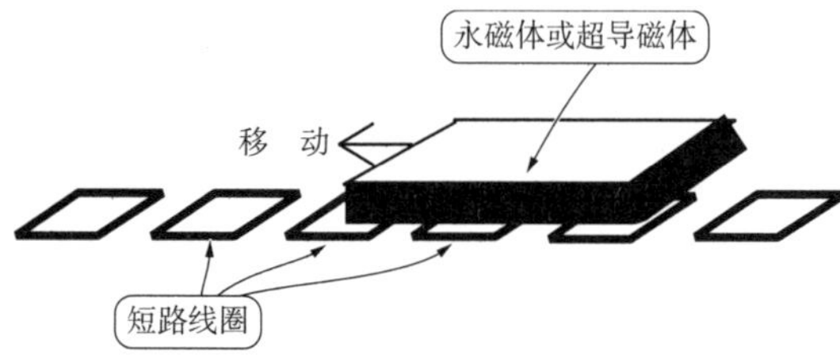

图 3 永磁体或超导磁体在短路线圈上直线运动的感应排斥型磁悬浮装置

● 使用短路线圈代替导体板

可以使用短路线圈代替导体板，提供感应电流回路。

图 3 所示为永磁体或超导磁体在呈直线排列的短路线圈上移动的感应排斥型磁悬浮示意图。

这种使用超导磁体的装置是 JR 超导磁悬浮新干线使用的悬浮导引装置的原型。

这基本上是非旋转式，但是本文着眼于旋转式。下面，笔者开始说明稀土类永磁体在导体板上旋转的感应排斥型磁悬浮的原理，并探讨其性能和实用性。

使永磁体在导体板上旋转的方法

■ 基本模型

● 永磁体在导体板上旋转的模型

图 4 所示为磁轮的基本模型，是永磁体（以下简称 PM）在导体板上机械旋转的 PM 旋转体模型。

● 装有永磁体的圆形磁轭在空中旋转

PM 旋转体由具有两个磁极的 PM 装在圆形磁轭[①]上组成。PM 旋转体平行放置在足够大的导体板上（呈悬浮状），并以速度 v 逆时针旋转。

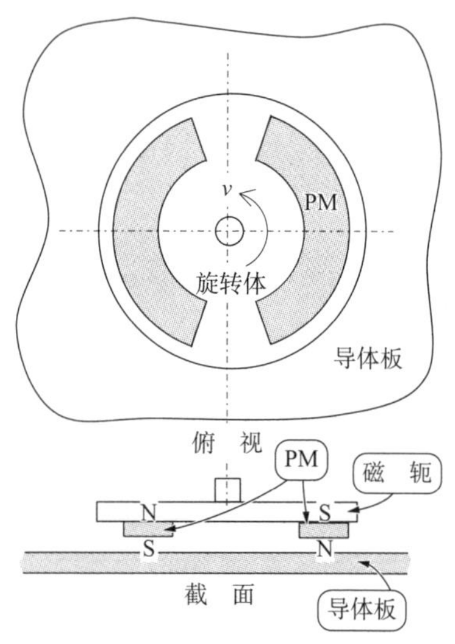

图 4 永磁体（PM）在导体板上旋转的模型

① 磁极背面之间的磁通量传递通道被称为“磁轭”。电机等的磁轭通常使用叠片铁心，但此处几乎没有随时间变化的磁通量，因此使用铁板。

■ 产生的感应电动势和电流

● PM 与导体板的交链磁通

思考一下基本模型中产生的感应电动势和电流。

如果 PM 处于图 4 所示的位置，则 PM 与导体板的交链磁通如图 5（a）所示。这里，⊗表示磁通从导体表面射入，⊙表示从导体表面射出。

● 旋转方向由弗莱明定则确定

相对于旋转体的 PM 磁场，导电板向右旋转。

如图 5（a）所示，与磁通密度 B 交链的导体板以速度 v 移动时，导体板上的感应电动势

$$e = v \times B \text{（弗莱明右手定则）}$$

其分布如图 5（b）所示。

只有在 PM 的作用下，径向才会产生电动势。对应于交链磁通的方向，其左右方向如图 5（b）所示。

● 导体板上出现与感应电动势同相的涡流

这种情况下的电流如图 5（c）所示，可以通过连接图 5（b）所示感应电动势的电流回路绘制示意图。电流的方向取决于感应电动势的方向确定，PM 旋转面上半部分和下半部分的涡流方向不同。

导体板上的这些不同方向的涡流，分别在上下半部分产生⊗和⊙方向的磁通。此时，磁极中心的上下分别为 N 极和 S 极。在 PM 侧导体表面，磁通进入导体的方向即为 S 极。

● 在这种状态下不悬浮

图 5（c）所示 PM 旋转体的 N 极和 S 极分别位于右侧和左侧。当 PM 旋转体的磁极与导体板的电流的磁极呈 π/2 的位置关系时，PM 旋转体沿逆时针方向旋转。此时，旋转体的 N 极和导体板的 N 极之间产生排斥力，抵消旋转体的 N 极与导体板的 S 极之间的吸力，制动转矩达到最大。

■ 阻抗与电流的相位

● 阻抗与电流

要探讨电路的阻抗，先看一下此模型中电路的要素。电路要素有三种：电阻、电感、电容①。其中，电感 L、电流 i 和交链磁通 ψ 之间的关系如下：

$$L = \frac{\psi}{i} \tag{1}$$

● 漏感的存在

电流 i 与交链磁通 ψ 之间的关系，可以用图 6 所示的两个回路组成的模型表示。

假设回路 1 中的电流 i 沿图示方向流动，根据安培右手螺旋定则，图示方向的回路中产生磁场 B。如果回路 1 的面积为 S，则其产生的磁通量 ψ_1 与磁场 B 之间的关系如下：

$$\psi_1 = \int_S B \cdot \mathrm{d}S \tag{2}$$

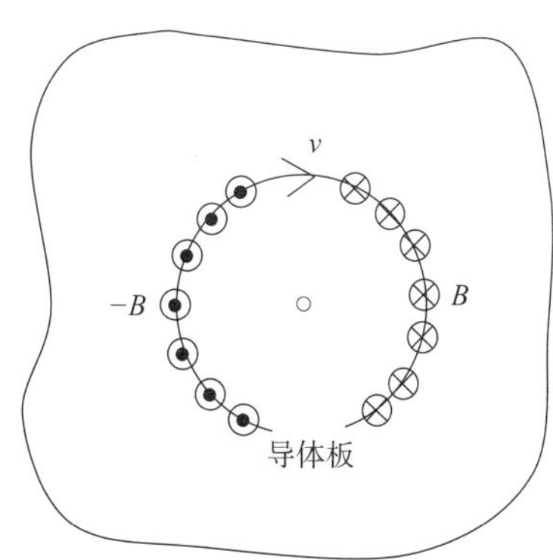

(a) 静止PM与导体板的交链磁通方向

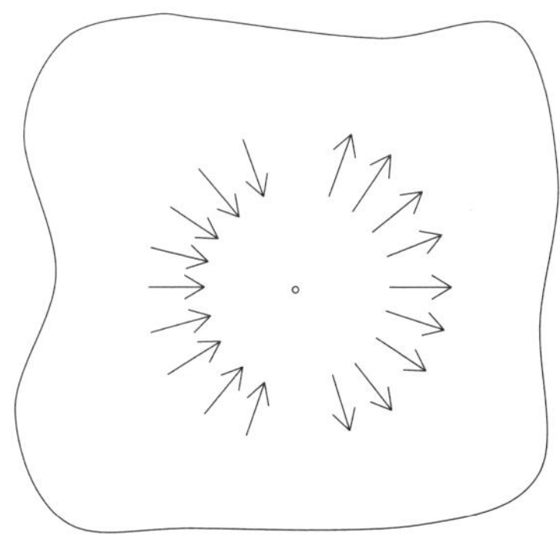
(b) 导体板上感应电动势的分布

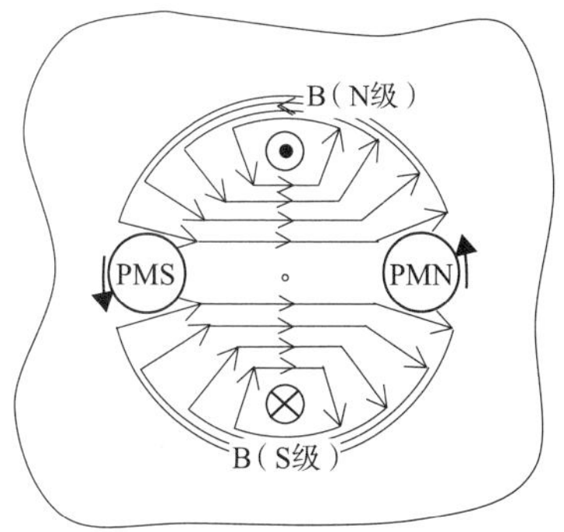

(c) 与导体板中的感应电动势同相的涡流

图 5　基本模型的工作原理

① 电阻元件：电阻器。
电感元件：电感器、电抗器或线圈。
电容元件：电容器。

回路 1 发射出的 ψ_1 可分为两类：

· 穿过回路 2 的磁通量 ψ_{12}

· 不穿过回路 2 的磁通量 ψ_{11}

其中，ψ_{11} 仅与自身的电流回路交链，并不影响其他回路，所以也被称为“漏磁通”。

和漏磁通对应的电感被称为“漏感”，定义如下：

$$l = \frac{\psi_{11}}{i} \tag{3}$$

如果除回路 1 之外没有回路 2，则 $\psi_{11}=\psi_1$。

● 有电流的地方必然存在电感

导电板上的电流回路无法用肉眼看到，所以很难对回路进行定义。但由于电流始终形成闭合回路，因此可将电流路径当做电流环。

所以，即使没有电感器（如线圈或电抗器），有电流的地方也必然存在电感。

● 感应电动势与电流之间的相位关系

前面提到过电流回路具有电动势 e，并且必然存在电感 L。其实，电流回路中也必然存在电阻 r，如图 7 所示。这里，n 表示 PM 旋转体的转速（r/s）。

● PM 旋转体的转速、电抗和相位延迟角

该模型中感应电动势、电流频率 f 与 PM 旋转体转速 n 之间的关系如下：

$$f = \frac{p}{2}n \tag{4}$$

式中，p 为极数。

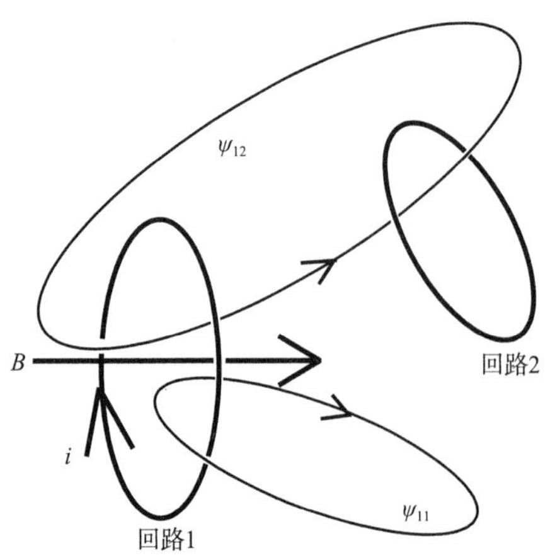

图 6　两个回路组成的模型中电流、磁通量和作为漏感的漏磁通之间的关系

电路的电抗为 $pn\pi L$，电路电流相对于电源电压的相位延迟角 ϕ 如下：

$$\phi = \tan^{-1}\left(\frac{pn\pi L}{r}\right) \tag{5}$$

因此，

· 电阻越小（导体电阻率越低，导体板越厚）

· 转速越高

相位延迟角越大。

■ 能够实现磁悬浮的电流相位

● 相位延迟角、悬浮力与制动力之间的关系

图 8（a）所示为相位延迟角为 π/4 时，导体电流产生的磁极与 PM 旋转体的磁极之间的关系。与图 5（c）所示的情况相比，同性磁极靠近，异性磁极远离，两极间的排斥力增强。随着（排斥）悬浮力变大，可推测制动转矩会减小。

图 8（b）所示为相位延迟角为 π/2 时的磁极关系。此时，导体电流产生的磁极与 PM 旋转体的磁极呈同位置同极性相对，仅产生排斥悬浮力，没有制动转矩。

● 相位延迟角为 π/2 时，无感应电流

作为磁悬浮装置，这是一种理想状态，但由式（5）可知，导体板的电阻必须为零。

同样，当 RL 电路中的 $R = 0$ 时，由下式可知时间常数将变为无限大：

$$\tau = \frac{L}{R} \tag{6}$$

即使导体板上产生感应电动势，电流也不会增大。因此，即使使用没有电阻的超导板，也不会产生悬浮力和制动转矩。

图 8（c）所示为导体电流恒定的条件下，相对于感应电动势的电流相位延迟角、排斥悬浮力与制动转矩特性。

如上所述，当相位角完全为 π/2 时，感应排斥型悬浮不成立。因此，在相位角稍小于 π/2 时可以得到最大悬浮力。

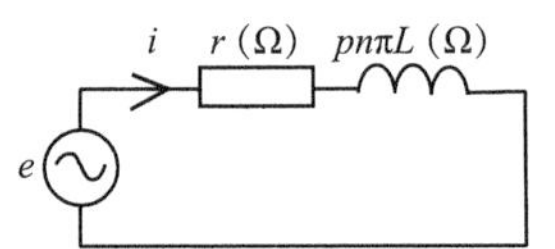

图 7　导体中电流回路的等效电路

● 为了稳定，需要适当的阻尼

但是，为了稳定地悬浮，还需要吸收振动能量的电阻进行适当的阻尼。这里所说的“阻尼”，是指“悬浮振动的制动”。

相位角越接近 π/2，阻尼时间常数越大，阻尼系数越小，阻尼越弱。另一方面，阻尼增大时，制动转矩也会增大，用于克服制动转矩的功耗也将增大。

也就是说，要权衡排斥悬浮力与阻尼的关系。

● 永磁旋转体旋转会产生悬浮力

如上所述，永磁体在导体板上旋转，可以产生磁悬浮所需的感应排斥力。

接下来，笔者将通过实验确认实际使用多大的永磁旋转体能得到想要的悬浮力。

稀土类永磁旋转体的制作与实验

■ 实验装置的制作

● 使用钕磁铁制作旋转体

进行初步实验，以验证实际是否可以实现悬浮。换句话说，为了验证旋转体的悬浮力是否符合预期，尝试制作前面模型中的磁轮。永磁体（PM）选用保持力为 926kA/m、最大能积为 345kJ/m³ 的钕磁铁，形状和尺寸如图 9（a）所示。

PM 单体呈直线边梯形，磁化方向为 40mm 厚度方向。如图 9（b）所示，每个磁极配置 3 个 PM 单体。除了 20mm 厚的圆形磁轭，其他结构件使用无磁性的不锈钢，并且在 PM 表面设置 3mm 厚的不锈钢板盖进行保护（图 10）。

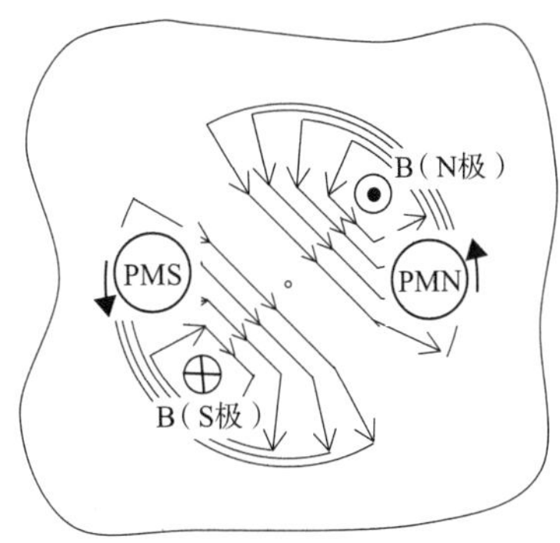

(a) 感应电动势致电流相位延迟π/4时的磁极关系

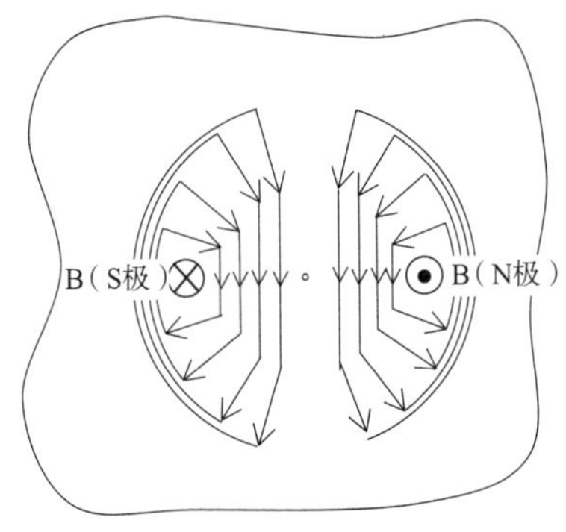

(b) 感应电动势致电流相位延迟π/2时的磁极关系

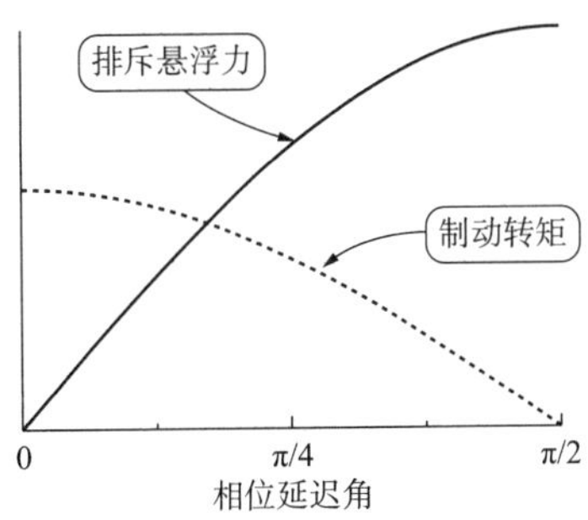

(c) 电流相位延迟角、悬浮力与制动转矩之间的关系

图 8　实现磁悬浮的电流相位

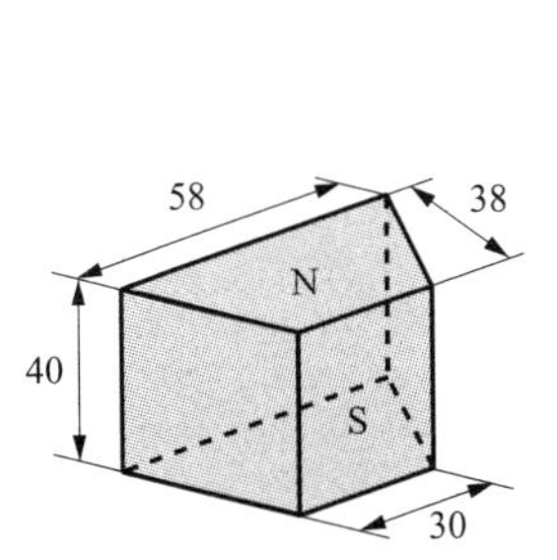

(a) 安装在旋转体上的稀土PM单体的尺寸

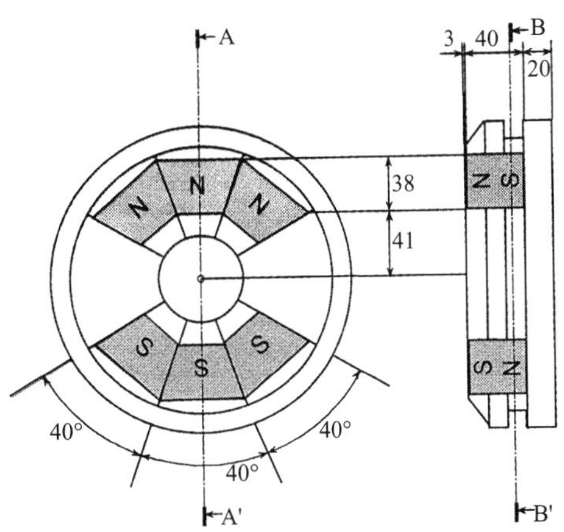

(b) 两极PM旋转体

图 9　安装钕磁铁的旋转体的制作

● 铝合金导体板的制作

在和旋转体对抗的导体板上，组合安装 5mm 和 10mm 厚的铜板以及 5mm 厚的铝合金板（电阻率为铜的 2.94 倍），分别得到 5mm、10mm 和 15mm 的厚度。板面尺寸为 450mm × 450mm。

● 实验装置的制作

实验装置的整体效果如图 11 所示。为了更加方便地测量作为悬浮力的排斥力，将导体板垂直安装，并在后方设置 4 个用于悬浮力测量的称重传感器。

另外，将 PM 旋转体安装在电机上，通过调整电机安装座可以调节 PM 旋转体与导体板之间的间隙（图 12）。

图 10　制作的 2 极 PM 旋转体的外观

图 12　永磁旋转体磁悬浮实验装置的外观

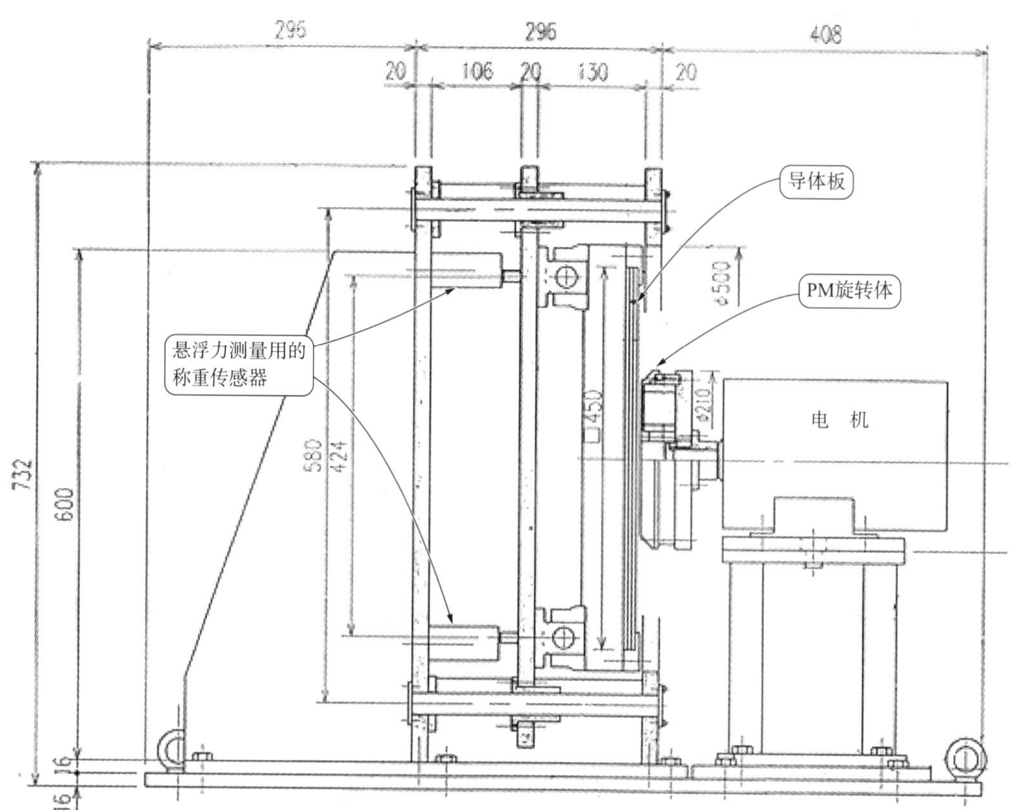

图 11　永磁旋转磁悬浮实验装置

■ 转速与悬浮力 / 制动转矩的实验

● 用 10mm 厚铜导体板测量悬浮力

根据导体板的材料、厚度以及 PM 旋转体的转速来测量旋转体的悬浮力（排斥力）特性。

图 13（a）所示为 10mm 厚铜板的悬浮力特性。图中的 g_2 是旋转体表面与导体板之间的机械间隙。

利用各间隙，慢慢提高旋转体的转速，在较短的时间间隔内测量悬浮力。图中的实心点为实际测量值。

● 以 10mm 厚的铜板作为导体板测量悬浮力

图 13（b）所示为使用 10mm 厚铜板时的制动转矩特性。转矩 T（N·m）可根据功率 P（W）求出：

$$T = \frac{P}{\omega_m} \tag{7}$$

式中，功率 P 为电机驱动功率减去电机损耗；ω_m（rad/s）为旋转角速度。

图 13（c）所示为产生磁悬浮力所需的功率。功率消耗与产生的悬浮力成正比。

● 铜板厚度 / 材料的影响

图 14 所示为铜板厚度分别为 5mm 和 10mm 时的排斥悬浮力的比较。厚度为 5mm 时，悬浮力很小，但对应转速下的饱和也很小。

图 15 所示为厚度同为 10mm 的铜板与铝合金板的悬浮力比较。具有高电阻率（为铜板的 2.94 倍）的铝板的悬浮力低于铜板，但是悬浮力在约 2000r/min 转速下时并未饱和，并且与转速成正比。

● 铜板与铝合金板的特性比较

图 16（a）所示为厚度分别为 5mm、10mm、15mm 的铝合金板与厚 10mm 的铜板的悬浮力比较。图 16（b）和（c）分别为 10mm 厚的铜板和 5mm、15mm 厚的铝合金板的制动转矩和功耗。

导体电阻越小，转速越低，制动转矩越大；转速越高，制动转矩越小。

另一方面，转速越高，功耗越大。但是，它与悬浮力成正比，所以电阻越低，饱和的可能越大。在约 1800r/min 的高转速下，三种导体板的悬浮力差异

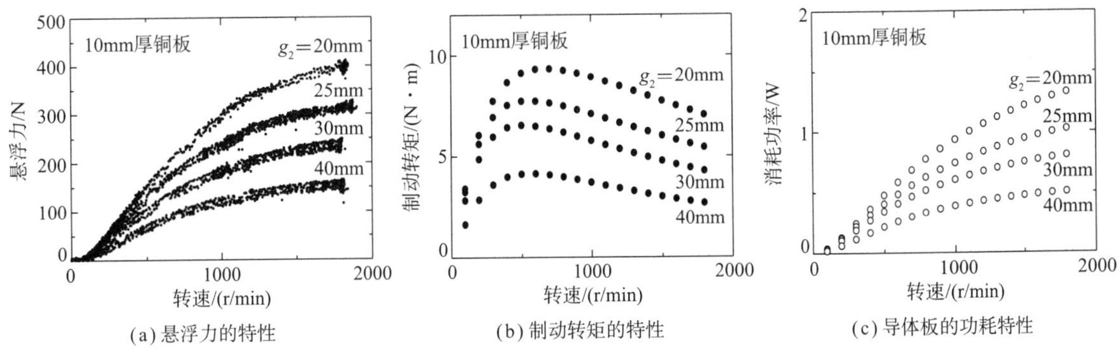

(a) 悬浮力的特性　(b) 制动转矩的特性　(c) 导体板的功耗特性

图 13　10mm 厚铜导体板的特性实验

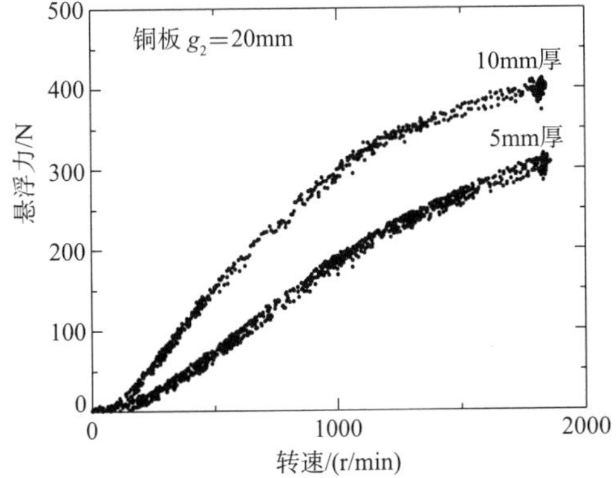

图 14　不同铜板厚度的悬浮力比较

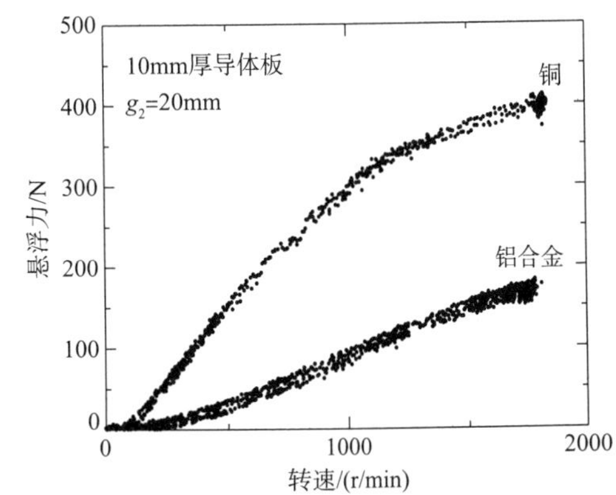

图 15　铜板与铝板的悬浮力比较

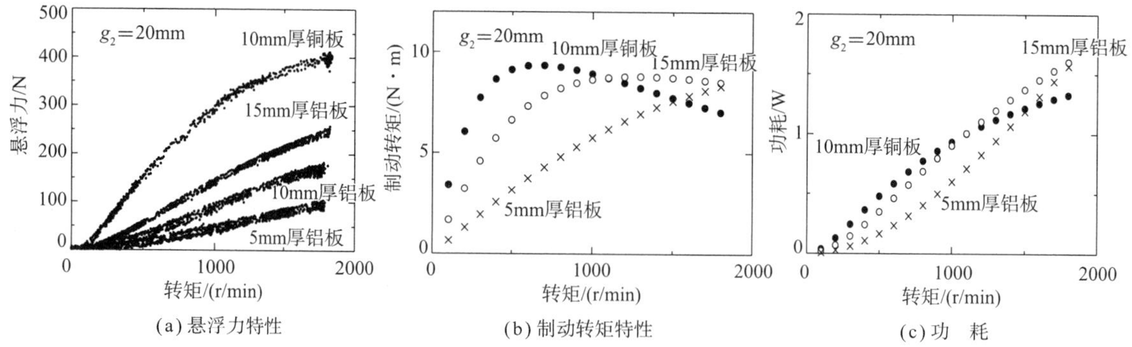

(a) 悬浮力特性　(b) 制动转矩特性　(c) 功　耗

图 16　通过改变铝板的厚度比较特性

很大，但功耗差异不大——单位功耗的制动转矩都等于 5.30N · m/kW。

● 通过实验考察悬浮情况

基于 PM 旋转体的感应排斥型磁悬浮，可以通过使用强力 PM，在不产生线圈焦耳损失的情况下实现大磁通与导体板交链，无需控制即可产生大排斥悬浮力。

实验结论如下。

① 外径为 21cm、厚度约为 6cm 的稀土类 PM 旋转体可产生 20mm 间隙以及 400N 悬浮力，能够悬浮约 40kg 物体。也就是说，可以得到比悬浮体重量更大的悬浮力，可实现有效载荷 > 0。

② 产生悬浮力的同时伴有制动转矩，而制动转矩是导体板的电阻产生的，因此会伴随着功耗的产生。

③ 稳定的磁悬浮需要一个吸收振动能量的阻尼电阻，这意味着会增加功耗。

④ 不管导体板电阻如何，高转速下单位功耗的制动转矩几乎一样。

以上优点显而易见，但以下缺点也不容忽视：

⑤ 感应排斥型磁悬浮伴随着大功耗。

● 使制动转矩不对称，进而获得推力

为了缓解功耗问题，笔者设计了一种方法：使沿

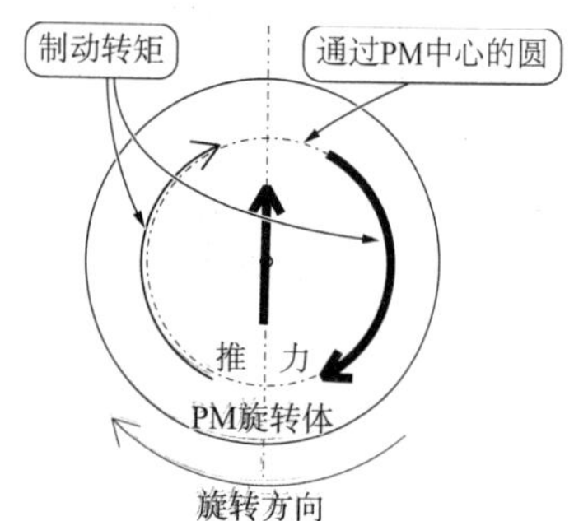

图 17　左右的制动转矩分布不对称——磁轮的基本原理

PM 中心圆周的制动转矩分布不对称，进而获得推力，如图 17 所示。

这样一来，可以将伴随制动转矩产生的多余的驱动功率转换为有用的推力。换句话说，可以将一部分悬浮力作为推力，用于行进方向的移动。

● 磁轮理论的诞生

这样，“通过刻意改变 PM 旋转体的感应排斥磁悬浮产生的制动转矩分布，从中获得推力，便可以同时产生排斥磁悬浮力和推力。对于这一可以同时产生排斥磁悬浮力和推力的装置，笔者将其命名为“磁轮”。

将制动转矩转换为推力——永磁旋转型磁轮的类型与工作原理

为了让制动转矩分布产生偏差，笔者提出了“倾斜式”和“偏置式”两种方案。

■ 倾斜式磁轮

● 使 PM 旋转体相对于导体板倾斜的方式

如图 18 所示，倾斜式是使 PM 旋转体倾斜于导体板旋转，以改变导体板与 PM 之间的间隙的方式。

磁轮的 PM 旋转体，以下称为“磁头”。导体板离磁头越近，制动转矩越大，转矩密度偏差越大。

图 19 所示为倾斜式磁轮的制动转矩分布。

● 使用多个磁轮来消除旋转转矩

如果右半部分的制动转矩比左半部分大得多，则可以获得图示方向的推力。该方向与较小的制动转矩的方向相反。在磁轮头为单体的情况下，转矩分量会

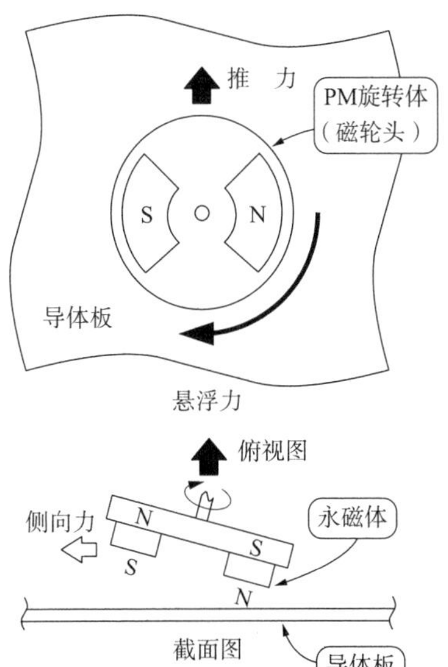

图 18 倾斜式磁轮

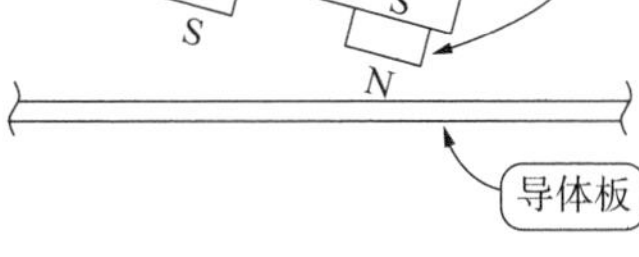

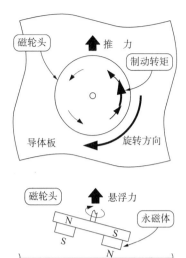

图 19 倾斜式磁轮的制动转矩分布

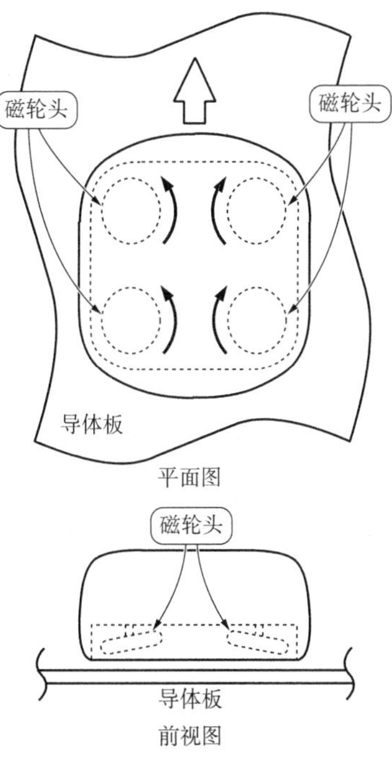

图 20 配置多个倾斜式磁轮以获取推力和悬浮力

残留。为了消除转矩分量，而仅获取悬浮力和推力，需要配置偶数个磁轮头，如图 20 所示。

在这种情况下，如果左右倾斜角不同，则左右推力也不同，这样一来便可以改变行进方向。

■ 偏置式磁轮

● 有无导体板均可设置偏置

当 PM 圆板在导体板边缘附近平行旋转时，导体边缘附近的电流方向将受到限制，因此可以认为这时几乎不产生制动转矩。

因此，笔者提出了图 21 所示的设置方案，并将其称为“偏置式磁轮”。

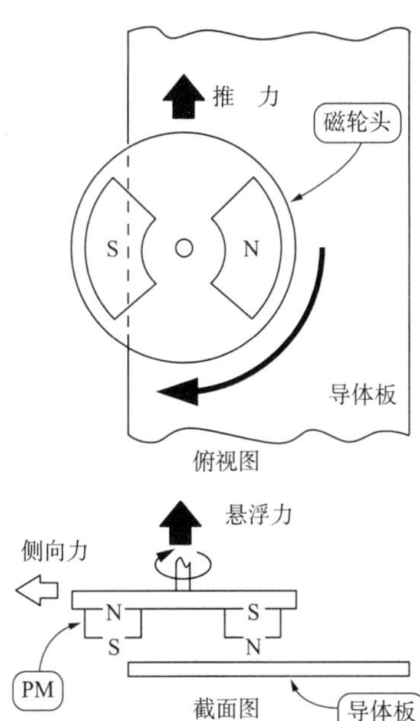

图 21 偏置式磁轮

● 制动转矩的产生

如图 22 所示，磁轮头顺时针旋转时会产生逆时针方向的制动转矩。

磁轮头右部分下方有导体板，因此会产生制动转矩。另一方面，左半部分的电流沿着导体板边缘流动，并且大部分电流方向与磁轮头旋转方向相同，即使有垂直于旋转方向的电流分量，与PM区域重叠的也很少，因此制动转矩可以忽略。

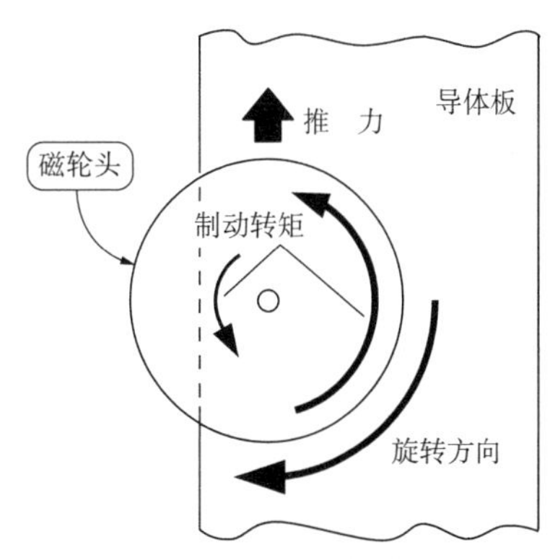

图 22 偏置式磁轮的制动转矩

在这种情况下，从整体而言，磁轮头在右半部分的制动转矩方向上产生力，并在图示方向上获得推力。

● 将两个导体板拉伸为线状

由于存在少许转矩和侧向力分量，因此如图 23 所示，将这些结构左右对称地排成线状并逆时针旋转，以消除转矩和侧向力分量。也就是说，仅仅使用推力和悬浮力。

磁轮评估实验装置的制作

● 磁轮的悬浮力和推力的评估

在开发磁轮头的过程中，为了进行评估和测量，笔者制作了图 24 所示的磁轮评估实验装置。

导体板及其安装板的结构使其可以向后方和侧方移动，悬浮力由安装板后方的 4 个称重传感器检测，而推力由安装板侧方的 3 个称重传感器检测。

● 导电板和磁轮的倾斜角的设置

装有 PM 旋转体磁轮头的电机底座具有可以设定其与导体板之间的角度和距离的结构。导体板与上述感应排斥型磁悬浮实验所用的一样。

● 磁轮头的评估——2P6M、4P4M、4P8M

待评估的 3 种磁轮头如图 25 所示。图 25（a）所示的磁轮头即图 9 所示的磁轮头，其 2 极共使用了 6 个 PM，因此被称为“2P6M”。

图 25（b）所示的磁轮头使用 4 个 PM 构成 4 极，因此被称为“4P4M”。

图 25（c）所示的 PM 与图 25（b）所示的特性相同，但是 PM 单体的尺寸不同，且磁化方向上的厚度只有其一半（20mm），其他尺寸也同样变小了。 PM 表面的不锈钢盖的厚度均为 3mm。 在 4 极配置中， 8 个 PM 以相同间距排列则为“4P8M”。

外观几乎相同，如图 26 所示。

倾斜式磁轮实验

■ 可调倾斜角的实验装置的制作

磁轮评估实验从倾斜式磁轮开始。图 27 所示为实

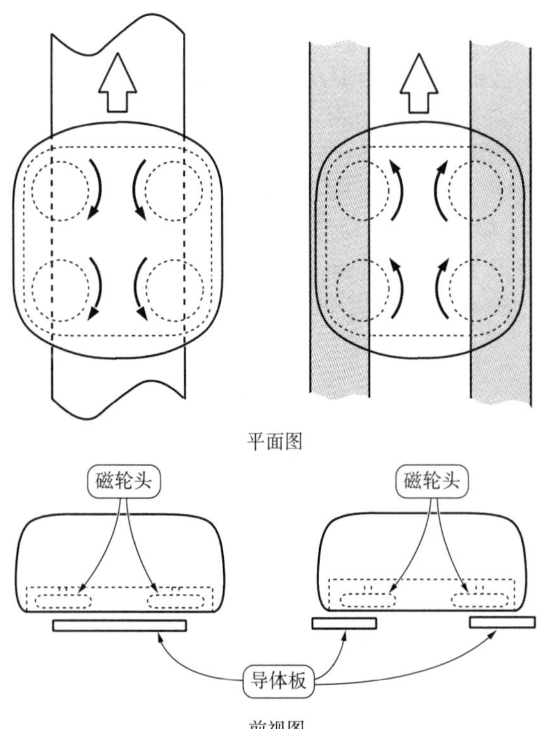

图 23 仅获取推力和悬浮力的偏置式磁轮

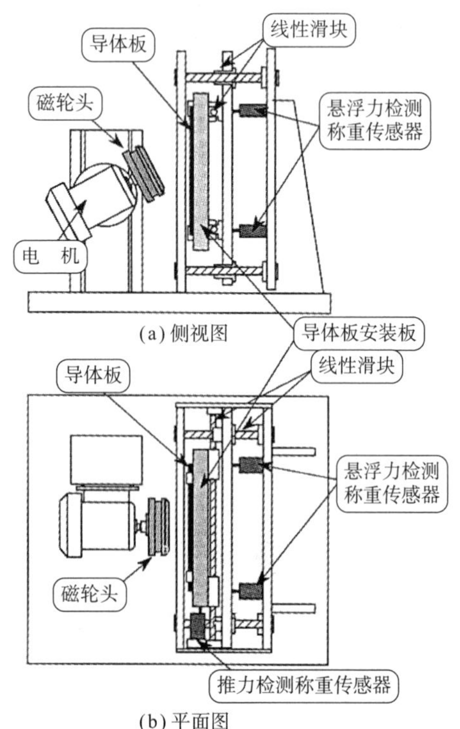

图 24 磁轮评估实验装置

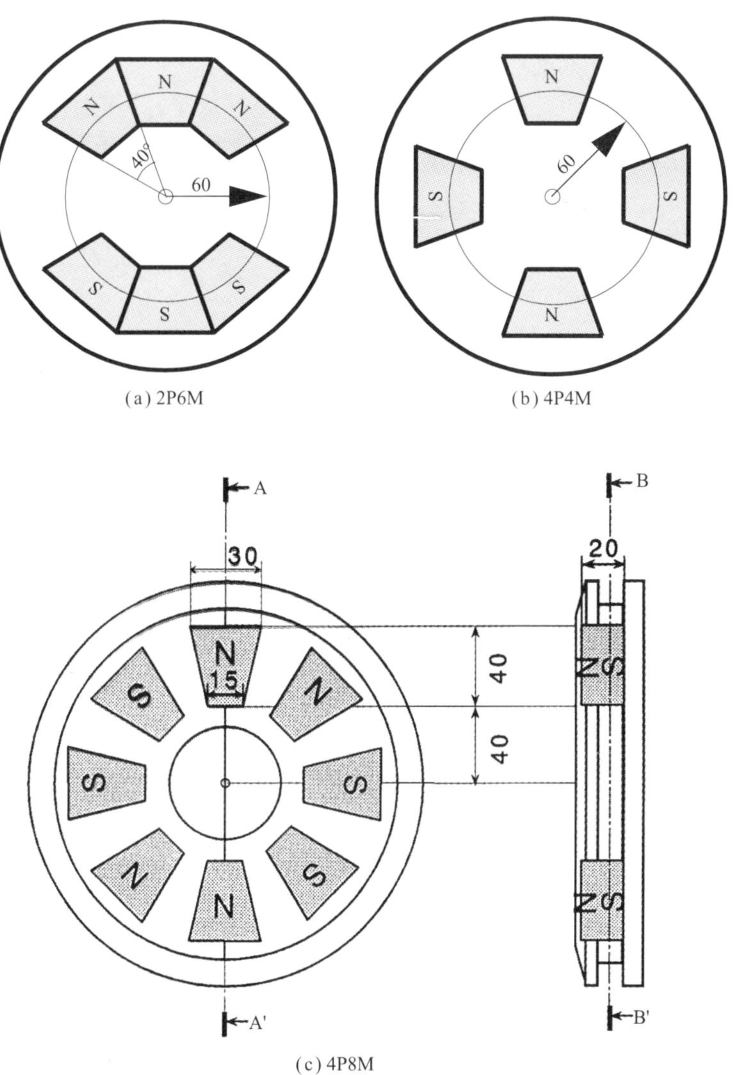

图 25　磁轮头

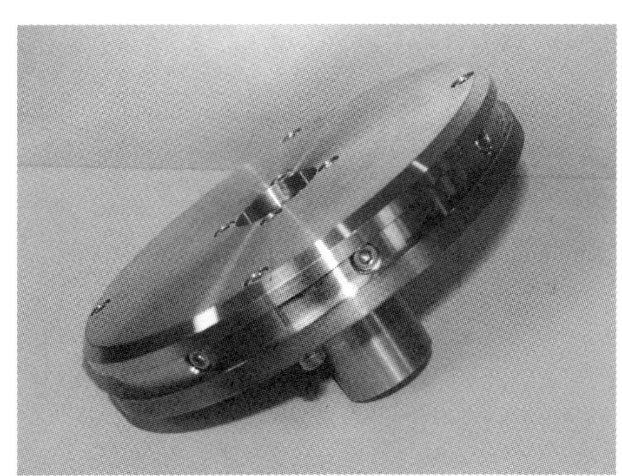

图 26　8 个 PM 等间距排列

图 27　倾斜式磁轮实验装置的外观

验过程中倾斜式磁轮的状态。图 25 所示的电机底座根据实际需要选择使用与否。

实验中通过改变磁轮头和导电板的类型，改变倾斜角和最小间隙 g_{2min}，如图 28 所示。

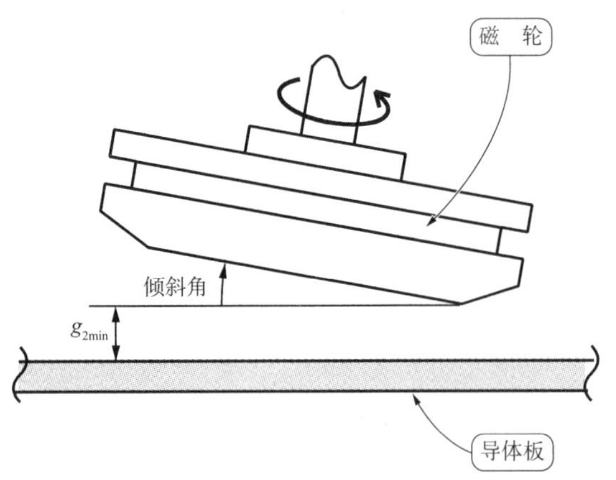

图 28 倾斜式磁轮的倾斜角和最小间隙

■ 铜板、2 极旋转体与悬浮力 / 推力之间的关系

● 转速 – 悬浮力 / 推力特性图

采取和图 11 所示平行旋转实验同样的方法来进行实验。

图 29 所示为使用 2 极磁轮头 2P6M 和 10mm 厚铜板且最小间隙为 10mm 时，10° 、15° 和 20° 倾斜角的测量结果。

● 推力特性与制动转矩特性相同，但悬浮力会减小

推力特性曲线与图 12 所示平行旋转的情况类似，推力和制动转矩的曲线类似。

另一方面，倾斜角越大，悬浮力越小，但推力几乎保持不变。

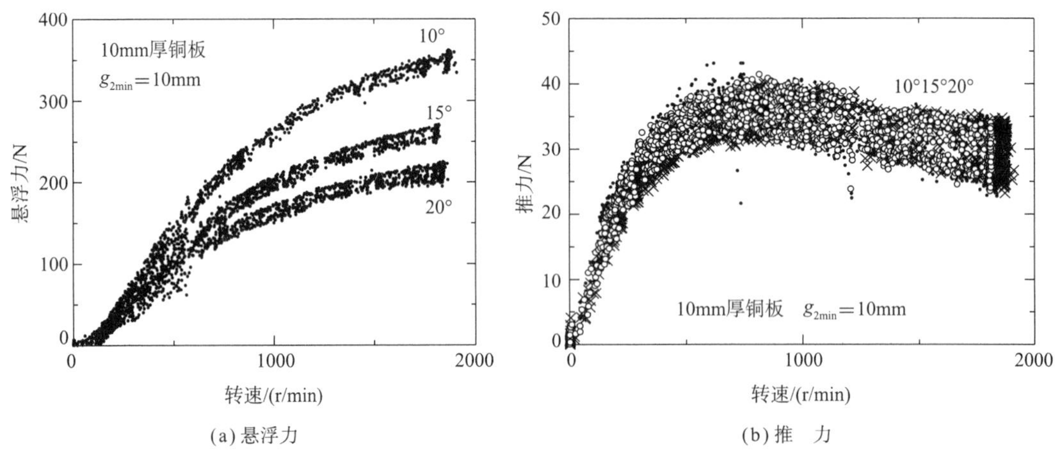

(a) 悬浮力　(b) 推　力

图 29 倾斜式磁轮实验 1：2P6M 磁轮，10mm 厚铜板

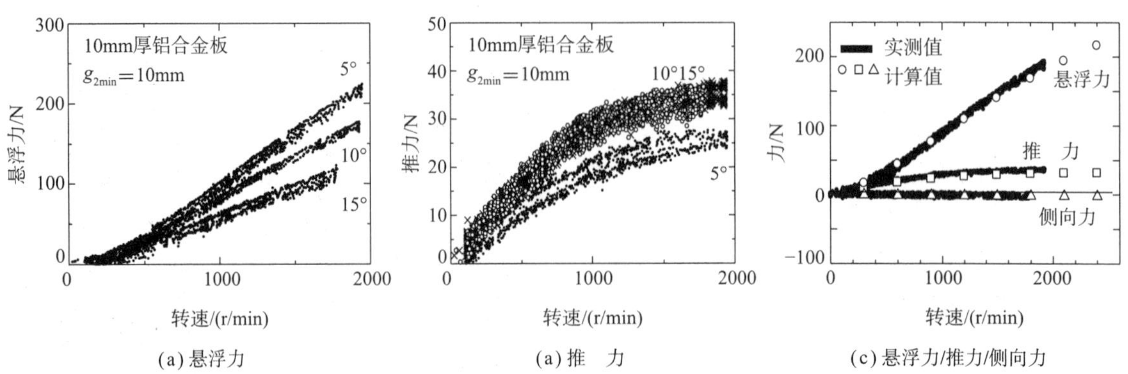

(a) 悬浮力　(a) 推　力　(c) 悬浮力/推力/侧向力

图 30 倾斜磁轮的实验 2：2P6M 磁轮，10mm 厚铝合金板

■ 铝板、2 极旋转体与悬浮力 / 推力之间的关系

图 30 所示为导体板材料为铝合金时的特性。

当磁轮的转速达到约 2000r/min 时，若转速增大，则推力将随着悬浮力增大而增大。此处，推力与使用铜板时相同，但悬浮力并没有趋于饱和。

● 导体板最好使用铝板

在实验中出于设备安全考虑无法进行测量，但如果以更快的速度旋转，悬浮力将与使用铜板时大致相同。因此，倾斜式磁轮最好使用铝板。

在图 30（b）所示的推力特性中，虽然推力在倾斜角为 5° 时会稍小一些，但推力大小其实与倾斜角没太大关系。

● 铝板优于铜板的原因

图 30（c）所示为使用 2P6M 和 10mm 厚铝合金板、倾斜角为 10° 时的悬浮力、推力以及侧向力特性，侧向力几乎为零。

另外，推力的波动幅度小于悬浮力，图中显示了其计算值。在三维数值分析中，悬浮力从时间上看有较小的波动，推力和侧向力几乎无波动。

因此，虽然图 29（b）、图 30（b）所示及以下的推力特性中，值的波动幅度较大，但其实是测量装置和显示灵敏度高所致。另外，使用数值时要取平均值。

● 今后的实验使用铝合金板

如上所述，比起铜板，倾斜式磁轮最好使用铝合金板。下面主要阐述使用铝合金板时的特性。

■ 铝板、4 极旋转体与悬浮力 / 推力之间的关系

● 改变旋转体的极数后悬浮力大幅度减小

使用图 26（b）所示的 4P4M 磁轮头时，倾斜式磁轮的悬浮力和推力特性如图 31 所示。

与图 30 所示 PM 数量为 6（2P6M）时相比，PM 数量为 4 时悬浮力虽有减小，但有限。

相对于倾斜角，悬浮力也大幅减小。另一方面，与图 30（b）所示相比，推力的减小幅度不及 PM 数量，且在该范围内的倾斜角几乎是一样的。

■ 4P8M 旋转体与悬浮力 / 推力之间的关系

图 32 所示为 PM 厚度、数量和布置各不相同的 4P8M 磁轮头［图 26（c）］的悬浮力和推力特性。

在这种情况下，相对于倾斜角的略微增大，悬浮力会大幅度减小；尽管推力值也大幅减小，但是相比之下倾斜角几乎没变。

■ PM 体积比较

● 单位体积 PM 的特性比较

显而易见，2P6M、4P4M 和 4P8M 磁轮头的单位体积 PM 不同，如图 33 所示。

● 极数增加时

与 2 极相比，4 极结构的倾斜角越大，悬浮力减小幅度越大，PM 磁化方向厚度越小，单位体积 PM 的悬浮力越小。

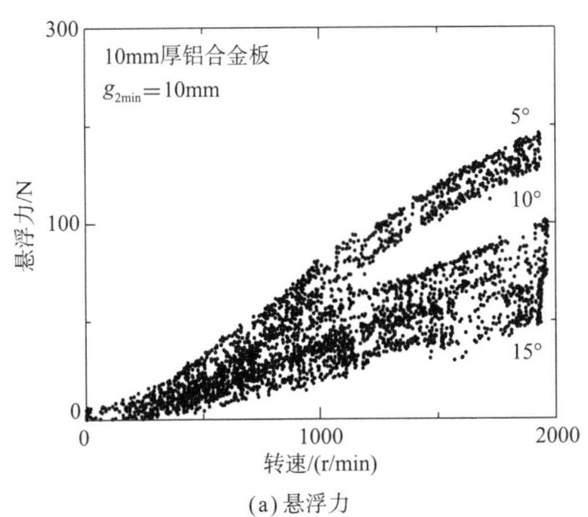

(a) 悬浮力

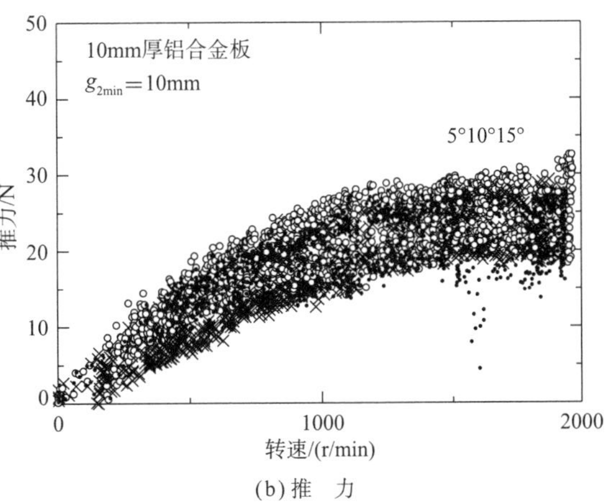

(b) 推　力

图 31　倾斜式磁轮实验 3：4P4M，10mm 厚铝合金板

另一方面，当倾斜角为 15° 及以下时，4P4M 的推力大于 2P6M。

■ 功耗、悬浮力和推力之间的关系

● 单位悬浮力的驱动功率比较

思考驱动功率的效率。图 34（a）所示为倾斜式磁轮中单位悬浮力的驱动功率。此值与 PM 结构和倾斜角无关：

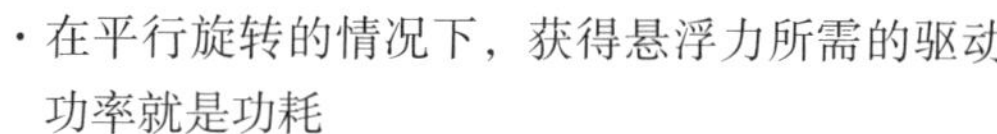

· 在平行旋转的情况下，获得悬浮力所需的驱动功率就是功耗

· 在倾斜式磁轮中，以相同功率获得相同悬浮力，从而产生倾斜角对应的推力

● 单位驱动功率的推力比较

图 34（b）所示为倾斜角对应的单位驱动功率的推力。倾斜角越大，推力越大。可见，4 极的推力比 2 极的大。

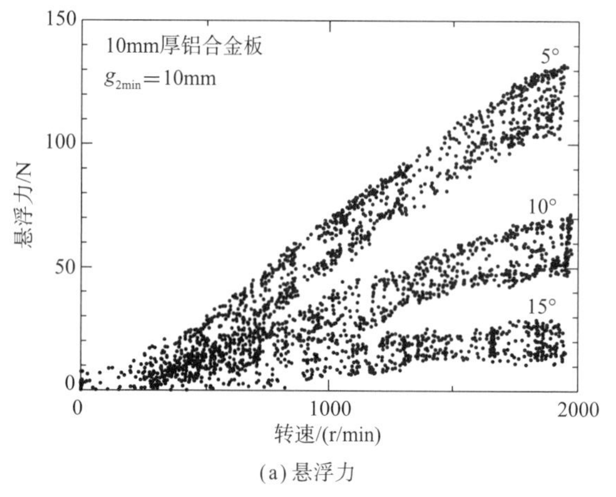

(a) 悬浮力

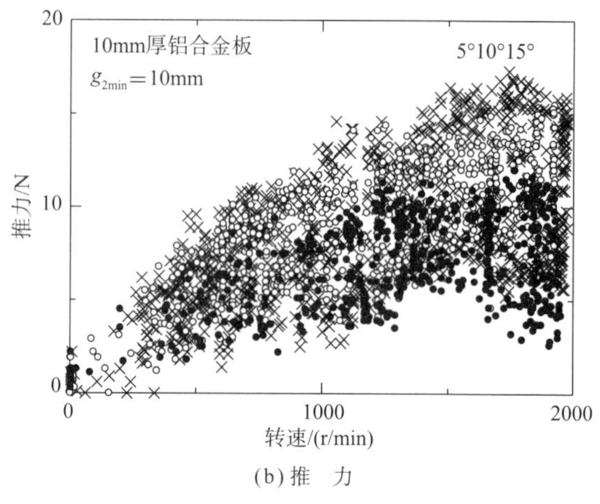

(b) 推 力

图 32 倾斜式磁轮实验 4：4P8M，10mm 厚铝合金板

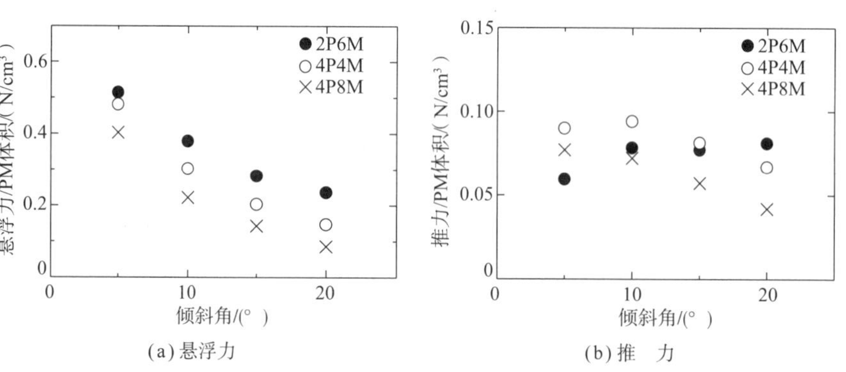

图 33 倾斜式磁轮实验 5：10mm 厚铝合金板，1800r/min，g_{2min}=10mm

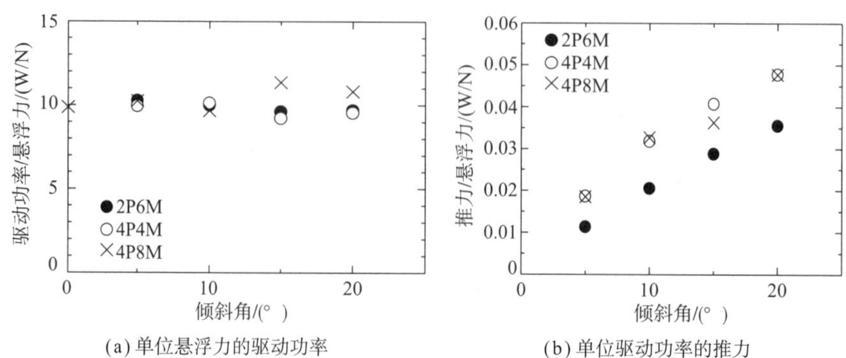

图 34 悬浮力、推力与驱动力的关系：10mm 厚铝合金板，1800r/min，g_{2min}=10mm

■ 倾斜式磁轮实验结论

可以认为，对于倾斜式磁轮，导体板最好选择电阻较大的铝板，磁极结构最好选择 4 极而非 2 极。

偏置式磁轮实验

■ 概　述

● 评估实验装置概要

偏置式磁轮评估实验使用图 11 所示的装置，并改用偏置式磁轮用导体板——适用于产生推力的磁轮上的厚度为 10mm 的铝合金板。

对于磁轮头，首先介绍与倾斜式相同的 2M6P、4P4M、4P8M 这 3 种类型。

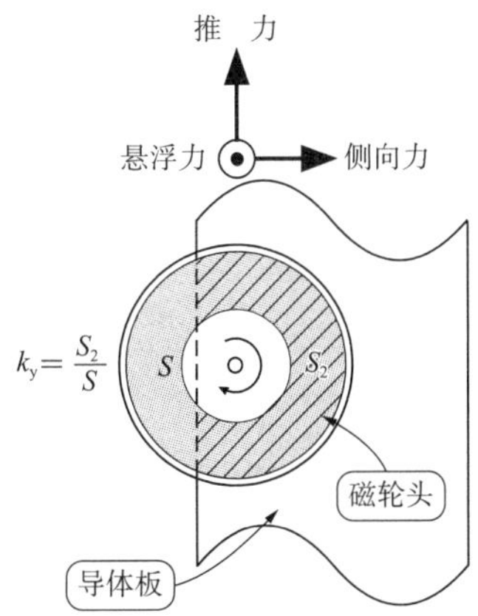

图 35　偏磁轮的重叠率

● 磁轮头与导体板之间的重叠率

对于偏置式磁轮，磁轮头与导体板的重叠面积比（重叠率）是一个非常重要的参数。其定义如下。

如图 35 所示，设磁轮头旋转时 PM 部分产生的面积为 S，其中与导体板重叠部分的面积为 S_2，则重叠率 k_y 如下：

$$k_y=\frac{S_2}{S}$$

■ 悬浮力、推力与侧向力的特性（2P6M）

● 相对于转速的 3 种力的特性

即使是偏置式磁轮，悬浮力与推力也会随着旋转体的转速变化。因此，要再次测量旋转体上的侧向力。

图 36（a）所示为重叠率 $k_y=0.66$ 且间隙为 15mm（2P6M 磁轮头）时，相对于转速的悬浮力、推力与侧向力的特性。

推力不会随着转速的提高而增大，但悬浮力会在此速度范围内线性增大。侧向力也会线性增大，但增大幅度很小。不过，实际使用时左右两个侧向力会相互抵消，所以不重要。

● 相对于重叠率的 3 种力的特性

图 36（b）所示为转速为 1800r/min、间隙为 15mm（2P6M）时，相对于重叠率的 3 个方向的力的特性。推力在重叠率为 0.6 ~ 0.7 时最大。

● 3 种磁轮头的单位体积特性比较

图 37（a）所示为不同磁轮头的偏置式磁轮的特性，

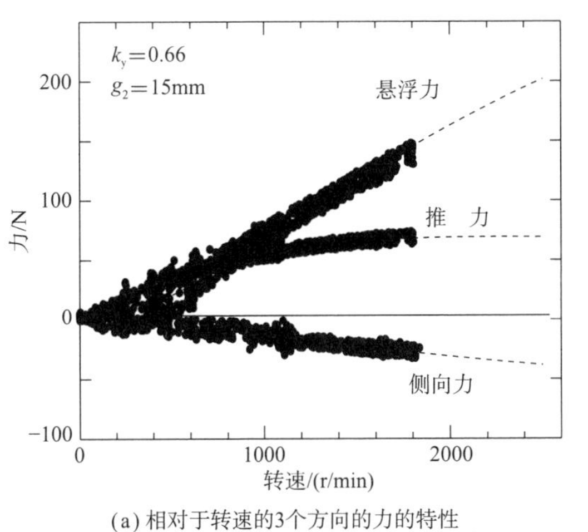

(a) 相对于转速的3个方向的力的特性

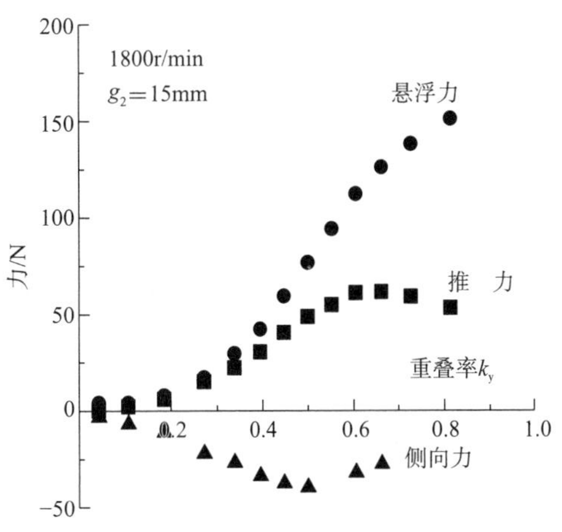

(b) 相对于重叠率的3个方向的力的特性

图 36　偏置式磁轮（2P6M，10mm 厚铝合金板）产生的力

以及单位体积 PM 的悬浮力。差异不大，但重叠率小于 0.6 时 4 极磁轮头的力更大。

图 37（b）所示为单位体积 PM 的推力。当重叠率大于 0.6 时，2 极磁轮头的力更大。

● 重叠率为 0.6 ~ 0.67 时获得的推力最大

在 2 极结构中，最大重叠率在 k_y = 0.5 ~ 0.7 的稍宽范围内。并且，在 k_y = 0.6 ~ 0.67 的范围内，3 种磁轮头都会产生最大推力。

可以认为，产生最大推力的重叠率与磁轮头的磁极结构无关。

● 悬浮所需的功率与重叠率无关

如图 38（a）所示，无论磁轮头的类型和重叠率如何，悬浮力的驱动功率都是恒定的。这意味着，即使偏置式磁轮通过改变重叠率而改变了产生的推力，悬浮所需的功率也不会改变。

如图 38（b）所示，当重叠率在 0.6 以上时，2 极结构的单位驱动功率的推力稍大一些。

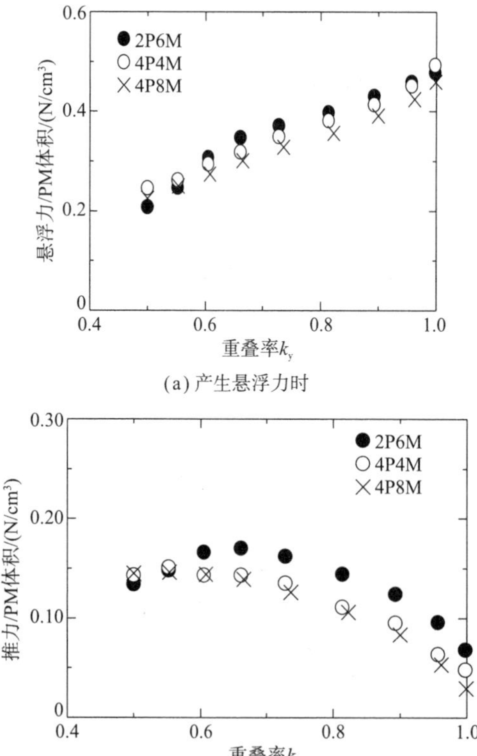

(a) 产生悬浮力时

(b) 产生推力时

图 37　3 种磁轮头单位体积 PM 产生的力（1800r/min，g_2=15mm）

■ 磁轮头的补充实验

● 新型 2P4M 磁轮头的制作

根据上述 3 种磁轮头，无法清楚地判断 2 极结构和 4 极结构的优劣，因此笔者重新制作了图 39 所示的新磁轮头进行补充实验。

该磁轮头采用 2P4M 结构。实际上，4P4M 的 4 个 PM 已重新排列成 2 极，除此之外其他都一样。

● 追加评估实验结果

图 40 所示为相对于重叠率的 2 极结构和 4 极结构

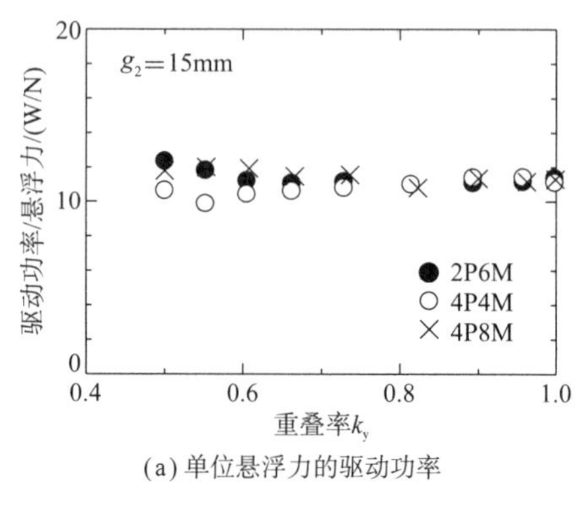

(a) 单位悬浮力的驱动功率

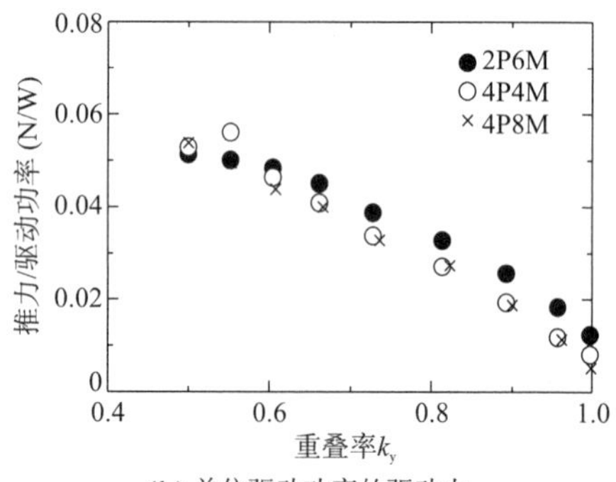

(b) 单位驱动功率的驱动力

图 38　基于重叠率的特性比较（1800r/min，g_2=15mm）

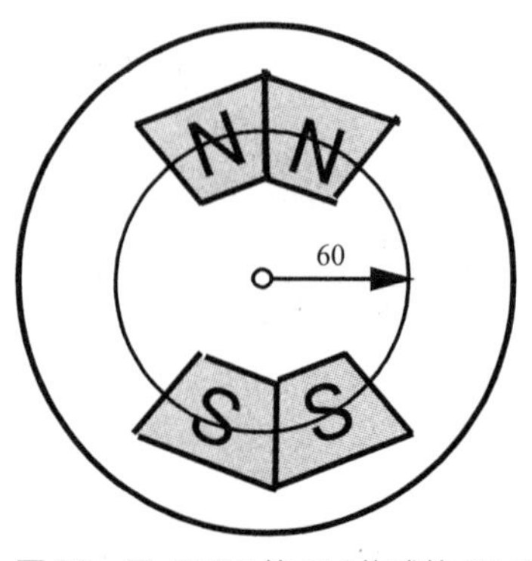

图 39　用 4P4M 的 PM 构成的 2P4M 磁轮头

的悬浮力 / 推力的比较。从图 40（b）所示的结果来看，考虑到测量误差的原因，无法根据悬浮力和推力特性判断 2 极和 4 极的优劣。当重叠率小于 0.6 时，采用 4 极结构更有利。

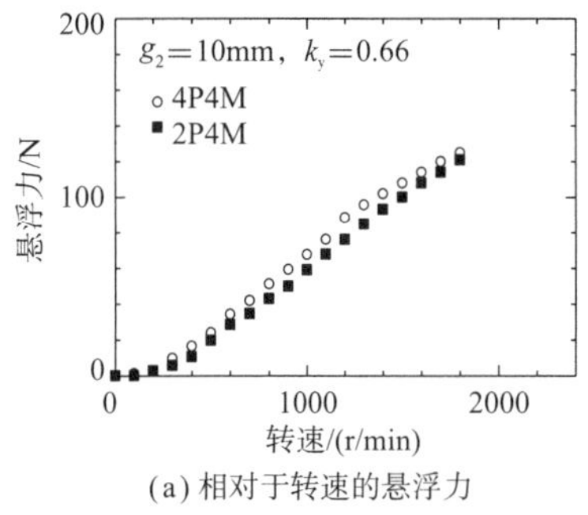

(a) 相对于转速的悬浮力

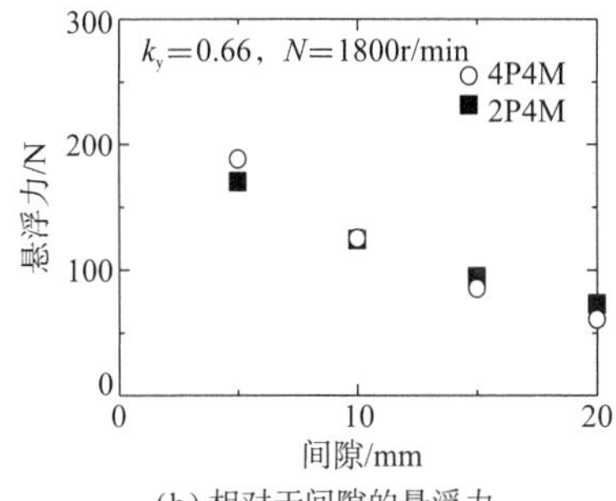

(b) 相对于间隙的悬浮力

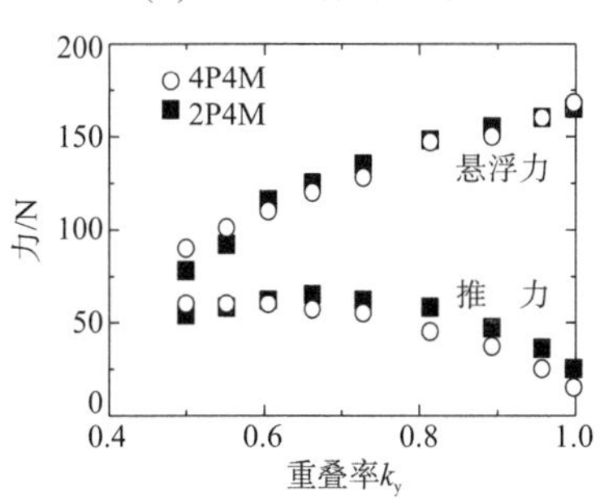

(c) 相对于重叠率的悬浮力和推力

图 40　偏置式 2P4M 与 4P4M 磁轮头的特性比较（g_2=10mm，1800r/min）

■ 磁轮实验结论

图 41 所示为相同驱动功率下 PM 旋转体在导体板上平行旋转，普通感应排斥型磁悬浮装置与磁轮产生的力的比较。

在相同的驱动功率下，三者的悬浮力相等，磁轮还能产生推力。

磁轮具有以下 4 个特点：

· 磁悬浮很稳定，无需控制
· 可以获得超过悬浮体重量的悬浮力
· 虽然是电感型，但无需担心驱动系统的功率因数低下
· 虽然是电感型，但可以缓解功耗问题

自转型磁轮单元

■ 自转型磁轮单元的制作

完成磁轮评估实验后，笔者获得了些许头绪和灵感，遂尝试制作能够实际悬浮于空中的磁轮实验车。制作从磁轮单元开始。

● 为了实现自转，内置同步电机

尽管前面没有阐述如何实现旋转，但笔者还是制作了图 42 所示内置电机的自转型磁轮单元。除磁轮外，PM 还用于驱动用内置同步电机的励磁。

● 钕磁铁 4 极结构的制作

将 PM 嵌入 FRP 圆板，并按 4 极结构排列在直径为 120mm 的圆盘上。每个磁极的尺寸相当于 60° 所对

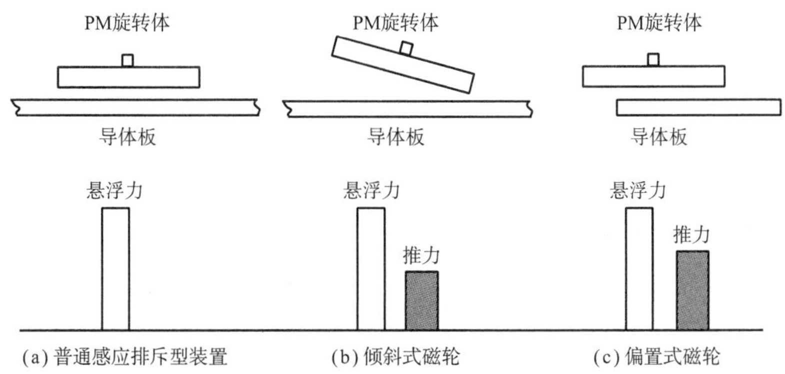

图 41　利用相同驱动功率产生的力

应的长度，宽度为 40mm，磁化方向的厚度为 20mm。

PM 选用保持力为 926kA/m、最大能积为 352kJ/m³ 的稀土类钕磁铁。

● 磁轮单元的质量为 6.5kg

磁轭部分是绕线铁心。电枢绕组为 6 个三相 4 极集中式绕组，配置在铁心表面的线槽中。另外，旋转轴上安装有用于同步电机驱动控制的旋转编码器。

这种自转型磁轮单元的直径为 190mm，质量为 6.5kg，外观如图 43 所示。

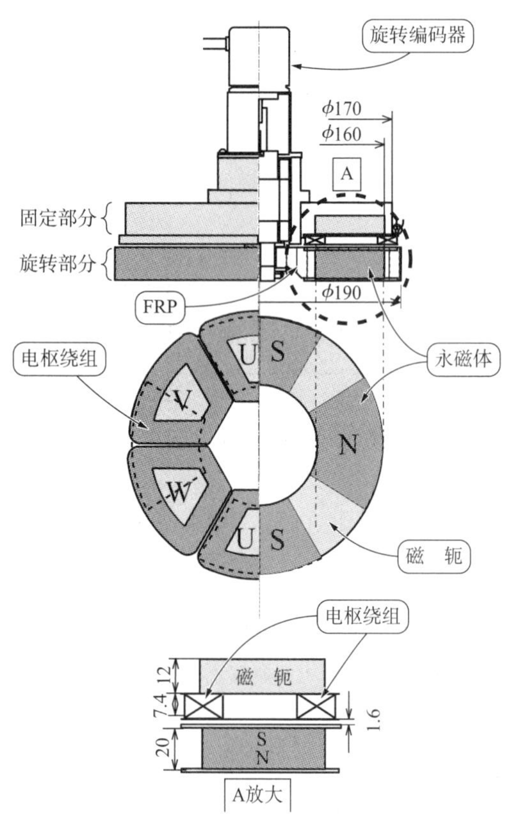

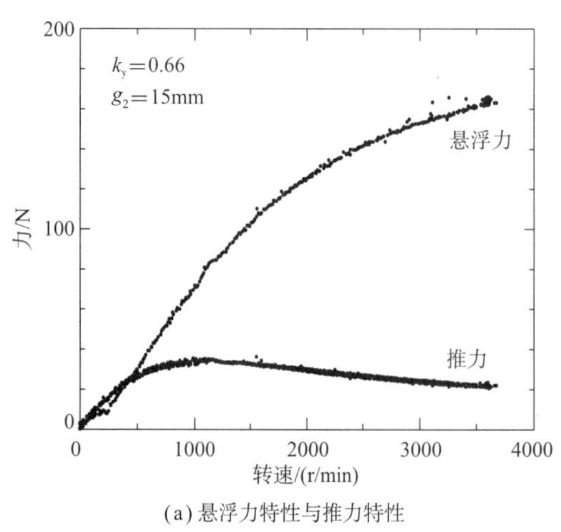

图 42　自转型磁轮单元

■ 自转型偏置式磁轮单元的特性

● 悬浮力特性与推力特性

图 44（a）所示为使用偏置式自转型磁轮单元的悬浮力特性与推力特性。导体板是 10mm 厚铝板，电导率为 3.31×10^7S/m。驱动功率如图 44（b）所示。

● 电机效率为 80%，未达预期

驱动功率主要分为有效驱动功率（产生悬浮力时导体板涡流引发的焦耳损耗）、电枢绕组的电阻损耗，以及机械损耗、铁损等旋转损耗。

自转式磁轮单元内置同步电机的效率在 3600r/min 时并不太高，约为 80%。

图 43　自转式磁轮单元的外观

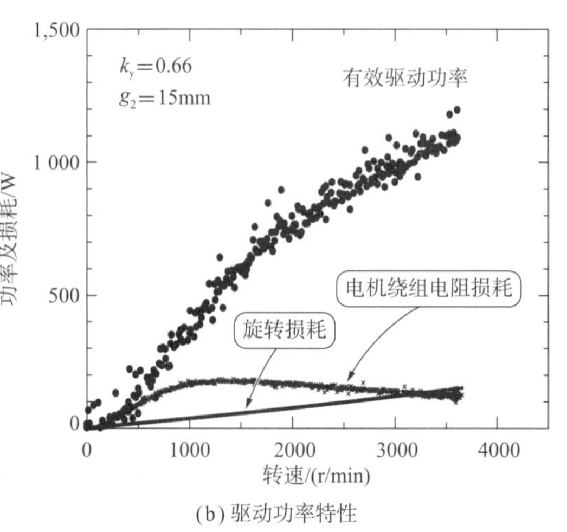

(a) 悬浮力特性与推力特性

(b) 驱动功率特性

图 44　自转型单元的特性

图 45 所示为自转式磁轮单元中单位悬浮力的有效驱动功率。

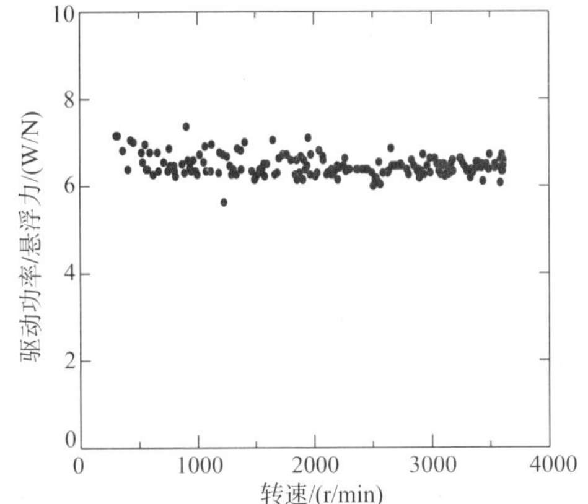

图 45　磁轮单元的单位悬浮力的有效驱动功率

终于悬浮成功的偏置式磁轮

■ 偏置式磁轮实验车及轨道的制作

● 实验车辆配备了 4 个磁轮单元

每个磁轮单元除了需要悬浮力和推力，还需要供其旋转的转矩分量。为了消除转矩分量，在行进方向上对称放置 2 个磁轮单元。

此外，为了实现稳定的磁悬浮行驶，行进方向上必须有 2 个以上的磁轮。

考虑到这些因素，笔者制作了图 46 所示的实验车辆，车辆侧面安装了 4 个自转式磁轮单元（图 47）。

● 实验车的车体

车体由长 720mm、宽 520mm 的 FRP 板材制成，前后左右各安装了 1 个、总共 4 个磁轮单元：长度方向上的间隔为 400mm，宽度方向上的间隔为 300mm。

安全起见，磁轮单元的旋转部分用开孔 FRP 防护罩覆盖。

各单元都通过变频器进行矢量控制。车体质量为 35.8kg，4 个磁轮单元的质量为 26kg。

车体中央装有 5 个 5kg 配重，使得车体总质量达到 60.8kg。同样，前后左右安装有 4 个导轮，用于导引。

● 轨道（导体侧）的制作

轨道左右侧各安装了一块 300mm 宽、10mm 厚的铝板（电导率为 3.31×10^7S/m），以便调节间距。

■ 转速达 1000r/min 时 35kg 的车体悬浮成功

4 个磁轮单元提高了旋转体的转速及悬浮力。在重叠率为 0.66 且初始间隙为 12mm 的情况下提高转速。总质量为 35.8kg 的车体能成功悬浮吗？

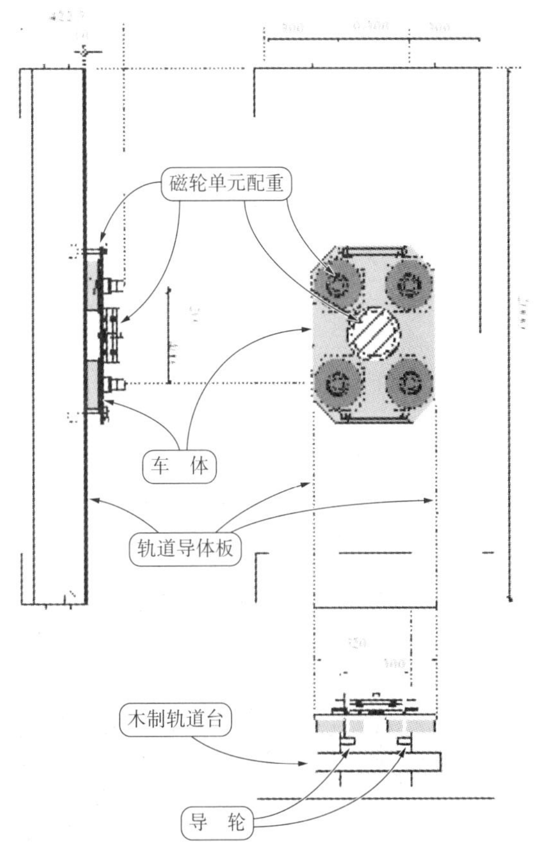

图 46　偏置式磁轮型磁悬浮实验车及轨道

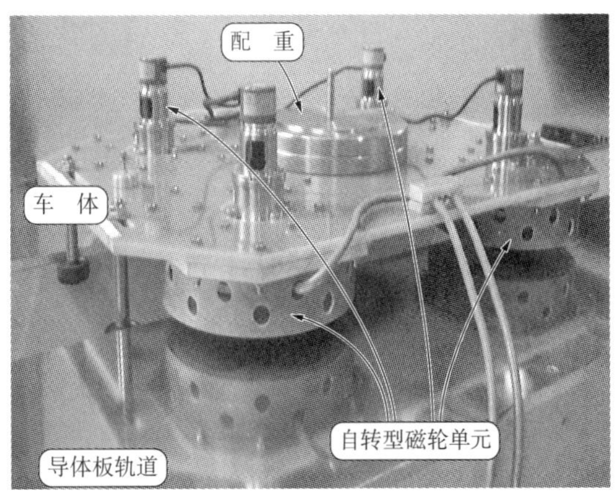

图 47　偏置式磁轮型磁悬浮实验车试验装置

● 悬浮起来的瞬间，转速达到约 1000r/min

当转速达到约 1000r/min 时，车体开始悬浮。

图 48 所示为具有 4 个偏置式磁轮的实验车辆的磁悬浮状态。

图 49 所示为悬浮时产生推力的情况。车辆左侧用绳索拉住，以防止其行驶。

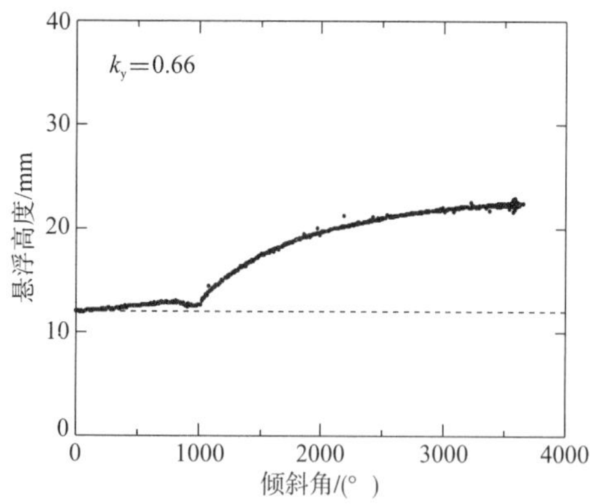

图 48 偏置式磁轮型实验车辆的磁悬浮状态

当转速达到 3600r/min、悬浮高度为 22.8mm 时，车辆能悬浮得非常稳定，且当时产生了 45.8N 的推力。

● 重叠率为 0.66 和 0.69 时的特性

图 50 所示为重叠率分别为 0.66 和 0.89 时的车辆整体的悬浮力和推力特性。曲线表示的是单体特性值的 4 倍，○表示作用于车辆上的力。

尽管此处未显示计算值，但通过市售的 3D 磁场分析软件 ELF/MAGIC（不需要空间划分的特殊积分方程法）分析的结果与实测值具有良好的一致性。该软件也运用于各种研究。

结束语

● 主要实验结论

（1）感应排斥型磁悬浮可实现无需控制的稳定悬

图 49 产生推力并悬浮的车辆

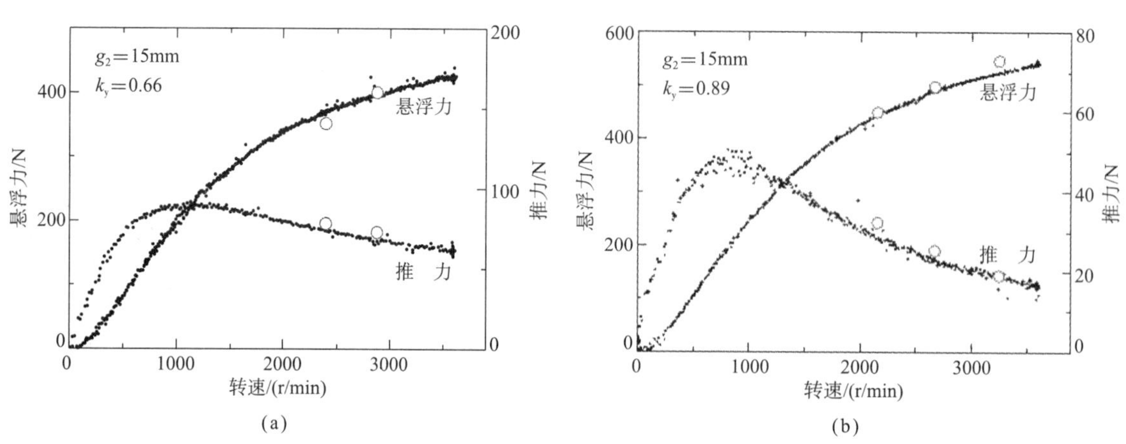

图 50 重叠率为 0.66（间隙 15mm）的偏置式磁轮型实验车辆的悬浮力和推力

浮。另外，悬浮力的产生伴随着制动转矩带来的功耗。从制动转矩中获取推力，可以将功率有效地转换为动力。

（2）导体的电阻与功耗直接相关，对悬浮力有阻尼作用，有利于稳定悬浮。磁轮将电阻转换为推力，选用具有适当电阻的导体板，可以获得稳定的磁悬浮和必要的推力。

（3）直接用交流绕组等进行感应排斥型磁悬浮，通常会导致功率因数降低。但是，新开发的自转式磁轮单元通过同步电机驱动，功率因数几乎为 1。

● 磁轮的未来

要增大悬浮的有效载荷，就要以安全的间隙实现高磁通密度与导体板的交链。提高磁通密度的方法见参考文献［1］。

要让磁轮以较大的间隙磁悬浮行驶，就要将带壳的磁轮单元以适当间隔安装在地板上。需要防尘时，也可考虑只让装有导体板的可动部件悬浮行驶。

参考文献

［1］藤井伸夫，水間毅，寺田充伸．高磁通密度线性同步电机模式．IEEJ 杂志 D,131(3),2011:412-413.

［2］藤井信男．不悬浮的直线电机的驱动原理和使用．MOTOR Electronics,2018,(9).

笔者介绍　　藤井信男

毕业于九州大学研究生院（电气工程系），随后留校任教。专业为电气设备学，从事输送用直线感应电机、磁轮、多维运动执行器和高功率密度直线电机等的研究。期间曾接受加拿大国家科学与工程研究委员会（NSERC）出资，在加拿大皇后大学（Queens University）担任了一年的首席访问研究员，从事直线感应电机的设计研究。现已从九州大学退休，任九州工业大学的客座讲师。

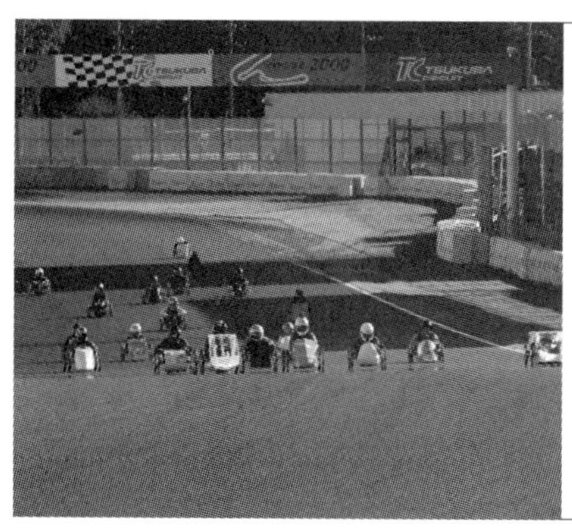

26 辆独特车辆闪亮筑波赛车场

—— 在可安装前围板的比赛中，纪录大幅提高

〔日〕青山义明　执笔｜邹雨含　译

CQ EV 卡丁车筑波赛简介

在筑波赛车场举办的单一品牌赛事“CQ EV 卡丁车竞赛”，指定使用 CQ EV 卡丁车和 CQ 无刷电机和逆变器，比赛在 30min 的规定时间内所行驶的距离。

首届比赛举办于 2014 年，直到 2017 年为止，每年于秋季举办一次。2018 年是该赛事举办的五周年，便改为 6 月和 10 月分别举行了一次。

比赛本身没有重大变化，和之前一样是持续 30min 的耐力赛。

■ 单一品牌竞赛规则

● 车辆规格

仅限使用 CQ EV 卡丁车套件（图 1），并所有车辆须使用相同的底盘。但是，制动器、加速器、轮胎 / 内胎（大小和轮圈不能改）、链条和车速表可以改，链轮齿数也可以改。

● 电机规格

指定使用 CQ 无刷电机和逆变器套件（图 2）的电机部分，可以自由设置电机 / 线圈的绕线方式。

具体来说，该电机的定子有 18 个槽（线圈），采用三相交流电输入，因此每相有 6 个线圈。接线方式可以是 6 串、2 串 3 并、3 串 2 并、6 并中的任何一种（图 3）。

当然，线径和匝数也是不限的。

● 控制器规格

控制器不受限，可以是上面提到的套件包含的控制器，也可以是市售的控制器或自制控制器。

● 电池规格

电池从铅酸蓄电池（12V×2）或锂离子电池（25.2V，仅限指定型号，不能改电池组的 BMS 设置）

(a) 组装好的CQ EV卡丁车

(b) 2018年夏季锦标赛冠军柳原先生的驾驶身姿

(c) 2018年秋季锦标赛的赛况

图 1　CQ EV 卡丁车

(a) 焊接/组装完成之后

(b) 电机组装之前

图 2 CQ 无刷电机和逆变器

中选择。图 4 所示为竞赛可使用的 CQ 锂离子电池组。

● 在筑波赛车场（Course 2000）比赛

比赛场地是 CQ EV 卡丁车竞赛自 2016 年以来一直使用的筑波赛车场（Course 2000）。

筑波赛车场的高度差不大。尽管如此，终点直道到第一弯角处仍有一些上坡，经过第一弯角之后又向着 S 弯下坡。整个路线的高度差为 5.8m。

Course 2000 有 7 个大小弯角（CQ EV 卡丁车使用 4 轮路线），但是路线宽度足够大，对于 CQ EV 卡丁车弯角 R 还算宽松（可能比在汽车道跑得更快），可以说路线选择也是策略之一（图 5）。

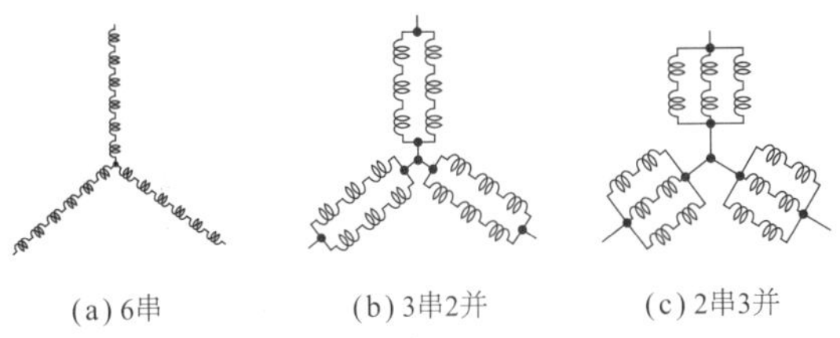

(a) 6串　(b) 3串2并　(c) 2串3并

图 3 18 槽电机的线圈接线方法

图 4 CQ 锂离子电池组

安装前围板可提高纪录

● 可以有限制地安装前围板

本届赛事对之前的规则进行了重大修改，允许安装前围板以减小车体的空气阻力。但是，对前围板有以下限制：

· 宽度在 500mm 以内
· 离地高度在 600mm 以内
· 所有轮胎外露
· 不允许修改车辆底盘的机械结构

● 竞赛的胜负手由电子技术能力变为综合技术能力

此前需要的是电机设定技术（线圈匝数等）、电机控制技术（电子技术）和车辆维修技术（机械技术）等。

由于可以安装前围板，因此还要考虑其他因素，如前围板的设计（空气动力学）与制作技术。

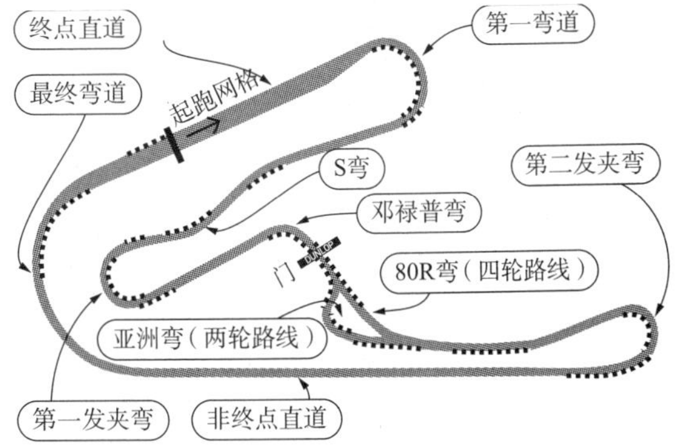

图 5 筑波赛车场（Course 2000）JAF 官方赛车场

因此，每个团队的综合实力将受到前所未有的考验。

● 前围板的效果明显——和夏季赛的比较

安装前围板是为了减小高速行驶时的空气阻力，但是同时也增加车体质量。对于车速不太高的卡丁车，安装前围板效果如何备受关注。直到2018年秋季赛，终于可以进行比较评价了。

此前的夏季赛（6月24日）也在筑波赛车场举行，不允许使用前围板。当时共有15辆车参赛，夺冠者是柳原健也（使用铅酸蓄电池），纪录是9圈（平均速度33.54km/h）。备受关注的是，秋季赛是否可以超过9圈的纪录或平均速度是否会提高。除了冠军车队，夏季赛的多数车队都参加了秋季赛，大家都在期待打破自己的纪录。

来自日本全国各地的 26辆卡丁车同场竞技

● 有26辆车参赛，史上最多（学生团队有15个）

这次参赛车辆为史上最多，有26辆。其中，学生团队共有15个，最年轻的车手是长野县中野立志馆高等学校的15岁车手（图6）。并且，有4辆使用锂离子电池的卡丁车。

另外，也有来自近畿、中部、东北等日本边远地区的团队参赛，参赛团队成员超过100人，维修区（尽管没有屋顶）非常热闹。

在车检之前进行了最后调整期间，总是有“忘记了重要的××！”“××不动……”之类的问题。不过，通过团队协作、向其他团队获得零件和建议，问题似乎都得到了解决。

图6 2018年筑波赛最年轻的车手汲川智哉（长野县中野立志馆高等学校）

虽然入围的26辆车都来到了筑波，但车检之后出现在起跑网格上的只有24辆。

● 大多数前围板是塑料制品

出现在网格上的24辆车中，没有配备前围板的只有5辆。

各队都使用了轻巧、结实且防水的被称为“塑料纸板”的中空结构聚丙烯树脂材料。

由于这是CQ EV卡丁车筑波赛首次允许配置前围板，所以选手们普遍选用了节能行驶比赛常用的塑料纸板。今后或许会有很多使用其他材料的车队。

● 通过加装前围板来改变驾驶姿势，增加车辆高度

前围板形状决定了空气流通状态，所以各车队都配置了自己精心设计的前围板。大多数情况下，驾驶姿势同没有前围板时一样，呈抱膝态。

但是，17号“EV@nda”（滝田好宏 /Team Robotics）和23号“MITSUBA001”（矶村翼 / MITSUBA SCR + Project）这两辆车采取了双脚前伸的驾驶姿势。尤其是23号，车手几乎是躺着的，车高是所有车队中最小的（图7）。

● 当天异常炎热，车内环境严酷

比赛当天非常热，虽说已经进入10月，但最高气温超过了30℃。

(a) EV @ nda（滝田好宏）

(b) MITSUBA001 (矶村翼)

图7 采取双脚前伸的驾驶姿势，减小车高

对于前围板密封型车型，形势严峻。但是，在起跑后的下午 3 点之后，太阳开始西斜，天气多了几分秋意。

比赛开始

● 锂离子电池车辆冲刺起跑

尽管有一辆无法起跑的车辆（车辆故障），但未造成混乱，比赛顺利开始了。

如我们所见，冲刺起跑的是使用锂离子电池的 25 号“vol18”（藤井春弥 / 立命馆大学 VLSI 优化工程研究室），如图 8 所示。卡丁车中安装的指定锂离子电池组需要采取严格的安全措施，有很大的限制——只能使用最大 13A 的电流，能冲刺起跑着实令人惊讶。

然而，完成第 1 圈后首先返回终点直道的是 23 号矶村翼，紧随其后的是 20 号“Tyun02”（安井教郎 / Team Y-A-T-T）。20 号常跟随 23 号滑流，似乎在进行着省电大作战（图 9）。

● 比赛成败的关键

经过 30min 后，车头通过终点线并经过赛结旗时比赛结束。同时举办的商用 EV 比赛（JEVRA 主办）也是如此，在 30min 的行驶过程中，如何使用电池、经过赛结旗时能否耗完所有电量都很重要。

名次取决于比赛结束时完成的圈数。在圈数相同的情况下，按通过终点线的顺序记录。

在赛道上，避开低速车的策略也很重要。除非以大功率超车，否则会掉队。对于此类比赛，确保既不剩余过多的电量，也不会在经过赛结旗前耗尽电量，非常考验选手的智慧。

比赛成绩

● 锂离子电池车“矶村氏”夺冠

“矶村氏”在第 1 圈时就名列第一，且一直保持到经过赛结旗。这样，此前连续三届获得亚军的矶村先生这次终于获得了冠军。

图 8　起跑后，立命馆大学锂离子电池卡丁车“vol18”过了第一弯道

图 9　紧随前车进行滑流的“Tyun02”

之前一直有种声音："比赛指定的锂离子电池对BMS要求太严了，绝不可能赢得比赛。"在6月比赛后的第二次采访中，矶村先生说："参加了两次使用锂离子电池的比赛（据说用这种电池不可能获胜），如果花点心思，我觉得可以争取第一名。"结果也确实如此，他凭借对前围板设计与制作的投入赢得了胜利。

● 获奖者

第2名是和"矶村氏"一样，采用CQ无刷电机套件的14号"MITSUBA002"（石田隆成/MITSUBA SCR+ Project），使用铅酸蓄电池，以同样圈数完成了比赛。

第3名是仅落后第2名5s的曾在2016年比赛中获得第1名的"Z-1"［柳原健也/小野家竞赛Z（orz）］，如图10所示。

第4名是"Persol2号"（山际一朝/Persol技术人员）。

从第1圈开始就采取滑流战术紧随位列第一的矶村选手的安井，在中途不得不减速，结果以4.5min的成绩位居第5名。

学生队中成绩最好的是第7名"Maxi"（井街慧/明治大学计算机设计实验室），虽排名靠后，但也突破了9圈，与第1名只差1圈。

比赛结果见表1。

- 根据规则，少于6圈（少于冠军圈数的60%）不计名次
- 最佳圈数是石田隆成的9圈，平均时速46.919km
- 选用市售控制器时，只使用CQ无刷电机和逆变器套件的逆变器部分
- 车名后带实心点的是锂离子电池车，车手栏标有底色的是学生队

赛前车手和维修站人员的合影如图11所示。

● 前围板效果超出预期

在这场比赛中，前5名的圈数纪录达到10。这5辆车都配备了前围板。据说使用某种前围板可以将圈数从9增加10圈。

● 冠军感言

矶村先生基于节能行驶比赛的前围板制作经验，为本次参赛的CQ EV卡丁车设计并制作了前围板。"我们参加了第一届CQ EV卡丁车竞赛。这一次，前围板的效果很明显，我们特别开心。以后如果前冠军柳原选手也采用同样的前围板就麻烦了，我们可能会输。"

(a) 第2名"MITSUBA002"回应赛结旗

(b) 在筑波不服输的"Z-1"，排名第3

(c) 第4名为首次参赛的"Persol 2"，获得技术鼓励奖

(d) 学生队中成绩最好的"Maxi"

图10 获奖的卡丁车

表1　2018年秋季赛的结果

名　次	车　手	隶属关系 / 参赛者	车　名	电机线圈接线方式	控制器	圈　数	平均速度 /（km/h）
1	矶村翼	MITSUBA SCR+ Project	MITSUBA001・	2串3并	自　制	10	38.039
2	石田隆成	MITSUBA SCR+ Project	MITSUBA002	2串3并	其他产品	10	37.348
3	柳原健也	小野冢竞赛 Z（orz）	Z–1	6并	其他产品	10	32.257
4	山际一朝	Persol 技术人员	Persol 2号	6并	市售品改造	10	35.524
5	安井教郎	Team Y–A–T–T	Tyun02	2串3并	原　创	10	33.380
6	藤泽幸穗	TeamFURe	Fujichanzu	2串3并	市售品改造	9	33.146
7	井街慧	明治大学计算机设计实验室	Maxi	3串2并	市售品改造	9	32.909
8	滝田好宏	Team Robotics	EV@nda	6并	自　制	9	32.895
9	藤井春弥	立命馆大学 VLSI优化工程研究室	Vol 18・	2串3并	其他产品	8	31.905
10	和田季	明治大学计算机设计实验室	Midfielder	3串2并	市售品改造	8	30.282
11	汲川智哉	长野县中野立志馆高等学校	RK2018	6并	正　版	8	30.242
12	末岐涉	大阪大学舟木研究室	gan–2	3串2并	自　制	8	29.536
13	坂口耀	明治大学电气工程系	二号机	3串2并	其他产品	8	28.589
14	高野宽人	筑波研究学园专科学校 MCCC	TM–1	3串2并	市售品改造	8	27.389
15	大山涌万	明治大学计算机设计实验室	Precious	3串2并	市售品改造	7	31.574
16	木村纪子	BN project with 丰田东自大	琵琶 byBN Project	3串2并	市售品改造	7	27.715
17	右江陆人	爱知工业大学 AIT–PELMoD	MU号	3串2并	正　版	7	25.546
18	本名敦	工科大 EV Project	天狼星1号	3串2并	正　版	7	24.027
19	樋口克则	CQ竞赛	黑魔王・	3串2并	市售品改造	7	24.003
20	佐野博一	CQ竞赛	Mach49	2串3并	市售品改造	7	23.126
	白石岳	胜田 3F	C–Four	6并	原　创	5	28.945
	内田康介	爱知工业大学 AIT–PELMoD	MU号	3串2并	正　版	5	24.814
	渡边龙飞	东北能开大	SSB号	2串3并	正　版	4	34.126
	井上仁之	Persol 技术人员	Persol 1号	6并	市售品改造	0	–
	东康平	东海大学 NS 技术	蓝色闪电	2串3并	市售品改造	–	–
	小坂充裕	明治大学设计工程实验室	3D挑战者・	2串3并	正　版	–	–

图11　赛前车手和维修站人员的合影

结束语

本届比赛将跑完获胜车辆 70% 圈数（超过 7 圈）视为完成比赛。因此，从结果上看，有 20 辆车完成了比赛。

矶村先生获得了总冠军和锂离子电池组冠军，石田先生获得了亚军和铅酸蓄电池组冠军，井街慧获得了学生组冠军，山际一朝获得了技术鼓励奖，藤井春弥获得了学生特别奖。

颁奖仪式上矶村先生、石田先生、柳原先生合影留念，如图 12 所示。

图 12 颁奖仪式上的矶村先生（中）、石田先生（左）和柳原先生（右）

笔者介绍 青山义明

汽车记者

担任过各类汽车杂志的编辑，在不知不觉间成为一名以专业及业余比赛为中心、报道汽车相关内容的自由职业者和汽车记者。关于 EV，笔者曾多次对日产聆风开发进行采访，从聆风开发主管那里听到这样的观点：拿吸烟来比喻，汽车要禁烟，而不仅仅是减少香烟数量（即混合动力车）。受此影响，笔者开始了纯电动车的采访。目前，笔者正围绕 EV 以及 EV 比赛持续进行着采访活动。

探索电机线圈的最佳绕线方式

—— 走上节能行驶菅生赛道

〔日〕本田聡 执笔 | 邹雨含 译

CQ 无刷电机套件可根据用途进行自由绕线。那么，究竟该选择何种绕线方式？这是一种永磁同步电机套件，配备有 12 极永磁体转子、18 槽定子。所谓“自由绕线”，是指根据需要选择绕线所用漆包线的线径、每槽的匝数，以及线圈接线方式（6 串、3 串 2 并、2 串 3 并、6 并）。笔者采用这种电机在 SUGO 节能行驶比赛中获得了第三名的成绩。本文将展示电机绕线。

（编者按）

引 言

为参加燃油车节油竞赛（节能行驶比赛），笔者所在公司于 1990 年成立了“Team ENDLESS”俱乐部。

此后，车队也参加电动汽车节能行驶比赛，参加了“Sport Land SUGO”节能行驶比赛自 1995 年举办以来的每场比赛。

2018 年，这项赛事正式更名为“SUGO 电动汽车节能行驶比赛”（8 月 11 ~ 12 日，日本新一代节能行驶比赛协会主办）。笔者决定在这届比赛上使用新电机挑战自己的纪录，当时有人建议选用 CQ 无刷电机及低损耗铁心定子套件。

制造商 MITSUBA SCR 官网显示，电机的额定输出功率为 50 ~ 1000W（视绕线方式而定）。经过进一步讨论，笔者决定将其安装在节能行驶车“Ribbon Go”上（图 1），参加 SUGO 比赛。

电机输出功率的目标设定

■ 确定目标输出功率的关键是“坡度 10%、高低差 70m”

要确定电机的输出功率目标，首先要了解赛道。“Sports Land SUGO”赛道位于宫城县柴田郡。其中

图 1 笔者车队的节能行驶车“Ribbon Go”

心路线全长约 3.7km，这里举行了全日本的四轮车和两轮车比赛（图 2）。

该路线具有其他赛道没有的陡坡，最大高低差约 70m，最大坡度为 10%。由图 2 所示的高低差曲线可以看到，平坦部分很少，非常考验电动汽车的爬坡性能和再生性能。

■ 下坡处有一个测速点，限速 65km/h

SUGO 电动汽车节能行驶比赛指定采用标称输出功率为 423W・h 的铅酸蓄电池，比赛 2h 的行驶圈数。

另外，下坡南侧设有测速点，禁止以超过 65km/h 的速度行驶。因此，下坡时加速以便乘势爬坡这样的策略行不通。

■ 了解车辆的行驶阻力

在节能行驶比赛中，行驶阻力很重要。行驶阻力是车辆行驶时受到的反作用力，是滚动阻力、空气阻力和坡道阻力的总和。即使不精确，知道近似值也有利于电机效率的发挥。

由于驱动力（推力）比行驶阻力大，所以车辆可以前行。

图 1 所示是笔者团队的车辆“Ribbon Go”，主要考虑如下。

● 平地行驶时

包括驾驶员和电池在内的车辆质量约为 80kg，结合过去的数据看，在平地上以 30km/h 匀速行驶时，行驶阻力约为 4.3N。

那么，你们的车呢？研究过行驶阻力吗？

- 已知电机的效率，可推算功耗
- 可通过惯性行驶时的车速下降曲线得到行驶阻力，也可咨询车形相似的其他车队

● 坡道阻力

如图 3 所示，计算坡道阻力。如果无法战胜这种坡度，那么在 SUGO 赛道上将无法获得良好成绩。

10% 坡度即攀爬水平行驶距离 10% 的高度。例如，行驶 100m 距离时，攀爬 10m 高度。

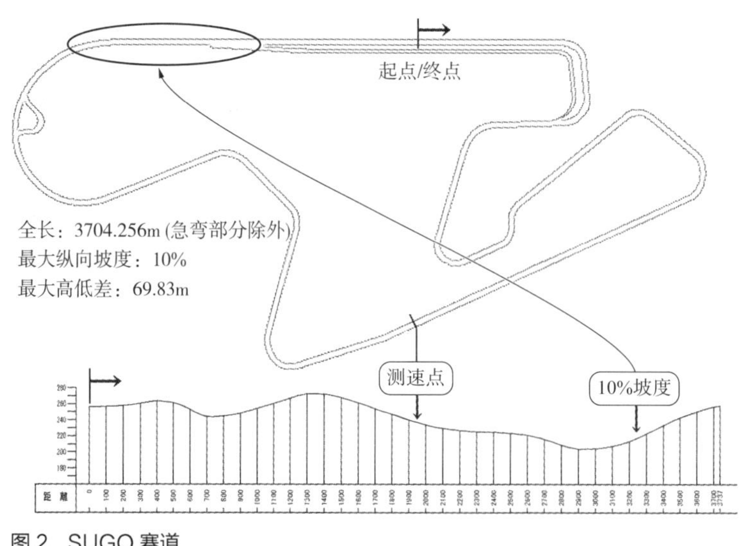

图 2　SUGO 赛道

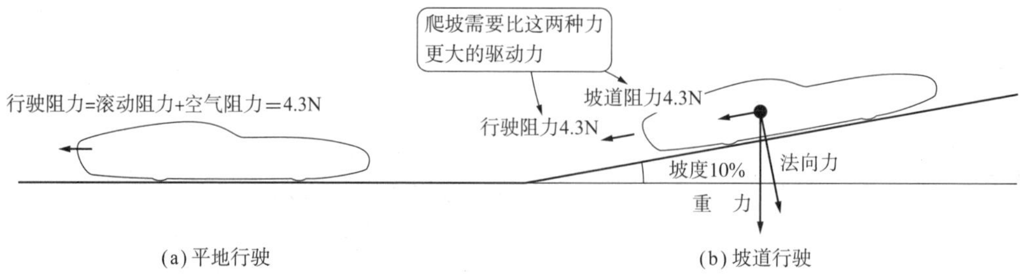

图 3　平地行驶和坡道行驶时的阻力（30km/h）

● 爬坡速度和驱动输出功率

“Ribbon Go” 在 10% 坡度的赛道最后部分以 25 ~ 28km/h 的速度行驶。

CQ 无刷电机比之前使用的电机的效率更高，输出功率也更大。假设目标车速为 30km/h，则目标电机轴功率为 720W，车辆的峰值效率为 90% 或更高。

■ 行驶阻力和输出功率小结

至此，相关实验数据和公式归纳为表 1，以供读者参考。

表 1　输出功率计算表

项　目	参　数	公　式
车体质量（含驾驶员和电池）	80kg	
驱动系统传动效率（链轮 1 级减速）	96%	
行驶阻力（平地，30km/h 匀速）	4.3N	
坡　度	10%	
上坡阻力	78.0N	车体质量（kg）× 重力加速度（9.8m/s^2）× sin（arctan 坡度）
目标车速（30km/h）	8.33m/s	
目标驱动输出功率	686W	［行驶阻力（N）+ 坡道阻力（N）］× 目标车速（m/s）
目标电机轴功率	715W	目标驱动输出功率（W）/ 驱动系统传动效率

CQ 无刷电机特性评估

● 很难测试，这里凭经验评估

实际上，制作电机并进行测试需要时间，并且测量很麻烦。这里用公式评估电机特性：

电机轴功率 = 电源功率 – 损耗

查询 MITSUBA SCR 官网得知，采用标准铁心和标准线圈规格（ϕ1.0mm，20 匝，6 串）的 CQ 无刷电机的特性如图 4 所示，改用低损耗铁心定子后峰值效率可提高 2.5%。首先基于标准铁心进行计算。

从图 4 中读取峰值效率下电源电流为 3A 以及 2.2A 时的转速、转矩和效率。

将读取的值输入 EXCEL，并计算 3A 驱动时的电机轴功率和损耗。将损耗分为“铁损”和“铜损”两项，峰值效率下无刷电机的铁损和铜损应接近。

这与笔者的经验相符，将计算出的损耗的 1/2 作为标准铁心的铁损。

● 低损耗铁心的不同之处

如上所述，低损耗铁心是 CQ 无刷电机套件的一个可选项。

与钢板厚度为 0.5mm 的标准铁心相比，低损耗铁心的钢板薄至 0.2mm。因此，叠层数量增加了一倍以上。另外，由于使用了低损耗铁合金材料，仅靠减小铁心钢板厚度，就可以大幅度减小涡流导致的铁损。

● 计算低损耗铁心的效果

低损耗铁心在相同电源电流下的铜损与标准铁心相同，只有铁损变小了。

为了使低损耗铁心在效率峰值下的铜损与变小的铁损相同，先将电源电流从 3A 改为 2.2A。

使铁损与铜损相同之后，将铁损减小量与标准铁心 2.2A 电源电流下的轴功率相加，作为新的轴功率，并计算出损耗和效率。如果效率提高约 2.5%，就计算出了低损耗铁心的铁损。

图 5 所示为重新计算得到的峰值效率为 92.3% 的情况。

● 确定电机常数（以简化计算为原则）

电机损耗有很多种，目前仅计算了铁损和铜损。为了方便计算，有必要更大胆地简化。

对于铁损，但是这次涡流损耗的影响变大了，因为输出功率和转速提高了。另一方面，磁滞损耗的影响相对较小，可忽略。

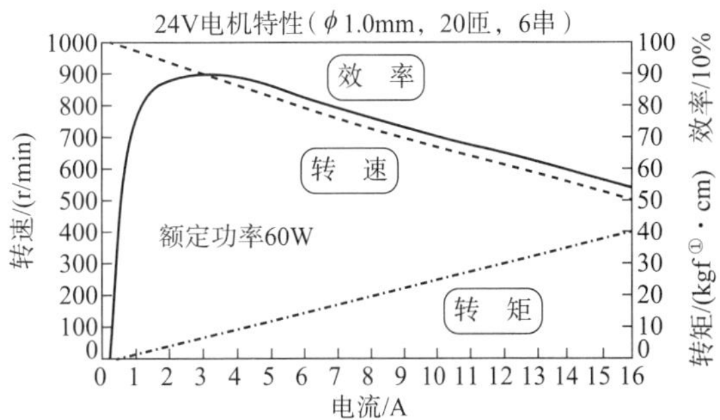

图 4　CQ 无刷电机的标准特性（ϕ1.0mm，20 匝，6 串）

① 1 kgf = 9.80665N。

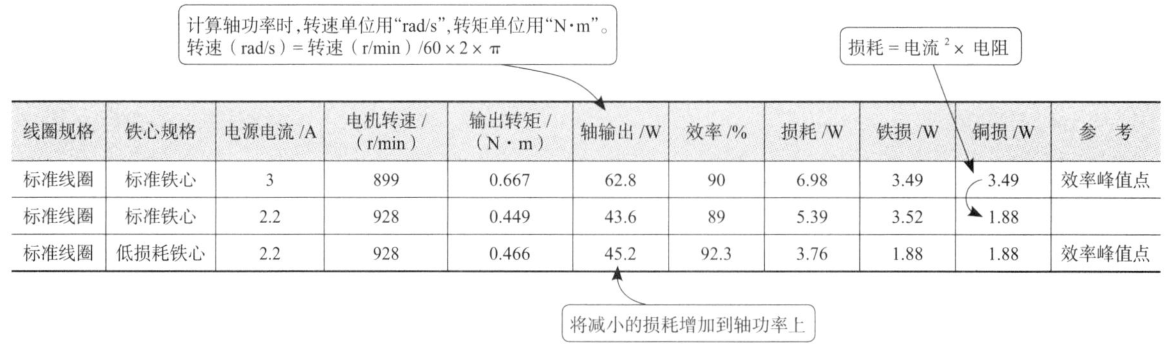

线圈规格	铁心规格	电源电流 /A	电机转速 /（r/min）	输出转矩 /（N·m）	轴输出 /W	效率 /%	损耗 /W	铁损 /W	铜损 /W	参 考
标准线圈	标准铁心	3	899	0.667	62.8	90	6.98	3.49	3.49	效率峰值点
标准线圈	标准铁心	2.2	928	0.449	43.6	89	5.39	3.52	1.88	
标准线圈	低损耗铁心	2.2	928	0.466	45.2	92.3	3.76	1.88	1.88	效率峰值点

(a) 数据比较

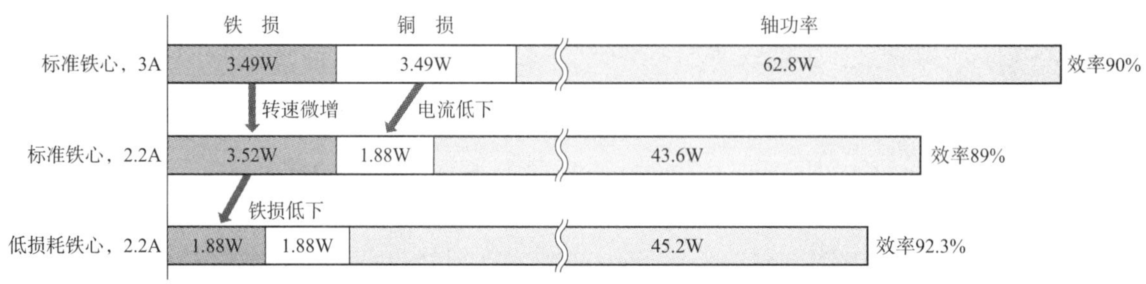

(b) 条形图比较

图 5 CQ 无刷电机的标准铁心和低损耗铁心的比较

将上面计算出的低损耗铁心的铁损（W）除以转速（r/min）的平方，即可得到涡流损耗常数。接下来，便可根据电源电流计算铜损常数（即线圈电阻）。

对于标准线圈和标准铁心组合，电流（10 ~ 16A）和铜损相对较大，铁损可以忽略。铜损的计算方法如下：

$$损耗 = 电机轴功率 \times（100\%/ 效率 -1）$$

线圈电阻的曲线近似直线，而电流的平方和损耗可以用 EXCEL 计算。线圈电阻无法用万用表测量。实际测量的曲线更准确，因为它包含电源电流的纹波成分以及线圈温升导致的电阻增大。

类似地，绘出电源电流和输出转矩的曲线，并找到转矩常数（N·m/A）——曲线近似直线。图 6 所示为上述过程获得的电机常数。

SUGO 电机线圈规格的确定

● 提高输出功率

在标准线圈特性图中，接近峰值效率的电机输出功率约为 60W，最大约为 115W。

笔者决定更改绕线方式，以实现 720W 或更高的目标输出功率。电机轴功率表示为电机转速和输出转矩的乘积。增大转速会增大铁损。增大转矩即增大电流，必会增大铜损。

那么，增大转速和增大转矩哪个更好？

根据笔者的经验，铁损和铜损基本相等，均衡增大转速和转矩是提高峰值效率的诀窍。

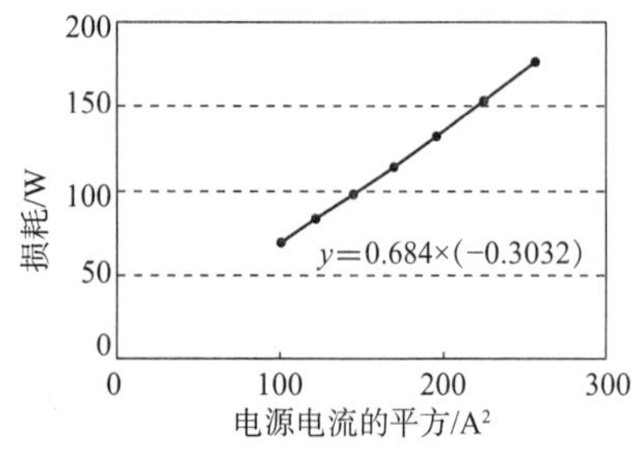

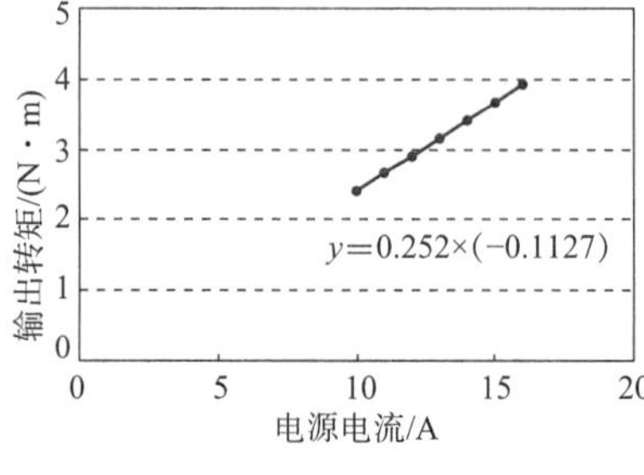

项 目	参 数
铁损常数	2.2×10^{-6}W/（r/min）^{2}
铜损常数	0.684Ω
转矩常数	0.252N·m/A

图 6 电机常数

● 绕线方式多种多样

CQ 无刷电机为 12 极、18 槽规格，U、V、W 相线圈各分配 6 槽。但是，数字 6 有许多公约数，支持 1 个线圈、2 个线圈、3 个线圈、6 个线圈串联的绕线方式，进而得到不同的电机转速。

另一方面，车体可以采用各种减速比的链轮，通过链条将电机驱动功率传递至驱动轮。

链条规格为 JIS25。受限于轴径，电机侧链轮的最小齿数为 11，而车轮侧链轮齿数为 87 或 90——考虑到要安装制动盘，这些值几乎是上限。

● 爬坡时的目标电机转速

设车轮侧链轮为 90 齿，考虑到轮胎的周长，爬坡时的转速为 3660r/min。

提高驱动电压可提高电机转速。这里将 4 个 12V 铅酸蓄电池串联，得到 48V，这样标准线圈 24V 峰值效率下的 900r/min 转速便可翻一番。此外，将电机线圈的接线方式 6 串改为 3 串 2 并，转速可提高到约 3600r/min。

由于所需转速稍低，因此减小匝数，并相应地将线径增大到 ϕ1.2mm。根据图 7 所示的槽形状，估计匝数应该在 17 ~ 19。

● 通过模型公式探索最佳绕线方式

为了大致掌握电机输出功率曲线，在 EXCEL 中使用模型公式制作图表。

先回顾一下条件：所需的电机目标性能是，如果电机轴功率为 720W，则电机输入功率为 800W 或更低，电机损耗为 80W 或更低。

电池额定电压为 48V，考虑到放电会导致电压下降，以 44V 为基准电压。

在此基础上改用 3 串 2 并的绕线方式，再通过调整线径和匝数进行校正计算，制作图 8。

在该表中，除非已知电机的电动势常数，否则无法确定电机转速。因此，进行以下 2 个计算时，笔者尝试输入电动势常数，结果几乎相同。

· 根据临时电动势常数估算的转速下的轴功率和效率

· 从电源功率中减去损耗后的轴功率和效率

另外，物理上的电动势常数与转矩常数有着相同的意义，并且可以在不使用临时值的情况下利用正弦波矢量控制模型公式进行计算。

将匝数设为 18 时，目标输出转速略低，于是决定采用 ϕ1.2mm、17 匝、3 串 2 并的绕线方式。

据此，转速为 3760r/min 时电机轴功率为 725W，铁损和铜损均为 30W，计算出峰值效率约为 92%，预计超过目标值 90% 一两个百分点。预期特性如图 8 所示。

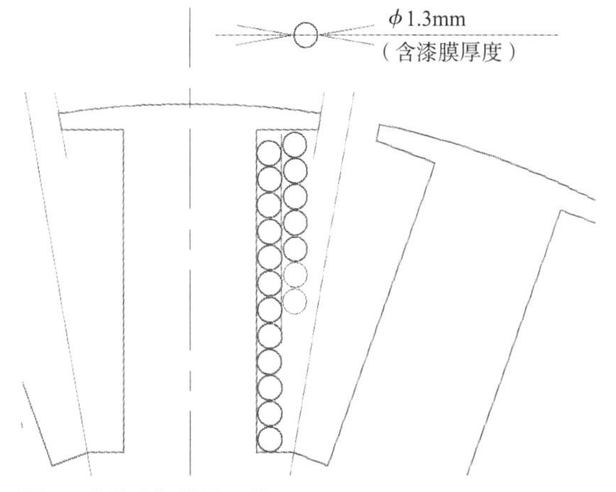

图 7　估算电机线圈匝数

绕线，组装，试转

● 电机线圈为 ϕ1.2mm，3 串 2 并

如图 9 所示，将 ϕ1.2mm 电磁线（漆包线）串联缠绕在 3 个槽中。由于是 3 串 2 并，所以有 2 个中性点。

从中性点侧开始缠绕 3 个槽，然后从中性点的对侧引出端子线。完成所有线圈后，将每组 U、V、W 的一端（这里是头部）接成中性点。可以形成 2 个中性点，但是它们在等效电路中的电位是相同的，因此 2 个中性点不必连接。

● 注意不要损坏线圈漆膜

使用这种绕线方法时，中性点和端子线会从铁心的不同侧面引出，接线空间较大。漆包线穿过定子之间的间隙时要小心，以免被定子铁心刮伤漆膜。

定子槽间连接线交叉点应尽量用玻璃编织管覆盖，以免短路。实际上，在绕线过程中，笔者考虑过尽可能尝试 18 匝。匝数越大，电流抑制能力越强，效率越高。但是，在绕完 17 匝之后，尝试绕第 18 匝时，则很可能会与下一个线圈接触，因此最终仍按计划绕 17 匝。

如图 10 ~ 图 13 所示。

通过更改这些系数，研究哪些匝数与目标匹配

转矩常数（标准线圈）	0.252N・m/A
6 串→3 串 2 并 转换系数	0.5
20 匝→17 匝 转换系数	0.85
转矩常数（SUGO 用）	0.1071 N・m/A

确定使这两项计算结果一致的电动势常数

铁损常数（低损耗铁心）	2.2E−06W/(r/min)²

线圈电阻（标准线圈）	0.684Ω
6 串→3 串 2 并 转换系数	0.25
20 匝→17 匝 转换系数	0.85
ϕ1.0→ϕ1.2 转换系数	0.694444
线圈电阻（SUGO 用）	0.100938Ω

感应电动势（标准线圈）	0.0264V/(r/min)
6 串→3 串 2 并 转换系数	0.5
20 匝→17 匝 转换系数	0.85
感应电动势常数（SUGO 用）	0.01122V/(r/min)

电机侧链轮齿数	11
车轮侧链轮齿数	90
轮胎周长	1.12m
驱动系统传动效率	96%

	电源电压 /V	电源电流 /A	电机转速 /(r/min)	输出转矩 /(N・m)	电源功率 /W	转速 × 转矩 输出功率 1/W	效率 1/%	输入功率 − 损耗 输出功率 2/W	效率 2/%	损耗 /W	铁损 /W	铜损 /W	线圈电阻 /Ω	感应电动势常数 /[V/(r/min)]	车速 /(m/s)	车速 /(km/h)	后轮驱动力 /N
	44	1	3912.57242	0.024903	44	10.20331	23.18934	10.22097	23.22948	33.779028	33.67809	0.100938	0.100938	0.01122	8.926462	32.13526	1.097319
	44	2	3903.5762	0.132192	88	54.03761	61.40638	54.07285	61.44643	33.927146	33.5234	0.40375	0.100938	0.01122	8.905937	32.06137	5.82489
	44	3	3894.57999	0.239481	132	97.66976	73.99224	97.72251	74.0322	34.277495	33.36906	0.908438	0.100938	0.01122	8.885412	31.98748	10.55246
	44	4	3885.58378	0.34677	176	141.0998	80.17032	141.1699	80.21018	34.830075	33.21507	1.615	0.100938	0.01122	8.864887	31.91359	15.28003
	44	6	3867.59135	0.561348	264	227.3533	86.11868	227.4581	86.15836	36.541928	32.90818	3.63375	0.100938	0.01122	8.823838	31.76582	24.73518
	44	8	3849.59893	0.775926	352	312.7983	88.86314	312.9373	88.90264	39.062706	32.60271	6.46	0.100938	0.01122	8.782789	31.61804	34.19032
	44	10	3831.60651	0.990504	440	397.4346	90.32605	397.6076	90.36536	42.392409	32.29866	10.09375	0.100938	0.01122	8.741739	31.47026	43.64546
	44	12	3813.61408	1.205082	528	481.2624	91.14818	481.469	91.1873	46.531035	31.99604	14.535	0.100938	0.01122	8.70069	31.32248	53.1006
	44	14	3795.62166	1.41966	616	564.2815	91.60415	564.5214	91.64309	51.478586	31.69484	19.78375	0.100938	0.01122	8.659641	31.17471	62.55575
	44	16	3777.62923	1.634238	704	646.4921	91.83126	646.7649	91.87002	57.235062	31.39506	25.84	0.100938	0.01122	8.618591	31.02693	72.01089
决 定	44	18	3759.63681	1.848816	792	727.894	91.90581	728.1995	91.94439	63.800462	31.09671	32.70375	0.100938	0.01122	8.577542	30.87915	81.46603
	44	20	3741.64439	2.063394	880	808.4874	91.87357	808.8252	91.91196	71.174786	30.79979	40.375	0.100938	0.01122	8.536492	30.73137	90.92117
	44	22	3723.65196	2.277972	968	888.2722	91.76365	888.642	91.80186	79.358035	30.50428	48.85375	0.100938	0.01122	8.495443	30.58359	100.3763
	44	24	3705.65954	2.49255	1056	967.2483	91.59548	967.6498	91.6335	88.350208	30.21021	58.14	0.100938	0.01122	8.454394	30.43582	109.8315
	44	28	3669.67469	2.921706	1232	1122.775	91.13432	1123.239	91.17197	108.76133	29.62633	79.135	0.100938	0.01122	8.372295	30.14026	128.7417
	44	32	3633.68984	3.350862	1408	1275.067	90.55873	1275.592	90.59601	132.40814	29.04814	103.36	0.100938	0.01122	8.290196	29.84471	147.652
	44	36	3597.70499	3.780018	1584	1424.125	89.90686	1424.709	89.94377	159.29066	28.47566	130.815	0.100938	0.01122	8.208097	29.54915	166.5623
	44	40	3561.72014	4.209174	1760	1569.948	89.20159	1570.591	89.23813	189.40887	27.90887	161.5	0.100938	0.01122	8.125999	29.25359	185.4726

【计算所用的模型公式】

电机转速（r/min）= [电源电压 (V)- 电源电流 (A)× 线圈电阻 (Ω)]/ 电动势常数 [V/(r/min)]

输出转矩 (N・m)= 转矩常数 (N・m/A)× 电源电流 (A)- 铁损 (W)/[电动机转速 (r/min)/60×2π]

电源功率 (W)= 电源电压 (V)× 电源电流 (A)

电机轴功率 1(W)= 电机转速 (r/min)/60×2π× 输出转矩 (N・m)

电机效率 1(%)= 电机轴功率 1(W)/ 电源功率 (W)×100%

电机轴功率 2(W)= 电源功率 (W)- 铁损 (W)- 铜损 (W)

电机效率 2(%)= 电机轴功率 2(W)/ 电源功率 (W)×100%

铁损 (W)= 铁损常数（涡流损耗常数）[W/(r/min)²]× 电机转速 (r/min)²

铜损 (W)= 线圈电阻 (Ω)×[电源电流 (A)]²

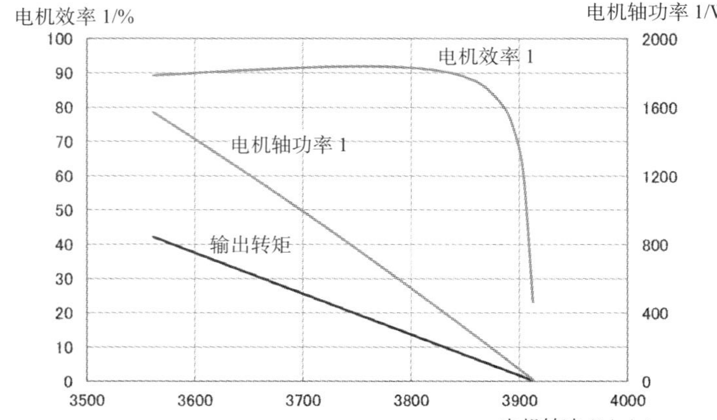

图 8 SUGO 用绕线电机的预期特性：低损耗铁心，ϕ1.2mm，17 匝，3 串 2 并

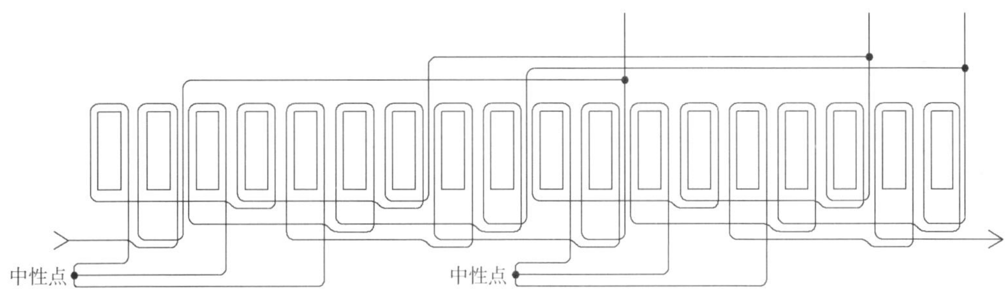

图 9　电机线圈的绕线方法

用耐热线拧紧，以免中性点

连接线应套上玻璃编织管

利用定子基座上的螺钉孔进行固定时，应确保螺钉末端与
连接线之间有足够的间隙

图 10　绕线完成的定子

端子线也要用

中性点的对面用耐热线扎紧
耐热线的绝缘层应保留，以免漏电

图 11　在电机输出侧进行处理

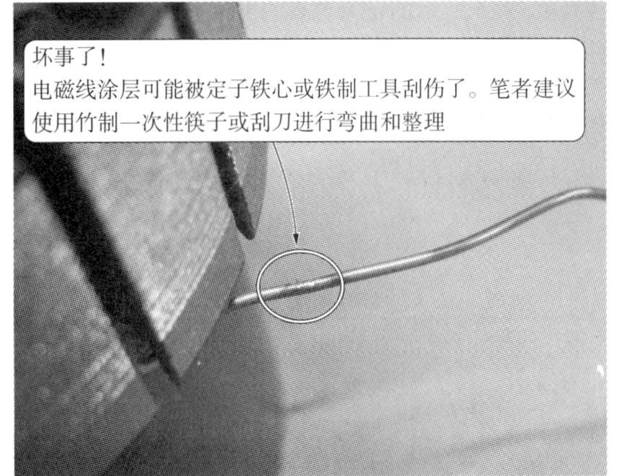

坏事了！
电磁线涂层可能被定子铁心或铁制工具刮伤了。笔者建议
使用竹制一次性筷子或刮刀进行弯曲和整理

图 12　漆膜被刮伤的电磁线

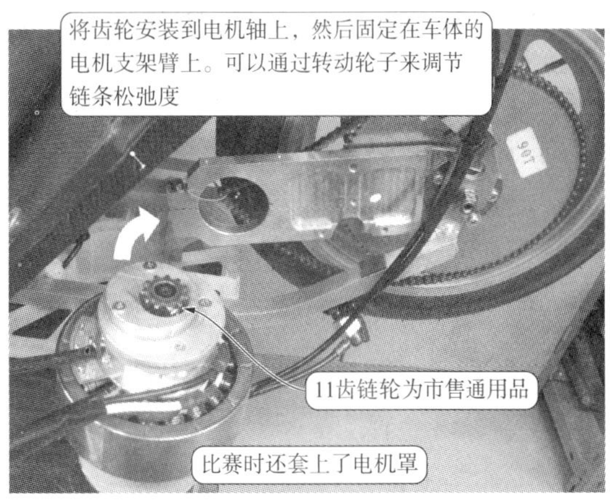

将齿轮安装到电机轴上，然后固定在车体的
电机支架臂上。可以通过转动轮子来调节
链条松弛度
11齿链轮为市售通用品
比赛时还套上了电机罩

图 13　电机的安装

● 调整电压波形和时序作最终确认

将转子和绕完线的定子组装在一起，然后安装在车辆上，并调节感应电动势的波形和角度传感器波形的时序。

先用手转动转子，检查短路引起的旋转重量与端子之间的感应电动势是否平衡。似乎没有问题，因此笔者立即尝试以 48V 电池为电源驱动电机。

在转动驱动轮（后轮）的同时，对驱动轮实施制动（模拟负载，即行驶阻力）。当电源电流平均值约为 20A 时，电机转速约为 4170r/min。

由图 14 所示的波形可知，应对 10% 的坡度不在话下。

本来笔者担忧转矩不足而无法爬坡，或者链条一级减速不够。但是，参赛车辆“Ribbon Go”上安装的 12 极、转速相对较低、转矩较大的 CQ 无刷电机，符合目标特性。

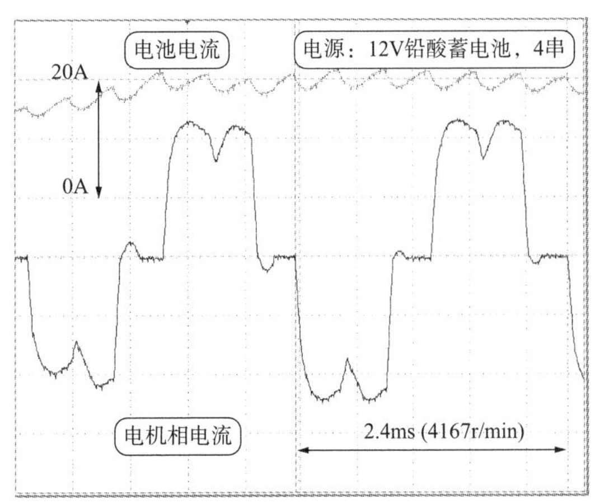

图 14　以车辆制动器为负载检查电流波形

● 进角与再生控制

进角是指相对于电机旋转产生的交流感应电动势，在较早的时刻以逆变器向电机通电。在 EV 节能行驶比赛中，常通过调节进角来调整电机转速，或在电池电压低下时降低转速。

对于 SUGO 路线，车辆功能需求有二：① 自动调整进角以在坡度较小的直线上提高车速；② 下坡再生制动控制。

在下坡时，可通过打开 / 关闭再生开关以及自动限速器进行再生制动和惰行。

进角调整由软件执行，可以在比赛中更改。

逆变器

● 通过改写程序来应对各种路线

这里简要介绍一下“Ribbon Go”的逆变器。电路和控制程序都是自制的，微控制器采用瑞萨 SH7125，开关器件采用 FET，每个臂并联 2 个 IRFB4110。

除了 120° 矩形波通电和电子进角，还可以针对不同的路线更改电机驱动程序。

要说明的是，该车辆没有安装可以更高效地存储再生能量的双电层电容器。

项　目	参　数
车体质量	80kg
驱动系统传动效率	96%
行驶阻力（平地，33km/h）	4.6N
爬坡阻力（10% 坡度）	78.0N

(a) 车辆规格

项　目	实测值
爬坡车速 (10% 坡度)	33.3km/h
驱动输出功率	763W
电机轴功率	795W
电池功率	865W
效率（总）	88.2%
效率（电机）	91.9%
电机进角（电气角）	24°

注：考虑到 10s 间的车速下降，电机轴功率已校正。

(b) 行驶数据（10s 平均值）

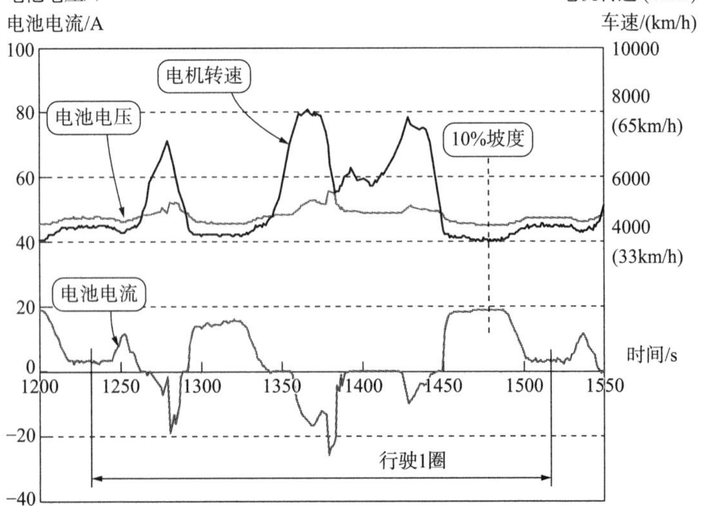

(c) 行驶 1 圈的实测数据

图 15　试跑期间的电池电压、电流、电机转速

比赛结果

● 正式比赛前的试跑和测试

比赛为期 2 天，第 1 天是车检和官方试跑，第 2 天是正式比赛。在第 1 天的试跑中，笔者实验确认了 CQ 无刷电机的性能。

由图 15 所示的记录数据可知，爬坡速度是符合预期的。

● 10% 坡度行驶几乎与目标一致

仔细观察行驶 1 圈的数据，坡度为 10% 时电机转速平均值最低，电池电压为 45.3V，电池电流为 19.1A，电机转速为 4060r/min，车速为 33.3km/h。

电机转速高于计算表，推测此时的进角大于特性图中的进角。电压和电流的测量存在误差，不能说这些值是准确的，但是电机轴功率为 795W，计算出的电机效率为 91.9% 且已达到峰值效率目标。

另一方面，在某些区域观察到了不需要的再生电流。驾驶员认为，再生制动本身非常有必要。因此，决定不用专门修改程序，直接参加比赛。

● 正式比赛初期阶段

正式比赛于 12 日 10∶00 进行，并于 10∶30 顺利开始。如图 16 所示，开始行驶后，每圈电池电压都在下降，电量消耗也在减小。尽管可以通过增大电机进角来缩短行驶一圈的时间，时间和排位都不错，但是我们决定再观察一下情况。

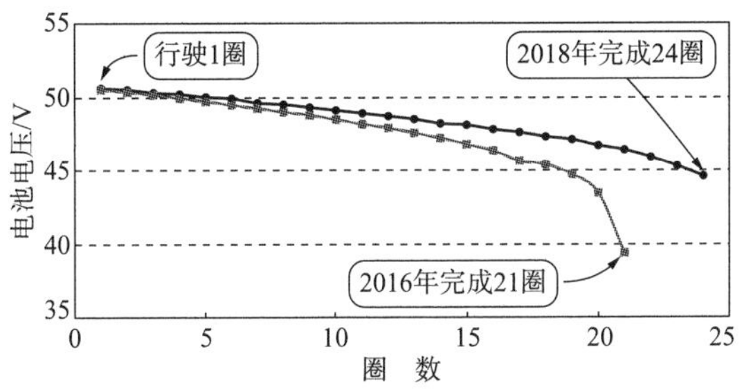

图 16 主电池电压的变化（2017 年与 2018 年之间的数据比较）

● 电池电量消耗低于预期

比赛开始 1h 后，电池电压明显高于预期电压，因此可以判定电池剩余电量高于计划；有些车辆因电池电量耗尽而停车，因此路况较好；电机进角变大，切换到单圈时间优先的行驶。

虽然所花的时间变短了，电池电量消耗低于预期，并且在电池电压保持较高的情况下接近比赛尾声。在 2h 的比赛时间结束之前，笔者的车辆在 1:56:00 内跑了 24 圈，这是官方成绩，超过了之前的 21 圈纪录。

第一名的成绩是 27 圈，第二名是 26 圈，笔者所在车队获得了第三名的成绩。

结束语

电机的输出功率和效率都超出预期，笔者车队刷新了以往的纪录，并且以总成绩第三名结束比赛。

另一方面，与电机性能相适应的行驶速度的提高有延迟，并且再生控制算法不完善。可以说，下一年的比赛有进一步改善的空间。

这一切都是大家一起努力的结果，不论是负责电机制作，在炎热的天气中行驶了 2h 的驾驶员，还是为安装电机而进行车辆翻新、电池充电工作，负责能源管理的团队成员以及赞助方。

参考文献

[1] スポーツランド SUGO. インターナショナルレーシングコース .

[2] ミツバSCR ＋プロジェクト . 学習教材 ブラシレス・モータ製作キット　Kt-M 代表特性（標準巻き線）.

[3] 見城尚志 , 永守重信著 . 新・ブラシレス・モータ システム設計の実際 第 4 版，総合電子出版社，2005.

笔者介绍　　本田聪

本田技术研究所

1987 年入职，从事了本田首款电动踏板车“CUV–ES”的开发。之后加入 Honda Access “Team ENDLESS”俱乐部。1995 年参加第一届秋田世界节能行驶（WEM）比赛。理想是制造可以安全、轻松驾驶的节能行驶 EV。

降低 EV 赛车损耗的方法

—— 车体结构和轮胎布局篇

〔日〕中村昭彦　执笔｜邹雨含　译

以上届“ECONO MOVE”（WEM）节能行驶比赛为例，介绍以获奖为目标的车辆设计思路。接之前的电机控制篇，本文讲解车体结构和轮胎布局。基于笔者的节能行驶比赛获奖经验，本文重点介绍车辆开发的进化过程。

（编者按）

比赛用的车体结构

接上一辑（《电动汽车　第 9 辑》），笔者继续介绍节能行驶比赛车辆的开发。这次以车体开发为中心，主要考虑车体、包括车轮周围的驾驶员支撑结构。

车体应尽可能轻量化，同时确保必要的强度和刚性。

● 两种车体结构

常用的车体结构有两种：

・采用管材的管架结构

・采用复合材料的单体壳结构

一般认为使用优质材料就可以制造出轻量而优质的产品，但其实车体结构的布局对车辆的影响远大于材料选择。

图 1　笔者团队的第一代车

采用管架结构时，应考虑使用轻质且高刚性的管材。

由复合材料制成的单体壳结构也一样，并且会由于构件布局的不同而产生很大的变化。想得简单点就是要将构件分散布局。

笔者团队的第一代车如图 1 所示。

单体壳结构的演变

图 1 所示是笔者团队在 2002 年首次制作的车辆，采用复合材料制成的单体壳结构。

如图 2 所示，其特征在于外壳起到框架的作用。换句话说，前轮附近的外壳也被视为框架的一部分，与车体一体化。

■ 第一代车的问题点

● 外壳与框架一体化的结构

由图 1 可见，前轮附近的外壳也被视为框架，因此外壳和车体是一体化的。

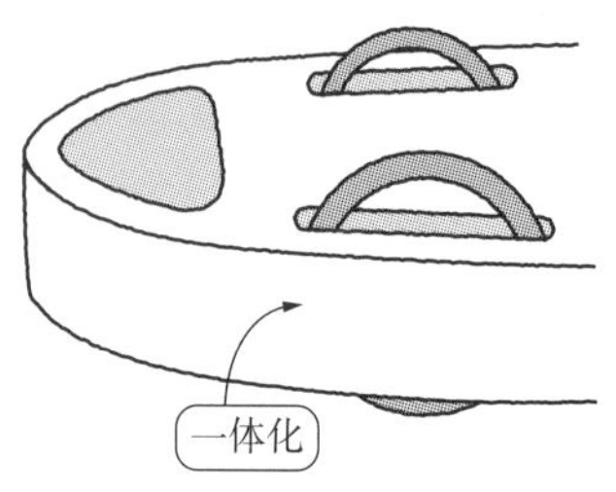

图 2　将外壳视为框架结构的前轮悬架

在这种情况下，轮胎保养都成问题。

● 车轮不易拆卸

这辆车的前轮悬架由副梁构成，保养轮胎时必须将左右前轮及副梁作为一个整体从车体上拆下来。

当然，设计时就知道了这一点——当时以为轮胎保养频率不会太高。

但是，实际比赛中经常需要更换轮胎，所以笔者也反省了该结构不适合实际比赛。

■ 改良后的第二代车

● 改良成易从上方拆卸前轮的结构

图 3 所示是笔者团队于 2007 年制作的车。和之前一样，仍然采用车体与轮胎附近外壳一体化的结构。

不过，拆掉轮轴的轴向中心固定螺丝，即可卸下前轮（图 4）。这样一来，轮胎保养时间便缩短了。

只要取掉轮轴中心螺丝便能卸下车轮，也是这种结构的重大缺陷。

图 3　笔者团队的第二代车

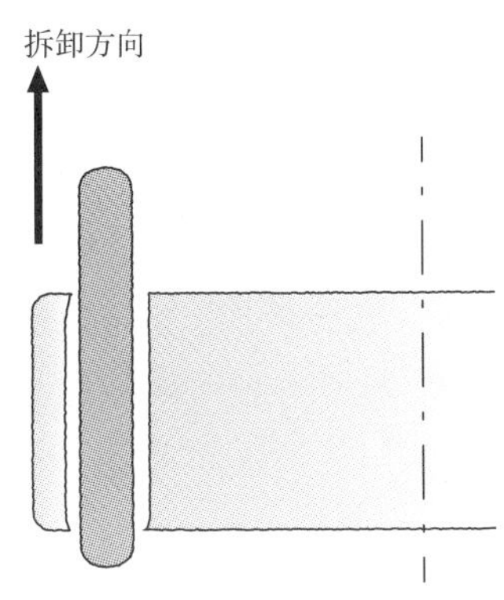

(a) 概念图

(b) 卸下前围板后

(c) 可以轻松卸下前轮

图 4　改良车轮更易于拆卸

● 刚性下降

车轮可拆卸，导致其与轮轴连接的刚性下降。因此，施加较大载荷时，图5所示的箭头方向上会发生弯曲。为避免此情况出现，必须增大轮胎从车体外露的开口尺寸。

■ 第三代车的开发

● 再次改良，以减小空气阻力

第三代车如图6所示，注意到发生了什么变化吗？

为了减小空气阻力，轮胎布局与之前相比有了很大的变化，靠近驾驶员脚部的前轮被安装在了驾驶员腰部附近。也就是说，轮胎在车体上的位置已大大后移（图7）。

如果将轮胎照原样安装在驾驶员旁侧，则为了避开驾驶员，只能将轮胎安装在离车体更远的地方，甚至导致整个车体变得更宽大。

为了避免这种情况出现，选用深偏移轮毂，以便驾驶员的骨盆能凸入车轮凹陷部（图8）。

● 将轮胎室内壁作为结构使用

采用这种布局时，无法再向上拆卸轮胎，而只能向外拆卸轮胎。换句话说，车体外壳在轮胎处被分割。

被分割部分的力向轮胎室内壁分散。也就是说，轮胎的前后外壳、轮胎室内壁必须要很好地传递力。

因此，按如下要求操作。

● 向外拆轮胎

轮胎室下侧与车体底部连接（强度上）没有问题（图9）。但是，开口部分的上侧，安装了外壳到轮胎室内壁的表面平滑的连接框架（图10）。汲取之前刚性不足的经验，将轮胎拆卸方向设置为朝外，提高轮轴安装部分的刚性（图11、图12）。

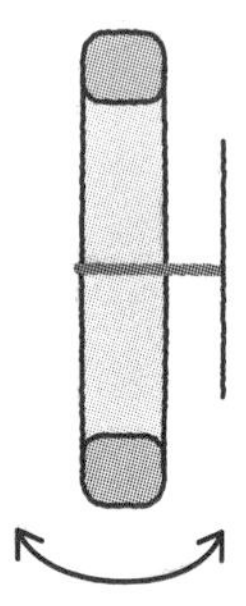

图5 施加大载荷时轮轴弯曲

图6 第三代车

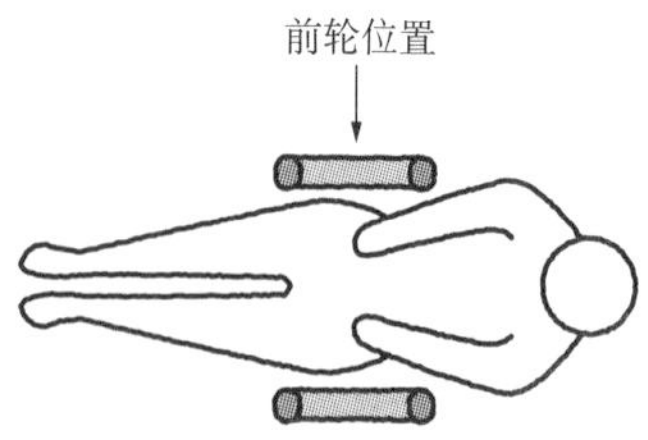

图7 布局更改

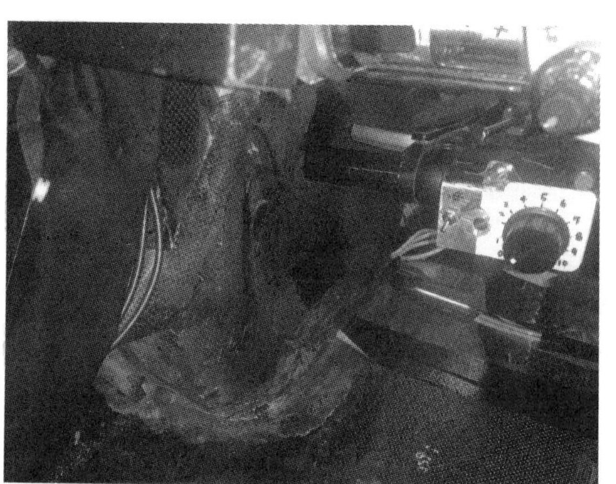

图8 前轮位置移至驾驶员腰部附近（深偏移轮胎室）

图9 前轮的车体底部和轮胎室

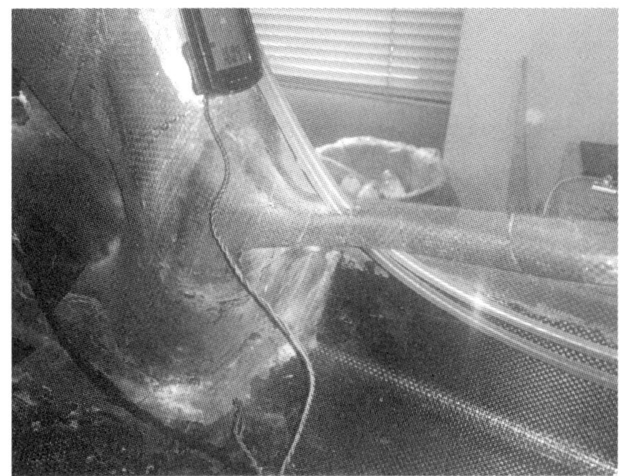

图 10　连接到新设置轮胎室的框架

图 12　车轴安装件

空气阻力

■ 非常重要的阻力公式

在以节能为目的的汽车竞赛中，与空气阻力作斗争是关键。

在大潟村（秋田）举行的节能行驶比赛中，据计算，空气阻力几可消耗近一半的能量。对于平均速度更快的太阳能车比赛，该比率更高。

制作车辆时，如何减小空气阻力的影响很关键。有一个著名的阻力（空气阻力）公式：

$$D=\frac{1}{2}\rho V^2 SC_D \tag{1}$$

式中，D 为阻力；ρ 为流体密度；V 为速度；S 为投影面积；

图 11　从轮胎室外部看到的车轴安装部分

C_D 为阻力系数。

笔者团队根据此式，单纯地认为阻力与速度的平方和投影面积成正比，进而制作了第一辆车（图 13）。C_D 似乎很难减小，只能尽量减小投影面积。

实际上，当初制作的这辆车，现在想想发现设计上有很多不合理的地方。但是，考虑到笔者团队当时的实力，也是不得已而为之。

■ 阻力系数之谜

● 空气阻力不一定与速度的平方成正比

虽然设计不合理，但是也有一些收获。前面提到的阻力公式是用来求解阻力 D 的，但阻力系数 C_D 本来

(a) 正　视

(b) 侧　视

图 13　笔者团队开发的第一辆车

就是通过阻力计算得出。阻力系数 C_D 的计算公式如下：

$$C_D = \frac{2D}{\rho V^2 S} \tag{2}$$

但是，这只是将式（1）的左侧换作 C_D 而已。重要的是，阻力系数 C_D 会随速度变化而变化。

如果阻力 D 与速度的平方成正比，那么 C_D 在任何速度下均应相同。换句话说，阻力与速度的平方不成正比。

● 阻力系数 C_D 会随速度变化

实际上，计算阻力的前提是知道相应速度下的阻力系数 C_D。

得到 C_D 值，也就得到了相应速度下的阻力。

实验表明，可根据简单圆柱体或球体的速度——更确切地说是雷诺数的差异来计算 C_D，且该 C_D 可用于最初的阻力计算。

在这种情况下，笔者团队制作的车辆，若不能求出宽范围内各速度下的阻力，就无法计算各速度下的 C_D。

若本来就知道各速度下的阻力，那就没必要算出 C_D 后再反推求阻力。

● 变化更大的是投影面积 S

在式（1）中，投影面积 S 变化更大。这是因为投影面积会因对象物体而异，举例如下。

飞机靠机翼产生升力，升力几乎与机翼面积成正比（图 14）。

飞艇靠船体产生升力，升力与船体体积成正比（图 15）。

那汽车是什么情况？通常来说，用正投影面积计算 C_D 被广泛认可。笔者实际上也确实是以此来计算的。

■ 与面积成正比 / 与速度的平方成正比的含义

思考一下，空气阻力是如何产生的？

● 当流体撞击无限大的平板时

如果在流体中放置一个无限大的平板，流体将停止流动（图 16）。

● 当流体撞击面积有限的平板时

流体（这里为空气）具有质量。当具有物体的速度变为零时，其动能也变为零。

动能与速度的平方成正比，截流量与平板面积成正比。

也就是说，在这种情况下，阻力与速度的平方成正比，与正投影面积成正比。

● 正投影面积为零时也有阻力

假设平板的厚度为零，与流体平行（图 17）。

由于厚度为零，因此正投影面积也为零。但是，流体具有黏性，会黏附平板表面，进而产生阻力。

该阻力几乎与流体速度和平板表面积成正比。随着速度的提高，阻力也增大，但阻力与速度的平方不成正比（与速度的 1.5 ~ 1.8 次方成正比）。要注意的是，“表面积”非“投影面积”。

● 将 2 种阻力区分开来

这里要考虑 2 种阻力：流体撞击阻力、黏性阻力。不难想象，当流体被截流时，阻力非常大。

实际物体的形状并非这么简单，所以阻力包含这 2 种。

图 14　通常意义上的机翼投影面积

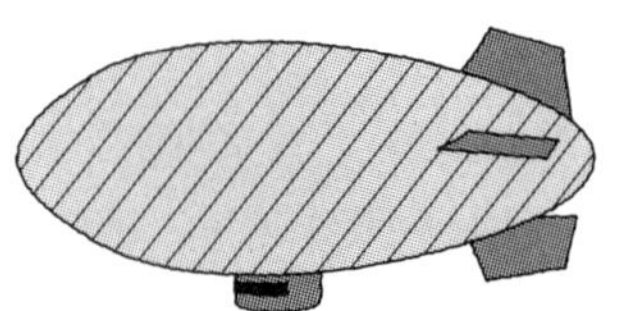

图 15　一般意义上的飞艇投影面积

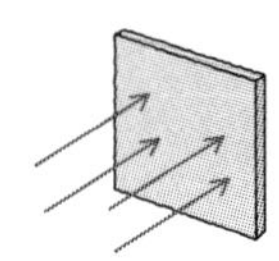

1. 平板面积无限大时，流体完全停止流动
2. 平板面积有限时，阻力与其（正投影）面积成正比

图 16　当空气（流体）撞击垂直平板时

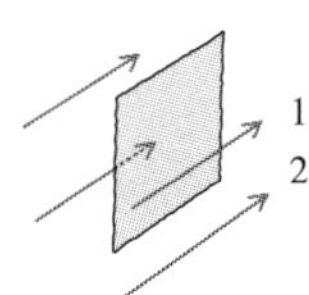

1. 由于正投影面积为零，因此阻力为零
2. 流体存在黏性，会黏附平板表面而产生阻力

图 17　流体与非常薄的平板平行时

■ 减小阻力的 2 种措施

● 空气阻力的 2 个影响因素

思考减小空气阻力的对策时，要区分以上 2 种阻力，举例如下。

① 阻碍气流的物体：如图 18 所示，阻力大致与速度的平方以及正投影面积成正比。

② 流线形物体：如图 19 所示，虽不能说其阻力与表面积和速度成正比，但是其阻力比之前提到的物体小得多。

● 综合考虑 2 种阻力

如上所述，这 2 种阻力当中，撞击阻力是压倒性的。如果能够充分减小撞击阻力，在此基础上减小黏性阻力，将会非常有效。

■ 撞击阻力对策

● 观察阻碍气流的物体

请看图 20 所示的气流。

假设空气在此方形物体的表面流动，在方形物体的拐角处突然改变流向。但是如上所述，空气也有质量，无法沿着物体的拐角转弯，只能远离表面流动。

● 观察流线形物体

气流遇到流线形物体的状况如图 21 所示，空气沿表面流动且方向没怎么改变，最终恢复原始流动状态。如果飞机机翼的截面做成此形状，空气阻力就不会太大。

● 对策要点

要点有二：

・使气流紧贴物体表面

・使气流最终恢复原始方向

只要有汽车移动，气流就会以某种形态发生变化，因此必须改变气流方向。

● 曲面内外气流不同

再思考一下气流方向。图 22 所示为气流遇到弯板时的状况。

如上所述，流体也具有质量，并且会产生试图保持直线运动的惯性力。正如在弯道上产生离心力一样，在拐角处也会产生向外的力。

图 22 所示，气流在物体的内侧表面得到支撑，但是在外侧远离表面。如果流动的不是流体（如空气），而是铁球，那么在外侧必然会远离表面移动。物体处于流体之中，且无论在空气中还是海洋中，都会存在一些压力。这种压力向内作用。如果在真空条件下，流体经过弯板，则外表面的流体会保持原方向流动。

由于是连续流体，自然能改变方向并从高压侧流向低压侧。

但是，向内作用的压力是有限的，超出限制后流体也会保持原方向流动。

车辆的空气阻力

车辆的空气阻力很难从立体角度来考虑，需要简化思路。

图 18　阻碍气流的车辆：阻力取决于正投影面积

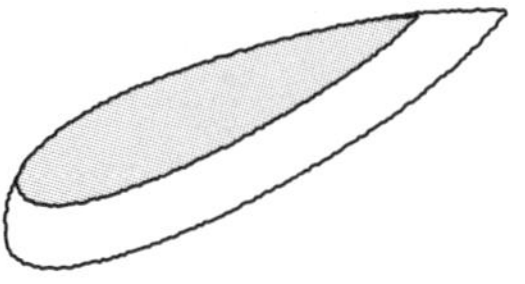

图 19　流线形车辆：阻力取决于翼部面积

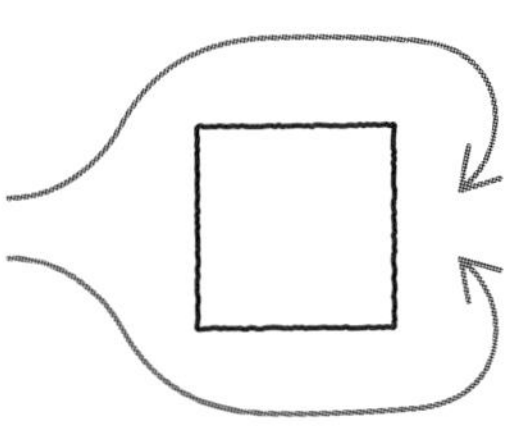

图 20　阻碍气流的方形物体

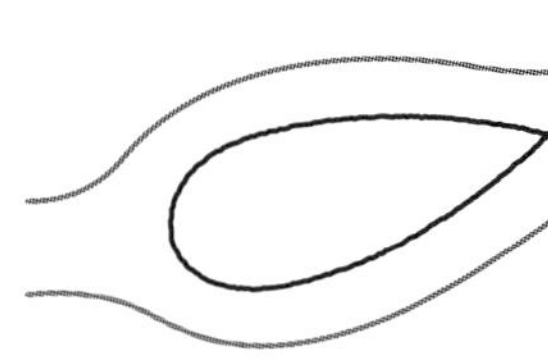

图 21　气流遇到流线形物体时的状况

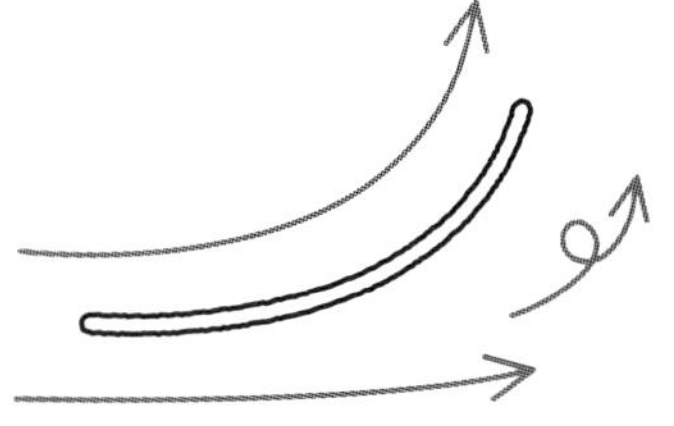

图 22　气流遇到弯板时的状况

■ 节能行驶车辆的 L 角

● 带拐角的节能行驶车辆

图 23 所示为节能行驶比赛中常见的车型：从顶部看是流线形的，从侧面、后面看是方形的。这么设计的原因恐怕是让车顶部分水平向后延伸，以覆盖后轮。

流线形看起来很漂亮，但是从气流的角度来看有很大的问题。实际上如图 24 所示，在后方的方形车顶和侧方的连接部分会产生巨大的气流分离和涡流，由此形成很大的阻力。

后方的车顶和侧面连接处有 L 角和弯曲部分，是不是它们产生了这么大的阻力?

● 问题不在于有无拐角，而在于空气不会穿过拐角

如果想让空气在 L 角板表面顺畅地流动，则使其折痕与流体平行的效果更好，如图 25（a）所示。

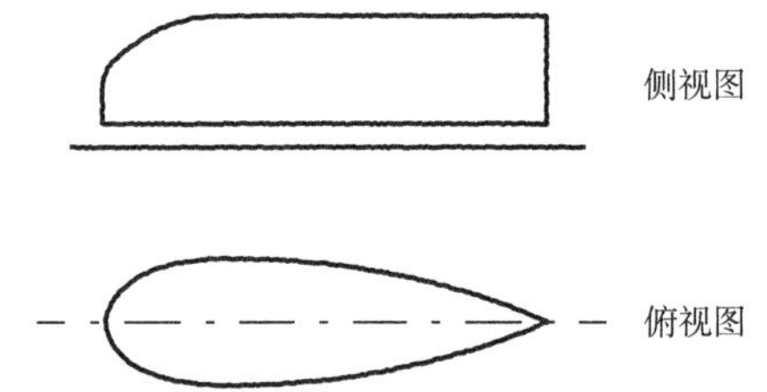

图 23　节能行驶比赛车辆的侧视图和俯视图

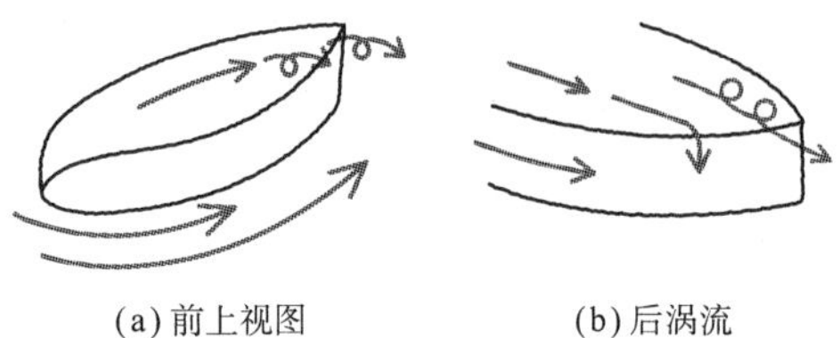

(a) 前上视图　　(b) 后涡流

图 24　在三维视图中可以看到旋涡

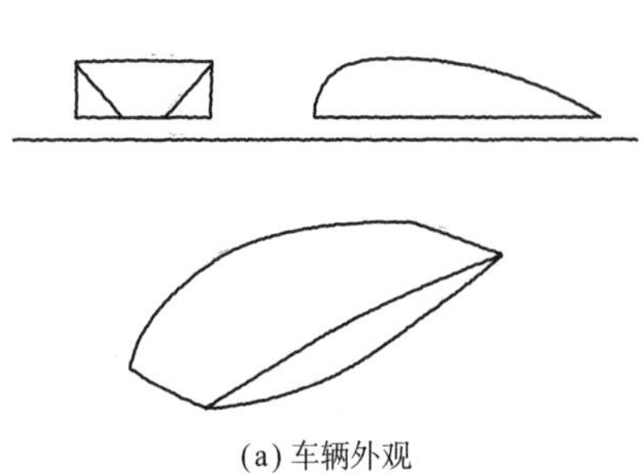

(a) 车辆外观

图 26　宽度较小的节能行驶车辆

但是，如图 25（b）所示，当流体垂直或倾斜于折痕时，像方形物体周围的流体一样，会从表面分离并产生较大阻力。

如果没有横穿拐角的流体，即使有拐角也不会产生很大的阻力。

因此，重点是如何消除横穿拐角的流体。

■ 车辆设计的基本方针

● 空气从高压处流向低压处

空气从高压处流向低压处，这一点遵循流体运动的基本原理。在拐角问题中，以角为边缘，如果使拐角处的两侧压力和流量对称，则流体将无法横穿拐角。

● 气流与车辆表面分离

在这种情况下，流体流动过程中会向内卷弯。简单起见，这里将车顶与侧面作同样的考虑。例如，宽度相对于高度较小的车辆形状如图 26 所示。那么，宽度相对于高度较大时，车辆形状会如图 27 所示吗?

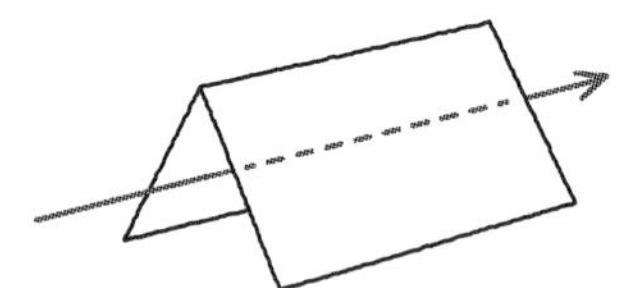

(a) 在这个方向上没有穿过拐角的流体

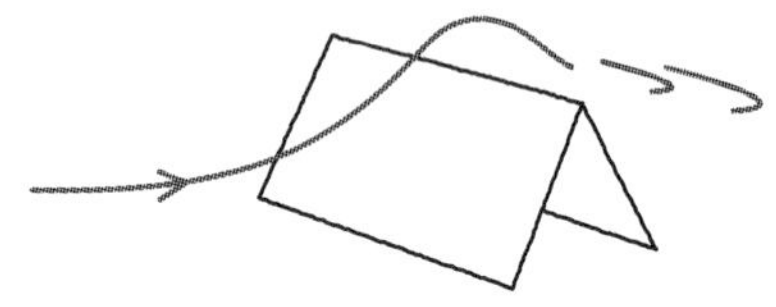

(b) 在这个方向上有穿过拐角的流体

图 25　L 角板和空气的流动

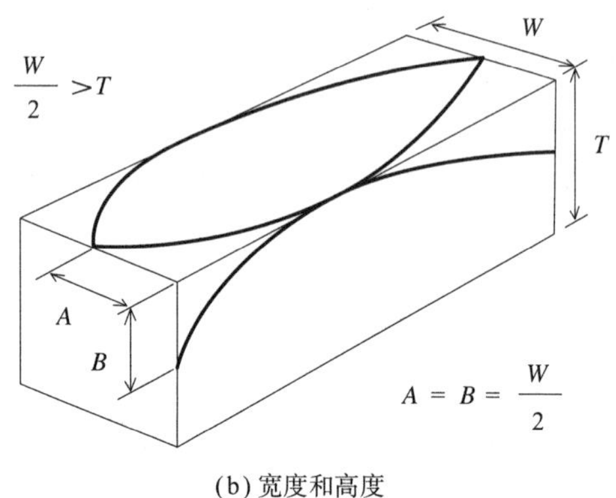

(b) 宽度和高度

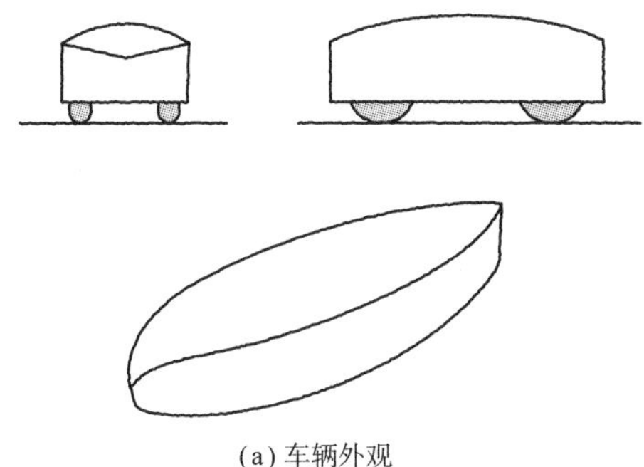
(a) 车辆外观

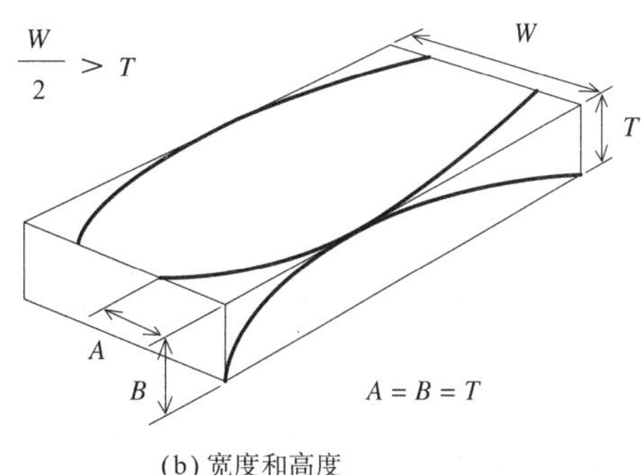

(b) 宽度和高度

图 27　宽度较大的节能行驶车辆

● 先简化再寻找消除涡流的方法

与其突然思考立体曲面物体，不如创建一个简化的整体图形，笔者认为从这个角度入手会比较好。

不会产生大涡流或气流分离的形状是重中之重，让我们以此为目标思考其形状，然后再进行下一步。

● 减小表面积，以减小黏性阻力

接下来，减小流体黏性引起的阻力，如减小表面积。

● 车体形状的总体要求

（1）在布局上下功夫，目标是减小车体，减少气流分离和涡流。

（2）流体横穿拐角会产生巨大阻力，可以认为无拐角的圆形是没问题的。

这在很大程度上取决于必须覆盖的车辆各部件的布局和形状。

轮胎的位置

在车辆设计中，轮胎位置是决定车辆形状和尺寸的主要因素。

■ 车辆截面选方形还是圆形

● 从车辆截面来考虑，方形更有利

前截面是没有角而呈圆形时，车辆与轮胎之间的关系如图 28（a）所示。笔者认为有拐角也行，方形截面的车辆形状如图 28（b）所示。哪种形状更有利？

车体的表面积是前后方向各截面外周长的积分。所以，在车轮一样的情况下，横截面周长更小的方形车辆的表面积会变小。

但是，黏性阻力比气流分离和涡流产生的阻力小得多，方形截面车辆的气流分离和涡流非常大，完全没办法和圆形截面车辆相比。

方形截面的优势在于，当轮胎尺寸相对于车体较大时，可以抑制气流分离和涡流引发的横穿拐角的气流。

● 从截面积相同的角度考虑，圆形更有利

如果车辆的尺寸和形状受轮胎以外的部件的影响很大，那就需要费点心思考虑它们之间的布局。一般来讲，在截面积相同的情况下，圆形截面的周长更小。

就节能行驶比赛而言，车辆的小型化已经普及了相当长一段时间，甚至小直径轮胎也小得不能再小了。

■ 考虑三轮布局

● 2 前轮 1 后轮的布局中，前轮较大

通常，节能行驶车辆采用三轮布局，包括有 2 个前轮和 1 个后轮。

在这样的布局中，想让前面提到的侧面和车顶的曲率相同，就要避免后轮之上的车顶在前方大幅升高，阻碍车体的小型化（图 29）。

● 前轮部分的截面为方形，后轮部分的截面为五边形

现在，笔者团队车辆的前轮附近和后轮前部的截

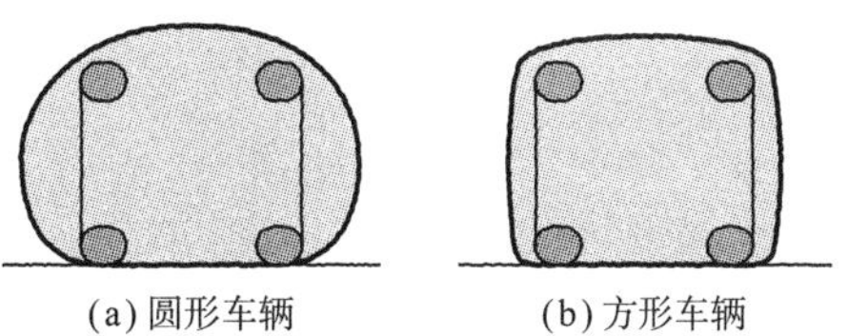
(a) 圆形车辆　　(b) 方形车辆

图 28　节能行驶车辆的轮胎位置和前截面图

图 29　车辆前后的截面不同

面形状如图 30（a）所示。前轮附近的截面是四边形，后轮附近是五边形。

车顶中央的角是左右对称的，没有气流横穿该拐角。侧面和车顶的结合角，得益于车肩部配合侧面的向下弯曲，也没有横穿的气流。

车顶的曲率在中央部分和肩部的区别很大，但是这两处角之间几乎是平坦的，即使有横穿的气流，也不会出现气流分离或产生涡流。

● 截面为方形或圆形时

前后截面都是方形时，如图 30（b）所示，其截面积比图 30（a）所示的大，并且具有较大的表面积。

前后截面都是圆形时，如图 30（c）所示，但表面积也仍然比五边形的大。但是，由于外周是圆的，因此不必精确地配合车顶和侧面的曲率。如果形状比较规范，表面积可能会小于方形截面的。

即使有拐角，如果能做成流体不会横穿拐角的形状，也有机会让阻力比没有角的圆形小。

■ 转向空间的考虑

● 出于转向需要，前轮要有一定的移动空间

前轮要有一定的转向空间。即使采用之前的布局，为了确保该空间，车体尺寸还是会有所增加。

若将前轮部分做成标准方形截面，则外观如图31(a)所示。顶部和底部不需要太大空间，但车轮左转或右转要求中间预留空间。

● 采用立体曲面减小截面积

如果能做成立体曲面车体，则可以让截面如图 31（b）所示，以减小车体尺寸和表面积。

许多轮胎的截面都为圆形，因此可以将方形截面进行倒角处理，多少可以减小些表面积。

在此，倒角的目的是减小表面积，而不是减少横穿气流造成的损害。

为了能够做到这一点（这称为“攻击”设计），应确保基本布局精确。

团队车辆的演变

● 最初为了减少涡流，减小了前方截面积

笔者团队最初制作的车辆就采用了以五边形截面覆盖 2 个前轮的三轮车结构（图 32）。

当时笔者团队实力不足，采用这种结构并不是为

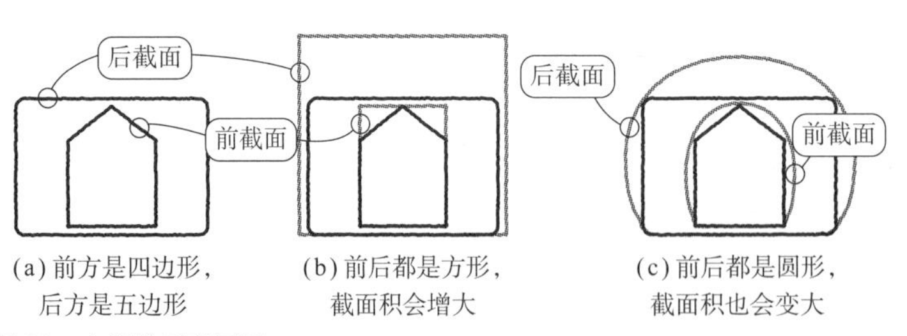

(a) 前方是四边形，后方是五边形　(b) 前后都是方形，截面积会增大　(c) 前后都是圆形，截面积也会变大

图 30　车辆前后截面图

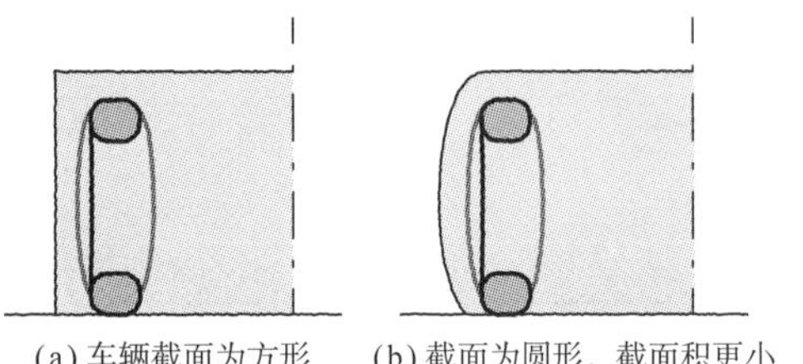

(a) 车辆截面为方形　(b) 截面为圆形，截面积更小

图 31　前轮部分的转向空间与轮胎之间的关系

图 32　笔者团队开发的第一辆车

了减小表面积，而是为了减小正投影面积，尽量减少气流分离和涡流。

这么做确实减小了车辆的整体尺寸，所以表面积略有减小。这确实和采用五边形截面多多少少有点关系。由于设计初衷并非减小表面积，在规则允许的长度范围内，表面积缩小效果非常有限。

因此，笔者认为，气流分离和涡流引起的阻力可能很小，但黏性阻力相当大。

● 减小表面积的方法

要减小表面积，不仅要让车体变细，还要让其缩短。

但是，不能过于缩短而引起气流分离和涡流。突然的向内弯曲会导致气流分离。简单来说就是，从前方正面顺滑地弯曲。

● 缩短较粗的地方，以减小表面积

减小表面积的另一个要点是，让中间膨胀，以缩短车辆。换个角度，使车体变细可有效减小表面积，缩短较粗的部分也能有效减小表面积。

● 现在的车辆

图 33 所示为在前轮后移的情况下使用当前布局的车辆。由于车辆的上部宽而透明，因此可以看到驾驶员与车轮之间的关系。

与前轮设置在膝盖附近相比，现在宽度更大且正投影面积更大。将较粗的部分后移到车体中间也能减小表面积。这是放弃正投影面积至上思想从而取得进步的结果。

图 33　笔者团队目前的车辆

笔者介绍　　中村昭彦

一位 40 岁以后才开始参加节能行驶比赛的全职父亲。作为闭口无言的上班族，因为比赛可以通过结果来判评好坏，而无法找借口，所以现在每天沉醉于参赛的乐趣中。

8 轮电动社区公交车的制作和普及

—— 创新者的挑战

〔日〕宗村正弘　执笔 | 邹雨含　译

有许多挑战 EV 制作的创新企业。虽说 EV 不需要复杂的发动机，但中小型企业开发 EV 并不容易。本文是中小企业在各种条件限制下制作独具魅力的 EV 的挑战记录。笔者认为，虽然使用低转矩电机的 8 轮驱动小载客量低速社区公交车，但其非常有趣和吸引人。

（编者按）

引　言

作者曾在一家汽车公司从事车辆设计和开发工作多年，退休之前独立出来，在群马县成立了 Think Together 株式会社，从事商品开发。

笔者创业后的业务之一是开发制作 8 轮驱动的小型电动公交车。以此为契机，公司开始走上了 EV 制造之路。

如今，8 轮（也有 10 轮）驱动的电动社区公交车在日本各地或海外都能看到。笔者公司将这种公交车命名为“eCOM-8”（图 1 ）。

本文在回顾车辆开发和制作的同时，还会描述一下笔者对与终端用户直接相关的商品开发的思路。

图 1　电动社区公交车“eCOM-8”（桐生市）

接受的课题

下面是从客户那里收到的三项需求。除了预算和产量，要求不太明确。因此，需要事无巨细地考虑，责任很重。

笔者认为这是一个很好的机会，可以广泛研究、提出想法、自我锻炼，因此抓住这次机会以挑战精神投入了开发。

● 低速电动社区公交车

字面意思，“低速”和“电动”谁都知道，不需要任何解释。但是“社区公交车”，笔者最开始是无法想象的，因为笔者很少乘公交车。

广辞苑对“社区”（community）的解释是“一群有共同情感的人的集合”，对“交流”（communication）的解释是“生活在社会中的人们之间的感觉、情感和思想的传递”。于是，笔者想的是“公交车上的乘客可以与他人分享自己的情感并与之互动。”

● 可上路

在日本，按照法律规定，在公共道路上行驶的汽车必须有车牌。要获得车牌，EV 必须符合《道路运输车辆法》的安全标准。

笔者通读其第 1 ~ 58 条的安全标准和详细声明后发现，每条都有例外。只要符合以下标准，都可以申请车牌：

- 最高时速 20km/h
- 限载 10 人
- 电源电压在 60V 以下

笔者向客户报告了该情况，并确定了车辆规格。

● 800 万日元每台的预算

老实说，笔者当时不知道能否以 800 万日元的价格造出来，可以明确的预算是车牌申请、外包测试以及资料准备费用。不过，800万日元的预算真的很紧凑。

考虑到未来的前景，也做好了赤字准备，笔者接受了这个课题。这就是所谓的经营判断。

整理课题，征得客户同意后明确开发方向非常重要，这在开发的早期阶段不容忽视。

车辆基本构想

■ 制作有魅力的车辆

● 在有限的条件下实现预期目标

一开始就要全面考虑车辆的整体效果，以及各部分的制作。这就要求在有限的条件下针对理想目标进行整合，确定产品开发的大致方向，这是一个充满智慧、思想、闪光和痛苦的过程。

● 制作用户体验良好的车辆

汽车是人们乘坐的交通工具。无论采用的技术如何先进，都比不上“使用便利”“使用起来舒适”“非常愉悦”“还想乘坐”等用户反馈（图2，图3）。

● 不挑战新技术

在“eCOM-8”车辆概念中，考虑到预算和时间的限制，笔者决定使用现有的技术，而不是挑战先进的技术。即使这样，笔者仍然认为可以创造出有吸引力的产品。

当然，成本约束是不可避免的，要综合考虑如何降低成本。车辆设计也会对成本产生重大影响，需要描绘出大致的设计方向。

■ 使用现有的动力单元

● 现有动力单元的转矩不足

实际上，当时笔者的公司有一个自制的动力单元，它由电机和减速器组成（图4，图5）。这本来是用于单人电动车的，由MITSUBA电机和自制减速器组成，规格如下。

- 电机、减速器与轮毂一体化
- 额定输出功率：0.3kW
- 最大转矩：5N·m

可能难以想象，电机采用的是CQ无刷电机（MITSUBA制，由CQ出版社销售），减速器采用的减速比为15.426的防水减速箱，即使在雨天也不会进水。但是，它不太适用于汽车。

● 用8台电机获得所需的转矩

假设车辆总质量为1500kg，行驶速度为20km/h，则至少需要现有动力单元的8倍转矩。换句话说，别无选择，只能开发出8倍转矩的电机。还有一条路，那就是制作一辆8轮驱动的车。

考虑到开发新电机的成本和时间，笔者选用了身边的8个动力单元：左右各4个，总计8个驱动轮（图6）。

● 8个电机的联动控制

笔者思考了如何同时控制8个电机，得到以下结果。

- 在所有驾驶条件下都很难进行最佳控制
- 电机转矩不足使轮胎打滑，因此每个电机的转速由车速和转向角自动确定

将同一加速器信号分配给8个电机，不用任何特殊的联动控制。

图2　在日本富山县宇奈月温泉运行的“eCOM-8”

图3　在马来西亚运行的“eCOM-8”

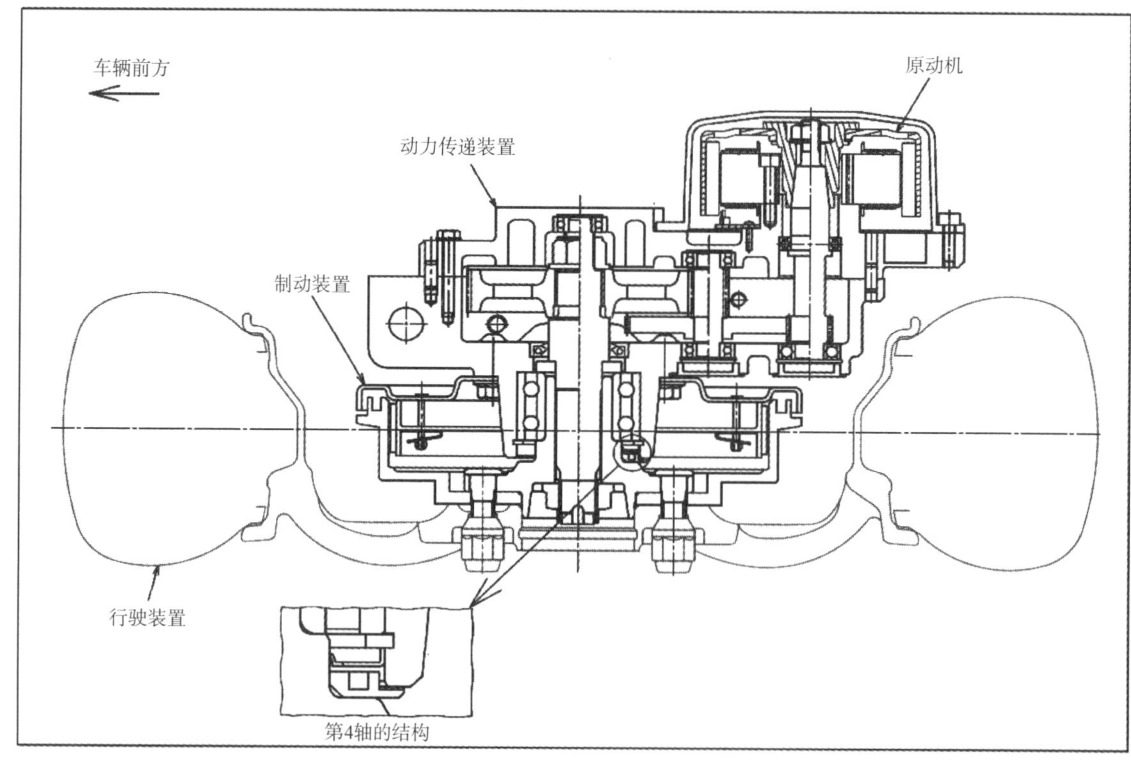

图 4　动力单元截面

图 5　动力单元实物

图 6　每侧 4 个动力单元

■ 社区公交车的主要需求

● 座位要面对面

人们需要面对面交流。因此，笔者认为座位设计为面对面会很好。在车辆两侧各安装 4 个轮胎，在这上边分别放置一个长椅，左右乘客可以面对面坐着。

另外，座椅就像公园的木制长椅（图 7），给人以自然的感觉。

● 根据乘客的行动路线设置前后 2 个出口

由于是公交车，所以必须考虑乘客的行动路线。如果只有一个出入口，那么上下车的人会挤在一起。因此，出入口采取一前一后的设计，从前门上车，从后门下车。乘客可呈直线平稳地移动（图 8）。

● 无窗开放式车体，可感受到风的气息

作为社区公交车，笔者认为其应该能引起乘客共鸣，于是决定去掉玻璃窗，给人一种开放感（图 8）。

设想的最大速度低于 20km/h，因此行驶风很舒适，乘客可以感觉到城市的声音和气味，还可以与车内外的人交谈。

另外，也不需要安装空调，可以减小电池容量，有一举多得之效。

为了应对冬季的寒冷和多雨天气，安装卷帘式乙烯基胶帘（图 9）。

社区公交车的基本方针

■ 车体结构

● 采用立体框架结构

乘用车的车体通常采用钣金冲压单体壳式结构，但是冲压模具需要大量资金。冲压适合于批量生产，不适用于一两辆车的制作。

单体壳式结构的基础是立体框架，结合钣金冲压件形成闭合截面。然而，“eCOM–8”一开始就使用具有封闭截面的钢管构所的立体框架。

● 采用方形钢管

尽管钢管多种多样，但是笔者决定使用方形钢管，以简化组装和精度控制（图 10）。

● 所有框架构件都是直的，且接头为直角

在有限的预算内，框架构件（组件）设计不能有微妙的曲线，以省去专用压模或弯曲模的费用。因此，将所有构件都设计为直的，并且构件之间以直角连接。

对于设计上不允许出现直角（锐角）的部分，采用折弯 R 角。

车体的地板结构和侧面结构如图 11 和图 12 所示。

图 7　木制侧面座椅

图 8　前后入口和开放式车体

图 9　遮风挡雨的乙烯基胶帘

图 10　方形钢管框架

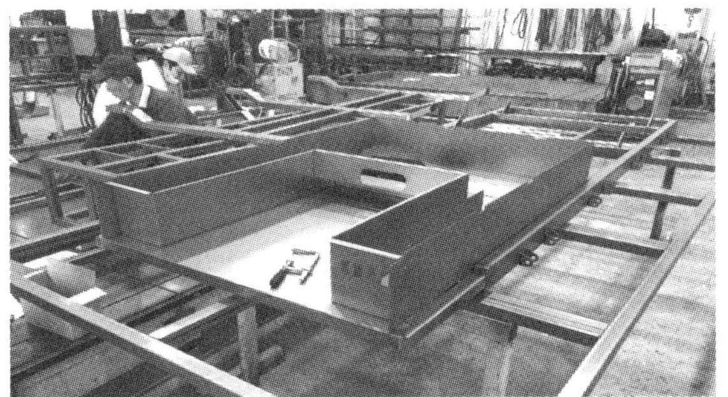

图 11　地板结构

图 12　侧面结构

● 可以在平板上组装

如果使用直角/直线结构，则可以在平板上组装立体框架。这是制作中非常重要的一点。

● 将立体框架分为 6 个子结构，以确保精度

将立体框架分为 6 个子结构，精确制作每个子结构，就可以确保组装后立体框架的精度（图 13）。

6 个子结构分别是前面、2 个侧面、后面、地板层、顶棚。

这是笔者公司的独有技术。

■ 转向机构

● 4 轮车的转向机构

转向机构是关乎汽车性能的重要因素。驾驶员转动方向盘时，汽车会转向，但是转向机构并不像看上去那么简单。

对于 4 轮车，直线行驶时，转动方向盘便会改变左右前轮的方向（图 14）。此时，左右前轮的角度不同，也就是不平行，转向方向内侧车轮的角度较大［图 15（a）］。否则，前轮将发生侧滑。

避免侧滑的几何机构有好几种，但是通常使用阿克曼转向几何机构。

图 13　临时组装的立体框架

图 14　4 个内侧车轮的倾斜度（右侧向前）

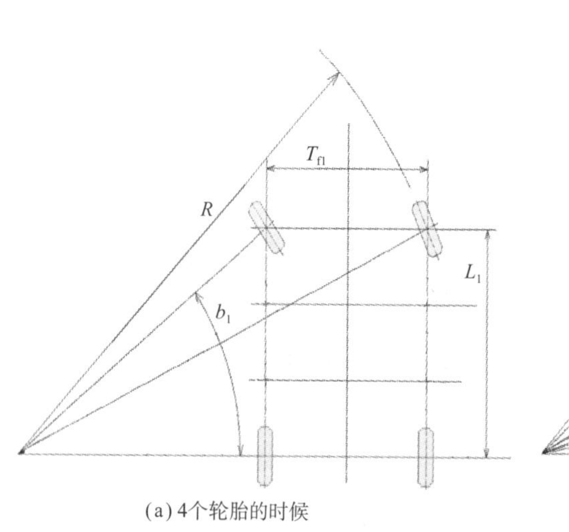

(a) 4个轮胎的时候

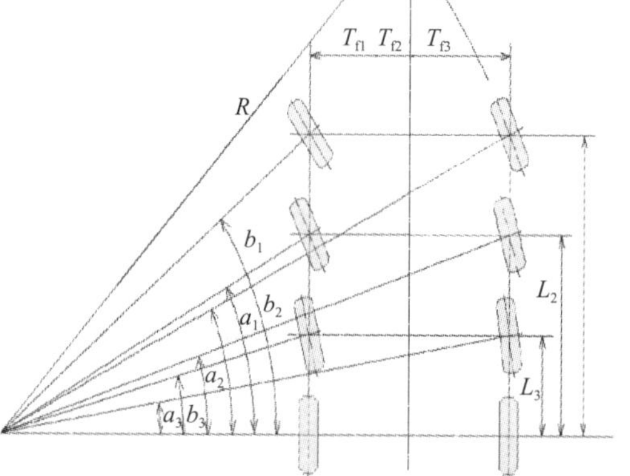

(b) 8个轮胎的时候

图 15　转向几何概念：以固定轴延长线上的某个基点为中心（急转弯时该点接近车体），在周围绘制圆弧，并且角度在几何上确定为面向左右移动车轮的切线方向

● 8 轮车的转向机构

8 轮车如何转向？动力单元、悬架①（减震装置）如何引导 4 轴 8 轮转向？经过深思熟虑后，笔者决定忠实于 4 轮转向。

如上所述，汽车的转向机构基于阿克曼几何学，如图 15（b）所示。第 4 轴是固定轴，第 1 轴、第 2 轴和第 3 轴分别以阿克曼几何方式转向。结果，8 个轮胎绕第 4 轴线上的某一点做同心圆运动。3 个轴与第 4 轴的距离（轴距）不同，故转向角也各不相同。

但是，笔者考虑使用曲柄连杆机构（图 16）。

实际上，这一思路也适用于 10 轮。

■ 电池组

● 电池安装在地板下

为了确保车内乘客有足够活动空间和行李存放空间，车体内的地板要完全平整，笨重的电池只能安装在地板下方（图 17）。

图 16　曲柄连杆机构

鉴于此，电池组高度应在 160mm 以下。

● 采用换电方式

对电池的另一项重要要求是，社区公交车要确保续航里程。续航里程也是 EV 的短板，笔者的考量如下：

- 增大电池容量
- 缩短充电时间（快速充电）
- 换　电

增大电池容量意味着电池成本增加和充电时间变长。

快速充电需要固定的专用充电器，充电地点受限。

换电就是更换整个电池组。电池很重时，需要专用换电设备。但是，如果是人手可以提起的电池，则相对容易更换（图 18）。电池容量增大是有限制的，通过换电来解决续航距离不足的问题就相对简单了。

因此，笔者决定采用换电的方法，使用质量不超

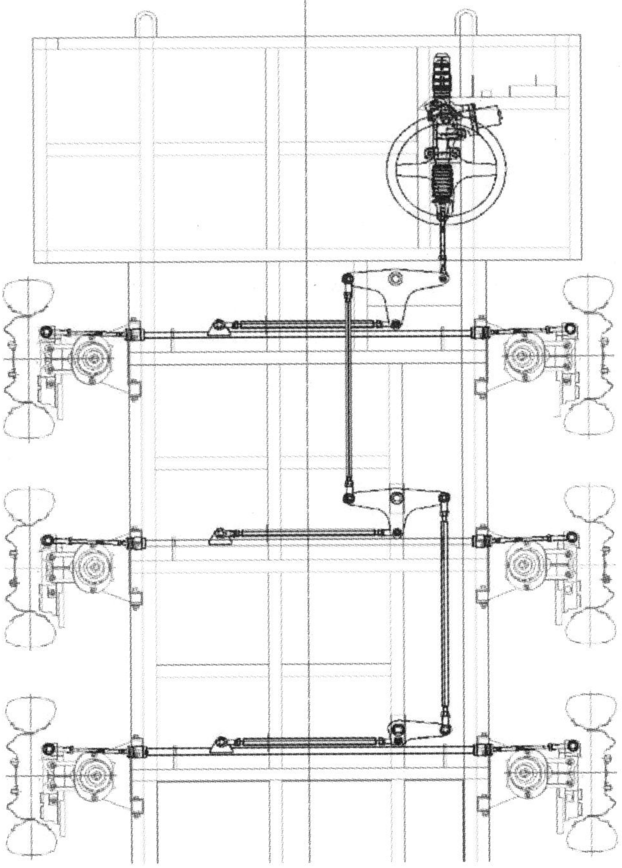

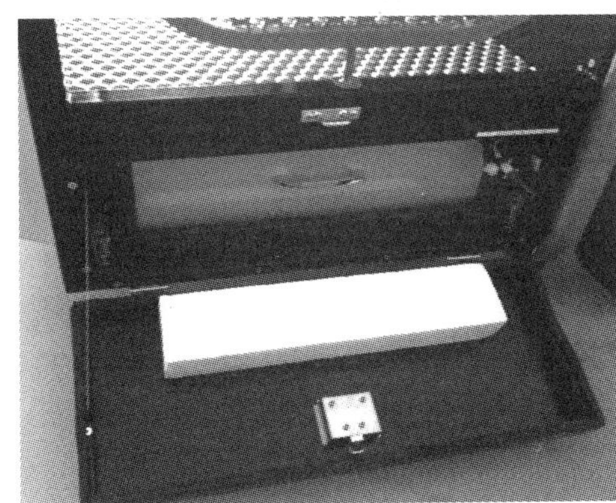

图 17　电池安装在地板下

图 18　抽屉托盘上的电池

① 悬架是连接车体和车轮的部分，通常带有减震弹簧。其作用是隔离路面震动、确保各轮胎接地等。悬架有多种，如独立悬架、车轴悬架（非独立悬架）。

过 50kg 的电池组。为了方便更换，将电池配置在抽屉托盘上，并安装在地板下。

● 采用锂聚合物电池

电池组的内部电路如图 19 所示。

目标电池质量为 50kg 或更小，铅酸蓄电池也就派不上用场了。于是，笔者以之前制作卡丁车时采用的锂聚合物电池为基础，寻找符合目标的电池。

由于必须采用薄封装，因此笔者认为层压锂聚合物电池比较合适。

● 高 156mm 的 5.2kW · h 电池组的制作

结果是，电池组的额定电压为 52V，额定电流为 100A · h（5.2kW · h）。电池组高度为 156mm，可以安装在地板下；质量为 48kg，方便更换。

在平路上以 19km/h 的速度连续行驶时，一次充电的续航里程为 40km。

● 充电方式

充电电源为日本普及的交流 100V，5.2kW · h 电池组只需要一晚（约 9h）即可充满电。

准备好备用电池，与主电池配合使用，那么公交车的运行就不会受到阻碍（图 20）。

社区公交车的设计

■ 基本布局

● 基本布局图的制作

下面开始基本布局图的制作。在此，根据之前的概念讨论结果，基于图纸检查配置问题。包括座位的布局、机构部分的布局和可行性、电池和电气组件的布局、必要的空间以及车架的形状和结构。图 21 所示

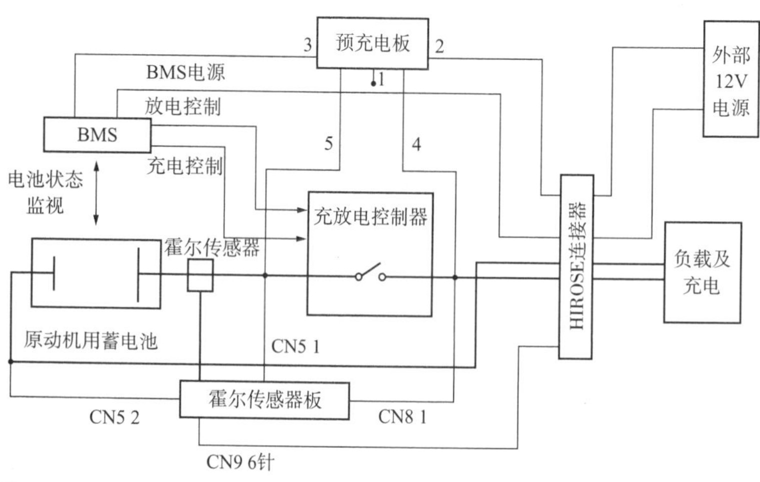

图 19 电池组的内部电路

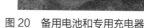

图 20 备用电池和专用充电器

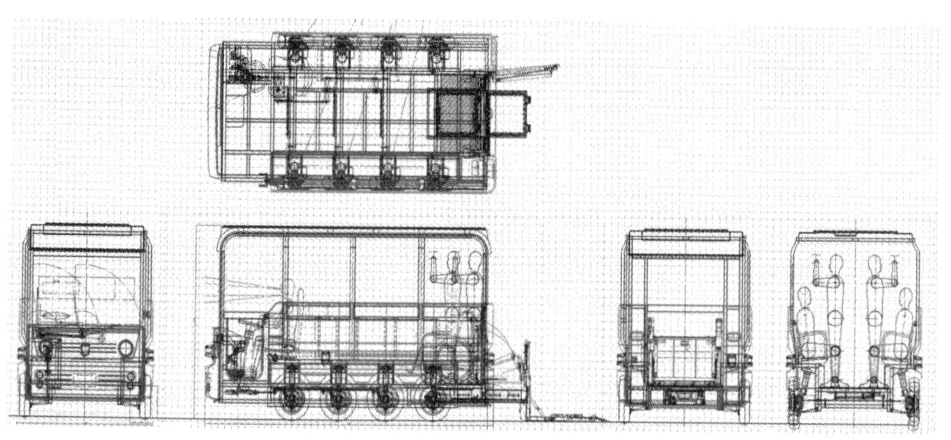

图 21 基本布局图

不是当时的“eCOM-8”，但当时就是在这样的图纸上进行确认、讨论的。在此阶段，车辆的大部分已经确定。

● 基本布局图的改进

随着基本布局图的持续改进，细节也在不停地升级。实际上，图21所示是讨论和改进到某一阶段的图纸。

■ 外观设计

绘制基本设计图的同时，还要汇总外观设计方案（图22），这些依赖于汽车设计师和外观设计师的通力合作。有时讨论得很激烈，但优先级得由领导者决定。

社区公交车的制作

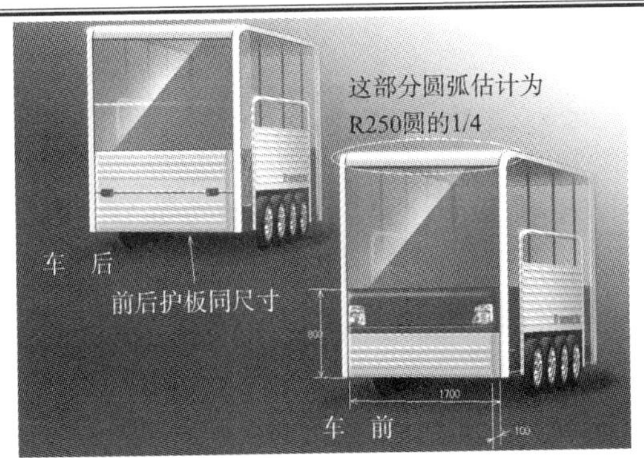

图22 外观设计效果

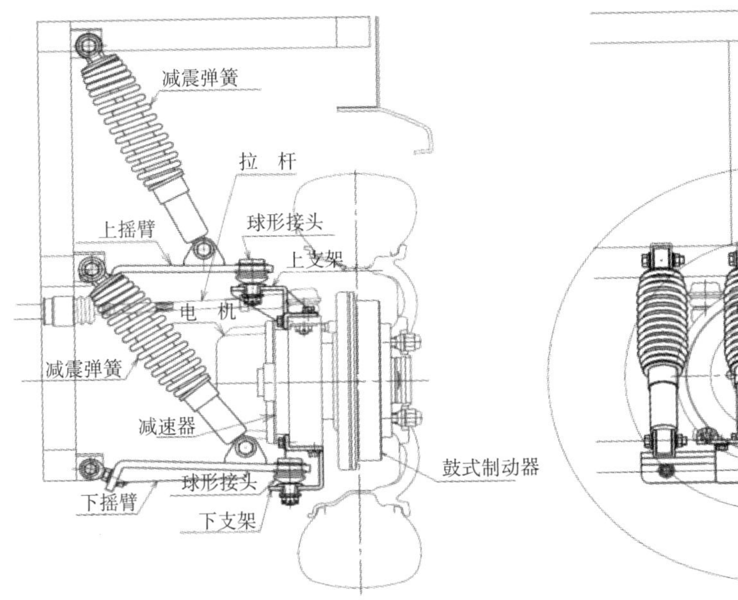

图23 内置悬架动力单元

下面介绍社区公交车的制作。由于篇幅有限，这里仅就主要特征进行讲解。

■ 内置悬架动力单元

在笔者公司的轮毂型动力单元中，输出轴就是轮轴，因此减速箱的壳体也是悬架的一部分。图23所示为“eCOM-8”使用的双摇臂悬架，上下两端均带有球形接头。

● 使用3个悬架用减震弹簧

下臂使用2个减震弹簧，上臂使用1个减震弹簧，可应对2.5G震动。

■ 6个车轮配备制动器

● 制动防抱死

从安全的角度来看，制动控制非常重要。

“eCOM-8”有8个车轮，笔者最初考虑安装8个制动器。但是，计算制动性能时发现，突然制动期间的载荷运动会导致第4轴的载荷释放，进而导致车轮抱死，出现打滑的危险状态。

● 第4轴上不安装制动器

就性能而言，仅第1～3轴加以制动就足够了，因此对策是不在第4轴上安装制动器。

另外，社区公交车的最高速度为20km/h，因此不需要强力制动，也不需要安装真空助力器（图24）。

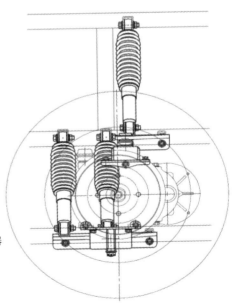

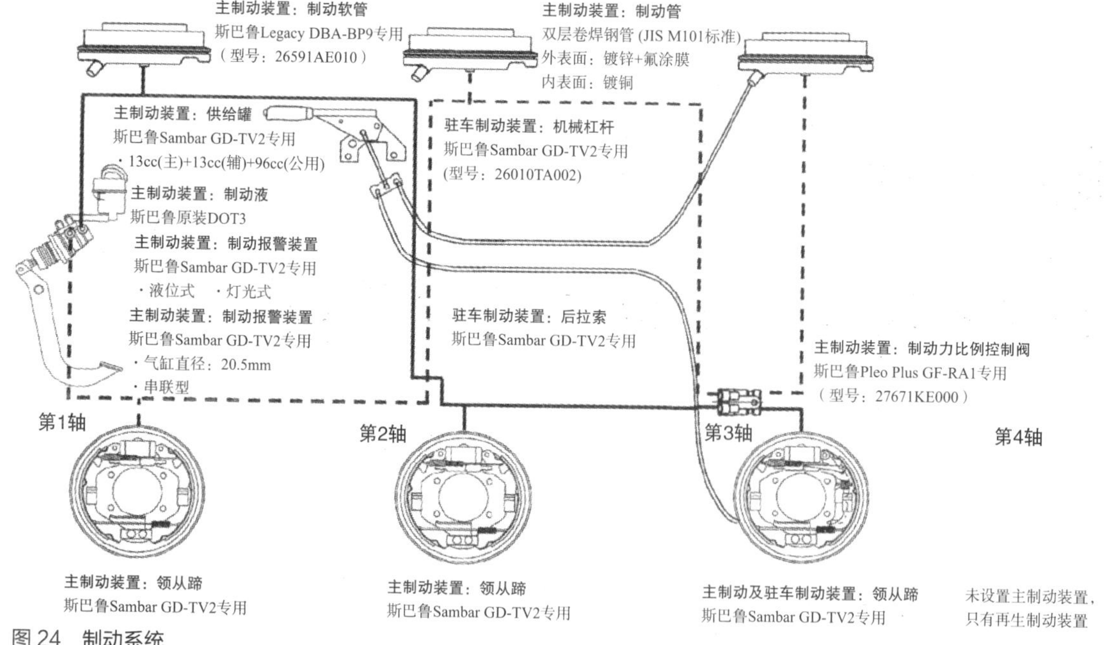

图 24 制动系统

制动器的制动力足够时，制动力的增加呈线性。由于脚感不佳，因此需要习惯踩制动踏板。

■ 增加地板的刚性

● 公交车地板的刚性要达到不会凹陷的程度

为了确保乘客在地板上行走时感觉到平坦，笔者团队在保证表面刚性方面费了好大的工夫。如果地板表面刚度不足，那么人们走在上面会感到暄腾而没有安全感。

在地板表面附加压条，或者将平面做成曲面，都可以增加表面刚度。但是，完全平整的地板表面不能这么做。

● 使用六边形压纹面材料

有金属板厂商建议使用连续六边形压纹“embrella”铝板（图 25）。

铝板虽然密度低，但经过压纹加工后的凹凸成型面具有良好的刚性。于是，笔者选择在 2mm 厚的铝板上加工出 7mm 高的压纹。考虑到鞋子打湿后会很滑，通过摩擦增加压纹表面的粗糙度。

■ 前后玻璃窗

● 尽管左右两侧都没有，但前后都装有玻璃窗

如上所述，“eCOM-8”的左右两侧没有玻璃窗，但前后都有玻璃窗。

考虑到车辆免不了在雨天行驶，所以必须在前窗安装雨刮器。后窗的用途是防止乘客跌落。

● 使用定制“汽车安全玻璃”

汽车玻璃必须符合“汽车安全玻璃”标准。因此，笔者向生产汽车玻璃的厂商定制了适合“eCOM-8”的玻璃。

定制玻璃表面是弯曲的，需要制造模具，这非常昂贵。但是，“eCOM-8”是基于直线、直角和平面设计的，因此可以使用平板玻璃，价格相对便宜。前后采用相同的玻璃。

图 25 “emrella”地板

■ 外部面板使用 GFRP

● 设计师发挥重要作用的部分

“eCOM-8”制作中唯一起用了模具的是外部面板。外部面板如图 1 所示，分为前后左右面板部件。它是给人留下车辆颜色和形状印象的重要部分，也是设计师发挥造型能力的部分。

“eCOM-8”的外部面板是用 GFRP（玻璃纤维增强塑料）制作的：用二液型环氧树脂或聚酯树脂浸渍玻璃纤维，然后倒入模具中固化。

通常，模具是翻制母模形状的FRP 主模。“eCOM-8”为了降低成本，没有制作主模，而是根据 3D 形状数据直接数控加工出模具。

由于材料很软，即使模具寿命很短（可模制的产品数量很少），降低成本的效果也很明显。通常，FRP 成型部件是通过表面喷涂制成的。

图 26　车顶上的太阳能电池板

■ 太阳能电池板的安装

“eCOM-8”的车顶是平坦的，因此安装了一块太阳能电池板。这不是最初计划的，只是笔者在车辆制作期间偶然得到了一块太阳能电池板，于是就安装上了。

最初的“eCOM-8”安装了 4 块 150W 的太阳能电池板，车顶承载了每块 20kg、共 80kg 的质量。最近，笔者团队进行了轻量化，6 块 100W 太阳能电池板共 600W、48kg（图 26）。

将太阳能电池板产生的电能降低至约 57V 并连接至电池，在行驶时作为电机电源的一部分，并在停车时作为电池充电电源。

申请车牌

■ 车牌申请手续

社区公交车要在公共道路上行驶，必须提前申请车牌。因此，笔者去日本关东运输局咨询了如何申请车牌。

车牌申请方法与“组装车”一样：

· 向所在地区的运输局提交申请车牌所需的文件
· 文件审核通过后，获得授权书
· 持授权书至所在地区陆路运输办公室进行车检
· 车检通过后，获得车牌

表 1　申请车牌所需的资料

文　件　／　类　型	原型车	组装车	原型车 / 组装车改造
附　件	○	○	○
申请书	○	○	○
概要说明书	○	○	○
原型车 / 组装车检查结果通知书			○
主要零部件目录	○	○	○
外观图	○	○	○
装置详细图	○	○	△
车架（车体）整体图	○	○	△
安全标准应用审查	○	○	○
证明符合技术标准的文件	○	○	△
电气设备概要表		○	△
最大稳定倾斜角计算书		○	△

续表 1

文 件	类 型	原型车	组装车	原型车 / 组装车改造
制动能力计算书		○	○	△
行驶性能计算书		○	○	△
最小转弯半径计算书		○	○	△
强度检查	车架（车身）	○	○	△
	动力传递装置	○	○	△
	行驶装置	○	○	△
	操纵装置	○	○	△
	制动装置	○	○	△
	减震器	○	○	△
	连接装置	○	⊗	△
	电气设备	○	○	△
其他文件		△	△	△

○一般；△重要；⊗不重要。

■ 所需的文件

表 1 为申请车牌所需的资料。“eCOM-8”的类别为“改装车”，属于“组装车”一类。

运输局会审核这些文件，判断车辆规格、性能、强度要求等是否符合标准。

■ 第三方测试

为了保证上路行驶的安全性，要进行各种测试。这对于创新企业来说不容易，但为了安全必须进行测试。

● 性能测试的一部分外包给第三方

性能测试对测试方法和测试环境是有要求的。对于初创企业，有些测试项目无法进行，只能委托给第三方。在这种情况下，制动测试、噪声测试、电磁干扰测试、动力电池测试也都外包了（图 27 ~ 图 29）。

■ 内部测试

外包测试很昂贵，因此，尽量自己完成测试。很难找到一个宽阔平坦的地方来测试行驶性能。图 30 和图 31 所示为行驶测试的一些图片。

■ 沿用量产车零部件

为了符合车牌申请要求，最有效的方法是重要安

图 27　JARI 紧急制动测试

图 28　JARI 噪声测试

图 29　暗室内的电磁干扰测试

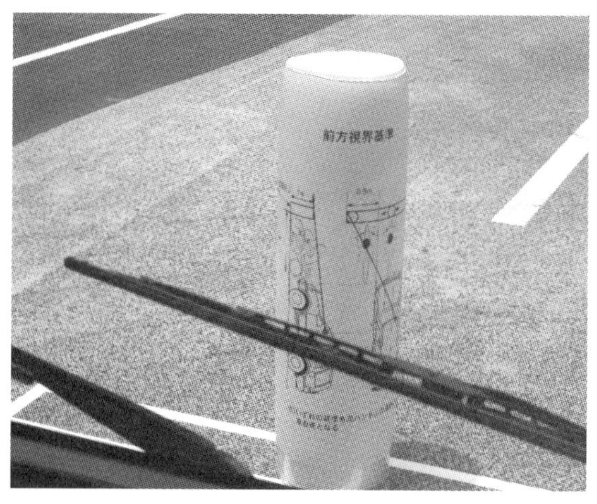

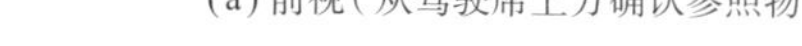

(a) 前视（从驾驶席上方确认参照物）

(b) 后视（通过后视镜确认参照物）

图 30　前后视野测试

图 31　雨刮区测试

图 32　车检线

全零部件沿用量产车的。

量产车零部件的强度和可靠性有保障。电车的行驶条件与量产车相同或更低，使用量产车零部件可以获得更好的强度和性能。

行驶相关的重要安全零部件和照明器件等都尽量使用量产车零部件。表 2 列出了“eCOM-8”所用的量产车零部件清单。

■ 获得授权书

资料审核通过后大概一个月，就会收到授权书。

■ 车检、授权、上牌

带上授权书和申请车辆到陆路运输事务所，进行车检（图 32）。

如果是组装车，通过车检后会在车体和电机上做记号以示授权。过去是刻字，现在改为贴标签了（图 33）。

“eCOM-8”上总共贴了 9 个标签，其中 1 个贴在车身上，8 个贴在电机上。

图 33　官方标签

表 2 “eCOM-8”所用的量产车零部件清单

零部件	量产车型号			参 考
	制造商	型 号	车 名	
转向锁	SUBARU	EBD-TV1	Sambar Van	
转向柱	SUBARU	EBD-TV1	Sambar Van	
电动转向器	SUBARU	EBD-TV1	Sambar Van	
主 缸	SUBARU	CBA-BL5	Legacy	
刹车线	SUBARU	DBA-BP9	Legacy	
鼓式制动器	SUBARU	GD-TV2	Sambar Van	
驻车制动杆 & 电缆	SUBARU	GD-TV2	Sambar Van	
撑 杆	SUBARU	EBD-TV1	Sambar Van	
轮 毂	SUBARU	EBD-TV1	Sambar Van	
轮毂轴承	SUBARU	EBD-TV1	Sambar Van	
驾驶席	SUBARU	EBD-TV1	Sambar Van	
前大灯	Koito	HCR-221		2 个圆形灯
车宽灯	SUBARU	V-KV4	Sambar Classic	
车牌灯	SUBARU	EBD-TT1	Sambar Truck	
尾 灯	SUBARU	EBD-TT1	Sambar Truck	
倒车雷达	SUBARU	EBD-TT1	Sambar Truck	
制动灯	SUBARU	EBD-TT1	Sambar Truck	
倒车灯	SUBARU	EBD-TT1	Sambar Truck	
前方指示灯和闪烁指示灯	SUBARU	V-KV4	Sambar Classic	结合使用
侧方指示灯和闪烁指示灯	SUBARU	EBD-TV1	Sambar Van	结合使用
后方指示灯和闪烁指示灯	SUBARU	EBD-TT1	Sambar Truck	结合使用
报警器	SUBARU	EBD-TV1	Sambar Van	
点火器	SUBARU	EBD-TV1	Sambar Truck	
雨刮器	SUBARU	CBA-BP5	Legacy	电机、轴、臂、雨刮
清洗水箱	SUBARU	CBA-BP5	Legacy	
清洗喷嘴	SUBARU	EBD-TV1	Sambar Van	
工 具	SUBARU	EBD-TV1	Sambar Van	
千斤顶	SUBARU	EBD-TV1	Sambar Van	

办完车牌交接手续，缴完税后就可拿到车牌了（图 34）。

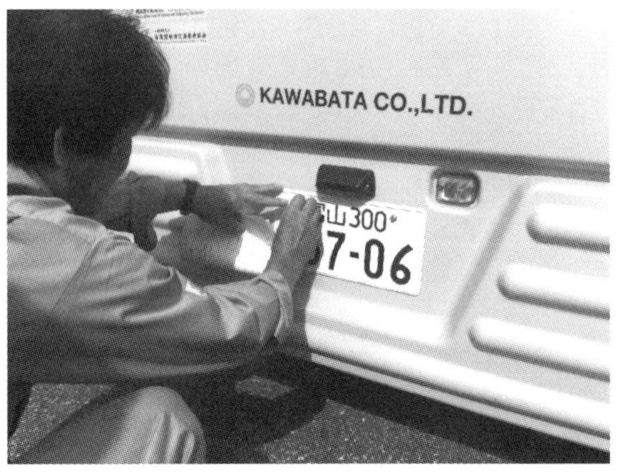

图 34 安装车牌

继“eCOM-8”后的“eCOM-10”

■ “eCOM-8”已售出 18 台

至此，电动社区公交车可以在公共道路上行驶。自 2012 年交付第一辆车以来，笔者公司至今已生产和销售了 18 辆车。其中 3 辆出口到了马来西亚，15 台在日本运行。

部分客户是群马县的地方政府：桐生市4台、水上町2台、玉村町1台，富冈市1台和绿市1台。此外，笔者公司还向富山县宇奈月温泉交付了3台，向长野县和千叶县民间团体也交付了3台。

售出的所有车均用于观光和活动代步。在桐生市以群马大学为中心的面向高龄人群的最后一公里示范实验中，“eCOM-8”受到了高龄者的高度评价。

■ 自动驾驶车“eCOM-10”

● 将8轮改为10轮

最后，笔者介绍最近制作的“eCOM-10”。从名称可以看出，“eCOM-10”是由eCOM-8发展而来的10轮车（图35）。

改为10轮车是为了响应2020年东京奥运会和残奥会。

● 与大学合作研究自动驾驶实验车辆

“eCOM-10”由群马大学委托制造，作为低速电动车研究素材。

自动驾驶控制系统由群马大学负责，车辆由笔者公司负责（图36）。

● 自动驾驶概要

“eCOM-10”配备了VCU（车辆控制单元），可控制加速、制动和转向。连接群马大学自动驾驶控制PC和VCU后，可实现自动驾驶（图37）。

确定分工后，“eCOM-10”的研发就容易一些了。这也是自动驾驶车辆的研发难点。

群马大学新一代移动社会研究中心（CRANTS）已在富冈市和福冈市对自动驾驶版eCOM-10进行了测试（图38和图39），预计之后还会在各地进行实测。

图35 “eCOM-10”

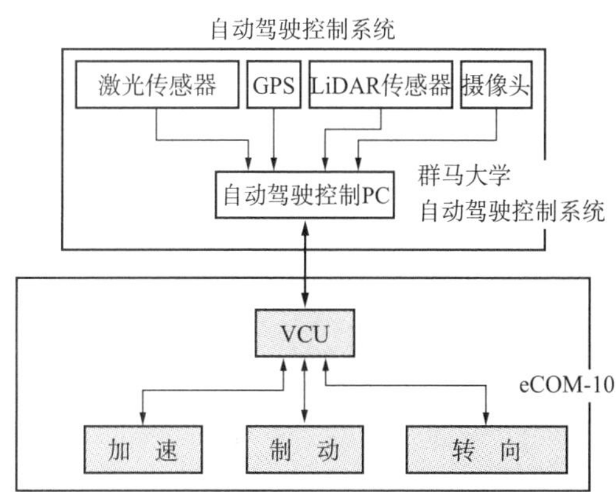

图36 “eCOM-10”开发的分工

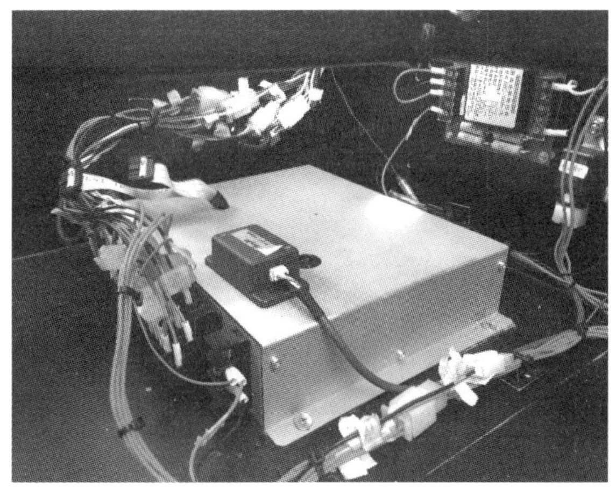

图37 VCU装在地板下的电气室中

图38 自动驾驶低速电动车“eCOM-10”

■ 未来发展方向——休闲代步车

随着旅游业、老龄化社会和环保等的发展，休闲用途的低速电动车需求也在快速增长。

(a) LiDAR传感器和全向摄像机

(b) GPS（前后）

(c) 激光传感器（4面）

图 39 连接到自动驾驶“eCOM-10”的传感器

● 水户冈治设计的车辆计划在东京运行

按计划，笔者所在的公司于 2019 年秋季向东京丰岛区交付 10 台低速电动公交车“eCOM-10”，如图 40 所示。该车辆是 JR 九州“七星号”设计者水户冈治设计的，明亮的红色车身是其主要特征。

● 日本国土交通省和环境省倡导绿色慢行

日本国土交通省和环境省的联合项目——“绿色慢行”正在实施。“绿色慢行”对车辆的要求是，最高速度为 20km/h、电动、最少承载 4 名乘客。“eCOM-8”和“eCOM-10”完全符合标准。另外，雅马哈高尔夫球车等也符合标准。

2018，日本的 8 个地方政府进行了“绿色慢行”示范实验，主要针对观光客，旨在为高龄者提供代步工具。乘客问卷调查显示，大多数对此持肯定意见。

收到此反馈的日本国土交通省宣布了一项政策，自 2019 年起对引进“绿色慢行”的地方政府或组织提供补贴，为期 5 年。这是在日本普及低速电动车的运动。

图 40 东京丰岛区低速电动公交车

● 低速电动车也能在公共道路上安全行驶

人们担心最高速度为 20km/h 的车辆在公共道路上行驶不安全，这其实有先入为主的成分。对于大多数车辆，可以通过选择运行路线、运行时间、让行等来保证安全。在“绿色慢行”中，乘客可观赏周围的景色，微风宜人，与街边声音和气味融为一体。它具有与传统车辆完全不同的特性。

可以说，“绿色慢行”是未来社会的新交通趋势。

结束语

尽管前面我们已经对低速电动公交车做了详细说明，但是“绿色慢行”的普及仍然有一些问题需要解决，有待未来的示范实验和社会实践摸索。

令笔者感到高兴的是，创新企业也能接受这样的挑战。

笔者打算继续开发低速电动公交车，向全社会普及绿色出行的价值观。

笔者介绍

宗村正弘

Think Together 株式会社 董事长

基于斯巴鲁车辆开发经验，于 2006 年成立 Think Together 株式会社，提出以低速代步车出行的新价值观。